능력 요약설교 Ⅲ
(마태복음 ~ 요한복음)

피종진 목사 지음

예루살렘

도서출판 예루살렘은

이 땅에서 하나님을 사랑하며
하나님 말씀대로 순종하며 살기를 원하는
청소년, 성도, 목회자들을 문서로 섬기기를 원합니다.
이를 위하여 기도하며 정성을 다하여
기획, 편집, 출판하고
있습니다.

추천사

요즘 우리는 한국교회 강단의 위기를 말한다. 그것은 한국교회 목회자들이 너무도 많은 설교를 매주간 하도록 강요받는 목회환경 탓도 있지만 설교의 내용이 사람의 귀를 즐겁게 하려는데 초점이 맞추어지는 데도 있다.

설교는 하나님의 말씀을 풀어서 전하는 것이다. 하나님은 예레미야서에서 "너는 내 입같이 될 것이라"(렘 15:19)고 말씀하셨다. 설교자는 하나님의 대언자라는 뜻이다. 그만큼 설교는 목회자의 권위와 직결되어 있다. 좋은 설교는 많은 연구와 기도를 전제한다.

차제에 피종진 목사가 성경 전체에 걸쳐 요약 메시지를 엮어 목회자들의 설교 준비에 도움을 주는 설교집을 내게 되어 목회자 뿐만 아니라 부흥사, 신학생, 평신도들에게 참고가 될 줄 알아 추천하는 바이다.

1998년 5월
김의환
총신대학교 총장

추천사

미국의 유명한 설교역사학자인 찰스 다간(Charles Dargan)은 말하기를 "교회사는 곧 설교사"라고 했습니다. 이 뜻은 교회의 흥망성쇠는 하나님의 말씀이 얼마나 진실하고 정확히 증거되는가에 달려 있다는 것입니다. 기독교는 처음부터 말씀의 종교 곧 설교의 종교였습니다. 그러므로 하나님께서 그의 교회를 힘있게 붙드시고 부흥시키실 때는 언제나 위대한 영적 지도자인 큰 설교자를 사용하셨습니다.

이 설교집을 내신 피종진 목사님은 우리 시대에 보기드문 대 전도자요, 대 부흥사요, 설교가이십니다. 그는 언제나 바쁜 신학과 신앙을 겸비한 겸손한 목사님이십니다. 피종진 목사님은 부흥운동 30년동안 그 고결하고 아름다운 성품으로 국내는 말할 것도 없고 전 세계에 흩어진 디아스포라 교회를 향하여 그리스도의 복음을 힘있게 증거해 왔습니다. 그는 언제나 말과 삶이 일치된 신사로서 보는 사람에게 존경을 받아 온 전도자입니다.

이 설교집을 읽어보니 말씀에서 말씀으로 돌아가려는 그 중심을 이해할 수 있었습니다. 바라기는 이 설교집이 모든 교역자들과 성도들에게 널리 읽혀져 큰 은혜와 유익이 되기를 바라며 몇자 적어 추천하는 바 입니다.

1998년 광복절
정 성 구
총신목회대학원장
총신대설교학교수

머리말

토마스 칼라일(Thomas Carlyle)의 "세계의 운명은 설교자에게 있다"라고 한 말이 기억납니다. 이는 설교가 사람의 심령과 삶에 얼마나 큰 영향을 미치고 있는지를 잘 표현한 말입니다.

모든 설교자가 경험하듯이 저 역시 30여년간의 긴 세월을 설교(說敎)의 사명(使命)속에 묻혀 살아오면서 그 소중함을 절감(切感)하였기에 앉으나 서나, 길을 걸어가거나 멀고 먼 선교여행 길에서나 어느 한 순간도 긴장되지 않은 적이 없었습니다. 이는 설교자라면 누구나 공통된 심정일 것입니다.

저는 금번 목양지인 남서울중앙교회 강단과 부흥사역 현장에서, 방송스튜디오와 대학 강단에서 그리고 이 지구촌을 스물여섯바퀴를 돌게하시며 천국복음을 전하게 하신 말씀 중에서 간추려 성경 책별로 정리하여 「능력요약설교Ⅰ~Ⅴ」를 내놓게 되었습니다.

이 책은 본 설교집을 출판하면서 먼저 저에게 말씀전파의 귀한 사명을 주셔서 들어 써주시는 우리 하나님께 무한한 감사와 영광을 돌립니다. 그리고 국내외에서 저를 불러 부흥성회를 인도하도록 배려해 주신 2천여 교회의 목회자님들과 특히 남서울 중앙교회 온 성도님들이 30여년간 눈물과 기도와 온갖 충성으로 저의 사역을 도와 주신데 대하여 또한 감사를 드립니다.

특히 본 설교집이 목회자, 부흥사, 전도사, 신학생 분들에게는 설교준비에 참고가, 평신도들에게는 구원의 확신과 성령의 뜨거운 능력을 체험하는 축복의 말씀이 되기를 간절히 기도합니다.

끝으로 항상 저를 위해 기도를 쉬지 않으시는 어머니 권금순 권사님, 생사고락을 같이하며 동역하는 아내 이성자 사모와 사랑하는 자녀들에게도 감사한 마음 그지 없습니다. 또한 정성을 다해 출판에 힘써주신 예루살렘 출판사 윤희구 사장님과 직원 여러분에게도 감사를 드립니다.

이 책을 접하는 모든 분들께 우리 주님의 은혜와 평강이 넘치시기를 간절히 기도합니다. 아멘

주후 1998년 9월
서울 남서울 중앙교회 목양실에서
저자 피종진 목사

목차

추천사/ 김의환 / 3
추천사/ 정성구 / 4
머리말/ 5

마태복음 편
✻

· 마 1:23 ············· 임마누엘이신 하나님 ····························· 16
· 마 1:23 ············· 임마누엘 ·· 18
· 마 2:9~12 ········ 동방 박사의 경배 ·································· 21
· 마 3:11 ············· 성령의 불세례 1 ···································· 23
· 마 3:11 ············· 성령의 불세례 2 ···································· 26
· 마 3:13~17 ······ 세례의 의미 ·· 28
· 마 4:1~11 ········ 승리의 비결 ·· 30
· 마 4:16 ············· 회개와 용서 ·· 32
· 마 4:18 ············· 나를 따라 오너라 ···································· 35
· 마 4:18~22 ······ 버리고 좇은 예수님의 제자들 ········· 38
· 마 4:23~25 ······ 변화를 위한 교회의 3대 사명 ········· 40
· 마 5:1 ················ 천국을 소유할 자 ···································· 42
· 마 5:1 ················ 애통하는 자의 축복 ······························· 45
· 마 5:1 ················ 가난한 자가 받는 하나님의 보장 ··· 48
· 마 5:9 ················ 화 평 ··· 51
· 마 5:9 ················ 화평케 하는 자 ··· 54
· 마 5:43~48 ······ 복음과 능력 ·· 56
· 마 6:5~15 ········ 이렇게 기도하라 ···································· 58

- 마 6:14~16 …… 하나님께 영광 돌릴 자 …………………… 61
- 마 6:31 ………… 하나님 앞에 합당한 믿음 ……………… 64
- 마 6:31~34 …… 인생의 우선순위 ……………………… 67
- 마 6:33 ………… 가장 평안한 삶의 자세 ………………… 69
- 마 7:7 …………… 응답 받는 기도 ……………………… 72
- 마 7:7~11 ……… 기도해야 할 근본 이유 ……………… 75
- 마 7:13 ………… 신령한 문 …………………………… 77
- 마 8:5~13 ……… 이 시대가 필요로 하는 사람 ………… 80
- 마 8:23 ………… 위기는 기회이다 ……………………… 82
- 마 9:27 ………… 믿음대로 되리라 ……………………… 84
- 마 11:16~19 …… 이 시대는? …………………………… 86
- 마 11:25~30 …… 주님의 소원과 사랑 …………………… 89
- 마 11:28 ………… 인생을 향하신 주님의 3대 명령 ……… 91
- 마 11:29 ………… 예수님을 닮아 가자 …………………… 94
- 마 14:13~21 …… 예수님의 손을 잡자 …………………… 97
- 마 14:22~27 …… 내니 두려워 말라 ……………………… 99
- 마 14:22~27 …… 두려움이 없는 생활 …………………… 101
- 마 15:21~28 …… 소원 성취 받은 여인의 믿음 …………… 103
- 마 16:13~20 …… 베드로의 신앙고백 …………………… 106
- 마 16:13 ………… 주님이 기뻐하시는 신앙 ……………… 108
- 마 16:21~25 …… 그리스도 제자의 길 …………………… 111
- 마 16:24 ………… 십자가를 지는 생활 1 ………………… 113

- 마 17:1~8 ········ 산에 오르신 예수님 ···························· 116
- 마 17:14~20 ····· 믿음의 위력 ································· 119
- 마 19:16~22 ····· 아직도 무엇이 부족하니이까? ················ 121
- 마 20:1~16 ······ 인생에게 베푸시는 하나님의 은총············ 123
- 마 21:28~32 ····· 하나님의 포도원에 가서 일하라 ·············· 125
- 마 22:34~40 ····· 계명 중의 계명 ······························ 127
- 마 24:3~8 ········ 말세 성도의 5대 생활 수칙 ·················· 129
- 마 24:3~13 ······ 종말의 현상과 신앙승리 ····················· 132
- 마 24:15~22 ····· 환난때 성도가 취할 태도 ···················· 134
- 마 25:1~13 ······ 나의 남은 때를 이렇게 살렵니다 ············· 136
- 마 25:1~13 ······ 유비무환의 삶 ······························· 139
- 마 25:14~22 ····· 달란트 비유가 주는 교훈 ···················· 141
- 마 25:14~30 ····· 얼마나 남겼습니까? ·························· 143
- 마 26:6 ··········· 옥합을 깨뜨린 신앙적 교훈 ·················· 145
- 마 26:36 ·········· 전진의 비결 ································· 148
- 마 26:39 ·········· 겟세마네의 기도 ····························· 151
- 마 28:1~10 ······ 부활의 주님을 만난 여인들 ·················· 154
- 마 28:5 ··········· 부활의 3대 사건 ······························ 156
- 마 28:18 ·········· 하늘의 권세를 받자 ·························· 159
- 마 28:18 ·········· 하늘의 권세 ································· 162
- 마 28:18~20 ····· 규정된 의식 ································· 165

마가복음 편

- 막 1:12~15 …… 광야의 신앙생활 …………………………… 167
- 막 2:1~5 ……… 한 중풍병자의 소생 ………………………… 169
- 막 2:18~22 …… 새 포도주는 새 부대에 ……………………… 171
- 막 4:35~41 …… 저편으로 건너가자 ………………………… 173
- 막 5:25~34 …… 어떤 위기상황에서도 우리는 반드시 승리한다 … 176
- 막 8:27~28 …… 나를 누구라 하느냐? …………………… 180
- 막 9:23 ………… 기적이 수반되는 믿음 ……………………… 182
- 막 9:25 ………… 기적의 조건 …………………………… 185
- 막 10:46~52 … 다윗의 자손 예수여! ……………………… 188
- 막 10:46~52 … 섬김의 도 ……………………………… 190
- 막 14:3 ………… 옥합을 깨뜨린 신앙의 교훈 ………………… 192
- 막 14:3~7 …… 기념비적인 삶을 삽시다 …………………… 195
- 막 14:36 ……… 깨어 있어라 …………………………… 199
- 막 15:21~32 … 십자가상의 예수 ………………………… 202
- 막 16:1~8 …… 예수 부활의 의미 ………………………… 204
- 막 16:15 ……… 가서 역사하라 …………………………… 206

누가복음 편

· 눅 1:5~16	하나님 앞에 의인	209
· 눅 2:8~14	성탄의 기쁨	211
· 눅 2:13	평화의 왕 예수 그리스도	214
· 눅 2:21~33	내 눈이 주의 구원을 보았사오니	216
· 눅 4:35	귀신의 결박을 풀어주신 예수님	218
· 눅 5:1~11	베드로를 만나주신 하나님	221
· 눅 5:1~11	게네사렛 호숫가의 교훈	224
· 눅 7:2	백부장의 모범	226
· 눅 7:11~16	기적의 나인성	229
· 눅 7:13	청년아 일어나라	232
· 눅 7:36~50	500데나리온과 50데나리온	235
· 눅 7:44~50	이 여자를 보느냐?	237
· 눅 8:4~8	좋은 땅에 뿌려진 씨	239
· 눅 9:23~24	십자가를 지는 생활 2	241
· 눅 9:28	변화산의 영적 훈련	244
· 눅 10:30~37	참된 이웃사랑	247
· 눅 10:33~37	자 비	249
· 눅 11:5~13	한밤중의 기도	252
· 눅 11:11	성령은 누구에게 임하시는가?	255
· 눅 11:20~26	당신 마음의 지배자는?	258
· 눅 12:35~40	천국 시민의 삶의 자세	260

- 눅 12:35~43 …… 그 종이 복이 있으리로다 …………………… 262
- 눅 12:35 ………… 모범된 청지기 ……………………………… 264
- 눅 12:40 ………… 예비하는 인생 ……………………………… 267
- 눅 12:40~44 …… 예비된 삶 …………………………………… 271
- 눅 12:42~48 …… 선한 청지기 ………………………………… 273
- 눅 13:6~9 ……… 한 번 더 주어진 기회 ……………………… 275
- 눅 15:4 …………… 잃은 양을 찾은 목자 ……………………… 278
- 눅 15;11~24 …… 세계화를 위한 우리의 자세 ……………… 281
- 눅 17:11~19 …… 감사의 인생 ………………………………… 283
- 눅 18:1 …………… 응답받은 과부의 소원 …………………… 286
- 눅 19:1~19 ……… 부자들의 이야기 …………………………… 290
- 눅 19:1~10 ……… 소원 성취를 위한 우리의 노력 ………… 293
- 눅 19:11~21 …… 그리스도가 오실 때까지
     우리는 무엇을 해야할 것인가? ……………… 295
- 눅 21:5~28 …… 종말의 징조와 우리의 자세 ……………… 297
- 눅 22:44 ………… 모범된 기도 ………………………………… 301
- 눅 23:13~25 …… 선택을 잘 합시다 ………………………… 304
- 눅 23:39~43 …… 오른편 강도의 신앙 ……………………… 306
- 눅 24:1~6 ……… 주님을 제한할 수 없다 …………………… 308

요한복음 편

✽

- 요 2:1~11 ········ 새 역사의 시작 ····························· 310
- 요 2:1~11 ········ 변화 그리고 새로운 삶 ····················· 312
- 요 2:1~11 ········ 가나 혼인 잔치에 나타난 기적 ············· 315
- 요 3:1~15 ········ 아름다운 신앙인격 ························· 318
- 요 3:5 ··········· 중생의 역사 ······························· 320
- 요 3:5 ··········· 성령과 중생 ······························· 323
- 요 3:17 ·········· 믿음의 소득 ······························· 326
- 요 5:1~9 ········· 만남의 기적 ······························· 329
- 요 7:37 ·········· 성령의 내적 역사 ·························· 334
- 요 7:37~44 ······ 목마른 인생 ······························· 337
- 요 8:12 ·········· 예수님은 세상의 빛 ························ 340
- 요 9:4 ··········· 하나님의 일을 하여야 하리라 ··············· 343
- 요 9:4 ··········· 밤이 오기전에 1 ··························· 345
- 요 9:4 ··········· 밤이 오기전에 2 ··························· 348
- 요 10:1~3 ········ 선한 목자 ································· 352
- 요 10:14 ········· 성도와 그리스도와의 관계 ················· 355
- 요 11:1~44 ······ 문제 해결의 비결 ·························· 358
- 요 11:25 ········· 부활의 생명 ······························· 360
- 요 12:1~3 ········ 모범된 감사 ······························· 363
- 요 12:1~8 ········ 마리아의 감사 ···························· 365
- 요 12:24 ········· 많은 열매를 맺읍시다 ····················· 368
- 요 14:13 ········· 기도의 신령적 의미 ······················· 370

- 요 14:13 ········· 기도의 신령적 의미 ················· 370
- 요 14:27 ········· 평안을 소유하는 비결 ············· 373
- 요 15:1~7 ········ 열매맺는 삶 ······················· 376
- 요 15:1~7 ········ 주님께서 주신 세 가지 선물 ········ 378
- 요 15:4 ·········· 열매맺는 비결 ····················· 380
- 요 15:8 ·········· 하나님께서 영광을 받으시는 자 ····· 383
- 요 15:26, 27 ····· 성령은 누구이신가? ················ 386
- 요 19:23~27 ····· 십자가 곁에 있는 사람들 ············ 389
- 요 20:21 ········· 영권 회복 ························· 391
- 요 20:21 ········· 예수님의 최후 분부 ················ 394
- 요 21:1~6 ······· 배 오른편에 그물을 던지라 ········· 397

능력요약설교 제3권

임마누엘이신 하나님
(마태복음 1:23)

'기쁘다 구주 오셨네' 찬송소리가 신불신(信不信)간에 입을 통해서 국경을 초월하고 인종을 초월해서 온 세계는 주의 나심을 축하하고 있다. 주님 오심에 대해서 선지자의 예언을 인용해서 말씀하시기를 "보라, 처녀가 잉태하여 아들을 낳을 것이요 그 이름은 임마누엘이라 하리라"(마 1:23)라고 말씀했다. 이 '임마누엘'이라는 말을 우리 기독교에서 많이 사용한다. 이 말은 히브리어의 세 단어가 합성된 말로써 임(함께)＋마누(우리들)＋엘(하나님) 즉 "하나님이 우리와 함께 계신다"라는 뜻이다.

그러면 임마누엘이신 하나님이 왜 이 땅에 오셔서 인간 속에 함께 하시는가에 대해서 말씀의 은혜를 나누고자 한다.

첫째, 하나님과의 화목을 이루어 주시기 위해서 오셨다.

주님이 이 땅에 오신 것은 잃어버린 양 즉, 하나님을 떠나 영원히 원수가 된 우리 인간을 십자가로 하나님과의 화목을 이루어 주시기 위해서 오신 것이다. 이 사실에 대해서 고린도후서 5:18에 "모든 것이 하나님께로 났으니 저가 그리스도로 말미암아 우리를 자기와 화목하게 하시고 또 우리에게 화목하게 하는 직책을 주셨으니"라고 말씀했다. "너희는 하나님과 화목하라"(고후 5:20). 또 골로새서 1:20에 보면 "그의 십자가의 피로 화평을 이루사 만물 곧 땅에 있는 것들이나 하늘에 있는 것들을 그로 말미암아 자기와 화목케 되기를 기뻐하심이라"라고 말씀했다.

사람이 막혔다고 하는 것은 대단히 불행한 것이다. 이보다 더 불행한 것은 하나님과 우리 사이가 막히는 것이다. 오늘 막혔던 이 담을 헐고 하나님과의 화목을 주께서 이루어 주신 것이다.

둘째, 우리 심령에 구원과 은혜를 베풀어 주시기 위해서 오셨다.

디모데후서 4:22에 보면 "나는 주께서 네 심령(마음 속)에 함께 계시기를 바라노니 은혜가 너희와 함께 있을지어다." 바울이 디모데를 향하여 간절히 축원한 말씀이다. 다시 말하면 하나님께서 이 땅에 오시고 우리 마음 속에 오시는 것은 우리 심령에 구원과 은혜를 주시기 위해서이다. 예수님이 이 땅에 오신 가장 큰 목적은 바로 우리 인간을 구원하시기 위한 것이다.

셋째, 인간의 삶을 축복해 주시기 위해서 오셨다.

'복'이라는 말은 히브리어의 어원을 보면 "하나님이 함께 계신다"라는 뜻이 있다. 하나님이 우리와 함께 계시는 것 자체가 축복이다. 성경에 보면 하나님께서 함께 하시는 사람은 모두 복을 받았다.

넷째, 인간에게 성공적인 삶을 보장해 주시기 위해서 오셨다.

누가복음 5:9에 보면 시몬 베드로가 갈릴리 바다에서 고기를 잡는데 그는 어부였기 때문에 고기잡는데는 능수능란할텐데도 밤새도록 여기저기 그물을 던져보았지만 한 마리의 고기도 못 잡았다. 그런데 예수님이 함께 하시니까 그물이 찢어지도록 고기를 많이 잡았다. 그물은 우리의 달란트요, 직업이며, 바다는 우리의 일터이다. 어떤 직업을 가지고, 어떤 달란트를 사용하든 주님이 함께 하시면 성공한다.

다섯째, 질병과 죽음을 치료와 생명으로 바꾸어 주시기 위해서 오셨다.

마가복음 5:41에 보면 한 소녀가 병들어 죽게 되었다. 그런데 예수님이 오심으로 이 소녀가 살아났다. 또 요한복음 11:43에 보면 죽은 지 나흘된 나사로가 예수님이 "나사로야 나오라"라고 말씀하실 때 살아났다. 예수님은 곧 질병과 죽음을 치료와 생명으로 바꾸어 주시기 위해서 오신 것이다.

사랑하는 성도 여러분! 임마누엘 하나님으로 이 땅에 오셔서 하나님과의 화목을 이루어 주시고, 우리의 심령에 구원과 은혜를 베풀어 주시며, 인간의 삶을 축복해 주시고 인간에게 성공적인 삶을 보장해 주시며, 질병과 죽음을 치료와 생명으로 바꾸어 주신 예수님의 사랑을 감사하면서 모든 사람들에게 전하시기를 예수 이름으로 축원한다.

임마누엘
(마태복음 1:23)

'임마누엘'이란 말을 제일 먼저 사용한 이는 이사야 선지자로서 그는 예수님의 탄생에 대하여 주전 700여년 전 이사야 7:14下에 예언하면서 "보라 처녀가 잉태하여 아들을 낳을 것이요 그 이름을 '임마누엘'이라 하리라"하였다. 여기 임마누엘(Immanuel)이란 말의 뜻은 히브리어에서 나온 말로임(Im)이란 말과 마누(manu)라는 말 그리고 엘(el)이란 말이 연결된 매우 의미가 깊은 말인 것이다. 그 뜻을 단어대로 분석해 보면 임(Im)이란 말은 전치사로서 '~와 함께'라는 말이고, 마누(manu)라는 말은 대명사로 '우리들'이란 뜻을 가진 말이며 엘(el)이란 말은 '하나님'이란 말인 것이다. 그런고로 임마누엘(Immanuel)이란 말의 전체 의미는 즉 "하나님이 우리와 함께 하신다"는 뜻을 의미하는 말인 것이다.

해마다 우리가 성탄절을 맞이할 때마다 온 세상 사람과 함께 기뻐하고 즐거워하는 것은 크리스마스의 가장 큰 의미가 바로 하나님께서 우리와 함께 하여 주시기 때문인 것이다. 그러면 하나님은 왜 우리와 함께 하시는가에 대해서 네 가지 내용을 말씀토록 하겠다.

첫째, 하나님께서 우리와 함께 하시는 이유는 자기 백성을 저희 죄에서 구원하시기 위함인 것이다.

천사가 마리아에게 알려준 '예수'라는 이름의 뜻도 바로 '구원'이란 뜻이다. 인간은 누구나 죄에서 구원을 받아야 한다. 그 이유는 인간이 모태에서 잉태되는 순간부터 죄 가운데서 태어났기 때문이다. 죄라는 말은 헬라어의 '하마르티아'(άμαρτία)라는 말로서 과녁에서 빗나가는 것, 즉 하나님의 뜻에서 빗나간것을 말하는 것이다. 즉 인간은 하나님과의 과녁에서 어긋난 유전죄와 자범죄를 범한 자들이다. 그런고로 인간들에게는 하나님의 심판이 따르게 되었고 마침내는 멸망과 지옥의 구렁텅이에 던짐을 받을 수 밖에 없게 되었다. 그러나 하나님은 자기 백성의 죄악을 사하여 주시려고 예수 그리스도를 보내시어, 그를 믿고 회개하는 자에게는 모든 죄를 예수님께 담당시킴으로 흰눈보다 더 희고 양털보다 더 희게 모든 죄악을 씻어주시는 것이다.

둘째, 하나님이 우리와 함께 하시는 이유는 하나님이 자기 백성에게 복을 주시기 위하여 함께 하시는 것이다.

창세기 26:2,3에 여호와께서 이삭에게 나타나 가라사대 "애굽으로 내려가지 말고 내가 네게 지시하는 땅에 거하라 이 땅에 유하면 내가 너와 함께 있어 네게 복을 주리라"하였다. 위의 말씀에 보면 이삭이 그와 그의 자손이 복을 받게 된 이유는 하나님께서 함께 하여 주셨기 때문인 것이다.

인간은 누구나 복을 누리고 살기를 원하나 참으로 복을 주시는 이가 누구시며 복을 받는 길이 또한 무엇인 것을 모르고 살아가고 있기 때문에 그 엄청난 복을 등지고 살고 있는 것이다.

창세기 12:2에 보면 하나님이 아브라함에게 "내가 너로 큰 민족을 이루고 네게 복을 주겠다"고 기록한 말이 있다. 이 말은 바로 하나님 자신이 복을 주시는 본체이심을 보여주는 말이다. 인생이 하나님을 접할 때만이 참된 축복을 누릴 수 있게 되는 것이다.

셋째, 하나님이 우리와 함께 하시는 이유는 하나님을 섬기게 하기 위함인 것이다.

출애굽기 3:12에 보면 하나님이 모세에게 "내가 정녕 너와 함께 있으리라"고 하셨는데, 그 이유는 내 백성과 더불어 하나님을 섬기게 하기 위함이라고 하였다. 그런고로 하나님께서 인간 속에 개입하시고 함께하신 이유 중의 하나는 바로 하나님께서 섬기심을 받기 위함인 것이다. 인간의 생애 중에 가장 고상하고 가장 경건한 시간은 하나님께 예배하고 그 하나님을 더 잘 섬길 수 있는데 있는 것이다.

덴마크의 사상가이며 실존주의의 창시자인 키에르케고르는 "인간이 어떻게 하면 진정한 기독자가 될 수 있느냐?" 하는 이 한 가지 문제만 가지고 일생동안 탐구했다고 하였다. 그 이유는 바로 하나님을 섬기는 일의 비중이 얼마나 큰가를 그가 알고 있었기 때문인 것이다.

올해도 크리스마스를 맞는 우리 온 성도들과 우리 민족 전체는 우리와 함께하신 임마누엘의 하나님을 진심된 마음으로 경배하며 섬기는 일에 전심을 다 기울여야 할 것이다.

넷째, 하나님이 우리와 함께 하신 이유는 주의 백성들을 보호하여 주시기 위함인 것이다.

인류 역사 속에는 하나님이 주의 백성과 함께 하셔서 보호하여 주신 역사로 가득 채워져 있다. 하나님과 함께한 자는 언제나 하나님의 보호를 받게 된다.

창세기 28:15에 보면 하나님이 야곱에게 약속하시기를 "내가 너와 함께 있어 네가 어디로 가든지 너를 지키며 너를 이끌어 이 땅으로 돌아오게 할지라 내가 네게 허락한 것을 다 이루기까지 너를 떠나지 아니하시리라"고 하였다.

하나님이 함께 하시는 자는 사나운 대적도 두려워 떨며 도망가게 되고 환난의 거친 비바람도 봄동산처럼 온화하게 되어지는 것이다. 그런고로 우리의 기도 속에 항상 빠뜨려서 안될 제목 중에 하나는 "여호와여 함께하여 주시옵소서"라는 제목인 것이다.

인생이 이 땅 위에 사는 동안에는 언제나 험하고 높은 길을 싸우며 살아가고 있지만 여호와 하나님이 함께하여 주시기만 하면 잔잔한 호수가의 꽃잔디를 거닐듯 보화와 평화로운 안식이 깃들게 되는 것이다.

동방박사의 경배
(마태복음 2:9-12)

해마다 성탄절을 맞이하면 세 가지 모습을 볼 수 있다. 어떤 분은 주의 나신 성탄을 계기로 해서 상업 효과를 노리는 사람도 있고, 어떤 사람들은 서기관과 바리새인처럼 무관심한 사람도 있으며, 동방박사와 같이 참 주님의 나심을 경배하는 모범된 사람도 있다. 그러면 동방박사들은 주의 나심에 대해 어떻게 경배드렸는가에 대해서 말씀을 상고하면서 함께 은혜를 나누고자 한다.

첫째, 믿음의 경배를 드렸다.
① 동방박사들은 성경에 예언한 말씀을 그대로 믿었다.
성경에 보면 예수님의 탄생에 대해서 나실 장소도 이미 예언했고, 처녀에 의해서 잉태될 것도 예언했다. 미가 5:2에 보면 "베들레헴 에브라다야, 너는 유다 족속 중에 작을지라도 이스라엘을 다스릴 자가 네게서 내게로 나올 것이라"고 말했고, 이사야 7:14에 보면 "보라, 처녀가 잉태하여 아들을 낳을 것이요. 그 이름을 임마누엘이라 하리라"고 말씀했으며, 민수기 24:17에는 "한 별이 야곱에게서 나오며, 한 홀이 이스라엘에게서 일어나서"라고 말씀했고, 창세기 3:15에 보면 "내가 너로 여자와 원수가 되게 하고, 너의 후손도 여자의 후손과 원수가 되게 하리니, 여자의 후손은 네 머리를 상하게 할 것이요, 너는 그의 발꿈치를 상하게 할 것이니라"고 말했다.

② 아기의 존귀성을 믿었다.
"이는 한 아기가 우리에게 났고 한 아들을 우리에게 주신 바 되었는데, 그 어깨에는 정사를 메었고 그 이름은 기묘자라, 모사라, 전능하신 하나님이라, 영존하시는 아버지라, 평강의 왕이라 할 것임이라"(사 9:6).

③ 미래의 왕권을 믿었다.
우리는 예언의 말씀을 믿고 진심으로 주님께 경배드려야 하겠다.

둘째, 충성된 경배를 드렸다.

동방박사의 충성은 두 가지로 볼 수 있다.
① 헌신에 대한 충성이다.
"헤롯왕 때에 예수께서 유대 베들레헴에서 나시매 동방으로부터 박사들이 예루살렘에 이르러 말하되"(마 2:1). 여기에 보면 동방에서 예루살렘까지 왔다고 했다. 동방박사들은 몸을 다 바치는 충성을 했다.
② 하나님 앞에 온 마음과 정성을 다 드린 충성이다.
"유대인의 왕으로 나신 이가 어디 계시뇨? 우리가 동방에서 그의 별을 보고 그에게 경배하러 왔노라"(마 2:2).

셋째, 예물을 드린 경배를 드렸다.

동방박사들은 미리 준비된 최고의 값진 예물을 드렸다. 그들은 황금과 유향과 몰약을 드렸다.
① 황금은 믿음을 상징하기도 하지만 영적으로는 예수님의 왕권을 상징한다.
② 유향은 송진의 향으로서 유대나라 풍습에 의하면 아주 귀한 분들에게 드리는 예물로 예수님의 신성을 상징한다.
③ 몰약은 시체에 바르는 방부제로 사용하는 것인데, 인류 구원을 위한 예수님의 고난과 죽음을 가리킨다.

사랑하는 성도 여러분, 동방박사들은 믿음의 경배, 충성된 경배, 예물을 드린 경배를 드렸다. 성탄절을 맞이하여 동방박사들처럼 주의 나심에 대해 진심으로 경배드리는 성도 여러분이 되시기를 주의 이름으로 축원한다.

성령의 불 세례 1
(마태복음 3:11)

첫째, 성령의 불세례는 육에 속한 사람을 영에 속한 사람으로 변화시키는 세례이다.

우리 인간은 누구나 아담의 혈통을 이어 받아 죄악 중에 태어났으며 불신앙, 불순종의 악성이 유전되어 왔다. 그런고로 인간의 깊은 곳에서는 살인성, 포악성, 그리고 온갖 죄성이 육체 가운데 서식하고 있다. 그러므로 로마서 8:7에 "육신의 생각은 하나님과 원수가 되나니 이는 하나님의 법에 굴복치 아니할 뿐 아니라 할 수도 없음이라"고 하였다. 그런고로 육신의 생각은 사망을 낳게 되었을 뿐 아니라(롬 8:6) 육신에 있는 자들은 하나님을 기쁘시게 할 수도 없게 된 것이다(롬 8:8). 로마서 8:3에 기록한대로 이는 육신에 죄를 정하였기 때문이며, 육은 하나님의 나라를 유업으로 받을 수도 없기 때문이다(고전 6:9).

성령의 세례는 이와 같이 육으로 난 인간을 온전히 거듭나게 하셔서 영의 사람이 되게 하시며 천국에 이르도록 역사하여 주시는 것이다. 고린도전서 12:13에 "우리나 유대인이나 헬라인이나 종이나 자유자나 다 한 성령으로 세례를 받아 한 몸이 되었고 또한 성령을 마시게 하셨느라"고 하였다. 인간이 악해지고 타락되는 것은 성령에 사로잡힘을 받고 있지 않기 때문이다. 그런고로 인생은 누구나 성령의 불세례를 받아야 한다. 그리할 때 용광로 속에 집어 넣은 쇠덩어리처럼 더럽고 추악한 옛사람이 다 소멸되어지고 영으로 난 새사람이 되어지게 된다.

둘째, 성령의 불세례에는 무익한 사람을 하나님의 사명자로 만들어 준다.

사도행전 1:8에 말씀의 이 사실을 잘 나타내 주고 있다. "오직 성령이 너희에게 임하시면 너희가 권능을 받고 예루살렘과 온 유대와 사마리아와 땅끝까지 이르러 내 증인이 되리라"고 하였다. 성령세례는 바로 위대한 사명자가 되어지게 하는 첫째 조건이 된다. 초대교회가 교회의 일꾼을 선택할 때에 다섯 가지 자격기준을 말씀하셨는데, 그 첫째 기준이 성령충만이다. 사도행전 6:3에 "형제들아 너희 가운데서 성령과 지혜가 충만하여 칭찬듣는 사람 일곱을 택하라"고 하였고, 사도행전 11:24에 말씀에는 모범된 사명자 바나바에 대해서 지적하기를 "바나바는 착한 사람이요 성령과 믿음이 충만한 자라 이에 큰 무리가 주께 더하더라"고 하였다.

하나님의 일은 성령을 통해서 나타내시며 또한 능히 감당할 수 있도록 역사하여 주신다. 그리스도의 영이 없으면 그리스도의 사람이 아니라고 하였다. 그리스도인은 그리스도의 영이 임하여야 한다. 그리고 성령이 충만하게 될 때만이 큰 사명자가 되어지는 것이다.

셋째, 성령의 불세례는 무능한 사람을 능력의 사람으로 만들어 준다.

인생은 누구나 무능한 존재이다. 스스로 많은 것을 안다고 하나 한 치 앞을 내다보지 못하고 사는 것이 인생이며 많은 것을 소유하였다고 하나 공수래공수거(空手來空手去)인 것이 인생이다. 그러므로 하나님은 도울 힘이 없는 인생을 의지하지 말라고 하였고, 정함이 없는 재물에도 소망을 두지 말라고 하였다. 이 세상에서 가장 어리석은 인생은 자신을 의지하고 사는 자이며 가장 후회할 인생은 남을 믿고 사는 자이다. 그리고 허무함을 느끼게 될 인생은 재물을 의지하고 사는 인생인 것이다. 오직 하나님을 의지하고 사는 인생만이 후회가 없는 자가 되며 걸어가도 달려가도 곤비치 아니하는 승리자가 될 수 있게 된다. 성령이 충만한 자는 언제 어디서나 샘솟듯 솟아나는 하나님의 능력을 체험하게 된다. 그런고로 다윗은 하나님께 대하여 나의 힘이 되신 여호와(시 18:1)라고 하였고, 에스겔은 "여호와의 권능의 힘이 나를 힘있게 감동하시더라"라고 하였다.

1821년에 미국에 찰스 G. 피니는 하나님의 능력을 받기 위하여 산 속에 들어가 기도하는 중에 성령의 불세례가 강풍같이 임하심을 체험하였고, 마음에 놀라운 평화와 함께 하나님의 크신 권능을 체험하게 되었다. 그후 어느날 "소돔의 멸망"이란 제목으로 설교를 하는 중 참석한 온 회중이 오순절의 마가 다락방과 같은 뜨거운 성령의 불을 받게 되었다. 이때부터 무능하기 짝이 없었던 찰스피니는 능력있는 목회자와 위대한 부흥사가 되어졌던 것을 보게 된다.

넷째, 성령의 불세례는 실패한 사람을 성공적인 사람으로 만들어 준다.
　스가랴 4:6下에 "만군의 여호와께서 말씀하시되 이는 힘으로 되지 아니하며 능으로 되지 아니하고 오직 나의 神으로 되느니라"고 하였다. 이 말씀의 역사적인 배경을 상고하여 보면 이스라엘 백성이 오랫동안의 포로생활을 마치고 고국으로 돌아왔지만 성읍은 황폐하여 있고 농토는 메말랐으며 물의 근원조차 찾아 볼 수 없는 극심한 생활고에 처하게 되었다. 이로 말미암아 민심은 극도로 메말라졌고 생명의 신앙마저도 무너져가고 있었다. 이때에 하나님께서 스룹바벨에게 나타나 하신 말씀이 "이는 힘으로 되지 아니하고 능으로 되지 아니한다고 하였고 오직 나의 神으로 되느니라"고 하였다. 그렇다. 이 땅 위에 사는 인생들에게는 누구에게나 실패와 불가능이란 절망의 벽에 이를 때가 있게 마련인 것이다.

　사랑하는 성도 여러분, 이 땅 위에 어느 누가 여러분의 인생의 문제를 완벽하게 해결해 줄 수가 있겠으며 모든 문제들을 책임져 줄 사람이 있겠는가? 오직 성령님만이 능히 감당해 주실 수 있다. 성령님은 여러분의 실패를 무한한 성공으로 바꾸어 주신다.

성령의 불세례 2
(마태복음 3:11)

  성경에 두 가지 세례가 나타나 있다. 하나는 물세례이고 또 다른 하나는 불세례인데, 물세례는 자기의 지은 죄를 회개하며 신앙을 고백하고 예수 그리스도를 구주로 영접하는 자들에게 성부와 성자와 성령의 이름으로 베푸는 세례이다. 이는 그리스도 안에서 ① 지난 죄는 다 씻음 받고, ② 그리스도와 접붙임을 받게 된 사실을 ③ 만 백성 앞에 공포하는 예식이기도 하다.

  그리고 불세례는, 첫째로 성령을 부어 주시는 것으로서 이 말씀의 성취는 오순절에 그대로 이루어졌으며 지금도 성령의 역사는 계속되고 있는 것이다.

  이 놀라운 사실에 대하여 주님께서는 이미 요한복음 14:16에서 말씀하시기를 "내가 아버지께 구하겠으니 그가 또 다른 보혜사를 너희에게 주사 영원토록 너희와 함께 있도록 하시리니"하셨고, 요한복음 16:7에는 "내가 너희에게 실상을 말하노니 내가 떠나가는 것이 너희에게 유익이라. 내가 떠나가지 아니하면 보혜사가 너희에게로 오시지 아니할 것이요, 가면 내가 그를 너희에게로 보내리니"하셨다. 뿐만 아니라 주님께서 부활하신 후 승천하시기 직전에도 같은 내용으로 말씀하시기를 "예루살렘을 떠나지 말고 내게 들은 바 아버지의 약속하신 것을 기다리라. 요한은 물로 세례를 베풀었으나 너희는 몇날이 못되어 성령으로 세례를 받으리라"고 하신 그대로 오순절에 홀연히 하늘로부터 급하고 강한 바람같은 소리가 저희 앉은 집에 가득하게 되었고 불의 혀같이 갈라지는 것이 각 사람 위에 임하게 되었던 것이다.

  둘째로 불세례는 능력을 부어 주시는 세례이다.

  인생은 언제나 약하다. 마음도 약하고 육체도 약하며 의지도 약하고 결심도 약하다. 아침의 결심이 해도 지기 전에 변하며 교회에서의 각오가 집에 가고, 직장에 가면 변하고 년초에 세웠던 결심이 몇달이 못가서 약해지고 꿈 많던 청소년 시절의 계획이 장년 때가 되면 수포로 돌아가고 마는 일이 허다하다. 이렇게 약하고 변화무상한 것이 우리 인생이요, 마음인고로 우리는 성령의 능력을 받아야 한다.

"내 맘이 약하여 늘 넘어지오니 주 예수 힘주사 굳세게 하소서"

성도 여러분, 이 시간 하나님의 크신 권능이 각인의 위에 충만하시기를 주님의 이름으로 축원한다.

성령이 임한 자에게 역사하시는 이 권능은 어떤 대적도 이기게 하시고 무슨 일이든지 할 수 있게 하시며 어떤 실패에서도 승리하게 하고 어떠한 십자가라도 질 수 있게 하시며 주님의 맡겨주신 사명을 능히 감당하게 하여 주시는 것이다. 성경을 살펴보면 성령의 능력을 나타낸 표현이 여러가지 있는데 그중에 하나는 ① 불, 또 하나는 ② 바람으로 나타내었다.

첫째, 불은 뜨거운 열을 가지고 있다.

균을 태우고 못쓰는 쇠붙이를 녹여서 좋은 연모를 만들어 낸다. 이와 같이 누구든지 성령의 불에 부딪치기만 하면 옛 성품은 소멸되고 녹슬고 부러지고 일그러지고 깨어진 무용지물의 무가치한 인생들이 하나님의 위대한 그릇으로 새 창조 받아 쓰임받게 된다. 할렐루야!

둘째, 불은 빛을 발하여 어두움의 일을 내어 쫓아 버린다.

그런고로 하나님의 성령이 충만한 곳마다 하나님의 영광의 빛으로 가득차게 되며 하나님의 전능하신 능력으로 가득차 죄악된 것은 그림자도 얼씬 못하게 된다.

한편 사도행전 2:2 말씀에 나타난 성령의 바람은 에스겔 골짜기의 마른 해골떼 같은 메마른 곳에 역사하여 마른 뼈들이 서로 연결되며 힘줄이 생기고 살이 입혀지고 가죽이 덮여서 큰 군대가 되듯이 오늘도 성령의 거룩한 바람이 심령 속에 들어가 역사하는 자들마다 십자가의 큰 군대가 될 줄 믿는다. 친애하는 성도 여러분, 오늘도 성령의 뜨거운 불세례가 심령 속에 임하셔서 주님의 높고 위대하신, 그리고 영광된 이름을 위하여 승리하며 살아가자.

세례의 의미
(마태복음 3:13-17)

　기독교는 성례 즉 세례와 성찬을 거행함으로 우리 성도들이 구별된 하늘나라 백성임을 생활 속에 심어주고 있다. 예수님께서도 세례 요한에게 세례를 자청하여 받음으로 우리들에게 세례의 본을 보여 주셨다. 요한은 예수님의 청을 사양하면서 "내가 당신에게 세례를 받아야 할 터인데 당신이 내게로 오시나이까?" 라고 말하였다. 그러나 예수님은 "우리가 이와 같이 하여 모든 의를 이루는 것이 합당하니라"라고 말씀하시고 요한에게 세례를 받으셨다.
　그러면 "세례"란 어떠한 의미가 있는가에 대해서 몇 가지 상고 하면서 말씀의 은혜를 나누고자 한다.

첫째, 세례는 예수 그리스도의 피로 죄를 씻음받는 표시이다.
　인간은 나면서부터 모두 죄아래 태어났다. "의인은 없나니 하나도 없으며"(롬 3:10), 죄의 삯은 사망이다(롬 6:23). 그러므로 인간이 죽기 전에 하루, 일각이라도 더 빨리 죄사함을 받는 것은 그의 생애가 그 때부터 축복의 생활로 전환되는 순간이 되는 것이다.
　그런데 이 죄를 씻는 방법은 이 땅의 도덕, 윤리, 철학, 문학 등 어떤 인간의 노력으로도 씻음 받을 수 없다. 오직 우리를 위해 십자가에 달려 돌아가신 예수 그리스도의 피를 믿음으로써 죄를 씻음받을 수 있다. "단번에 성소에 들어 가셨느니라"(히 9:12). "너희가 알거니와 너희 조상의 유전한 망령된 행실에서 구속된 것은 은이나 금같이 없어질 것으로 한 것이 아니요 오직 흠없고 점없는 어린 양같고 그리스도의 보배로운 피로 한 것이니라"(벧전 1:18-19).
　이 예수 그리스도의 구속의 은총을 인간이 그대로 받아들이고 믿기만 하면 죄를 사함 받을 수 있는 것이다.

둘째, 세례는 그리스도의 사람이라는 인침을 받는 표시이다.

"저(하나님)가 또한 우리에게 인치시고 보증으로 성령을 우리 마음에 주셨느니라"(고후 1:22). "그(예수) 안에서 저희도 진리의 말씀 곧 너희의 구원의 복음을 듣고 그 안에서 또한 믿어 약속의 성령으로 인치심을 받았으니"(엡 1:13).

세례는 바로 그리스도의 사람이 되었다는 싸인과 같다. 예수 믿는 사람이 세례 받는 기회를 미루는 것은 대단히 어리석은 생각이다. 흔히 부족하다는 핑계를 댄다. 그러나 그리스도의 사람이라는 인침을 받고 하나님께 구하면 하나님께서 부족한 것을 반드시 도와준다.

셋째, 세상과 단절하고 새 생명 가운데 산다는 결심의 표시이다.

"우리가 그의 죽으심과 합하여 세례를 받음으로 그와 함께 장사되었나니 이는 아버지의 영광으로 말미암아 그리스도를 죽은 자 가운데서 살리심과 같이 우리로 또한 새 생명 가운데서 행하게 하려 함이니라"(롬 6:4).

세례 받는 순간은 천하만민 앞에 '나는 썩어질 죄악 세상과 단절하고 하나님과 더불어 새 생명 가운데 신령한 생활을 하리라'라고 공포하는 것과 같은 것이다. 그러므로 세례를 받은 사람은 어느 누구 앞에서나 주를 시인해야 한다(마 10:31-33).

사랑하는 성도 여러분, 오늘 복된 성례 주일을 맞이하여 그리스도인이 된 것을 감사하면서 썩어질 죄악된 생활을 버리고 우리의 생명되신 예수 그리스도와 더불어 생명의 삶을 사시는 여러분이 되시기를 주의 이름으로 축원한다.

승리의 비결
(마태복음 4:1-11)

예수님은 마귀에게 시험 받으실 아무런 이유가 없었다. 그럼에도 불구하고 예수님은 마귀에게 세 번씩이나 시험을 받으셨다. 이것은 인간으로 이 땅에 오신 예수님의 모습을 보여 주신 것이며, 우리에게도 이러한 마귀의 시험이 있을 수 있다는 것이다. 한편 마귀에게서 승리하신 예수님은 우리에게 마귀의 시험에서 승리할 수 있는 비결을 가르쳐 주고 있다. 그러면 마귀의 시험에서 승리하려면 어떻게 해야 하는가에 대해서 말씀을 상고하면서 함께 은혜를 나누고자 한다.

첫째, 성령의 이끌림을 받아야 된다.

"그 때에 예수께서 성령에게 이끌리어 마귀에게 시험을 받으러 광야로 가사"(1절). 이 세상은 영적인 전쟁터와 같다. 여기에서 승리하려면 성령의 이끌림을 받아야만 한다. 왜냐하면 성령은 ① 생명이시기 때문이다. "이는 그리스도 예수 안에 있는 생명의 성령의 법이 죄와 사망의 법에서 너를 해방하였음이라"(롬 8:2). ② 능력이시기 때문이다. "오직 성령이 너희에게 임하시면 너희가 권능을 받고"(행 1:8). ③ 영원한 신이시기 때문이다. "영원하신 성령으로 말미암아 흠없는 자기를 하나님께 드린 그리스도의 피가"(히 9:14). ④ 위로의 영이시기 때문이다. "내가 아버지께 구하겠으니 그가 또 다른 보혜사를 너희에게 주사 영원토록 너희와 함께 있게 하시리니"(요 14:16). 이 성령이 우리로 하여금 하나님의 뜻을 따르도록 강권적으로 이끌어 주시는 줄 믿으시기 바란다.

둘째, 기도 생활을 해야 한다.

"사십일을 밤낮으로 금식하신 후에 주리신지라"(2절). 예수님은 40일 금식기도를 하시기 전에 세례를 받으시고 "이는 내 사랑하는 아들이요 내 기뻐하는 자라"(마 3:17)는 하나님의 음성을 들었다. 우리는 이와 같이 좋은 일이 있게 된 후에 기도가 약해질 수 있다. 그러나 예수님은 40일동안 금식기도하심으로 승리하셨다. 우리는 항상 기도로 무장해야 한다. 기도는 ① 승리를 가져오게 한다. "모세가 손을 들면 이스라엘이 이기고 손을 내리면 아말렉이 이기더니"(출 17:11). 모세가 손을 들고 기도할 때에 이스라엘이 승리했다. ② 하나님의 진노를 멈추게 한다(민 11:1,2). ③ 장수의 축복을 받게 한다(왕하 20:6). 히스기야왕이 하나님께 기도했을 때 15년동안 생명을 연장 받았다. ④ 사명을 잘 감당하게 해준다. ⑤ 병이 물러가게 한다. "믿음의 기도는 병든 자를 구원하리니 주께서 저를 일으키시리라"(약 5:15).

셋째, 하나님의 말씀과 함께 하는 생활을 해야 한다.
"예수께서 대답하여 가라사대 기록되었으되 사람이 떡으로만 살 것이 아니요 하나님의 입으로 나오는 모든 말씀으로 살 것이라"(4절). 예수님은 마귀의 첫번째 시험에서 신명기 8:3 말씀으로, 두번째 시험에서는 신명기 6:16 말씀으로, 세번째 시험에서는 신명기 6:13 말씀으로 승리하셨다. 성경은 ① 여호와의 책이다. "너희는 여호와의 책을 자세히 읽어보라 이것들이 하나도 빠진 것이 없고 하나도 그 짝이 없는 것이 없으리니"(사 34:16) ② 하나님의 말씀이다. "하나님의 말씀은 다 순전하며 하나님은 그를 의지하는 자의 방패시니라"(잠 30:5). ③ 율법책이다. "이 율법책을 네 입에서 떠나지 말게 하며 주야로 그것을 묵상하여 그 가운데 기록한대로 다 지켜 행하라. 그리하면 네 길이 평탄하게 될 것이라. 네가 형통하리라"(수 1:8). 하나님은 성경을 읽는 자에게 "① 영생을 얻게 해 주시고(요 20:31), ② 믿음이 성장하게 해주시며(행 17:11), ③ 성령을 받게 해주시고(눅24:32), ④ 기쁨이 충만케 해 주시며(렘 15:16), ⑤ 복이 있게 해주신다(계 1:3)"고 약속하셨다.

사랑하는 성도 여러분, 예수님을 본받아 성령의 이끌림을 받고 기도생활과 하나님의 말씀과 함께 하는 생활을 잘하며 마귀의 시험에서 항상 승리하는 성도 여러분이 되시기를 예수 이름으로 축원한다.

회개와 용서
(마태복음 4:16)

성경말씀 안에는 회개라는 말이 수없이 기록되어 있다. 세례 요한은 유대 광야에서 제일 먼저 외친 말씀에 "회개하라 천국이 가까워 왔느니라"고 하였고, 예수님께서도 40일 동안의 금식과 사탄의 시험을 이기신 후 제일 먼저 외치신 말씀이 "회개하라 천국이 가까워 왔느니라"고 하셨다.

첫째로, 여기 세례 요한이나 예수님께서 외치신 회개란 무엇인가에 대하여 그 대의를 세 가지로 나누어 말씀드리고, 둘째로, 회개하는 방법에 대하여 말씀드리고 셋째로, 회개한 자가 받는 용서에 대하여 말씀드리겠다. 그러면 첫째로 회개란 무엇인가에 대해서 생각해 보기로 하겠다.

'회개'(Repentance)란 말은 구약에 기록한 말 "슈브"(ㄱㄸ)라는 히브리 말의 뜻을 보면 '되돌아 온다'는 뜻을 가지고 있는 말인데 즉

첫째, 회개란 말은 되돌아 온다는 뜻을 가지고 있는 말이다.
인생은 아버지의 품을 떠나 타락해 버린 탕자처럼 하나님을 배반하고 멀고먼 지경으로 떠나버린 인생들인 것이다. 그러나 하나님은 이와 같이 하나님을 거역하고 배신한 우리 인생들을 그대로 버려두지 아니하시고 끝까지 부르시면서 회개하면 용서하여 주시겠다고 말씀하였다. 그런고로 이사야 1:18 말씀에 "오라 우리가 서로 변론하자 너희 죄가 주홍 같을지라도 눈과 같이 희어질 것이요 진홍같이 붉을지라도 양털같이 되리라"고 하였다. 그러고로 참된 회개는 주께로의 복귀이며 바로 하나님을 배반하고 떠났던 자리에서 하나님께로 돌아와 주안에 거하는 삶을 의미하는 것이다.

둘째, 회개란 지은 죄악에 대해 슬피 뉘우치고 애통함으로 마음의 변화를 가져오게 되는 것을 말한다.
시편 38:18에 다윗은 하나님께 기도하기를 "내 죄악을 고하고 내 죄를

슬퍼한다"고 하였다. 죄를 범하고 슬퍼할줄 아는 사람이라야 죄를 버릴 수 있는 사람이 되며 하나님 앞에서도 불쌍히 여김을 받을 사람이 되는 것이다. 그러나 죄를 범하고도 뉘우침이 없고 통회하는 마음이 없는 사람은 더욱더 부패하고 타락될 위험이 짙은 사람이다.

프랑스의 사상가 루소(Rousseau Jean)는 말하기를 "죄를 부끄러워하라 그러나 죄를 회개하는 것을 부끄러워하지 말라"고 하였다. 그런고로 회개란 바로 죄를 슬퍼하고 뉘우침으로 마음 중심에서부터 변화를 가져오는 것을 말하는 것이다.

셋째, 회개란 부패된 옛사람이 그리스도와 함께 죽고 또한 그리스도와 함께 살아서 새로운 사람으로 소생되어지는 것을 말한다.

로마서 6:6에 "우리가 알거니와 우리 옛 사람이 예수와 함께 십자가에 못박힌 것은 죄의 몸이 멸하여 다시는 우리가 죄에게 종노릇 하지 아니하려 함이니"라고 하였다. 진실로 참된 회개는 뉘우치는 데서 고쳐지는 상태에 이르는 것이며 거듭나는 것에 관계가 되기도 하는 것이다. 즉 회개란 소극적으로는 악한 것을 벗어버리는 것이고 적극적으로는 하나님께 귀의하는 것을 의미하는 것이다.

많은 사람들이 죄가 나쁘다는 것을 알고 죄의 속박에서 벗어나기를 원하고 있으나 그 죄를 해결하는 방법을 모르고 있는 사람이 많다.

인간이 지은 죄를 회개하여 하나님께 용서함을 받자면.

첫째, 자기의 지은 죄를 전능하신 하나님 아버지 앞에 자기의 입술로 친히 자복해야 한다.

예레미야 3:13에 말씀하시기를 "너는 오직 네 죄를 자복하라"고 하였고, 다윗은 하나님께 회개하기를 "상하고 통회하는 마음을 감찰하여" 주시기를 기도하였다. 그리고 하나님은 요엘 선지자를 향하여 말씀하시기를 "너희는 이제라도 금식하며 울며 애통하고 마음을 다하여 내게로 돌아오라"고 하였으며 "너희는 옷을 찢지말고 마음 찢고 너희 하나님 여호와께로 돌아오라"고 하였는데 이 말씀은 바로 회개의 방법을 지적하여 주신 말씀인 것이다.

둘째, 회개하는 방법은 상하고 통회하는 마음을 가지고 여호와께로 돌아가야 한다.

시편 51:17에 "하나님의 구하시는 제사는 상한 심령이라"고 하였고, 다윗도 하나님께 회개하기를 "상하고 통회하는 마음을 감찰하여" 주시기를 기도하였다.

셋째, 회개하는 방법은 죄를 뉘우치고 떠날 뿐만 아니라 하나님의 공의를 지키며 하나님을 바라보며 사는 생활을 의미하는 것이다.

신앙생활에 귀중한 것은 바로 하나님의 공의를 지키며 오직 하나님만 바라보고 사는 진실한 믿음의 생활이 이루어져야 한다. 아무리 마음으로 뉘우친다 할지라도 진실한 믿음의 생활이 수반되지 아니하면 그 회개는 시작에만 그치고 마는 것이다. 우리는 성군 다윗처럼 눈물의 베개를 적시우는 철저한 회개 속에 날마다 주님과 함께 하는 믿음의 성숙한 생활이 이루어지도록 전심을 다해야 하겠다. 그리할 때 하나님의 성령의 도우심으로 변화를 받게 되고 십자가 구속의 피로 깨끗하게 씻음 받아 새사람이 되어지게 되는 것이다.

그러면 회개한 자가 받는 속죄함에 대하여 말씀드리겠다.

하나님은 회개한 자들의 죄에 대해서는 철저하게 처리하여 주시는 것을 보게 되는데 첫째 주께서 친히 담당하여 주신다고 하였고(사 55:11), 둘째 용서하시리라고 하였으며(사 55:7), 셋째 다시는 기억지도 아니하신다고 하였고(히 10:17), 넷째 흔적도 없게 하신다고 하였으며(사 44:22), 다섯째 깨끗하게 씻어준다고 하셨다(행 22:16).

결론으로 이와 같이 죄를 용서함 받은 자는 ① 재앙이 거두어지게 되고(대하 7:14) ② 선한 길을 인도함을 받게 되며(대하 6:27) ③ 새 생명을 얻게 되어(행 11:18) ④ 유쾌한 말이 주께로 부터 이르게 되며(행 3:19) ⑤ 성령 충만함을 받게 되고(행 2:38) ⑥ 천국에 입국하는 하늘의 축복을 받게 된다.

나를 따라 오너라
(마태복음 4:18)

사람은 영적 존재이며 교육적 동물이기 때문에 환경의 지배와 교육에 의하여 인격이 형성되며 종교성이 형성되어지기도 한다. 그런고로 사람이 무엇에 지배를 받으며 누구를 따르느냐에 따라서 목적도 결과도 달라지게 되는 것이다. 오늘 읽어드린 말씀에 보면 갈릴리 바다에서 고기를 잡으며 어부의 생활로 평생을 살아오던 베드로에게 주님께서 말씀하시기를 "나를 따라오너라 내가 너로 사람을 낚는 어부가 되게 하리라"고 하였다. 그러면 여기 "나를 따라 오너라"고 하신 예수님의 말씀은 무엇을 의미하는 말씀인가에 대해서 세 가지의 큰 의미를 말씀드리고 또 주님을 따르는 자가 받는 축복이 무엇인가에 대해서 결론으로 말씀드리겠다.

첫째, 예수님을 따르라는 말은 예수님의 제자가 되라는 말이다.

예수님께서 베드로에게 "나를 따라 오라"(마 4:19)고 하신 말씀은 바로 베드로로 하여금 예수님의 제자가 되라고 하신 말씀인 것이다. '제자'라는 말은 헬라어의 '마데테스'($\mu\alpha\theta\eta\tau\eta\varsigma$) 즉 '배우는 자' 또는 '견습자'라는 뜻을 가진 말인데, 우리가 예수님의 참된 제자가 되자면 예수님을 바로 배우고 바로 받아드려야 한다.

그런고로 예수님은 말씀하시기를 "나의 멍에를 메고 내게 배우라"(마 11:29)고 하였고, 디모데후서 3:14 말씀에는 "너는 배우고 확신하는 일에 거하라"고 하였다. 사랑하는 성도 여러분, 누구든지 예수님을 바로 알고 바로 영접하기만 하면 예수님의 참된 제자가 될 수 있다. 이 세상에서 가장 고상한 지식은 여호와 하나님을 아는 지식이다. 그런고로 잠언 1:7에 솔로몬은 "여호와를 아는 것이 지식의 근본"이라고 하였고, 이사야 선지자는 예언하기를 "물이 바다를 덮음같이 여호와를 아는 지식이 세상에 충만할 것임이라"고 하였다. 여호와를 아는 자, 가장 복된 자이며 예수님의 제자가 되어진다. 사랑하는 성도 여러분, 오늘도 여러분은 예수님을 바로 알고 그 주님을 바로 따라감으로 예수님의 귀한 제자가 되어지시기를 주님의 이름으로 축원한다.

둘째, 예수님을 따르라는 말은 예수님을 언제나 앞세우고 인간은 그 뒤에 세우라는 말이다.

인간이 이 세상을 한평생 살아가는 동안 가장 중요한 것은 우리 자신은 언제나 예수님의 뒤에 세우고 예수님을 우리의 앞에 세우는 일이다. 여기 "따르라"한 표현은 헬라어의 "오피소"($\dot{o}\pi\acute{\iota}\sigma\omega$)라는 말로서 '뒤로', '후에'라는 의미로 우리는 뒤에 서고 예수님을 앞세우라는 말의 뜻인 것이다.

우리 인간이 범하기 쉬운 과오 중에 하나는 하나님보다 우리 자신을 앞세우는 일들이다. 무슨 일을 하나님이 결정하시기 전에 인간 자신이 먼저 결정해 버리고 하나님이 명령하시기 전에 인간이 먼저 행동해 버리고 하나님이 붙잡아 주실 자리에 먼저 우리 자신이 부둥켜 안고 염려해 버림으로 하나님께서 도우실 손 댈자리를 내어 드리지 못할 때가 얼마나 많은지 말로 다할 수 없다. 우리가 분명히 기억해야 할 것은 하나님은 언제나 우리 인간의 모든 것 앞에 서서 역사하시고 계신다는 사실을 알아야 한다.

출애굽기 13:21에 보면 하나님께서 이스라엘 백성을 인도하실 때 여호와께서 이스라엘 백성들 앞에서 행하여 주셨고 낮에는 구름기둥으로 밤에는 불기둥으로 그들의 길을 비춰어 진행하게 하신 역사를 찾아 볼 수 있다. 하나님은 언제나 하나님의 백성들의 필요한 것을 앞서서 예비해 놓아 주셨고, 대적이 침범해 올 때는 하나님께서 친히 앞장서서 싸워 주셨을 뿐 아니라 우리가 어찌할 바를 알지 못하고 방황할 때는 하나님께서 앞장서시어 행하여 주시는 것을 알아야 한다. 그러기 때문에 우리는 언제나 하나님을 앞세우고 살아야 한다.

셋째, 예수님을 따르라는 말은 예수님의 인도를 받으라는 뜻이다.

이사야 63:14에 "여호와께서 주의 백성을 인도하신다"고 하셨고, 신명기 7:1 말씀에는 네 하나님 여호와께서 너를 인도하사 네가 가서 얻을 땅으로 들이실 뿐 아니라 대적 가나안 7족을 다 진멸케하여 승리하도록 이끌어 주시겠다고 하였다. 하나님은 언제나 우리의 목자가 되셔서 우리로 하여금 푸른 초장에 눕게 하실 뿐 아니라 잔잔한 시냇물가와 의의 길로 인도하여 주시는 것이다.

사랑하는 성도 여러분, 여러분은 언제 어디서 무엇을 하든지 여호와의 인도하심을 구해야 한다. 그리고 그의 뜻을 똑바로 따라가야 한다. 우리 인간은 스스로 많은 것을 계획한다 할지라도 그 모든 것을 이루어 주실 자는 오직 하나님이시다. 그런고로 잠언 16:9 말씀에 보면 "사람이 마음으로 자기의 길을 계획할지라도 그 걸음을 인도하는 자는 여호와시라"고 하였다. 이 세상에서 가장 안전하고 축복된 자는 바로 하나님의 인도하심을 받는 자이다. 하나님은 인생을 인도하시되 영원한 길, 진리의 길, 생명의 길로 인도하여 주시며(요 14:6), 사명의 길로 인도하여 주신다(행 20:24). 그런고로 주님은 오늘도 여러분을 향하여 나를 따라 오너라고 하시며 사랑의 음성으로 부르고 계신다.

결론으로 우리가 주님을 따르게 되면 어떻게 되는가에 대해서 말씀을 드리겠다. 주님을 따르는 자가 받는 축복은 첫째로 주님을 따르는 자는 사람을 낚는 어부가 되어진다(마 4:19). 둘째로 생명의 빛을 얻게 되며(요 8:12), 셋째로 영생을 얻게 되며, 넷째로 영원히 주리지 않고 배불림을 받게 되며, 다섯째로 영원토록 하나님의 보호를 받게 된다.

버리고 좇은 예수님의 제자들
(마태복음 4:18-22)

예수님께서 갈릴리 해변에 다니시다가 제자를 삼기 위해 바다에 그물을 던지던 어부 베드로와 안드레를 불러 "나를 따라 오너라. 내가 너희로 사람을 낚는 어부가 되게 하리라"고 말씀하시자 베드로와 안드레는 즉시로 그물을 버려두고 예수님을 좇았다. 그때부터 그들은 예수님과 스승과 제자로서의 관계를 맺게 되었던 것이다. 3년 반 동안 예수님을 따라 다니면서 예수님의 모든 행적을 다 배웠고 예수님께서 하나님의 아들이시라는 것을 그들은 확실히 깨달았던 것이다. 그 후 오늘날에 이르기까지 많은 제자들이 나가서 하나님의 말씀을 증거함으로 교회가 크게 성장되었고 기독교의 복음이 온 세계에 전파될 수 있는 큰 축복을 받게 되었던 것이다. 그러므로 우리가 예수님을 믿고 나서 제일 먼저 해야 할 일은 예수님과 깊은 관계를 맺어야만 하는 것이다. 그러면 예수님과 깊은 관계를 맺기 위해서는 어떻게 해야 하는가에 대해서 말씀을 상고하면서 함께 은혜를 나누고자 한다.

첫째, 몸과 지체의 관계를 맺어야 한다.

"너희는 그리스도의 몸이요 지체의 각 부분이라. 하나님이 교회 중에 몇을 세우셨으니 첫째는 사도요, 둘째는 선지자요, 셋째는 교사요, 그 다음은 능력이요 그 다음은 병 고치는 은사와 서로 돕는 것과 각종 방언을 하는 것이라"(고전 12:27,28). 지체 하나 하나가 모여서 한 몸이 되는 것이다. 우리는 예수님과 접붙임을 받아서 한 몸이 된 것이다.

둘째, 성전과 성전의 관계를 맺어야 한다.

"너희가 하나님의 성전인 것과 하나님의 성령이 너희 안에 거하시는 것을 알지 못하느뇨"(고전 3:16). 우리 몸은 하나님의 성전이다. 창세기 2:7

에 보면 "여호와 하나님이 흙으로 사람을 지으시고 생기를 그 코에 불어 넣으시니 사람이 생령이 된지라"라고 말씀했고, 로마서 8:10에 보면 "그리스도께서 너희 안에 계시면 몸은 죄로 인하여 죽은 것이나 영은 의를 인하여 산 것이니라"라고 말씀했다.

셋째, 스승과 제자의 관계를 맺어야 한다.

예수님은 우리의 스승이요 우리는 그의 제자이다. 예수님께서는 마태복음 28:19, 20에 "너희는 가서 모든 족속으로 제자를 삼아 아버지와 아들과 성령의 이름으로 세례를 주고 내가 너희에게 분부한 모든 것을 가르쳐 지키게 하라"고 말씀했다. 우리는 우리의 스승이 되시는 예수님의 뜻을 잘 따르고 그 말씀을 지킬 때 예수님과 깊은 관계를 맺을 수 있다.

넷째, 하나님 앞에 나와서 의를 위해서 사는 관계를 맺어야 한다.

"의를 위하여 핍박을 받는 자는 복이 있나니 천국이 저희 것임이라"(마 5:10). "너희는 먼저 그의 나라와 그의 의를 구하라 그리하면 이 모든 것을 너희에게 더 하시리라"(마 6:33). 우리 삶의 목표는 의를 위해서 사는 것이다. 죄를 지은 사람은 주님 앞에 나와서 회개하고 의를 위해서 살아야 예수님과 깊은 관계를 맺을 수 있는 것이다.

다섯째, 사랑의 관계를 맺어야 한다.

"새 계명을 너희에게 주노니 서로 사랑하라. 내가 너희를 사랑한 것 같이 너희도 서로 사랑하라"(요 13:34). 요한은 예수님을 끝까지 사랑했다. 예수님이 십자가에 달리실 때 베드로는 예수님을 세 번이나 부인하고 도망갔지만 요한은 끝까지 따라 갔다. 예수님은 운명 직전에 어머니 마리아를 요한에게 모시도록 부탁했다. 그후 요한은 20년 동안 마리아를 모셨다고 한다.

사랑하는 성도 여러분, 예수님과 몸과 지체의 관계, 성전과 성전과의 관계, 스승과 제자의 관계, 사랑의 관계를 맺고 하나님 앞에 나와서 의를 위해서 살아 예수님의 제자들처럼 예수님과 깊은 관계를 맺어 땅끝까지 복음을 전하시는 성도 여러분이 되시기를 주의 이름으로 축원한다.

변화를 위한 교회의 3대 사명
(마태복음 4:23-25)

현대인들의 삶의 부류를 보면 대개 세 가지 모습으로 나타난다. 과거에 얽매여 전진이 없이 항상 슬픔과 실패 속에서 살아가는 사람이 있는가 하면, 현실에 안주하여 미래에 대한 꿈도 없이 그저 하루하루를 의미없는 삶을 살아가는 사람이 있고, 보다 나은 미래를 향하여 보다 나은 계획을 꿈꾸면서 힘차게 전진하며 노력하는 삶을 사는 사람이 있다. 이 세상은 하루가 다르게 변천되어 가고 있다. 우리 신앙인들은 과연 어떻게 살아가야 할까요? 세상 조류에 밀려 살지 말고 하나님의 말씀을 따라 영원한 소망을 바라보면서 힘차게 전진하는 삶을 살아야 한다. 그러면 변화를 위한 교회의 3대 사명이 무엇인가 말씀을 상고하면서 함께 은혜를 나누고자 한다.

첫째, 가르치는 사명이다.

"예수께서 온 갈릴리에 두루 다니사 저희 회당에서 가르치시며"(23절). 가르치는 것을 다른 말로 표현하면 '교육'이라고 할 수 있는데, 이것은 대단히 중요하다. '교육'이란 말은 헬라어에 보면 '알게 하고, 깨닫게 하고, 보여 준다'라는 의미가 있다. 성경에 기록된 삼위일체 하나님의 사역 중에 하나는 가르치는 사역이다. 성부 하나님의 사역에 대해서는 시편 32:8에 "내가 너의 갈 길을 가르쳐 보이고"라고 말씀했고, 성자 하나님의 사역에 대해서는 본문 23절 "예수께서 …… 저희 회당에서 가르치시며"라고 말씀했으며, 성령 하나님의 사역에 대해서는 누가복음 12:12에 "마땅히 할 말을 성령이 곧 그때에 너희에게 가르치시리라"고 말씀했다. 우리가 가르치는 사명을 다하기 위해서는 ① 주의 길을 잘 배우고 가르쳐야 한다(시 25:4). ② 주의 율례과 법도를 잘 배우고 가르쳐야 한다(출 18:20). ③ 예수를 가르쳐 주어야 한다(행 8:35). ④ 인생이 어디서 왔고 무엇 때문에 사는가를 가르쳐 주어야 한다. 우리는 하나님의 영광을 위하여 사는 자가 되어야 한다. ⑤ 마땅히 행할 길이 무엇인가를 가르쳐 주어야 한다(잠 22:6).

둘째, 전파의 사명이다.

"예수께서 …… 천국 복음을 전파하시며"(23절). 우리가 전파해야 할 것은 ① 복음이다. 복음의 나팔을 불어야 한다. 사도행전 8:4,5에 보면 "그 흩어진 사람들이 두루 다니며 복음의 말씀을 전할새 빌립이 사마리아 성에 내려가 그리스도를 백성에게 전파하니"라고 말씀했다. 빌립이 복음을 전파했을 때 귀신들이 물러갔고, 병이 낫게 되었으며, 큰 기쁨이 있게 되었다. "많은 사람에게 붙었던 더러운 귀신들이 크게 소리를 지르며 나가고 또 많은 중풍병자와 앉은뱅이가 나으니 그 성에 큰 기쁨이 있더라"(행 8:7,8). 우리도 복음을 전파할 때 이러한 역사가 일어날 줄 믿는다. ② 예수가 하나님의 아들이시며 구주인 것을 전파해야 한다. "즉시로 각 회당에서 예수의 하나님의 아들이심을 전파하니"(행 9:20). 또한 우리는 전파하되 때를 얻든지 못 얻든지 항상 힘쓰는 자세로 전파해야 한다(딤후 4:2).

셋째, 치유의 사명이다.

"예수께서 …… 백성 중에 모든 병과 모든 약한 것을 고치시니"(23절). 정말 우리는 예수믿고 영도 치유받고 마음의 병, 육신의 병도 고침받는 특별한 은혜를 입었다. 이제는 우리들도 예수님처럼 가서 모든 사람을 치료해 주어야 한다. 우리의 하나님은 치료하는 여호와이시다(출 15:26). 교회는 정죄하기를 좋아하지 말고 치유해 주기를 좋아해야 한다. 마태복음 10:1에 보면 "예수께서 그 열두 제자를 부르사 더러운 귀신을 쫓아내며 모든 병과 모든 약한 것을 고치는 권능을 주시니라"고 말씀했다. 우리에게도 이러한 권능을 주셨다. 이것은 믿는 자에게 주신 특권이다(마 17:17,18). 우리는 이 권능을 가지고 모든 사람들에게 가서 귀신을 쫓아내 주고 병을 고쳐주는 치유의 사명을 다해야 한다. 야고보서 5:16에 보면 "너희 죄를 서로 고하며 병 낫기를 위하여 서로 기도하라. 의인의 간구는 역사하는 힘이 많으니라"고 말씀했다.

사랑하는 성도 여러분, 가르치는 사명, 전파의 사명, 치유의 사명을 다 할때 교회가 새롭게 변화되고 부흥된다. 이 사명을 다하여 주님의 몸된 교회를 부흥시키는 성도 여러분이 다 되시기를 주의 이름으로 축원한다.

천국을 소유할 자
(마태복음 5:1)

천국은 인류 최후 소망이며 하나님의 백성을 위하여 예비하신 영원한 안식처이다. 세례 요한은 "회개하라 천국에 가까왔느니라"고 외쳤고, 특히 예수님은 산에 올라가 8복을 가르치실 때 심령이 가난한 자는 천국이 저희 것임이라고 하였다. 이 지구상에는 각 족속, 각 방언 그리고 각기 다른 문화권 안에 50억이 모래알처럼 모여 살고 있는데 이들을 크게 대분하면 천국을 소유하고 사는 자와 지옥을 이루어 사는 자로 구분할 수가 있다. 여러분은 한 사람도 빠짐없이 모두 천국을 소유하는 분이 되시기를 주님의 이름으로 축원한다. 그러면 천국은 어떤 자가 소유할 수 있는가에 대해서 네 가지 내용을 말씀드리겠다.

첫째, 천국을 소유할 자는 심령이 가난한 자이다.
마태복음 5:3에 "심령이 가난한 자는 복이 있나니 천국이 저희 것임이라"고 하였다. 여기 심령이 가난하다고 하는 말은 경제적 궁핍 또는 육체적 쇠약 등을 의미하는 말이 아니라 죄를 회개하고 깨끗해진 마음을 뜻하는 말이다. 세례 요한도 "회개하라 천국이 가까워 왔다"고 외쳤고 특히 예수님은 40일 금식을 마치신 후에 제일 먼저 외치신 말씀이 "회개하라 천국이 가까워 왔느니라"라는 것이었다.

회개는 천국에 들어가는 관문이며 깨끗한 심령이 되어지는 영혼 세척의 방법인 것이다. 하나님은 누구든지 예수님의 십자가 앞에 나아와 지은 죄악을 참회하고 돌이키기만 하면 주홍같이 붉은 죄라도 흰눈같이 씻어주시고 진홍같이 붉고 더러운 죄악이라도 양털같이 깨끗함을 받게하여 주시는 것이다(사 1:18). 그리고 심령이 가난하다고 한 말은 하나님 앞에 비교한 자신의 처지가 아무것도 아님을 아는 겸손한 마음을 의미하는 것이며, 나의 소유 전체가 나의 것이 아니라 하나님의 것임을 알고 인정하는 마음을 의미하는 말이다. 천국은 바로 이와같이 심령이 가난한 자들의 것으로 축복하여 주셨다.

둘째, 천국을 소유할 자는 예수 그리스도를 믿고 그를 영접한 자이다.

요한복음 14:6에 예수님은 자신에 대하여 나는 길이요(I am the way), 진리요(the truth), 생명(the life)이니 나로 말미암지 않고는 아버지께로 올 자가 없다고 하였다. 그리고 요한복음 1:12에 "영접하는 자 곧 그 이름을 믿는 자들에게는 하나님의 자녀가 되는 권세를 주셨으니"라고 하였다. 예수 그리스도는 바로 멸망받을 모든 인류를 천국으로 인도하는 유일의 길이시다. 예수님은 말씀하시기를 나로 말미암지 않고는 아버지께로 올 자가 없다'고 하였다. 사도행전 4:12에 "다른 이로서는 구원을 얻을 수 없나니 천하 인간에 구원을 얻을 만한 다른 이름을 우리에게 주신 일이 없다고 하였다. 오늘날 우상의 종교, 사이비 종교가 범람하는 이때 이미 믿는 자들은 바른 복음을 전파하는 사명을 다해야 하며 아직도 예수 그리스도를 영접하지 못한 자들은 신앙 선택의 잘못된 것을 뉘우치고 일각도 지체하지 말고 생명의 주요 온전케하시는 이인 예수 그리스도를 영접하므로 이 엄청나고 귀한 천국의 소유자가 되시기를 기원한다.

셋째, 천국을 소유할 자는 물과 성령으로 거듭난 자이다.

한 번은 영생 문제로 고민하던 청년 하나가 예수님께 찾아나온 일이 있었다. 그는 지위도 명예도 물질도 권세도 가졌지만 영생 문제를 해결하지 못해 그의 마음속에는 영적 공허와 갈증이 떠나지를 아니하였다. 인생이 이 땅 위에 태어나 찾고 만나야 하고 급하게 해결해야 될 수만 가지 일들이 놓여 있지만 영생 문제보다도 더 긴급하고 중한 일은 없는 것이다. 비록 인간이 목표로한 천하를 다 소유했다 할지라도 오늘밤 그 영혼이 떠나는 순간 모든 것은 물거품과 안개가 되어버리고 그 영혼은 영원한 지옥형벌과 멸망에 처하고 마는 것이다.

16세기 독일의 문학가요, 천문학 연구가로 명성이 하늘처럼 떨쳐진 파우스트가 그는 너무 많이 알게된 지식 때문에 고통과 갈등 속에 몸부림치다가 마침내 독약을 마시고 인생을 포기할려고 하는 순간에 성가대에서 올려 나오는 부활의 찬송을 듣고 예수 그리스도에 대한 신앙을 가지고 새생활을 출발하게 되었다. 육으로 난 인생 자체로서는 그 무엇을 소유했다 할지라도 구원에 이를 수가 없으며 아침 안개와 물거품처럼 모든 것이 사라지고 마는 것이다. 그런고로 물과 성령으로 거듭 나야만 천국을 소유하게 되며 하늘나라에 들어갈 수 있게 되는 것이다.

넷째, 천국을 소유할 자는 생명책에 기록됨을 받은 자이다.
생명책(Book of life)은 구원받은 자 즉, 하나님의 백성들의 이름이 기록되어 있는 책으로서 하나님의 소유된 책이다. 이 생명책은 영원한 생명이 주어짐을 보여주며 또 생명책에 기록된 유무에 따라 마지막 최후심판에 사용될 책임을 보여 주기도 하는 책이다. 요한계시록 21:27에 보면 "무엇이든지 속된 것이나 가증한 일 또는 거짓말하는 자는 결코 그리로 들어오지 못하되 오직 어린양의 생명책에 기록된 자들뿐이라"고 하였다. 그리고 요한계시록 20:15에는 "누구든지 생명책에 기록되지 못한 자는 불못에 던지우더라"고 하였다. 그러면 어떤 자가 생명책에 기록됨을 받을 수 있을까요? 예수 그리스도를 구주로 영접하여 구원을 받음으로 하나님의 백성이된 자는 누구든지 생명책에 기록됨을 받을 수 있게 된다. 사도 바울은 빌립보 교회를 향해 "복음에 나와 힘쓰던 부녀들을 돕고 글레멘드와 그 외에 나의 동역자들을 도우라 그 이름들이 생명책에 있느니라"고 하였다.

사랑하는 성도 여러분, 여러분들이 예수 그리스도를 이 시간 영접하였다면 여러분은 반드시 여러분의 이름이 하늘나라 생명책에 기록됨을 받게 된다. 그리고 마지막 최후의 심판날에는 주님이 예비하신 영원한 천국을 소유하게되는 것이다.

애통하는 자의 축복
(마태복음 5:1)

이 땅 위에는 낮과 밤이 있고 여름과 겨울이 있듯이 인생의 길에도 기쁨과 슬픔이 함께 스쳐가고 있음을 우리는 알고 있다. 인생의 그 어떤 슬픔 속에서라도 소망을 잃지 않게 하시며 애통하며 슬퍼하는 순간마다 하늘의 위로와 넘치는 소망으로 채워주심을 보게 된다. 오늘 읽어드린 본문에서도 애통하는 자가 받는 축복이 무엇인가에 대해서 기록하였는데. 이 시간 그 내용 세 가지를 말씀드리겠다.

첫째, 애통하는 자는 하나님의 위로를 받게 된다.

'위로' 라는 말은 '파라칼레오' ($Παράκαλέω$) 즉, 격려하고 용기를 주며 안식으로 이끌어 주는 것을 의미하는 말이다. 그리고 애통이란 말은 슬픔 애곡, 한탄, 탄식하는 것을 의미하는 말이다. 하나님은 애통하는 자에게 위로를 받게 한다고 하였다. 우리가 하나님께 위로를 받자면 무엇보다도 죄악을 뉘우치며 슬퍼하는 애통이 있어야 하겠다. 죄는 인간에게 비극을 가져다 주며 하나님의 기본질서를 파괴시키는 불행의 요소가 되어지는 것이다. 죄라는 말인 헬라어의 '하말티아' ($άμαρτία$)는 '빗나간다' 는 의미를 가진 말이다. 인간이 하나님께 대하여 뜻과 마음이 일치되는 순간만이 바로 죄악에서 돌이켜 하나님과 하나되는 삶이 되어지는 것이다.

많은 사람들이 하나님께 대하여 신앙적으로 양심적으로 윤리적으로 하나가 되지 못하고 있기 때문에 하나님께서 주시는 위로를 누리지 못하고 불안과 공포 속에 살아가고 있는 자들을 수 없이 바라볼 수 있게 된다.

인간의 참된 행복은 바로 하나님 안에서 거할 때만이 누려지는 것이다. 예레미야 선지자는 하나님을 저버린 것이 죄라고 예레미야 2:19에 말하였고, 바울은 로마서 14:23에 믿음으로 좋아 아니하는 모든 것이 죄라고 하였다. 오늘날 많은 사람들의 마음 속에는 믿음의 자리에 의심을 그리고 하나님 모실 자리에 세상과 사탄을 세워놓고 있기 때문에 하나님을 아는 지식이 없어 망해가고 있다고 호세아 선지자는 탄식하였다. 그런고로 그는 호세아서 6:3에 그러므로 우리가 여호와를 알자 힘써 여호와를 알자라고 외쳤다. 불신앙과 불순종, 그리고 하나님을 거역한 모든 죄를 뉘우치며 마치 산모가 깨어지듯 자신이 깨어지는 애통이 있는 자에게는 반드시 하나님의 위로와 넘치는 축복을 누리게 되는 것이다.

둘째, 애통하는 자에게는 슬픔을 돌이켜 기쁨과 즐거움으로 가득채움을 받게하신다.

예레미야 31:13에 "그때에 처녀는 춤추며 즐거워 하겠고 청년과 노인이 함께 즐거워 하리니 내가 그들의 슬픔을 돌이켜 즐겁게 하며 그들을 위로하여 근심한 후에 기쁨을 얻게 할 것임이니라"고 하였다. 애통은 바로 기쁨으로 이어지게 하는 안식을 얻어 보려고 세상을 두루 방황해 보다가 결국은 가정에 돌아와서야 참된 안식을 누리게 되듯이 오늘날 많은 사람들이 하나님을 떠나서 참된 기쁨을 얻어 보려고 세상 것들을 취해 보다가 결국 하나님께 돌아와서 비로서 참되고 영원한 기쁨을 누리게 되는 것이다.

그런고로 욥기 22:21에 "너는 하나님과 화목하고 평안하라 그리하면 복이 네게 임하리라"고 하였고, 다윗은 주님께서 주신 기쁨을 노래하기를 "주께서 내 마음에 두신 기쁨은 저희의 곡식과 새 포도주의 풍성할 때보다 더 하나이다"(시 4:7). 이러므로 내 마음이 기쁘고 내 영광도 즐거워하며 내 육체도 완전히 거하리라고 하였다(시 16:9).

그리고 시편 5:11에 "오직 주에게 피하는 자는 다 기뻐하며 주의 보호로 인하여 영영히 기뻐 외치며 주의 이름을 사랑하는 자들은 주를 즐거워하리이다"라고 하였다. 이는 바로 다윗의 애통한 심령에 채워주신 주님의 기쁨을 노래한 것이다. 자기의 죄와 허물을 인하여 애통하며 연약함과 어리석음을 인하여 애통하는 자들은 반드시 큰 기쁨과 즐거움을 주님께로부터 누리게 되는 것이다.

셋째, 애통하는 자에게는 하늘의 소망으로 채우심을 입게하신다.

사도 바울은 하나님께 대하여 호칭할 때에 소망의 하나님(The God of

hope)이라고 하였다. 소망의 하나님이 모든 기쁨과 평강을 믿음 안에서 너희에게 충만케하사 성령의 능력으로 소망이 넘치게 하시기를 원한다고 하였다. 하나님은 인생이 겪는 슬픔에 관심을 기울여 주신다. 그 슬픔이 죄로 인한 것이든 질병으로 인한 것이든 그 눈물을 씻어 주시고 하나님의 무한하신 용서와 긍휼로서 새 소망의 투구를 씌워 주시는 것이다.

요한계시록 21:4에 모든 눈물을 그 눈에서 씻기시매 다시 사망이 없고 애통하는 것이나 곡하는 것이나 아픈 것들이 다시 있지 않게 하신다고 하였다. 아담 이후의 우리 인생은 누구나 슬픔과 눈물의 골짜기를 통과하며 살아가고 있다. 그 이유는 이 세상의 천국이 아니기 때문이며 천국을 향하여 스쳐가는 과정이기 때문이다. 그런고로 토마스 왓슨(Thomas Watson)은 말하기를 눈물의 골짜기를 지나지 않고서는 천국에 이를 수가 없다고 하였다.

가난한 자가 받는 하나님의 보장
(마태복음 5:1)

읽어드린 본문의 말씀은 산상보훈 중의 첫번째 말씀 가운데 "심령이 가난한 자는 복이 있다"고 기록되어 있다. 여기 "가난한 자"란 말은 헬라어의 "프토코스"(πτωχός)라는 말로서 빈곤과 결핍으로 구걸하는 자의 상태를 의미하는 말이다. 성경 말씀 안에서 가난한 자에 대한 말씀이 많이 기록되어 있다.

사무엘상 2:8에 "가난한 자를 진토에서 일으키신다"고 하였고, 마태복음 11:5 말씀에는 "가난한 자에게 복음이 전파된다"고 하였다. 그러면 예수님께서 산상보훈 중에 첫번째 말씀하신 심령이 가난하다는 말은 무엇을 가리키는 말씀인가에 대해서 상고하여 보기로 하겠다.

첫째, 심령이 가난하다고 하는 말은 자신의 부족을 깨닫고 겸손해짐으로 교만한 마음이 없어진 상태를 말하는 것이다.

인간에게 누구나 부족을 아는 것만큼 겸손해 질 수가 있다. 사도 바울은 "선 줄로 생각하는 자는 넘어질까 조심하라"(고전 10:12)고 하였다. 요한계시록 3:17에 보면 라오디게아 교인들이 자신들의 신앙을 잘못 진단하여 "나는 부자라 부요하여 조금도 부족함이 없는 자라"고 스스로 자만하고 있었다. 그러나 주님께서는 그들을 책망하며 지적하기를 "네 곤고한 것과 가련한 것과 눈먼 것과 벌거벗은 것을 알지 못하는도다 내가 너를 권하노니 내게서 불로 연단한 금을 사서 부요하게 하고 흰 옷을 사서 입어 벌거벗은 수치를 보이지 않게 하고 안약을 사서 눈에 발라 보게 하라"(계 3:17-18)고 하였다.

우리 인간은 언제나 연약한 그릇들이다. 깨어지기 쉽고 녹슬기 쉬우며 환경따라 세월따라 변질되기 쉬운 존재들인 것이다. 그런고로 항상 자신의 부족을 깨달아 겸손을 미덕으로 삼고 믿음의 주요 또 온전케 하시는 이인 예수님을 바라보고 의지하며 살아가야 하는 것이다.

둘째, 심령이 가난하다고 하는 말은 자기가 죄인임을 깨닫고 주님의 십자가 앞에 나아가 모든 죄를 회개함으로 말미암아 깨끗해진 심령의 상태를 가리키는 말이다.

세례 요한은 유대광야에서 모여든 무리를 향하여 "회개하라 천국이 가까왔다"(마 3:2)고 하였고, 예수님은 천국복음을 전파할실 때 제일 먼저 외치신 말씀이 "회개하라 천국이 가까왔느니라"(마 4:17) 하였다. 베드로도 마찬가지였다. 그는 모여든 청중들을 향하여 "너희가 회개하여 각각 예수 그리스도의 이름으로 세례를 받고 죄 사함을 얻으라 그리하면 성령을 선물로 받으리니"(행 2:38)라고 하였다.

회개란 말은 지은 죄에 대하여 깊이 뉘우치고 슬퍼하며 마음을 돌이켜 새롭게 하는 것을 말하는 것이다. 인간이 죄를 범하고도 회개하지 않는 것은 마치 온실에서 잡초를 기르는 것과 같고 쓰레기통에 오물을 담아 보관해 놓은 것과 같은 것이다. 하나님은 회개하는 자를 긍휼히 여기시며 회개한 죄는 용서하시되 기억지도 아니하시겠다고 하였다. 회개는 바로 심령을 세척하는 것이며 대장간에 집어 넣은 녹슨 쇠덩이를 새로운 그릇으로 만들어 내는 창조의 순간이 되는 것이다.

프랑스 사상가 룻소는 말하기를 "죄는 부끄러워하라 그러나 죄를 회개하는 것은 부끄러워말라"고 하였다. 회개는 하나님과의 가로막힌 장벽을 무너뜨리게 되며 동물원과 같은 더럽고 추악한 인간의 마음을 성령의 거룩한 전으로 만들어내는 행위가 되는 것이다.

예수님은 자신의 사역에 대하여 누가복음 5:31 말씀하시기를 "건강한 자에게는 의원이 쓸데없고 병든 자에게라야 쓸데가 있나니 내가 의인을 부르러 온 것이 아니요 죄인을 불러 회개시키러 왔노라"고 하였다. 여러분 가운데 죄의 문제로 고민하며 두려움과 공포속에 사는 자는 있는가? 만병의 대의사가 되시는 우리 주 예수 그리스도 앞에 지은 죄를 낱낱이 토하여 내라. 그리하면 여러분의 회개하여 빈 심령 속에 성령의 단비를 내리시사 새롭게 하심을 받게하여 주신다.

셋째, 심령이 가난하다고 하는 말은 자신이 이 세상에 빈손 들고 온 것을 알고 자기의 모든 소유물을 하나님의 것으로 인정하는 것을 말하는 것이다.

우리 인생은 빈손으로 이 세상에 와서 잠시 머물다가 빈손으로 돌아가는 나그네임을 잊지 말아야 한다.

우리가 이 세상에 머무는 동안 입고 먹고 사용하는 모든 소유물들은 모두가 하나님의 것이며 나의 것들이 아닌 것이다. 우리는 다만 각자의 재능에 따라 하나님께 받아가진 청지기일 뿐이다. 그런고로 우리는 하나님께 받은 건강, 물질, 시간, 재능, 지위, 권세, 이 모든 것을 하나님의 뜻대로 사용해야 하며 하나님 앞에 감사함을 잊지 말아야 한다. 이와같이 나의 모든 소유는 하나님의 것일 뿐이요, 내가 가지고 온 소유는 아무 것도 내 것이 아닌줄 알 때에 하나님은 하나님의 모든 것으로 축복하여 주시는 것이다.

넷째, 심령이 가난하다고 하는 말은 우리가 하나님의 도우심이 아니면 아무 것도 할 수 없는 존재인줄 알고 전적으로 하나님만 의지하는 자세를 말하는 것이다.

우리는 모두가 오늘까지 우리가 살아온 것도 주님의 은혜이며 앞으로 살게 되는 것도 하나님의 은혜로 말미암는 것이다. 그런고로 우리는 어려움이 있을 때나 평안함이 있을 때나 오직 주님만을 의지해야 하며, 또한 하나님의 도우심과 구원하심을 의심없이 믿어야 한다. 다윗은 말하기를 "이 곤고한 자가 부르짖으매 여호와께서 들으시고 그 모든 환난에 구원하신다"고 노래 하였으며, 여호와는 "마음이 상한 자에게 가까이 하시고 중심에 통회하는 자를 구원하신다"고 하였다.

화 평
(마태복음 5:9)

 '화평'이란 뜻은 '화해, 화목, 평강, 화합' 등의 뜻을 나타낸 말인데, 이 화평은 하나님께서 인간에게 주신 성령의 선물로써 맺어지게 하신 열매이며 또한 생활 속에 누려지는 축복인 것이다. 그런고로 이 화평이 깨뜨려지면 하나님의 축복이 깨뜨려지는 것이요, 분노와 전쟁과 미움과 증오와 살기와 격돌이 치열하게 벌어지게 되며 하나님의 아름다운 질서와 조화가 파괴되고마는 것이다.

 국가 사이에 화평이 깨어지면 전쟁이 일어나게 되고, 국민 사이에 화평이 깨어지면 내란이 일어나게 되고, 가정에 화평이 깨어지면 가정이 파산되고, 개인의 마음에 화평이 깨어지면 비애와 고통이 찾아오게 된다. 그런고로 주님께서는 화평케 하는 자가 복이 있다고 하였으며, 화평케 하는 자가 하나님의 아들이라 칭함을 받게 된다고 하였다.

첫째, 인간은 하나님과 화평이 이루어져야 한다.

 구약 에스겔 37:26에는 하나님과 이스라엘의 화평이 기록되어 있고, 신약에서는 로마서 5:10에 의로우신 하나님과 죄인인 사람과의 화목에 대해서 기록되어 있다. 이것은 예수 그리스도의 속죄로 말미암아 죄 사하심에 의해서만이 성취되는 것이다.

 로마서 5:1,2 말씀에 "그러므로 우리가 믿음으로 의롭다 하심을 얻었은즉, 우리 주 예수 그리스도로 말미암아 하나님으로 더불어 화평을 누리자 또한 그로 말미암아 우리가 믿음으로 서 있는 이 은혜에 들어감을 얻었으며 하나님의 영광을 바라고 즐거워하느니라"고 하였다.

 하나님과 화평이 이루어지는 길은 먼저 ① 하나님께서 속죄와 화목의 제물로 보내신 예수 그리스도를 내 중심에 영접해야 한다. 예수 그리스도는 하나님과 원수되었던 인간들을 위하여 십자가로 화목을 이루어주신 것이다. 그 다음은 ② 내 뜻을 포기하고 하나님의 거룩하신 뜻을 좇아 행하기를 즐거워하고 그의 뜻을 따라 살아야 한다. 그러나 인간의 힘은 약하고 미련하기 때문에 성령의 도우심을 힘입어야 예수 그리스도가 구주이심을 믿게 되며 또 그의 능력의 힘으로 자신을 쳐서 그 발 앞에 복종시키고 주의 뜻을 좇아 행하게 되는 것이다. 우리가 성령의 능력을 힘입기 위해서는 무엇보다 열심으로 기도해야 하며 하나님의 말씀을 늘 상고하고 지난 죄를 모두 회개하여 청산해 버리고 ③ 하나님 앞에 가까이 나와 늘 예배하며 끊임없는 찬송의 생활과 전도생활, 그리고 늘 감사의 생활과 헌신의 생활로 연속해야 한다.

둘째, 인간과의 화목이 이루어져야 한다.

마태복음 5:23, 24 말씀에 "그러므로 예물을 제단에 드리다가 거기서 네 형제에게 원망들을 만한 일이 있는 줄 생각나거든 예물을 제단 앞에 두고 먼저 가서 형제와 화목하고 그 후에 예물을 드리라"고 하였다. 하나님은 화평의 하나님이시기 때문에 하나님께 예물을 드리며 예배하는 사람들은 반드시 화목하는 자가 되어야 한다. 화평은 하나님께서 기뻐하시는 행위인 것이다.

인간이 서로 화목하자면

첫째, 서로 허물을 용서해야 한다.

인간은 누구나 허물을 지니고 있다. 주님께서는 자기의 부족을 깨닫고 자기의 죄를 뉘우친 세리의 기도는 들어주시고 영접해 주었지만 자기의 의를 자랑하고 남을 헐뜯고 비방하던 바리새인과 사두개인과 서기관들은 오히려 책망을 받았다.

마태복음 6:15 말씀에 "너희가 사람의 과실을 용서하지 아니하면 너희 아버지께서도 너희 과실을 용서하지 아니하시리라"고 하였다. 한 번은 베드로가 예수님께 질문하기를 형제가 내게 죄를 범하면 몇번이나 용서하여 주리이까라고 물었을 때에 예수님께서는 일흔 번씩 일곱 번이라도 용서하여 주라고 하였다. 이는 죄인들을 향하신 주님의 용서의 범위를 말씀하신 것이며, 또 우리 인간들도 그와 같이 실천하여 형제들을 용서하여 주라고 하신 것이다.

둘째, 서로의 인격을 존중할 때에 화목이 이루어지는 것이다.

인간은 자기의 조건에 맞을 때 사랑도 하고 존경도 하나 하나님은 모든 인류를 친히 창조하신 자이기 때문에 인간을 항상 사랑하신다. 그 사랑의 실천으로 독생자까지 주셔서 이 죄인들을 구원해 주신 것이다. 그런고로 인간이 자기의 개성에 맞지 않는다고 하나님이 지으신 인간을 멸시하거나 서로 존경하지 않는 행위는 곧 하나님께 대한 도전이며 화목을 깨뜨리는 행위가 되는 것이다.

잠언 14:31 말씀에 "가난한 사람을 학대하는 자는 그를 지으신 이를 멸시하는 자요 궁핍한 사람을 불쌍히 여기는 자는 주를 존경하는 자니라"고 하였다. 인간이 인간을 존경하는 것은 하나님을 기쁘시게 하는 행위이며, 인간과의 화평을 이루는 지름길인 것이다.

셋째, 인간과의 화평의 길은 서로 친절한데서 이루어지는 것이다.

인간이 서로가 친절하게 대하는 것은 아름다운 조화이며 최고의 미가 되는 것이다. 친절한 말 한 마디에 기쁨이 오고가며 우정이 싹트는 것이다. 날카로운 말, 가시돋힌 말, 남을 비방하는 말, 원망하는 말, 악의를 품는 말, 저주하는 말, 헐뜯는 말, 멸시하는 말, 이런 말을 습관적으로 하는 자는 비인격적인 사람이며 비신앙적인 사람의 행위의 발로인 것이다.

성도는 서로가 위로하고 축복하며 존경하고 받들 때에 서로가 존경의 대상이 되어지며 화평이 이루어지는 것이다. 화평은 참으로 아름답고 귀한 것이다. 떡 한 조각만 있고도 화목하는 것이 집에 육선이 가득하고 다투는 것보다 나으리라.

끝으로 화평하는 자는 골로새서 1:20 하나님을 기쁘시게 하는 자가 되며, 마태복음 5:9 하나님의 아들이 되며, 시편 37:37의 평안을 누리는 자가 되며, 야고보 3:18 말씀의 의의 열매를 거두는 자가 되게 된다.

화평케 하는 자
(마태복음 5:9)

이 땅에 화평을 싫어하는 사람은 아무도 없을 것이다. 참된 인간성을 지닌 사람이라면 다 화평을 좋아하기 때문에 요즘 온 세계는 화합의 무드가 조성되어 가고 있다. 특별히 주님께서는 화평케 하는 자에 대해서 "하나님의 아들이라 일컬음을 받을 것이다"라는 엄청난 축복을 약속하셨다.

'화평'이란 말은 이스라엘 민족이 인사할 때 사용하는 '샬롬'이라는 말과 같다. 다시 말하면 '화해, 화목, 평강, 화합, 조화'라는 뜻이다. 하나님은 화평 중에서 우리를 부르셨다고 말씀했다(고전 7:15).

첫째, 화평이란 무엇인가?

① 영혼의 안식이 화평이다. 참된 화평은 영혼의 안식이 있어야 된다. 아무리 분위기가 외형적으로 잘 갖추어졌다 할지라도 영혼의 안식이 없는 화평은 참된 화평이 될 수 없다.

② 관용이 화평이다. "너희 관용을 모든 사람에게 알게 하라. 주께서 가까우시니라"(빌 4:5). 로마의 철학자 세네카는 말하기를 '사람은 용서할 수 없다. 남을 너그럽게 용서해 주는 것이 곧 화평이다.'

③ 염려가 없는 것이 화평이다. 아무리 내 생활에 좋은 환경이 주어졌다 할지라도 염려가 있으면 화평이 이루어질 수 없다. "아무 것도 염려하지 말고 오직 모든 일에 기도와 간구로 너희 구할 것을 감사함으로 하나님께 아뢰라"(빌 4:6). "너희 염려를 다 주께 맡겨 버리라"(벧전 5:7). '염려'라는 말은 영어의 어원을 살펴보면 '이리가 목을 물고 늘어진다'는 뜻이다.

미국의 하버드대학 심리학 교수의 염려에 대한 설문조사 분석 내용을 보면 장래 일에 대한 염려가 45%, 자기와 상관없는 것에 대한 염려가 45%, 자기의 중대한 문제에 대한 염려가 10%로 나와 있다. 모든 염려를 다 주께 맡겨 버리시길 바란다.

④ 마음의 기쁨이 화평이다. "주 안에서 항상 기뻐하라. 내가 다시 말하노니 기뻐하라"(빌 4:4).
⑤ 정신적인 자유가 화평이다. 하나님께서는 우리 인간에게 자유를 주셨다. 절대로 우리 인간은 남의 자유를 구속해도 안 되고 하나님께서 주신 자유를 박탈당해도 안 된다.

둘째, 화평케 되는 비결

① 온유한 마음을 가져야 한다. "오직 온유한 자는 땅을 차지하며 풍부한 화평으로 즐기리로다"(시 37:11).
② 감사하는 마음을 가져야 한다(빌 4:6).
③ 심지(心志)가 견고해야 한다.
"주께서 심지가 견고한 자를 평강에 평강으로 지키시리니 이는 그가 주를 의뢰함이리이다"(사 26:3).
④ 하나님의 말씀을 순종해야 한다. "오직 나를 듣는 자는 안연히 살며 재앙의 두려움이 없이 평안하리라"(잠 1:33).
⑤ 믿음이 있어야 한다. "딸아 네 믿음이 너를 구원하였으니 평안히 가라 네 병에서 놓여 건강할지어다"(막 5:34). 우리는 주님의 권능, 주님의 약속, 심은대로 거둔다는 것, 기도한 것은 응답받을 줄 믿어야 한다.

셋째, 화평케 하는 자의 유익

"화평케 하는 자는 복이 있나니 저희가 하나님의 아들이라 일컬음을 받을 것임이요"(마 5:9). 화평케 하는 자에게는 하나님의 아들이 되는 특권이 부여된다. 즉 ① 상속권 ② 하나님의 보호 ③ 아버지의 도움 ④ 아버지의 사랑 등을 받게 된다.

사랑하는 성도 여러분, 화평케 하는 자가 되어 여러분이 대하는 모든 사람들의 마음속에 불안과 공포를 내쫓아 주고, 포악한 마음이 있는 자에게는 비둘기처럼 온유하고, 양처럼 순하고, 부드러운 분위기를 조성해 줄 수 있기를 예수 이름으로 축원한다.

복음과 능력
(마태복음 5:43-48)

하나님께서는 우리 인간을 만드실 때에 아주 선하게 만드셨고, 또 아주 선하게 살도록 복을 주셨다. 그리고 한 가지 당부를 했는데 선악과를 따먹지 말라고 하셨다. 왜냐하면 선악과를 따먹게 되면 선악을 알게 되기 때문이다. 하나님은 선과 악을 다스리시는 분이지마는 우리 인간은 선과 악을 다스리지 못하고 악의 지배를 더 받게 된다. 그래서 하나님은 선악과를 따먹지 말라고 하셨는데, 우리 인간이 그만 주님의 말씀을 순종하지 아니하고 선악과를 따먹었다. 이때부터 인간의 마음 속에는 선한 마음은 힘이 약하고 악한 마음이 힘이 강하게 되었다. 그래서 사도 바울은 로마서 7:24, 25에 "오호라 나는 곤고한 사람이로다 이 사망의 몸에서 누가 나를 건져내랴. 우리 주 예수 그리스도로 말미암아 하나님께 감사하리로다. 그런즉 내 자신이 마음으로는 하나님의 법을 육신으로는 죄의 법을 섬기노라"고 말했다.

악한 마음은 심령과 가정을 파괴한다. 그러면 이 악한 마음을 어떻게 제어할 수 있을까? 율법으로는 고칠 수 없다. 경전은 아무리 외우고 배워도 인간의 본성을 변화시키지 못한다. 왜냐하면 죽은 사람에게서 나온 죽은 글이기 때문이다. 성경도 죽은 모세의 글로, 죽은 예수의 글로 알고 읽으면 그것이 율법이 되어서 변화되지 않는다. 우리 기독교는 죽은 종교가 아니라 산 종교이다. 복음은 죽은 말씀이 아니라 살아계신 주님께서 어제나 오늘이나 영원토록 말씀하시는 살아있는 생명의 말씀이다.

우리 주님은 이 땅에 오셔서 십자가에 달려 죽으시고, 부활하심으로 말미암아 우리 영을 살려주셨다. 그래서 복음은 우리 힘으로 할 수 없는 인간에게 할 수 있도록 성령으로 말미암아 힘과 생명을 주시는 줄 믿으시기 바란다. 성령의 놀라운 역사를 알지 못하면 율법적인 인간이 될 수 밖에 없다. 율법적인 인간이란 선과 악의 두 마음을 가지고 사는 사람이다. 자기가 좋을 때는 한없이 좋고 한 번 싫어지면 형편없는 인간이 되는 자이다. 이것은 세상 사람들의 삶의 방식이다. 자기를 사랑하는 사람은 사랑하고 미워하는 사람은 미워한다. 왜냐하면 선과 악이 그 마음 속에서 발동되기 때문이다. 그러나 성령의 역사로 말미암아 복음과 함께 사는 사람은 선으로 악을 이기며 한 마음을 품고 서로 사랑하며 사는 자이다. 빌립보서 2:1-3에 보면 "그러므로 그리스도 안에 무슨 권면이나 사랑에 무슨 위로나 성령의 무슨 교제나 긍휼이나 자비가 있거든 마음을 같이 하여 같은 사랑을 가지고 뜻을 합하며 한 마음을 품어 아무 일에든지 다툼이나 허영으로 하지 말고 오직 겸손한 마음으로 각각 자기보다 남을 낫게 여기고"라고 말씀했다.

남을 미워하고 늘 싸우며 사는 사람도 성령께서 역사하시면 미워하고 다투는 마음이 사라지고 늘 사랑하는 마음, 화평한 마음으로 바뀌어진다. 이것이 복음의 역사이다. 이 복음은 두 마음을 한 마음으로 만드는 놀라운 능력이 있다. 주기도문에 보면 "악에서 구하옵소서"라는 말이 있다. 우리는 늘 선으로 악을 이기며 살도록 성령의 도우심을 의지하며 살아야 한다. 복음은 또한 성령의 능력 안에서는 원수도 사랑하며 살게한다. 성령님만이 인간의 마음을 변화시킬 수 있다. 항상 성령님과 동행하며 사는 사람은 그 마음 속에 천국이 이루어진다.

사랑하는 성도 여러분, 복음적인 삶은 두 마음을 품지 않고 항상 선한 마음으로 이웃을 사랑하고 원수까지도 사랑하며 우리를 핍박하는 자를 위하여 기도하면서 능력을 체험하는 삶이다. 성령의 역사로 말미암아 복음 안에서 이러한 능력있는 삶을 사시는 성도 여러분이 다 되시기를 예수 이름으로 축원한다.

이렇게 기도하라
(마태복음 6:5-15)

예수님의 제자들은 예수님께 기도는 어떻게 드리는 것인가에 대해서 질문했다. "주여, 요한이 자기 제자들에게 기도를 가르친 것과 같이 우리에게도 가르쳐 주옵소서"(눅 11:1). 우리도 때로는 기도를 어떻게 드리는 것이 하나님께 가장 합당한 기도이고 응답받는 기도인가에 대해서 생각을 하게 된다. 이 질문에 대해서 예수님이 대답하신 말씀을 상고해 보면서 함께 은혜를 나누고자 한다. 주님께서는 질문한 제자들에게 "이렇게 기도하라" 곧 주기도문을 가르쳐 주셨다.

첫째, 골방에 들어가 기도하라

"너는 기도할 때에 네 골방에 들어가 문을 닫고 은밀한 중에 계신 네 아버지께 기도하라"(6절). 여기에서 '골방'의 의미는 ① 기도의 장소를 가리킨다. 우리가 마음으로 하나님을 섬기지만 환경의 지배를 받고 살기 때문에 때때로 기도의 골방 즉 한적한 곳을 선정하여 기도하는 것이 중요하다. 예수님도 마가복음 1:35에 보면 한적한 장소를 선택하여 기도하신 것을 보게 된다. "새벽 오히려 미명에 예수께서 일어나 나가 한적한 곳으로 가사 거기서 기도하시더니" 또한 예수님은 제자들에게도 "너희는 따로 한적한 곳에 와서 잠깐 쉬어라"고 말씀하셨다. 바리새인들은 회당이나 큰 거리에서 사람에게 보이려고 기도하길 좋아했다. 그러나 예수님은 오히려 골방에 들어가서 기도하라고 했다. ② 영적으로 한적한 마음을 가다듬는 것을 의미한다. 우리는 시장에서도 혹은 차안에서도, 여행 중에도, 다른 사람과 대화중에도 언제든지 우리 마음에 기도의 골방이 있어야 된다. 우리의 마음 깊은 곳에 언제나 주님과 더불어 교통하는 기도의 골방이 갖추어져 있다면 응답받는 기도를 드릴 수 있다. 엘리사는 수넴여인이 죽은 아들을 위하여 골방에 들어가 기도했을 때 그 아들이 살아났고(왕하 4:33), 다니엘도 조서에 어인이 찍힌 것을 알고도 골방에 들어가 예루살렘을 향하여 기도했을 때(단 6:10) 사자굴 속에 던져졌으나 구원받았으며, 히스기야왕도 죽을 병에 걸렸을 때 벽을 향하여 기도했을 때 15년간 생명을 연장받게 되었다(왕하 20:2). 우리는 어떠한 상황에서도 골방에 들어가 기도하는 것을 잊어서는 안된다.

둘째, 하나님의 뜻을 이루기 위한 기도를 하라.

"나라이 임하옵시며 뜻이 하늘에서 이룬 것같이 땅에서도 이루어지이다" (10절). 우리의 기도 내용을 살펴보면 대부분 자기의 소원을 아뢰는 기도가 많다. 예수님께서는 우리 자신을 위한 기도보다 하나님의 뜻을 이루는 기도를 드리라고 가르쳐 주셨다. 예수님은 십자가의 고난을 앞에 두고 겟세마네 동산에서 "아바 아버지여, 아버지께는 모든 것이 가능하오니 이 잔을 내게서 옮기시옵소서. 그러나 나의 원대로 마옵시고 아버지의 원대로 하옵소서"라고 하나님의 뜻을 이루는 기도의 본을 보여 주셨다. 하나님의 뜻은 변치 않는다. "하나님은 약속을 기업으로 받는 자들에게 그 뜻이 변치 아니함을 충분히 나타내시려고 그 일에 맹세로 보증하셨나니"(히 6:17). 하나님의 뜻은 반드시 이루어진다. 영원부터 우리 주 그리스도 예수 안에서 예정하신 뜻대로 하신 것이다(엡 3:11). 우리는 하나님의 뜻을 이루기 위한 기도를 드려야 한다.

셋째, 용서하며 기도하라.

"우리가 우리에게 죄지은 자를 사하여 준 것 같이 우리 죄를 사하여 주옵시고"(12절). 우리는 모든 사람에 대해서 용서하기를 좋아해야 한다. 그런데 오늘날 용서를 구하는 일은 잘하는데 용서해 주는 일은 잘 하지 못하는 경우가 많다. 예수님은 제자들에게 너희가 남을 용서해 준 것같이 용서를 구하는 기도를 드리라고 가르쳐 주셨다. 남을 용서해 주지도 않고 자기의 죄만 용서해 달라고 기도하는 것은 거짓된 기도이다. 용서는 성도의 의무이다. "서로 인자하게 하며 불쌍히 여기며 서로 용서하기를 하나님이 그리스도 안에서 너희를 용서하심과 같이 하라"(엡 4:32). 베드로가 예수님께 주여, 형제가 내게 죄를 범하면 몇번이나 용서하여 주리이까? 일곱 번까지 하오리이까? 하고 물었을 때 예수님은 그에게 "일곱 번 뿐 아니라 일흔 번씩 일곱 번이라도 할지니라"고 말씀하셨다. 또한 용서는 응답받는 비결이다(마 5:23, 24).

넷째, 하나님의 영광을 위하여 기도하라.

"나라와 권세와 영광이 아버지께 영원히 있사옵니다"(13절). 하나님이 받으실 영광을 인간이 차지하면 안된다. 사도행전 12:23에 보면 "헤롯이 영광을 하나님께로 돌리지 아니하는고로 주의 사자가 곧 치니 충이 먹어 죽으니라"라고 말씀했다. 우리는 모든 영광을 하나님께 돌려야 한다. 고린도전서 6:20에 보면 "너희 몸으로 하나님께 영광을 돌리라"고 말씀했고, 마태복음 5:16에도 "이같이 너희 빛을 사람 앞에 비춰게 하여 저희로 너희 착한 행실을 보고 하늘에 계신 너희 아버지께 영광을 돌리게 하라"고 말씀했다. 우리는 몸과 행실로 하나님께 영광을 돌려야 한다.

사랑하는 성도 여러분, 골방에 들어가 기도하고 하나님의 뜻을 위한 기도를 드리며 용서하며 기도하고 하나님의 영광을 위하여 기도하여 모든 기도에 응답받아 하나님께 영광돌리는 성도 여러분이 되시기를 주의 이름으로 축원한다.

하나님께 영광을 돌릴 자
(마태복음 6:14-16)

　인생은 저마다의 삶의 목적을 가지고 있다. 어떤 사람은 명예와 권세를 가지는 일에 또 어떤 사람은 재물을 모으는 일에 전생애를 불사르며 살아가고 있다. 그러나 사도 바울은 인생의 삶의 목적에 대하여 "그런즉 너희가 먹든지 마시든지 무엇을 하던지 다 하나님의 영광을 위하여 하라"고 하였다(고전 10:31). 그렇다. 인생의 삶의 목적은 바로 하나님께 영광을 돌리는데 있는 것이며, 우리는 모두가 하나님의 영광을 위하는 자가 되어야 한다. 그러면 하나님께 영광을 돌릴 자는 어떠한 자인가에 대해서 네 가지 내용을 말씀드리겠다.

　첫째, 하나님께 영광을 돌릴 자는 착한 행실을 가진 자이다.
　마태복음 5:16에 "이와 같이 너희 빛을 사람 앞에 비취게하여 저희로 너희 착한 행실을 보고 하늘에 계신 너희 아버지께 영광을 돌리게 하라"고 하였다. 착하다는 것은 악의가 없고 순한 것을 의미하며, 남에게 해를 끼치거나 부덕을 끼치지 않고 온유한 선을 나타내는 행위를 말하는 것이다. 사도 바울은 고린도 교회를 향하여 하나님이 모든 은혜를 넘치게 하시는 것은 모든 일들이 항상 부덕하게 하실 뿐 아니라 모든 착한 일을 넘치게 하려 하심이라고 하였다. 착한 일이 넘치게 될 때 주의 영광도 넘치게 되고 많은 영혼을 주님께로 인도할 수 있게 되는 것이다. 사도행전 11:24에 "바나바는 착한 사람이요 성령과 믿음이 충만한 자라 이에 큰 무리가 주께 더하더라"고 하였다. 이와 같이 착한 사람들에게는 많은 영혼을 붙여주실 뿐만 아니라 그의 발자취 속에는 주님의 영광으로 가득히 채워지게 되는 것이다.
　평생을 착하고 진실하게 살다가 하나님 품안으로 돌아간 스위스의 성자 페스탈로찌(Pestalozz Johann)의 비문에는 다음과 같은 말이 기록되어 있다. "여기 하인리히 페스탈로찌가 누워 있다. 그는 빈민의 구조자요, 민중의 선교사이며, 고아의 아버지, 국민학교의 창설자, 인격의 교육자였다. 모든 것은 남을 위해 하였고 자기 자신을 위해서는 아무 것도 아니하였다. 오 그의 이름에 축복이 있으라"고 기록되어 있다. 이 얼마나 위대하고 착하고 선한 발자취였을까? 그는 하늘나라로 갔으나 그의 발자취는 영원히 빛나고 있으며 하나님의 영광이 나타나고 있는 것이다.

둘째, 하나님께 영광을 돌릴 자는 믿음이 견고한 자이다.

로마서 4:20에 "믿음에 견고하여져서 하나님께 영광을 돌린다"고 하였다. 믿음이란 신뢰, 신실, 보증, 확실 등을 의미하는 말로서 '믿는다, 맡긴다, 확신한다'에서 온 피스티스(πιστις)에서 온 말인 것이다. 히브리서 기자는 "믿음이 없이는 하나님을 기쁘시게 못하나니 하나님께 나아가는 자는 반드시 그가 계신 것과 또한 그가 자기를 찾는 자들에게 상주시는 이심을 믿어야 할지니라"(히 11:6)고 하였다. 하나님은 성도의 믿음 속에 역사하시며 믿음 속에 임재하여 주시는 것이다. 세계를 움직인 하나님의 큰 인물들은 모두가 믿음이 견고한 자들이었으며 믿음의 여정을 끝까지 전진한 자들이었다. 이곳 미국의 자동차왕 포드는 미국인들 발에 바퀴를 달아 주겠다고 선포하였는데 그가 믿음의 말로 선포한 대로 그는 세계인들이 흠모하는 자동차 생산업계의 왕이 되었다. 세계의 백화점 왕인 페니(J.C Penny)는 전 직원들이 적금통장을 가진 부자들을 만들고야 말겠다는 믿음의 말을 하며 끊임없이 노력한 결과 오늘에 와서는 백화점 1700개를 가진 세계의 백화점 왕이 되고 말았다. 믿음은 구원과 기적을 가져오며 하나님의 약속을 성취받게 한다. 우리는 모두가 산을 옮기며 요단강을 가르는 믿음 안에 살며 비바람이 몰아쳐도 부서지지 않는 방파제 처럼 반석같은 믿음을 가지고 하나님을 기쁘시게 하는 삶을 살아야 하겠다.

셋째, 하나님께 영광을 돌릴 자는 열매를 많이 맺는 자이다. 열매는 수고에 대한 결실이며 노력에 대한 하나님의 선물이다.

열매없는 무화과 나무는 책망과 저주의 교훈으로 삼아 주셨으나 열매맺는 포도나무는 축복과 칭찬의 상징물로 나타내셨다. 요한복음 15:8에 "너희가 과실을 많이 맺으면 내 아버지께서 영광을 받으실 것이요 너희가 내 제자가 되리라"고 하였다. 여기 열매란 말인 '칼포스'(Καρπος)의 뜻은 '수확, 결과, 결실, 유익, 이득' 등의 의미를 나타내는 말이다. 열매는 본질의 설명이며 노력의 기대와 대가인 것이다. 성경말씀 안에는 많은 열매가 기록되어 있다. 첫째는 성령의 열매이다. 성도가 성령을 받게되면 반드시 열매가 맺히게 된다. 갈라디아서 5:20에 기록된 성령의 열매는 사랑, 희락, 화평, 인내, 자비, 양선, 충성, 온유, 절제이다. 성령을 받는 자는 반드시 성령의 아홉 가지 열매를 맺게 된다. 둘째 하나님께서 기뻐하시는 열매는 입술의 열매이다. 잠 13:2에 "사람은 입의 열매로 인하여 복록을 누린다"고 하였고, 히브리서 기자는 이러므로 우리가 예수로 말미암아 항상 찬미의 제사를 하나님께 드리자. 이는 그 이름을 증거하는 입술의 열매니라(마 3:8). 영생의 열매(요 4:36), 선한 열매(약 3:17) 등 이러한 열매를 맺는 자가 하나님께 영광을 돌리게 되는 것이다.

넷째, 하나님께 영광을 돌릴 자는 아멘의 신앙을 소유한 자이다.

고린도후서 1:20 말씀에 "하나님의 약속은 얼마든지 그리스도 안에서 예가 되니 그런즉 우리가 아멘하여 하나님께 영광돌리게 되느니라"고 하였다. 아멘은 하나님께 대한 화답이며, 응답이다. 그러므로 아멘의 신앙은 기적이 수반되며 주님과 함께하는 신앙으로 하나님께 영광을 돌리게 되는 것이다. 성경에 기록된 말씀과 기도와 찬양 뒤에는 아멘으로 화답한 내용이 수없이 기록되어 있다. 특히 바울서신의 끝맺음의 축원부분에는 반드시 아멘(Amen)으로 영광돌린 내용이 킹제임스(King James Version)영문 성경에는 모두 기록해 놓았다. 우리 주 예수 그리스도의 은혜가 너희에게 있을지어다. (The grace of our Jesue Christ be with you Amen) 아멘이 없는 기도나 신앙의 자세는 뜻없는 구름처럼 무관심, 무응답, 무반응의 의미없는 형식이 되고 만다. 그러나 아멘의 신앙 속에는 하나님의 역사가 있게 되고 응답이 있게 된다.

사랑하는 성도 여러분, ① 착한행실 ② 견고한 마음 ③ 선한 열매 ④ 아멘의 신앙의 소유자가 되며 일마다 때마다 도우시는 우리 하나님의 크신 은혜 가운데 승리의 삶을 살아갈 수 있기를 기원한다.

하나님 앞에 합당한 믿음

(마태복음 6:31)

성경 안에는 많은 종류의 믿음들을 말해주고 있는데, 그 가운데에는 합당한 믿음이 있고 합당치 못한 믿음도 기록되어 있는 것을 보게 된다. 그러면 주님께 합당한 믿음은 무엇인가에 대해서 네 가지로 나누어 말씀드리겠다.

첫째, 주님께 합당한 믿음은 염려하지 않는 믿음이다.

마태복음 6:30에 "믿음이 적은 자들아 그러므로 염려하여 이르기를 무엇을 먹을까 무엇을 마실까 하지 말라 이는 다 이방인들이 구하는 것이라"고 하였다. 염려란 불신앙의 산물이며 마음의 질병이다. 그러므로 염려가 있는 자들은 신앙의 결실이 가로막히게 되며 인체의 질병까지 찾아들게 된다. 잠언 17:22에 "심령의 근심은 뼈로 마르게 한다"고 하였고, "마음의 근심은 심령을 상하게 한다"고 하였다. 염려는 신앙의 길에 있어서 암적 요소이며, 모든 고통의 원인이 되는 것이다.

그러면 인생이 왜 이러한 고통스러운 염려를 물리치지 못하고 살아가고 있는가에 대해서 그 이유를 세 가지로 말씀드리면 첫째 마음이 없는 연고요, 둘째 하나님께 기도하고 구하지 않고 있기 때문이며, 셋째는 하나님께 맡기지 않고 있는 연고이다.

그러므로 빌립보서 4:6 말씀에 "아무것도 염려하지 말고 오직 모든 일에 기도와 간구로 너의 구할 것을 감사함으로 하나님께 아뢰라 그리하면 모든 지각에 뛰어난 하나님의 평강이 그리스도 예수 안에서 너희 마음과 생각을 지키시리라"고 하였다. 하나님은 분명히 약속하시기를 염려되는 일을 주님 앞에 기도로 아뢰면 하나님께서 마음과 생각을 지켜주시겠다고 약속하였다. 이와같이 믿음의 기도로 모든 염려를 주님께 맡기면 주님께 합당한 믿음의 소유자가 되어지는 것이다.

둘째, 주님께 합당한 믿음은 의심치 않는 믿음이다.

마태복음 14:31에 보면 베드로가 주님을 향하여 물위로 걸어가다가 바람을 보고 무서워 하여 물 속에 빠져 들어갈 때 주님께서 즉시 손을 내밀어 저를 붙잡아 주시며 하신 말씀이 "믿음이 적은 자여 왜 의심하느냐"라고 하였다. 우리는 의심이 얼마나 큰 장애물임을 알아야 한다.

베드로가 물 속에 빠져 들어간 실패의 원인이 바로 의심하였기 때문이라는 것을 성경은 말해주고 있다. 오늘날에도 마찬가지이다. 하나님의 놀라운 약속들을 믿지않고 의심할 때 세상 바다 속에 빠져 들어가게 되며, 하나님 능력을 믿지 않고 그 위대한 손의 도우심을 의심할 때 낙심과 좌절 속에 빠져 들어가게 되고 마는 것이다.

그러므로 야고보는 "오직 믿음으로 구하고 조금도 의심하지 말라 의심하는 자는 마치 바람에 밀려 요동하는 물결과 같다"고 하였다. 그리고 예수님은 마태복음 21:21, 22에 "만일 너희가 믿음이 있고 의심치 아니하면 이 무화과 나무에게 된 이런 일만 할 뿐 아니라 이 산더러 들려 바다에 던지우라 하여도 될 것이요 너희가 기도할 때에 무엇이든지 믿고 구하는 것은 다 받으리라"고 하였다.

셋째, 주님께 합당한 믿음은 파선되지 않는 믿음이다.

사도 바울은 믿음의 아들 디모데에게 믿음과 착한 양심을 가지라 어떤 이들이 이 양심을 버렸고 그 믿음에 관하여는 파선하였다고 하였다(딤전 1:19). 파선이란 배가 깨어지는 것을 말한다. 우리는 천성을 향해가는 믿음의 배가 파선되지 아니하고 천성 항구에까지 무사히 상륙하는 항해자가 되어야 하겠다. 배가 파선된 것은 몰아닥친 파도에 약하기 때문이다. 믿음에도 마찬가지이다. 견고치 않은 믿음은 세상 풍랑이 몰아 닥칠 때 전진하지 못하고 파선되고 만다.

그러나 우리가 분명히 알아야 할 것은 세상 풍랑은 결코 무서운 대상만은 아니다. 유능한 항해사는 바람과 파도를 이용한다고 하였다. 요한일서 5:4에 "대저 하나님께로서 난 자마다 세상을 이기느니라 세상을 이긴 이김은 이것이니 우리의 믿음이니라"고 하였다. 견고한 믿음은 세상을 이기게 된다. 이 세상 풍랑이 아무리 흉용하다 할지라도 하나님의 한 마디 호령 속에 온 천하는 그 앞에서 잠잠하게 되는 것을 우리는 알아야 한다.

사랑하는 성도 여러분, 우리는 격동하는 세대를 살아가고 있다. 그러므로 더욱 믿음을 견고히 하여 파선되지 않는 믿음의 승리자가 되어야 하겠다.

넷째, 주님께 합당한 믿음은 부요한 믿음이다.

야고보서 2:5에 하나님이 세상에 대하여는 가난한 자를 택하사 믿음에 부요하게 하셨다고 하였다. 하나님은 주의 백성들이 믿음의 부요한 자가 되라고 말씀하고 있다. 믿음은 성도의 재산이기 때문이다. 하나님은 모든 것을 주의 백성들에게 주셨다. 이 모든 것이 다 믿음에 따라서 소유되며 믿음에 따라서 기적이 수반되도록 하나님께서 우리에게 허락하였다. 그러므로 주님은 제 믿음대로 되라고 말씀하셨다. 믿음이 있는 곳에는 소망이 이루어지며 구원과 생명과 영생을 얻게 되며 하나님의 자녀되는 권세를 얻게 되는 것이다. 그러므로 하나님은 믿는 자에게는 능치 못함이 없게 하셨으며 표적과 기사와 신유가 수반되게 하였다.

믿음이 있는 자는 하나님의 의롭다심을 입게 됨으로 심판을 면제받게 된다. 그러므로 우리는 무엇보다도 믿음의 부요한 자가 되어야 하겠다. 믿음이 있는 곳에는 응답이 있으며 믿음이 있는 곳에는 언제나 기쁨과 소망과 하늘의 영광으로 가득 채움을 받게된다.

사랑하는 성도 여러분, 오늘 우리는 믿음이 있는가 우리 자신을 살펴보자. 이 세상에 모든 것에 빈곤하다 할지라도 믿음이 부하여져 있다면 반드시 모든 것이 부하여지는 날이 오게 된다.

사랑하는 성도 여러분 오늘도 ① 무슨 일에나 염려하지 않는 믿음 ② 의심치 않는 믿음 ③ 파손되지 않는 믿음 ④ 부요한 믿음을 가지고 승리하는 여러분이 되시기를 주님의 이름으로 축원한다. 할렐루야!

인생의 우선 순위
(마태복음 6:31-34)

우리는 이 땅에 살면서 여러가지 일들을 처리해 나간다. 그런데 이 많은 일들 중에는 다 순서가 있다. 그래서 지혜로운 사람은 어떠한 일을 우선 순위로 처리해야 될 것인가를 하나 하나 생각하면서 가장 필요하고 가장 귀중한 일, 가장 긴급한 일부터 처리해 나간다. 그러나 어리석은 사람은 별 가치도 없는 일에 집중하다가 중요한 일을 놓쳐 버리는 경우가 있다. 그러면 인생의 우선 순위가 무엇인가에 대해서 말씀을 상고하면서 함께 은혜를 나누고자 한다.

첫째, 인생의 우선 순위는 그의 나라와 그의 의를 구하는 것이다.
"너희는 먼저 그의 나라와 그의 의를 구하라 그리하면 이 모든 것을 너희에게 더하시리라"(33절). 여기에서 '먼저'라는 말이 대단히 귀함이다. 이 말은 히브리어로는 '시초부터', 헬라어로는 '앞질러서'라는 뜻으로 우선 순위를 강조해 주는 말이다. '그의 나라'는 하늘나라를 의미한다. 우리는 세상 것도 구해야 되지만 하늘나라를 먼저 구해야 한다. 세상 것만 구하다 보면 하나님과 원수가 되어진다(약 4:4). 성경에서 말하는 '세상'은 '타락한 상태, 마귀가 지배한 상태, 물질의 세계'를 의미한다. 우리 예수님이 이 땅에 전한 복음의 핵심은 천국이다(마 4:17). 아무리 악한 사람이라도 죽음이 다가오면 하늘나라를 찾게 된다. 예수님이 십자가에 못박히실 때 우편 강도는 죽음이 다가오자 "예수여, 당신의 나라에 임하실 때에 나를 생각하소서"(눅 23:42). 우리는 먼저 하늘나라와 하나님의 뜻을 구해야 한다. 그리할 때 지상에 관한 모든 것을 주님이 해결해 주신다는 것이다.

둘째, 인생의 우선 순위는 화목하는 것이다.
"그러므로 예물을 제단에 드리다가 거기서 네 형제에게 원망들을 만한 일이 있는 줄 생각나거든 예물을 제단 앞에 두고 먼저 가서 형제와 화목하고 그 후에 와서 예물을 드리라"(마 5:23, 24). '화목'이란 헬라어에 '친숙하고 일치하다. 조화(harmony)를 이루다' 는 뜻이다. 우리는 먼저 부부간에 화목하고, 부자간에 화목하며, 이웃간에 화목하고, 성도끼리 화목하는 일에 우선 순위를 두고 살아야 한다. 잠언 17:1에 보면 "마른 떡 한 조각만 있고도 화목하는 것이 육선이 집에 가득하고 다투는 것보다 나으니라"고 말씀했다. 그러면 우리가 어떻게 해야 화목해질 수 있을까? ① 남을 귀히 여길줄 알아야 한다. "사랑 안에서 가장 귀히 여기며 너희끼리 화목하라"(살전 5:13). ② 온유함이 있어야 한다. "오직 온유한 자는 땅을 차지하며 풍부한 화평으로 즐기리로다"(시 37:11). ③ 존경하기를 먼저 해야한다. "형제를 사랑하며 서로 우애하고 존경하기를 서로 먼저하며"(롬 12:10).

셋째, 인생의 우선 순위는 축복의 원인을 제공하는 것이다.

"엘리야가 저에게 이르되 두려워 말고 가서 네 말대로 하려니와 먼저 그것으로 나를 위하여 작은 떡 하나를 만들어 내게로 가져오게 하고 그 후에 너와 네 아들을 위하여 만들라"(왕상 17:13). 여호와의 말씀을 따라 엘리야가 사르밧 과부에게 가서 떡 한 조각과 마실 물을 구했을 때 그 여인은 나뭇가지 두엇을 주우다가 통에 남은 가루 한 움큼과 병에 조금 남은 기름으로 자기와 자기 아들을 위하여 마지막으로 음식을 만들어 먹고 자실하려고 하는 형편이라고 엘리야에게 고백했다. 그때 엘리야는 그 여인으로 하여금 먼저 자기를 위하여 작은 떡 하나를 만들어 가져오게 했다. 사르밧 과부는 엘리야의 말대로 행하여 통의 가루와 병의 기름이 없어지지 않는 축복을 받았다. 여기에서 주는 교훈은 우리가 먼저 주님께 축복의 원인을 제공할 때 축복을 보장 받는다는 것이다. 축복의 원인을 제공하는 길은 ① 먼저 하나님께 쓰임받게 하는 것이다. ② 주님을 사랑하는 믿음을 소유하는 것이다(잠 8:21). ③ 내게 있는 모든 것은 내 것이 아니라 하나님의 것인 줄을 아는 것이다(행 4:32). ④ 심는 것이다(갈 6:7).

사랑하는 성도 여러분, 인생의 우선 순위는 하늘나라와 하나님의 뜻을 구하며 화목하고 축복의 원인을 제공하는 것이다. 인생의 우선 순위를 잘 선정하여 하늘과 땅의 축복을 받고 하나님께 영광 돌리는 성도 여러분이 되시기를 주의 이름으로 축원한다.

가장 평안한 삶의 자세
(마태복음 6:33)

사람은 누구나 평안한 삶을 원하며 또 어떻게 하면 보다 더 평안하고 행복한 삶을 살아갈 수 있을까에 대하여 온갖 힘을 다 기울여 본다. 그러함에도 불구하고 많은 사람들이 가슴에 상처와 멍을 안고 불안과 공포 속에 살아가고 있는 사람들을 수없이 바라볼 수 있다. 오늘 저는 하나님의 말씀을 통하여 가장 행복하고 평안하게 사는 삶의 비결에 대하여 네 가지 내용을 말씀드리겠다.

첫째, 모든 염려를 주님께 맡겨 버려야 한다.

많은 사람들이 마치 자신의 마음을 염려를 키우는 온상처럼 사용하여 세상 근심 모든 괴로움을 키워가며 살고 있는 사람들을 수없이 바라볼 수 있게 된다. 진실로 우리 인생이 참된 평안을 누리며 사는 길은 이 모든 염려와 근심되는 중한 짐을 모조리 예수님께 맡겨 버리는데 있는 것이다. 마태복음 6:34에 "내일 일을 위하여 염려하지 말라"고 하였고 베드로서 5:7 말씀에는 "너희 염려를 다 주께 맡겨 버리라"고 하였다. 염려는 인생의 행복을 좀먹는 무서운 암적 존재인 것이다. '염려'란 말은 헬라어의 '메림나오'($\mu\varepsilon\rho\iota\mu\nu\acute{\alpha}\omega$)라는 말로서 '괴로움' 또는 '어지러움'이란 뜻을 가지고 있다. 그러므로 인간에게 염려가 침투해 왔다는 것은 벌써 괴로움이 차고 들어왔다는 말이며 안정된 삶의 자체를 뒤흔들어 놓은 어지러움이 찾아온 것을 의미한다.

둘째, 하나님의 능력을 믿어야 한다.

하나님은 무엇에나 능치 못하심이 없다. 하나님은 그 위대하신 능력으로 천지 만물을 창조하셨고 또한 통치하고 계시는 것이다. 시편기자는 하나님의 위대하신 창조에 대하여 노래하기를 "땅과 거기 충만한 것과 세계와 그

중에 거하는 자가 다 여호와의 것이로다 여호와께서 그 터를 바다 위에 세우심이요 강들 위에 건설하셨도다"(시 24:1, 2)라고 하였다. 하나님의 창조하신 모든 세계는 하나님께서 영광을 받으시기 위하심이요 인간들이 복을 누리게 하기 위함인 것이다.

그러므로 창세기 1:28에 하나님이 자기 형상 곧 하나님의 형상대로 사람을 창조하시되 남자와 여자를 창조하시고 하나님이 그들에게 복을 주시며 그들에게 이르시되 "생육하고 번성하여 땅에 충만하라 땅을 정복하라. 바다의 고기와 공중의 새와 땅에 움직이는 모든 생물을 다스리라"고 하였다. 하나님이 엄청난 창조의 능력은 오늘도 우리와 함께 하시며 역사해 주고 계시는 것이다.

다만 이 모든 능력과 축복을 누리고 살아가자면 하나님의 능치 못하심이 없으신 능력을 믿어야 한다. 구원도 믿음으로 이적도 믿음으로 평안도 믿음으로 소유되게 되는 것이다. 믿음은 모든 염려를 몰아내며 불안과 공포도 불행과 슬픔도 내어 몰게 되는 것이다.

셋째, 하나님의 도우심을 의지해야 한다.

염려와 불신앙, 불행과 고통은 모두가 하나님의 도우심을 의지하지 않고 자신의 힘만 의지하고 살아가는데서 오는 결과이다. 시편기자는 시편 121:1, 2에서 성전에 올라가며 노래하기를 "내가 산을 향하여 눈을 들리라 나의 도움이 어디서 올꼬 나의 도움이 천지를 지으신 여호와에게서로다"라고 하였다. 그리고 여호와 하나님은 인생을 도우시되 실족지 않도록 붙들어주시며 졸지도 주무시지도 아니하시고 도와 주시는 것이다.

시편 121:5에 보면 "여호와는 너를 지키시는 자"라고 하였고, 여호와께서 우편의 그늘이 되심으로 낮의 해가 상치 아니하며 밤의 달도 해치 못하도록 지켜주신다고 하였다. 그러므로 이 세상에서 가장 행복하고 복된 사람은 바로 여호와 하나님께서 도와주시기 위하여 능력의 팔을 벌리시고 계심을 믿으시기 바란다.

이사야 41:10에 "두려워 말라 내가 너와 함께 함이니라 놀라지 말라 나는 네 하나님이 됨이니라 내가 너를 굳세게 하리라 참으로 너를 도와 주리라"(I will help you)라고 하였다. 그렇다. 하나님이 도와주시는 자는 아무것도 두려워 할 필요가 없으며 놀라거나 염려할 필요가 없다. 오직 하나님께서 주시는 평안만이 있을 뿐이다.

넷째, 먼저 그의 나라와 그의 의를 구하는 삶을 살아야 한다.

예수님은 마태복음 6:33에서 "너희는 먼저 그의 나라와 그의 의를 구하라 그리하면 이 모든 것을 너희에게 더 하시리라"고 하였다. 우리의 생활 중심이 하나님이 되고 하나님을 먼저 구하여 그의 뜻을 따라 살기만 하면 하늘 보고가 열리며 얼마든지 하나님 위하여 사용하며 살 수 있도록 은혜를 베풀어 주시는 것이다.

저는 지난 주간 지구의 북극 알라스카에서 성회를 인도하면서 놀라우신 하나님의 의도하심을 발견할 수 있었다. 이 알라스카는 어느 누구도 관심이 없었던 불모지요 눈과 얼음으로 뒤덮혀 있는 빙산이었지만 지금부터 120년 전인 1867년 3월 30일에 당시 미국의 국무장관이었던 윌리암 시브더가 7백20만불의 헐값을 주고 대한민국의 15.3배나 되는 땅을 매입하게 된 것이다. 당시에는 불모지인 얼음 땅덩어리를 사들였다고 지탄도 많았지만 매입 후 2년만에 금광이 발견되게 되었고 오늘날에 와서는 세계 석탄 1/5이 이곳에서 나오며 미국의 광산물 30가지 중 20가지가 이곳에 매장되어 있는 것이다. 뿐만 아니라 석유가 끊임없이 솟아나며 수많은 수산자원이 바다에 몰려 있어 세계인의 관심거리가 되어졌다.

응답받는 기도
(마태복음 7:7)

성도의 신앙 생활에 있어서 기도의 생활은 호흡과 같이 중요하다고 요긴하기 때문에 신자가 기도하지 않는 것은 신앙을 자살시키는 행위와 같다. 성도의 기도는 악의 영들에 대하여 싸워 이기는 영적 무기이며 천국 창고를 여는 열쇠이고 소원 성취, 문제해결의 비결이 되는 것이다.

하나님은 우리에게 환난날에 나를 부르라 내가 너를 건지리니 네가 나를 영화롭게 하리로다라고 하셨고, 구하라 그러면 너희에게 주실 것이라고 하셨으며, 아무 것도 염려하지 말고 오직 모든 일에 기도와 간구로 너희 구할 것을 감사함으로 하나님께 아뢰라고 하신 것은 반드시 성도의 기도에 대하여 응답해 주실 것을 말씀하신 것이다. 그러면 하나님께서 어떠한 기도를 응답해 주시는가에 대해서 중요한 네 가지를 말씀 드리겠다.

첫째, 하나님은 하나님 영광을 위한 기도를 응답해 주신다.

야고보서 4:3에 "구하여도 받지 못함은 정욕으로 쓰려고 잘못 구함이니라"고 하였다. 우리가 구하는 기도의 목적이 하나님 영광을 위한 기도가 되어야 한다. 영국의 죠지뮬러는 구하기 전 성경말씀을 깊이 묵상하고 지금 구하는 기도가 주님의 뜻에 맞는가의 여부를 살핀 다음 주님의 뜻에 맞는다고 단정이 내려진 후에는 확신을 가지고 기도했다고 말하듯이 성도가 항상 하나님의 영광을 위하여 기도할 때에 하나님께서는 분명히 응답해 주시는 것이다.

성도 여러분! 우리는 이제 먹든지 마시든지 무엇을 하든지 다 하나님의 영광을 위하여 행하여야 하겠으며 또 기도해야 되겠다.

둘째, 하나님은 죄를 회개한 자의 기도를 응답해 주신다.

죄는 하나님과 인간과의 관계를 가로막아 놓는다. 그러므로 이사야 선지자를 통하여 말씀하시기를 여호와의 손이 짧아 구원치 못하심도 아니요 귀가 둔하여 듣지 못하심이 아니라 오직 너의 죄악이 너희 하나님 사이를 내었고 너희 죄가 너희를 듣지 않으시게 하심이라고 하였다. 하나님은 죄악을 기뻐하지 않으신다. 인간은 누구나 다 죄 아래서 낳으며 죄악을 범했다. 종교적인 죄를 범했고 양심적인 죄를 범했으며 도덕적인 죄를 범했다. 그런고로 요한일서 1:8이하의 말씀에서 "만일 우리가 죄 없다 하면 스스로 속이고 또 진리가 우리 속에 있지 아니할 것이요 만일 우리가 우리 죄를 자백하면 저는 미쁘시고 의로우사 우리 죄를 사하시며 모든 불의에서 우리를 깨끗케 하실 것이요"라고 하였다.

친애하는 성도 여러분! 이 시간 우리 주님의 거룩하신 보혈의 피가 주님을 향하는 여러분의 심령을 깨끗이 씻어 주시며 여러분의 뜨거운 기도가 항상 주님의 보좌 앞에 상달되시기를 축원한다.

셋째, 하나님은 화목하는 자의 기도를 응답해 주신다.

먼저 우리 인간은 ① 하나님과 화목되어야 한다. 욥기 22:21 말씀에 "너는 하나님과 화목하고 평안하라 그리하면 복이 네게 임하리라"라고 하였다. 하나님은 죄로 말미암아 원수되었던 우리 인간을 예수 그리스도의 십자가로 말미암아 화목을 이루어 주셨고 평안과 복이 임하게 하신 것이다. 그런고로 우리는 하나님의 말씀을 마음에 두고 하나님을 사랑하고 기뻐하며 십자가로 가까이 나아가야 한다. 그리하면 긍휼이 풍성하신 하나님은 언제 어디서나 우리의 기도를 들어주시고 응답해 주시는 것이다.

그리고 우리 인간은 ② 형제와 화목해야 한다. 마태복음 5:23, 24 "예수님께서 말씀하시기를 가서 형제와 화목하고 그 후에 와서 예물을 드리라"고 하였다. 제물을 드리는 일은 대단히 중요하고 복된 일이나 이보다 앞서 중요한 것은 형제와 화목하는 일이다.

그리고 하나님은 ③ 부부와 화목하는 기도를 들어 주신다. 베드로전서 3:7말씀에 "남편들아 이와 같이 지식을 따라 너희 아내와 동거하고 저는 더 연약한 그릇이요 또 생명의 은혜를 유업으로 함께 받은 자로 알아 귀히 여기라 이는 너희 기도가 막히지 아니하게 하려 함이니라"고 하신 것은 부부가 반드시 화목되어야 그 기도가 막히지 아니하고 하나님 앞에 상달되기 때문이다. 그런고로 하나님과의 화목과 형제와의 화목과, 부부간의 화목은 기도의 문을 여는 행위가 되는 것이다.

넷째, 하나님은 믿음의 기도를 응답해 주신다.

하나님은 믿음의 기도를 받으시고 들어 주신다. '믿음'이란 '피스티스'($\pi \iota \sigma \tau \iota \varsigma$), 즉 '신임과 확신' '신뢰와 신용' 또는 '소망'을 의미하며 '기대'를 의미한다. 우리가 기도할 때에 주님께 대한 신뢰와 확신을 가지고 기도해야 한다. 예수님께서 응답받는 기도에 대하여 말씀하시기를 "무엇이든지 기도하고 구한 것은 받은 줄로 믿으라 그리하면 그대로 되리라"(막 11:24)고 하였다. 우리가 기도한 후에는 결제권이 나에게 있는 것이 아니라 이미 주님의 손에 있는 것이니 주님께 맡기고 감사함으로 기다려야 한다. 야고보는 말하기를 "오직 믿음으로 구하고 조금도 의심하지 말라 의심하는 자는 마치 바람에 밀려 요동하는 바다 물결 같으니 이런 사람은 무엇이든지 주께 얻기를 생각지 말라"(약 1:6-8)고 하였다.

친애하는 성도 여러분! 우리에게는 기도라는 귀한 무기가 있다. 하나님은 부르짖는 자의 하나님이시며 믿는 자의 하나님이시다. 늘 기도하라. 하나님은 항상 여러분을 향하여 여러분의 기도를 들어 주시기 위해 여러분이 알지 못하는 크고 비밀한 일을 여러분에게 보여주실 것이다(렘 33:3).

친애하는 성도 여러분, 오늘도 끊임없는 기도 속에 위대한 승리가 여러분과 함께 하시기를 주님의 이름으로 축원한다. 할렐루야!

기도해야 할 근본 이유
(마태복음 7:7-11)

"구하라 그러면 너희에게 주실 것이요"(마 7:7). 주님께서는 우리에게 '구하라'고 명령하시고 또 '그러면 너희에게 주실 것이다'라고 응답을 약속하셨다. 왜 우리는 기도해야 되는가에 대해서 함께 말씀의 은혜를 나누고자 한다.

'기도'라는 이 말은 헬라어와 히브리어 원문에 보면 약 30여 단어로 표현되어 있다. 이것은 곧 기도의 중요성을 의미해 주고 있는 것이다.

1. 기도해야 할 근본 이유

첫째, 하나님을 내 안에 모셔들이는 행위가 되기 때문이다.

히브리어로 '카라'(קרא)라는 기도의 뜻은 '초대한다, 모셔들인다'라는 뜻이다. 기도는 곧 하나님을 내 마음 속에 모셔들이는 행위이다. 기도하지 않는 것은 주님을 밖에 세워두는 것과 같다. 아무 관심도 없고 대화도 없이 생각도 하지 않고 사모하는 마음이 없는 상태는 기도문이 닫혀 있는 상태이다. 그러나 주님을 찾고 내 소원을 호소하고 하나님께 부르짖는 그 순간은 주님을 내 마음속에 모셔 놓고 주님과 함께 의논하는 시간인 줄 믿는다.

둘째, 하나님께 대한 우리의 소원을 응답하는 행위이기 때문이다.

"내가 고통 중에 여호와께 부르짖었더니 여호와께서 응답하시고 나를 광활한 곳에 세우셨도다"(시 118:5).

하나님께서는 성도들을 위해 축복을 예비해 두셨다. 하나님 편에서는 그것을 준비하는 것이 의무이고, 우리는 그것을 받기 위해서 기도하는 것이 우리의 의무이다. 우리의 기도는 절대 헛되지 않는다. 하나님께서 반드시 때를 따라 응답해 주시기 때문이다. 그래서 우리는 하나님 앞에 열심으로 쉬지 말고 기도해야 된다.

셋째, 성령을 받는 최선의 길이기 때문이다.

하나님께서는 우리에게 성령 주실 것을 약속하셨다. 또 인간은 성령을 받아야 예수를 구주로 믿고 그 능력 안에서 살게 된다. 성령을 받는 길은 곧 기도하는 것이다. 여러분이 5분만 기도해 보라. 기도하기 5분 전과 생각이 달라질 것이다. 20분만 간절히 기도해 보라. 하늘의 신령한 문이 열려서 하늘의 지혜가 오게 되고 마음의 기쁨과 심령의 변화를 가져오게 된다. 그것은 바로 기도 속에 성령이 역사하기 때문이다.

"너희가 악할지라도 자식에게 좋은 것을 줄줄 알거든 하물며 너희 천부께서 구하는 자에게 성령을 주시지 않겠느냐"(눅 11:13).

넷째, 오늘 이 시대는 사탄이 최후로 발악하는 시대이기 때문이다.

"근신하라 깨어라 너희 대적 마귀가 우는 사자같이 두루다니며 삼킬 자를 찾나니"(벧전 5:8). 기도의 연속이란 생명같이 귀중하다. 호흡을 중단할 수 없듯이 기도를 중단하면 안된다.

2. 기도의 기본 자세

① 믿음으로 기도해야 한다. "그러므로 내가 너희에게 말하노니 무엇이든지 기도하고 구하는 것은 받은 줄로 믿으라. 그리하면 너희에게 그대로 되리라"(막 11:24).

② 감사함으로 기도해야 한다. "아무것도 염려하지 말고 오직 모든 일에 기도와 간구로 너희 구할 것을 감사함으로 하나님께 아뢰라"(빌 4:6).

③ 참회와 겸손한 마음으로 기도해야 한다. "내 이름으로 일컫는 내 백성이 그 악한 길에서 떠나 스스로 겸비하고 기도하여 내 얼굴을 구하면 내가 하늘에서 듣고 그 죄를 사하고 그 땅을 고칠지라"(대하 7:14).

④ 성령 안에서 기도해야 한다. "무시로 성령 안에서 기도하고"(엡 6:18).

사랑하는 성도 여러분, 기도는 하나님을 내 안에 모셔 들이는 행위이고 하나님께 대한 우리의 소원을 응답받는 행위이며 성령을 받은 최선의 길이다. 사탄이 최후로 발악하는 이 시대에 기도의 영을 받아 항상 깨어 기도하는 것을 생활화하여 승리하는 성도 여러분이 되시기를 예수 이름으로 축원한다.

신령한 문
(마태복음 7:13)

인간들은 크고 작은 문들을 출입하면서 저마다의 생존의 의미를 찾아 나아가고 있다. 특히 성경말씀 안에는 인간들이 꼭 통과해야만 될 많은 문들을 기록해 놓았는데 말씀드리며 은혜를 나누고자 한다.

첫째, 신령한 문은 구원의 문이다.

마태복음 7:13, 14에 "좁은 문으로 들어가라 멸망으로 인도하는 문은 크고 그 길이 넓어 그리로 들어가는 자가 많고 생명으로 인도하는 문은 좁고 길이 협착하여 찾는 이가 적음이니라"고 하였다. 여기 생명으로 인도하는 문은 바로 구원의 문을 의미하는 것이다. 하나님은 인류가 범한 죄로 인하여 에덴동산에서 추방당한 후 오늘까지 회개하고 하나님께 돌아와 사망과 멸망의 자리에서 구원에 이르도록 신령한 구원의 문을 열어 놓으신 것이다. 이 구원의 문은 바로 예수 그리스도이시다. 그러므로 예수님은 자신이 양의 문이라고 하셨으며 누구든지 나로 말미암지 않고는 아버지께 올 자가 없다고 하셨다. 구원 문제는 인류가 해결받아야 할 가장 크고 긴급한 과제이며 생명과 영생에 관한 문제인 것이다. 사도 바울은 로마서 10:9에 "네가 만일 네 입으로 예수를 주로 시인하며 또 하나님께서 그를 죽은 자 가운데서 살리신 것을 네 마음에 믿으면 구원을 얻으리니"라고 하였다. 구원은 믿음에 대한 선물이며 하나님의 축복인 것이다. 존 칼빈은 이 거대한 구원에 대하여 인류의 구원은 하나님의 절대적인 의지와 목적에 따라 정해진 것이라고 하였다. 지금도 어느 곳 어느 족속에게나 구원의 문을 활짝 열어 놓았다. 이 거대한 구원의 문은 어느 누구도 닫을 수가 없는 것이다.

둘째, 신령한 문은 은혜의 문이다.

은혜는 하나님께서 주시는 선물로서 누구든지 예수 그리스도에 대한 신앙만 가지게 되면 폭포수 같은 하나님의 은혜를 받을 수가 있는 것이다. 시편 84:11에 보면 하나님께서 은혜를 주시되 아끼지 아니하시며 값없이 주신다고 하였다. 지금은 어디에서나 은혜의 문이 활짝 열려져 있다. 고린도후서 6:2 말씀에 "보라, 지금은 은혜를 받을 만한 때요 보라, 지금은 구원의 날"이라고 하였다.

구원이란 죄의 결박과 심판으로부터의 해방받은 것을 말하며 죄와 영원한 사망으로부터 벗어나는 것을 말하는 것이다. 하나님은 이 크고 놀라운 은혜들을 인류들에게 베풀어 주시기 위하여 은혜의 문을 활짝 열어 놓으시고 그 놀라우신 은혜의 문으로 들어오기를 기다리시고 계시는 것이다. 인간이 죄사함 받게 되는 것도 하나님의 은혜로 말미암는 것이며, 의롭게 되는 것도 하나님의 은혜로 말미암아 이루어지는 것이다. 사도 바울은 로마서 3:23, 24에 "모든 사람이 죄를 범하였으매 하나님의 영광에 이르지 못하더니 그리스도 예수 안에 있는 구속으로 말미암아 하나님의 은혜로 값없이 의롭다하심을 얻은 자가 되었느니라"고 하였다. 하나님의 은혜는 범죄하여 저주받을 인간을 하나님의 영광에 이르게 하실 뿐 아니라 의로운 자로 법적인 정의가 이루어지게 하신 것이다.

셋째, 신령한 문은 소망의 문이다.

호세아 2:15에 "아골 골짜기로 소망의 문을 삼아 주리니 저가 거기서 응답하기를 어렸을 때와 애굽 땅에서 올라오던 날과 같이 하리라"고 하였다. 아골 골짜기의 뜻은 근심과 환난의 골짜기라는 뜻인데, 아간을 돌로 쳐죽인 비극의 장소이기도 하다(수 7:24-26). 이러한 아골 골짜기에 소망의 문을 삼아 주시겠다고 하신 말씀은 죄악으로 말미암아 저주와 심판을 받아 아간과 같이 죽임을 당할 인류이지만 하나님께 나와 지은 죄악을 뉘우치고 회개하면 다시 소망의 문이 열리게 함으로 죽음이 생명으로 저주와 심판이 용서와 긍휼로 바꾸어질 뿐 아니라 미래가 보장되는 하나님의 은혜에 대한 약속의 말씀인 것이다. 소망이 있는 사람은 현실의 어려움도 극복할 수 있으며 힘찬 전진을 지속할 수 있게 된다.

미국의 성직자 A. 톨은 "소망이란 깨어있는 꿈"이라고 하였고, 장로교 창시자 존 칼빈은 소망이 있는 삶에 대하여 다음과 같이 말하였다. "우리가 지금은 죽음에 직면하고 있으나 우리는 영생을 약속 받았고 우리가 지금은 썩은 몸을 가지고 있으나 우리는 영생을 보장 받았다. 우리 속에는 죄가 살고 있다. 그러나 우리는 그리스도 안에서 의롭다 하심을 받았다"고 하였다. 이는 소망의 문이 열린 자의 신앙의 고백이며 간증인 것이다.

넷째, 신령한 문은 축복의 문이다.

요한계시록 3:8에 "볼지어다 내가 네 앞에 열린 문을 두었으되 능히 닫을 사람이 없으리라". 이 열린 문은 바로 빌라델비아 교회를 향해 열어주신 축복의 문인 것이다. 축복의 출처는 땅이 아니고 인간의 손도 아닌 것이다. 오직 하나님만이 만복의 근원이 되시며 인류의 생사화복을 좌우하시는 분이시다. 창세기 22:17 말씀에 하나님이 아브라함에게 약속하시기를 "내가 네게 큰 복을 주고 네 씨로 크게 성하여 하늘에 별과 같고 바다의 모래와 같게 하리니 네 씨가 그 대적의 문을 얻으리라"고 하였다. 하나님은 자신이 복의 근원이시며 주권자이시기 때문에 내가 네게 복을 주리라는 말씀을 성경 전체에 기록해 주셨으며 또한 그대로 내려주시고 계시는 것이다. 말라기 3:10 말씀에는 "내가 하늘 문을 열고 너희에게 복을 쌓을 곳이 없도록 붓지 아니하나 보라"고 하였고, 신명기 28:12 말씀에는 "여호와께서 너를 위하여 하늘의 아름다운 보고를 열으사 네 땅에 때를 따라 비를 내리시고 네 손으로 하는 모든 일에 복을 주시리니 네가 많은 민족에게 꾸어 줄지라도 너는 꾸지 아니할 것이요 여호와께서 너로 머리가 되고 꼬리가 되지 않게 하시며 위에만 있고 아래에 있지 않게 하시리라"고 하였다.

사랑하는 성도 여러분, 한평생 사는 이 땅 위에의 생애 속에 구원의 문, 은혜의 문, 소망의 문, 축복의 문이 활짝 열려 만사에 형통하는 여러분이 되시기를 주님의 이름으로 축원한다.

이 시대가 필요로 하는 사람
(마태복음 8:5-13)

성경에 보면 '백부장'이라는 직책을 가진 인물이 24회나 기록되어 있다. '백부장'이란 100명의 부하를 거느린 로마 군대의 지휘관으로서 그 당시에 상당한 지위를 가진 지도자였는데, 본문에 나오는 백부장은 훌륭한 지도자로서 우리에게 중요한 교훈을 해주고 있다. 그러면 이 시대가 필요로 하는 사람은 어떠한 사람인가에 대해서 말씀을 상고하면서 함께 은혜를 나누고자 한다.

첫째, 자기의 직무에 대해서 책임을 다하는 사람이다.
"예수께서 가버나움에 들어가시니 한 백부장이 나아와 간구하여"(5절). 백부장은 부하를 시켜 할 수 있는 일을 자기가 직접 예수님께 찾아가서 어려운 사정을 말씀드렸다. 오늘날 이 시대가 필요로 하는 사람은 자기의 책임을 다른 사람에게 전가시키거나 회피하지 않고 자기의 할 일에 대해서 철저하게 책임을 질 줄 아는 사람이다. 사도 바울은 디모데후서 4:5에 디모데에게 "너는 모든 일에 근신하여 고난을 받으며 전도인의 일을 하며 네 직무를 다하라"고 했다. 우리도 백부장과 같이 각자 맡은 위치에서 자기의 직무에 대해서 책임을 다할 때 민족 복음화가 앞당겨지고 우리나라가 새롭게 변화될 줄 믿는다.

둘째, 타인의 괴로움을 알아주는 사람이다.
"가로되 주여 내 하인이 중풍병으로 집에 누워 몹시 괴로와 하나이다"(6절). 이 말씀은 백부장이 예수께 와서 보고한 내용이다. 여기에서 "하인"이란 아주 천한 종을 말한다. 백부장은 중풍으로 집에 누워 몹시 괴로와하는 하인의 불쌍한 처지를 자기의 아픔같이 느끼고 예수님 앞에 나아가 말씀드렸던 것이다. 오늘날 우리 주변에는 고통을 당하는 사람들이 너무나도 많이 있다. 천재지변이나 재난으로 인하여 혹은 질병과 기아, 전쟁, 죄악

등으로 인해 고통당하는 자들을 우리는 외면하지 말고 도와주고 치료해 주며 소망을 갖게 해주어야 한다. 갈라디아서 6:2에 보면 "너희가 짐을 서로 지라 그리하여 그리스도의 법을 성취하라"고 말씀했다.

셋째, 겸손하고 온유한 사람이다.

"백부장이 대답하여 가로되 주여 내 집에 들어오심을 나는 감당치 못하겠사오니 다만 말씀으로 하옵소서. 그러면 내 하인이 낫겠삽나이다"(8절). 예수님이 백부장에게 "내가 가서 고쳐주리라"고 말씀했을 때 백부장은 이러한 태도를 보였다. 백부장은 상당한 지위를 가지고 있었지만 하나님의 권위를 가지신 예수님 앞에서 자신의 무가치성에 대한 자각과 말씀에 대한 절대적인 신뢰를 보여주고 겸손하고 온유한 사람이었다. 하나님은 겸손한 자를 구원하시고(욥 22:29), 겸손한 자에게 한없는 은혜를 베푸시며(잠 3:34), 재물과 영광과 생명을 주시고(잠 22:4), 기쁨을 더해 주신다고 말씀했다(사 29:19).

넷째, 하나님께 대한 절대적인 신앙을 소유한 사람이다.

"예수께서 들으시고 기이히 여겨 좇는 자들에게 이르시되 내가 진실로 너희에게 이르노니 이스라엘 중 아무에게도 이만한 믿음을 만나보지 못하였노라"(10절). 백부장은 하나님께 대한 절대적인 신앙을 가지고 있었다. 그는 하나님께 대한 절대주권과 절대능력을 믿었다. 오늘날 급변하고 복잡한 이 시대가 필요로 하는 사람은 과연 어떠한 사람일까? 박식하고 유능한 사람일까? 하나님께 대한 절대적인 신앙을 가진 사람이라야 한다. 하나님께서는 큰 믿음을 소유한 사람을 크게 들어 쓰신다.

사랑하는 성도 여러분, 자기의 직무에 대해서 책임을 다하고, 타인의 괴로움을 알아주며, 겸손하고 온유하며 하나님께 대한 절대적인 신앙을 소유하여 이 시대가 꼭 필요로 하는 성도 여러분이 되시기를 주의 이름으로 축원한다.

위기는 기회이다
(마태복음 8:23-27)

사람은 예기치 않은 위기에 봉착할 때가 있다. 오늘 아침에 교회로 오는 도중에 대형 교통사고의 현장을 목격했는데 지금도 생각하면 가슴이 띈다. 우리의 인생길에는 이런 저런 위기들이 많이 있다. 오늘 본문에 보면 예수님과 제자들이 배를 타고 가다가 거센 풍랑을 만나 물결이 배를 덮어 죽음의 위기에 직면하게 되었다. 그런데 이러한 위기를 통하여 모든 것이 합력하여 선을 이루는 좋은 기회로 삼았던 것을 교훈 삼아 말씀을 상고하면서 함께 은혜를 나누고자 한다.

첫째, 제자들의 마음이 하나로 뭉쳐지는 기회가 되었다.

"그 제자들이 나아와…"(25절 上). 여기에 보면 '제자가'라고 하지 않고 '제자들이'라고 했다. 예수님의 제자들은 예수님에게 병을 다스리는 권세와 귀신의 세력을 능가하는 권세와 사람을 다스리는 권세를 보고 아마 예수님이 이스라엘의 정치적인 왕이 되었을 때 각각 자기는 어떤 자리를 차지할 것인가를 생각했을 것이다. 그런데 배가 침몰하여 죽음 직전의 위기에 처한 제자들은 마음이 하나로 뭉쳐졌다. 우리는 위기에 처할수록 ① 마음을 같이 해야한다. "한 사람이면 패하겠거니와 두 사람이면 능히 당하나니 삼겹줄은 쉽게 끊어지지 아니하느니라"(전 4:12). ② 성전에 모이기를 힘써야 한다. "날마다 마음을 같이 하여 성전에 모이기를 힘쓰고"(행 2:46). ③ 기도하기를 힘써야 한다. "여자들과 예수의 모친 마리아와 예수의 아우들로 더불어 마음을 같이 하여 전혀 기도에 힘쓰니라"(행 1:14).

둘째, 예수님을 깨우면서 부르짖는 기회가 되었다.

위기에 빠졌을 때 제자들은 당황하여 주무시는 예수님을 깨우며 "주여, 구원하소서. 우리가 죽겠나이다"라고 부르짖었다. 오늘날 우리도 이와 같은 위기에 처했을 때 제자들처럼 능력의 주님을 깨워야 한다. 주님께 우리의 상황을 아뢰어야 한다. 그리고 우리는 ① 사명에 깨어 있어야 한다.

"깰지어다 깰지어다 드보라여"(삿 5:12). ② 믿음에 깨어 있어야 한다. "깨어 믿음에 굳게 서서 남자답게 강건하여라"(고전 16:13). ③ 기도에 감사함으로 깨어 있어야 한다. "기도를 항상 힘쓰고 기도에 감사함으로 깨어 있으라"(골 4:2). 우리가 깨어 있을 때 원수 마귀는 물러가고, 우리의 신앙이 잠들었을 때 원수 마귀가 가라지를 뿌리고 간다. 기도를 쉬는 것은 바로 신앙을 잠들게 하는 것과 같다. 우리가 나라와 민족을 위하여 기도할 때 어떠한 위기 속에서도 하나님이 우리나라를 지켜 주시고 축복해 주실 줄 믿는다. 우리는 마귀의 올무에서 벗어나기 위해서 기도하고(딤후 2:26), 성도의 신분을 지키기 위해서 깨어 기도해야 한다(계 16:15). 제자들이 주님께 부르짖었을 때 예수님께서 바다를 잔잔케 해주셨다.

셋째, 적은 믿음이 큰 믿음으로 성장하는 기회가 되었다.

"예수께서 이르시되 어찌하여 무서워하느냐 믿음이 적은 자들아 하시고 곧 일어나사 바람과 바다를 꾸짖으신대 아주 잔잔하게 되거늘 그 사람들이 기이히 여겨 가로되 이 어떠한 사람이기에 바람과 바다도 순종하는고 하더라"(26, 27절). 예수님의 제자들은 믿음이 적다고 예수님께 책망을 들었지만 바람과 바다를 잔잔케 하시는 예수님의 능력을 보고 주님께 대한 믿음이 더욱 크게 성장하게 되었다. 믿음이 강해진다는 것은 천만금 보화보다도 낫고, 믿음이 떨어진다는 것은 천만금 부도난 것보다도 위험하다. 우리가 가져야 할 중요한 믿음은 ① 구원에 이르는 믿음이다. "믿음의 결국 곧 영혼의 구원을 받음이라"(벧전 1:9). ② 이적이 따르는 믿음이다. "믿는 자들에게는 이런 표적이 따르리니, 곧 저희가 내 이름으로 귀신을 쫓아내며 새 방언을 말하며…"(막 16:17). ③ 소망을 이루는 믿음이다. "믿음은 바라는 것들의 실상이요, 보지 못하는 것들의 증거니"(히 11:1). ④ 큰 믿음이다(마 15:28). ⑤ 행함이 따르는 믿음이다(약 2:26).

사랑하는 성도 여러분, 위기를 좋은 기회로 삼았던 교훈을 본받아 위기에 처했을 때 낙심하거나 좌절하지 말고 마음을 같이 하여 예수님께 부르짖어 기도하고, 큰 믿음을 가져 위기를 좋은 기회로 삼아 승리하는 성도 여러분이 되시기를 예수 이름으로 축원한다.

믿음대로 되리라
(마태복음 9:27)

　믿음(Faith)이란 말의 성경적 의미는 ① 하나님께 대한 확신 ② 하나님께 대한 신임 ③ 하나님의 모든 것을 받아드리는 것 ④ 하나님께 모든 것을 맡기는 것 등의 뜻을 가진 말이다. 하나님은 언제나 자신의 모든 것을 인간들의 믿음을 통하여 바라볼 수 있게 하셨고 또 나타내 주셨다. 그런고로 오늘 읽어드린 본문에 소경의 눈을 뜨게 하실 때도 먼저 믿음을 요구하시면서 "너희 믿음대로 되라"고 하였다. 그러면 우리가 주님께 대한 믿음을 가질때 주어지는 역사가 무엇인가에 대해 세 가지 내용을 말씀 드리겠다.

첫째, 믿음은 어두움의 세계를 광명의 세계로 바꾸어 준다.

　오늘 본문의 말씀인 마태복음 9:27 이하에 보면 예수께서 길을 지나가실때 두 소경이 소리지르며 "다윗의 자손 예수여 우리를 불쌍히 여기소서"라고 하였다. 그리고 예수님께서 들어가신 집안에까지 찾아 들어가게 되었다. 예수님은 그들이 눈을 뜰 수 있는 믿음이 있음을 보시고 저희 눈을 만지시며 "네 믿음대로 되라"고 하였다. 이 순간 어두움의 세계는 광명의 세계로 바꾸어지게 되었고 암흑의 세계를 찬란한 빛의 세계로 바꾸어지게 되었다. 하나님은 이사야 60:1에 약속하시기를 "일어나라 빛을 발하라 이는 네 빛이 이르렀고 여호와의 영광이 네 위에 임하였음이니라"고 하였다. 여호와의 빛이 임하자 어둠이 물러가게 되고 광명의 새 아침이 밝아오게 된다. 예수님은 친히 말씀하시기를 "나는 세상의 빛이니 나를 따르는 자는 어두움에 거하지 아니하고 생명의 빛을 얻으리라"라고 하였다(요 8:12). 특히 이사야 선지자는 "보라 어두움이 땅을 덮을 것이며 캄캄함이 만민을 가리우려니와 오직 여호와께서 네 위에 임하실 것이며 그 영광이 네 위에 나타나리니 열방은 네 빛으로 열왕은 비취는 네 광명으로 나아오리라"고 하였다. 우리는 믿음의 눈을 뜨고 이 땅 위에 어두움을 내쫓아야 하겠으며 광명의 세계를 바라보아야 하겠다.

둘째, 믿음은 하나님의 약속을 성취받게 한다.

히브리서 11:33에 "저희가 믿음으로 약속을 받았다"고 하였다. 하나님의 약속은 믿음을 통하여 성취받게 된다. 믿음은 하나님께 나아가는 통로이며 하나님의 모든 것을 성취받게 하시는 채널이다. 그런고로 예수님은 앞을 보지 못하는 소경을 향하여 "네 믿음대로 되리라"고 하였다. 우리가 하나님의 능력을 믿을때에 그의 능력이 우리 가운데 나타나게 되며 하나님의 약속을 믿을 때에 하나님의 언약하신 바를 성취받게 되는 것이다. 마가복음 9:23에 보면 귀신들려 거품을 흘리고 이를 갈며 경련하는 아들을 데리고 온 사람이 있었다. 그는 소리 지르며 "할 수 있거든 우리를 불쌍히 여기사 도와 주옵소서"라고 호소하였다. 그때 예수님은 "할 수 있거든이 무슨 말이냐 믿는 자에게는 능치 못함이 없느니라"고 하였다. 하나님의 역사는 믿음이 있는 곳에 나타나게 된다.

셋째, 믿음은 사망에서 생명으로 옮김을 받게 한다.

요한복음 5:24에 "나를 보내신 이를 믿는 자는 영생을 얻었고 심판에 이르지 아니하나니 사망에서 생명으로 옮겼느니라"고 하였다. 인간이 범한 가장 큰 죄는 하나님께 대한 불신앙이다. 로마서 14:23에 "믿음으로 좇아 하지 아니하는 모든 것이 죄니라"고 하였다. 에덴동산에 아담 하와는 사탄의 미혹을 받았을 때에 하나님의 말씀과 사탄의 의혹하는 말의 중간에서 혼돈을 가져오게 되었다. 하나님은 말씀하시기를 "동산 각종 나무의 실과는 네가 임의로 먹되 선악을 알게하는 나무의 실과는 먹지 말라 네가 먹는 날에는 정녕 죽으리라"(창 2:16,17)고 분명히 말씀하셨는데, 간교한 사탄은 하와에게 나타나 너희가 결코 죽지 아니하리라 그것을 먹는 날에는 너희 눈이 밝아 하나님과 같이 되어 선악을 알게 할 줄을 하나님이 아심이니라고 하였다. 이 말을 들은 하와는 아담과 함께 선악과를 따 먹음으로 하나님께 대한 불신앙과 불순종의 죄를 범하게 되었고 에덴동산에서의 추방과 죄 값으로 인한 사망이 오게된 것이다.

그러나 예수님은 이 엄청난 죄악을 대신 짊어지시고 우리를 살리러 오셨기 때문에 누구든지 예수 그리스도를 믿기만 하면 영생을 얻게 되고 사망에서 생명으로 옮김을 받게 되는 것이다.

이 시대는?
(마태복음 11:16-19)

많은 사람들은 이 시대를 가리켜 말세(末世)라고들 한다. 그도 그럴 것이 성경에 나타난 말세의 여러 가지 징조들이 수없이 나타나고 있기 때문이다. 사람들은 자기를 사랑하며, 돈을 사랑하며, 자긍(自矜)하며, 교만하며, 훼방하며, 부모를 거역하며, 무정하며, 원통함을 풀지 아니하며, 참소하며, 절제하지 못하며, 사나우며, 선한 것을 좋아 아니하며, 배반하여 팔며, 조급하며, 자고하며, 쾌락을 사랑하며, 경건치 못한 삶을 살고 있는 시대이다. 또한 거짓 선지자들이 많이 일어나 많은 사람들을 미혹하고 있으며, 곳곳에 기근과 지진이 일어나고 있는 것이 현실이다.

그러면 예수님께서 그 당시 신앙행위가 진실치 못한 바리새인, 서기관들과 그들의 지도를 받은 민중들, 모든 것을 안다고 자만하는 그들을 향하여 지적하시고 책망하신 말씀을 통하여 말세에 처한 급박한 이 시대를 살아가는 우리 모두는 시대의 흐름에 휘말리지 말고 길이요, 진리요, 생명이신 주 예수 앞으로 나아와 복된 삶을 살아야만 하겠다.

이 시대는 어떤 시대인가?

첫째, 기쁨이 없는 시대이다(17절).

사람이 발휘하는 여러 가지 감정 중 가장 우수하고 귀한 것이 기쁨이다. 그런고로 기쁨을 소유한 자는 일을 해도 기대 이상의 효력이 나타나 어떠한 어려운 문제라 할지라도 거뜬하게 해결할 수 있게 된다. 그런데 이 세상은 어떤가? 그리스의 속담에 "어떠한 기쁨에도 등에 고통을 업고 있다"는 말처럼 이 세상에는 기쁨보다는 슬프고 괴롭고 어두운 일들이 더 많이 있다. "주께서 생명의 길로 내게 보이시리니 주의 앞에는 기쁨이 충만하고 주의 우편에는 영원한 즐거움이 있나이다"(시 16:11). "내가 여호와로 인하여 크게 기뻐하며 내 영혼이 나의 하나님으로 인하여 즐거워하리니 이는 그가 구원의 옷으로 내게 입히시며 의의 겉옷으로 내게 더하심이 신랑이 사모(紗帽)를 쓰며 신부가 자기 보물로 단장함 같게 하셨음이라"(사 61:10). 우리 인간의 참된 기쁨, 영원한 기쁨은 하나님과의 교제에서 비롯되는 것이며 구원의 체험을 통하여서만 이루어지는 것이다.

둘째, 죄에 대한 가책이 없는 시대이다(17절).

"가슴을 치지 아니하였도다"라는 헬라어의 뜻은 "스스로 뉘우치거나 전혀 슬픔이 없는 상태" 즉 죄를 짓고도 양심의 가책이나 심령의 회개를 모른다는 뜻이다. 죄란 무엇인가? 양심의 소리를 말살해 버리고 사람을 시들고 메마르게 하는 불결한 것이 죄이다. 무서운 것인줄 모르고 행하게 되는 것이 죄이다. 또한 빠지고 나면 벗어나기 어려운 것이 죄이다. 좋아보여도 결국은 멸망의 구렁텅이로 빠지게 하는 것이 죄이다.

길선주 목사님께서 한자로 죄(罪)자를 풀이하신 것을 보면 '넉 사'(四) 밑에 '아닐 비'(非)를 쓴 것은 하와가 네 가지 그릇된 길 즉, 하나님 앞에서 아니해야 할 일을 한 것이 죄가 되었다는 것이다. ① 귀로 마귀의 말을 듣고 그 말을 신용한 것. ② 눈으로 선악과를 쳐다 본 것. ③ 발로 선악과 나무밑까지 간 것. ④ 손으로 그 실과를 따먹고 남편에게도 먹게 한 것이라고 했다. 그럼에도 불구하고 이들은 "내가 너더러 먹지 말라 명한 그 나무 실과를 네가 먹었느냐?"는 하나님의 회개를 촉구하시는 질문 앞에 아담은 하와에게로, 하와는 뱀에게로 그 책임을 전가(轉嫁)시켰다. 추호의 반성의 기색도 없이 말이다.

이처럼 범죄한 인간은 할 수만 있으면 죄를 다른 이에게 전가하려고 한다. 우리는 어떠한 작은 죄라도 짓지 않아야 함은 물론이지만 만약 범죄했다면 즉각 그 죄를 인정하고 하나님께 자복해야만 한다.

셋째, 비판하기를 좋아하는 시대이다(18-19절).

비판이란 건설적일 때는 좋은 목적을 달성할 수 있는 필요한 것이다. 그러나 바르지 못할 때는 파괴적이요, 에이즈보다 더 무서운 것이 되고 만다. 그러므로 우리 주님께서도 "비판을 받지 아니하려거든 비판하지 말라"(마 7:1)고 하셨다. "어찌하여 형제의 눈 속에 있는 티는 보고 네 눈 속에 있는 들보는 깨닫지 못하느냐. 보라 네 눈 속에 들보가 있는데 어찌하여 형제에게 말하기를 나로 네 눈 속에 있는 티를 빼게 하라 하겠느냐. 외식하는 자여, 먼저 네 눈 속에서 들보를 빼어라. 그 후에야 밝히 보고 형제의 눈 속에서 티를 빼리라"(마 7:3-5)고 말씀하셨다.

이같은 완악한 시대를 살아가는 우리는 어떻게 해야 하나?

1. 항상 회개하는 삶을 살아야 한다(21절).

"베옷을 입고 재에 앉아 회개하라"는 것은 겸손하고 철저하게 회개하라는 뜻이다. 회개란 부모가 자식을, 남편이 아내를 대신 할 수 없는 각자가 직접 기도함으로써 참여해야만 하는 특별한 은혜인 것이다. "내가 어찌할꼬?" 하고 탄식만하지 말고 각각 회개하여 예수 그리스도의 이름으로 세례를 받고 죄사함을 받아야만 한다. 죄사함을 받은 자는 모든 것이 다 변화된다. 모든 공포가 사라진다. 강물같은 기쁨이 솟는다.

2. 모든 무거운 짐은 주님께 맡겨야만 한다(28절).

현대를 살아가는 모든 사람들은 크고 작은 불만과 고독과 절망 속에서 살아가고 있다. 그런고로 우리 주님은 "수고하고 무거운 짐진 자들아 나 내게로 오라. 내가 너희를 쉬게 하리라"고 하셨다. 물길러 왔던 수가성의 여인이 생수의 근원되신 예수님을 만난 후 그의 삶이 변화되었던 것처럼 참된 안식, 참된 기쁨은 예수 안에만 있는 것이다.

3. 온유하고 겸손한 삶을 살아야만 한다(29절).

인간의 평안은 스스로 만들어지는 것이 아니다. 또한 인간 스스로가 만들 수도 없다. 예수 그리스도의 성품 곧 온유와 겸손을 그리스도에게서 배운 자에게만 발견되어지는 우리 주님의 선물인 것이다.

사랑하는 성도 여러분, 불확실성의 시대를 살아가는 세대이기 때문에 불안과 긴장 속에서 헤어나지 못하여 기쁨도 없고 강퍅해지기만하는 이 때 우리 모두 예수님의 온유와 겸손을 배우자. 그리하여 주께서 우리를 위해 예비해 놓으신 평안하고 축복된 삶을 살자.

주님의 소원과 사랑
(마태복음 11:25-30)

　본문의 내용은 복음을 받아들인 자들에 대한 초청과 권유의 말씀이다. 하나님은 구원의 진리를 세상적으로 지혜로운 자들에게는 계시하지 않으셨다. 왜냐하면 그들은 스스로 지혜로운 하나님을 발견할 수 있다고 믿고 있기 때문이다. 반면에 '어린 아이들'이란 하나님의 계시를 의심하지 않고 진리로 받아들이는 자들을 가리킨다. 여기에서 우리는 주님의 소원과 사랑을 발견할 수 있다. 그러면 주님의 소원과 사랑이 무엇인가에 대해서 말씀을 상고하면서 함께 은혜를 나누고자 한다.

　첫째, 겸손한 마음을 갖는 것이다.
　"그 때에 예수께서 대답하여 가라사대 천지의 주재이신 아버지여 이것을 지혜롭고 슬기있는 자들에게는 숨기시고 어린아이들에게는 나타내심을 감사하나이다"(25절). 주님의 소원은 우리 믿는 성도들이 겸손한 마음을 갖는 것이다. 본문에서는 '겸손한 마음'의 표현을 '어린 아이'라고 했다. 어린 아이들에게는 구원의 진리를 다 가르쳐 주시고 보여 주셨지만, 슬기롭고 지혜로운 사람들에게는 감추었다는 것이다. 여기에서 '지혜롭고 슬기 있는 자들'이란 바리새인과 같이 스스로 자신을 지혜롭다고 생각하는 교만한 자들을 의미하고, '어린 아이들'은 어린 아이와 같이 겸손한 마음과 순수한 신앙을 가진 자, 곧 전적으로 하나님을 의지하며 그에게 가르침을 받는 것을 기뻐하는 사람들을 가리킨다.
　영적인 세계는 두 세계로 갈라진다. 하나는 겸손한 사람들이 볼 수 있는 세계이다. 이것이 곧 하나님의 세계이다. 어린 아이들과 같은 자들에게만 영안을 주셔서 볼 수 있는 세계이다. 또 하나는 교만한 자들의 세계이다. '교만한 사람'이란 자기들이 굉장한 사람인 줄로 착각하는 사람을 말한다. 심지어 하나님인 것처럼 착각한다.

우리는 겸손한 마음을 갖게 될 때에 영안이 열리게 되는 것이다. 하나님은 우리에게 빛을 보내주셨다. 그분은 곧 예수님이시다. 예수님은 우리를 실패와 죽음과 죄악의 구렁텅이에서 건져주시고, 마귀의 손아귀에서 끄집어내 주신 분이시다. 이 사실을 하나님께서 어린 아이에게 보여주셨다. 하나님은 누구든지 예수 앞으로 나아오면 '내가 너와 함께 해주겠다. 내가 너를 사랑한다'고 음성을 들려주시는 분이시다.

둘째, 멍에를 함께 메는 것이다.

"나는 마음이 온유하고 겸손하니 나의 멍에를 메고 내게 배우라. 그러면 너희 마음이 쉼을 얻으리니 이는 내 멍에는 쉽고 내 짐은 가벼움이라 하시니라"(29, 30절). 당시 팔레스틴의 멍에는 혼자 메는 것이 아니라 꼭 짝이 되어 두 사람이 함께 메었다고 한다. 따라서 예수께서 주신 멍에를 멘다는 것은 곧 예수와 함께 메는 것이 된다.

예수님께서 이 땅에 육체로 오신 목적은 곧 우리와 함께 멍에를 메기 위하여 오셨다. 육체의 삶을 통하여 인간의 약한 부분을 이해하고 짐을 함께 지기 위해 오신 것이다. 예수님은 세리와 창녀, 문둥병자, 중풍병자들과 함께 하시면서 그들의 질고를 짊어지셨다. 예수님의 멍에는 곧 온유와 겸손의 멍에다. 그래서 예수님께 나아오는 자는 누구든지 쉼을 얻는 것이다. 이것이 곧 예수님의 사랑이다.

예수님과 함께 멍에를 메는 자는 참 평안을 얻게 된다. 우리는 이 땅에 사는 동안 무거운 짐들이 많이 있다. 그러나 예수님과 함께 멍에를 멜 때에 이 세상에서 맛볼 수 없는 참평안을 누리게 되는 것이다.

사랑하는 성도 여러분, 주님의 소원과 사랑은 곧 겸손한 마음을 갖는 것이고, 예수님과 함께 멍에를 메는 것이다. 항상 겸손한 마음으로 하나님을 섬기고, 예수님이 우리와 함께 멍에를 메신 것처럼 어려운 이웃과 함께 멍에를 메어 주님의 사랑을 나누는 성도 여러분이 다 되시기를 주의 이름으로 축원한다.

인생을 향하신 주님의 3대 명령
(마태복음 11:28)

성경말씀 안에는 전체가 하나님의 약속과 구원의 은혜와 하나님의 사랑과 축복 그리고 명령으로 가득차 있는데, 그 명령을 세 가지로 축소 요약하면 "내게오라! 받으라! 가서 역사하라"이다.

첫째 "내게로 오라"고 하신 말씀이다.

마태복음 11:28에 "수고하고 무거운 짐진 자들아 다 내게로 오라 내가 너희를 쉬게 하리라 나는 마음이 온유하고 겸손하니 나의 멍에를 메고 내게 배우라 그리하면 쉼을 얻으리라"고 하셨다. 이 말씀은 전 인류를 향하신 하나님의 초청장이라고도 말할 수 있는데, 하나님은 옛날이나 지금이나 언제든지 인류를 향하여 하나님께 나오라고 말씀하시고 계신다. 이 말씀은 인류가 하나님을 향한 방향 전환을 의미한다.

탕자가 아버지 곁을 떠나 있는 재산을 다 탕진하고 헐벗음과 굶주림, 외로움과 고달픔, 낭패와 실망에서 자기의 처참해진 위치와 이유를 발견하게 되었다. 그것은 사랑과 은혜와 축복이 넘치는 아버지의 곁을 떠났기 때문이었던 것이었다.

성도 여러분! 여러분은 영혼의 목마름과 고달픔과 시달림, 질고와 빈곤, 죄악의 불안과 환경의 거센 물결 속에서 몸부림치며 절망과 좌절 속에 헤메이는 자는 없는가? 지금 곧 하나님께로 나아오라. 주님은 여러분을 사랑하며 여러분의 어떤 상황에서라도 구하여 주신다. 신앙에는 결단이 필요하다. 지금 곧 주님을 의지하며 아래의 사실을 실천할 수 있기 바란다.

첫째, 여러분의 마음 문의 방향을 바꾸라.

세상을 향하던 마음의 창문을 닫고 지금 곧 주님을 향하여 마음의 창문을 활짝 여십시오. 주님께서 말씀하신다. "볼지어다 내가 문 밖에 서서 두드리노니 누구든지 내 음성을 듣고 문을 열면 내가 그에게로 들어가 그로 더불어 먹고 그는 나로 더불어 먹으리라." 아-멘 할렐루야!

둘째, 주님을 내 마음에 주인으로 모셔라.

나의 주인은 내 자신이 아니라 오직 주님이시다. 내가 내 자신의 주인이 아니기 때문에 나를 내 마음대로 못하는 것이다. 오직 여러분 자신을 도우실 자는 하나님이시다.

이사야 43:1 이하에 "야곱아 너를 창조하신 여호와께서 이제 말씀하시느라 이스라엘아 너를 조성하신 자가 이제 말씀하시느라 너는 두려워 말라 내가 너를 구속하였고 내가 너를 지명하여 불렀나니 너는 내 것이라 네가 물 가운데로 지날 때에 내가 함께 할 것이라 강을 건널 때에 물이 너를 침몰치 못할 것이며 네가 불 가운데로 행할 때에 타지도 아니 할 것이요 불꽃이 너를 사르지도 못하리니 대저 나는 여호와 네 하나님이요 이스라엘의 거룩한 자요 네 구원자임이라"라고 하셨다. 할렐루야!

하나님은 우리를 향하여 너는 내 것이라고 말씀하신다. 사람도 자기의 것을 귀중히 여기고 사랑한다. 하물며 하나님께서는 하나님의 소유된 우리를 얼마나 귀하게 여기시며 사랑하시고 계신다는 사실을 여러분은 아는가? 이제 우리는 주님 앞에 가까이 나아가서 그 주님을 나의 주인으로 모셔야 한다. 그리하면 주님의 놀라우신 능력과 기쁨, 평강과 소망이 여러분에게 충만케 하여 주신다.

셋째, 여러분의 삶의 목적을 바꾸라.

육을 위해서 썩어질 것만 붙잡고 살던 생활이 성령을 따라 영생토록 있는 생명의 양식을 위해서 살아야 한다.

현대인은 돈을 얻고 모든 것을 잃어가고 있으며 따라서 배신, 배은망덕, 무정, 비정, 비애, 고독, 쓰라림이 인생의 삶을 슬프고 외롭게 하고 있는 것이다.

세상 것은 그림자와 같다. 그림자는 방향감각이 없고 생명도 가치도 없는 것이며 인생의 이정표도 설정해 주지 못하는 것이다. 예수님께서 말씀하시기를 "나는 세상의 빛이니 나를 따르는 자는 어둠에 거하지 아니하고 생명의 빛을 얻으리라고 하셨다.

저는 언젠가 영국 런던에 있는 대영 박물관에 잠시 들려 B.C. 3,300년

전의 미이라를 들여다 보았을 때 육체만의 인간이 얼마나 허무하고 무가치한 가를 깊이 생각해 보았다.

넷째, 그리스도와 연합하라.

요한복음 15:4 이하 말씀에 "내 안에 거하라 나도 너희 안에 거하리라 가지가 포도나무에 붙어 있지 아니하면 절로 과실을 맺을 수 없음 같이 너희도 내 안에 있지 아니하면 그러하니라 …… 너희가 내 안에 거하고 내 말이 너희 안에 거하면 무엇이든지 원하는대로 구하라 그리하면 이루리라"고 하였다. 가지가 포도나무에 붙어 있을 때 포도나무의 진액과 생명 자체가 포도나무 가지의 것이 되어지듯이 우리가 주 안에서 주님과 더불어 하나가 되어질 때 나의 모든 것은 주님의 것이 되고 주님의 모든 것은 나의 것이 되어짐으로 우리는 항상 주님과 더불어 먹고 마시며 주님의 영광을 위한 복된 삶을 누리게 되는 것이다.

하나님께서 우리 인간을 향하여 끊임없이 부르시며 내게로 오라고 부르시고 명령하신 것은 용서와 평안, 구원과 영생 축복과 승리, 넘치는 은혜를 주시기 위함이다.

친애하는 성도 여러분! 지금 주님은 여러분을 향하여 인자하신 얼굴을 향하여 부르짖는 기도에 귀를 기울이고 구원과 생명줄을 던져주시며 지금 말씀하시기를 "수고하고 무거운 짐진 자들아 다 내게로 오라 내가 너희를 쉬게 하리라." 아멘.

예수님을 닮아가자
(마태복음 11:29)

인간은 하나님의 창조물이며 성도는 그의 백성이다. 그러므로 하나님의 사람은 예수님을 닮아야 하며 그의 영광이 나타나져야 함은 당연한 일이라 하겠다. 그러면 우리가 예수님을 닮아가자면 어떻게 해야 하는가 네 가지 내용으로 말씀드리겠다.

첫째, 예수님을 닮아가자면 예수님을 간절히 사모하며 갈망해야 한다.
어네스트가 쓴 "큰 바위 얼굴"이라는 글에 매일 그 얼굴을 바라보고 그렇게 되기를 간절히 소원했더니 어느 사이에 자기가 그 거룩하고 귀한 모습이 이루어졌다고 한 내용의 글이 있다. 이 말은 성도가 예수님과 같이 되기를 기원하며 그리스도에게 대한 존경과 사랑을 표시할 때 예수님과 같이 된다는 것을 의미하는 말인 것이다. 사모하며 갈망하는 것은 바로 상대방에게 자신을 귀일시킬 수 있게 되는 것을 말한다.

인생이 한세상 사는 동안 어려서는 부모를 갈망하게 되고 젊어서는 연인을 사모하게 되다가 장성한 시기에는 돈을 좋아하는 마음이 싹트게 되고 늙어서는 명예를 사모하게 된다고 한다. 따라서 자기가 좋아하는 대상에 따라 무엇을 사모하며 좋아하고 있는가에 대해서 행동도 모습도 달라지게 되는 것이다.

시편기자는 노래하기를 "주 밖에 나의 사모할 자가 없나이다 내 육체와 마음은 쇠잔하나 하나님은 내 마음의 반석이시요 영원한 분깃이시라"(시 73:25, 26)고 하였고, 이사야 선지자는 자신의 사모하는 자가 주님이심을 고백하면서 "밤에 내 영혼이 주를 사모하였사온즉 내 중심이 주를 간절히 구한다"고 이사야 26:9에 말하였다. 그러므로 그들은 주를 닮은 자들이 되었으며 주의 뜻을 이룬 자가 된 것이다.

둘째, 예수님을 닮아가자면 예수님의 멍에를 메고 그를 배워야 한다.
 마태복음 11:29에 "나는 마음이 온유하고 겸손하니 나의 멍에를 메고 내게 배우라"고 하였다. 배운다는 것은 학습하는 것을 의미할 뿐 아니라 내가 인정하고 그 안으로 자신이 융화되어지는 것을 말한다. 예수님은 나의 멍에를 메고 내게 배우라고 하였다. 오늘날 인생들 가운데는 무지로 인해 망해가는 자들이 얼마나 많은지 말로 다할 수 없다.
 제가 이번에 복음을 전하고 돌아온 남미의 지하자원이 풍부하고 국토를 넓게 가진 여러 나라들을 바라보고 안타깝기만 하였다. 인간은 자기의 무지와 어리석음에서 깨어날 때 성공적인 삶이 출발되는 것이다. 호세아 선지자는 "내 백성이 지식이 없음으로 망하는도다"(호 4:6)라고 탄식하였다. 우리는 여호와를 아는 지식을 가져야 한다. 여호와를 아는 것이 지식의 근본이다. 그러므로 예수님은 나의 멍에를 메고 내게 배우라고 하셨다. 우리가 예수님을 바로 알고 그 속에 융화될 때 예수님을 닮아갈 수 있게 되는 것이다.

셋째, 예수님을 닮아가자면 예수님과 함께 하는 자가 되어야 한다.
 마태복음 11:28에 "수고하고 무거운 짐진 자들아 다 내게로 오라"고 예수님께서 말씀하였다. 내게로 오라고 하신 것은 예수님과 함께 있자는 말씀이다. 인생이 하나님의 형상을 잃어버린 것은 하나님을 떠났기 때문이다. 하나님을 떠난 인생에게는 수고와 고통이 따르게 되며 천하고 무능한 인생이 되고 마는 것이다. 그러므로 예수님은 마태복음 12:30에 "나와 함께 아니하는 자는 나를 반대하는 자요 나와 함께 모으지 아니하는 자는 헤치는 자니라"고 하셨다. 예수님은 언제나 우리와 함께 계시기를 원하시며 우리가 또한 주님과 함께 있기를 원하시는 것이다. 그러므로 예수님은 인생들에게 나와 함께 가자 나와 함께 먹고 마시자 나와 함께 기도하자고 하셨으며 마태복음 28:20에 "볼지어다 내가 세상 끝날까지 너희와 항상 함께 있으리라"라고 하셨다.
 그러면 우리가 무엇을 주님과 함께 하는 자가 되어야 할까?
 첫째 우리의 삶의 목적이 주님과 같이 되어야 하며, 둘째 우리의 뜻과 행동이 주님과 일치되어야 한다. 그리할 때 주님을 닮게 되며 주님의 영광으로 가득 채움을 받게 되는 것이다.

넷째, 예수님을 닮아가자면 예수님을 나의 주인으로 모셔들어야 한다.
　오늘날 많은 사람들이 예수님을 바깥 손님으로 세워놓고 아쉬울 때만 한 번씩 불러드리는 무례를 범하는 사람들도 볼 수 있고, 어떤 자는 예수님을 향해 이래라 저래라 명령식으로 호령하는 오만한 자들도 있는 것을 보게 된다. 우리가 진실로 예수님을 닮고 그의 은혜를 입자면 예수님을 나의 영혼과 양심 속에 주인으로 모셔 드려야 하는 것이다. 프랑스의 문학가 루소는 말하기를 "양심은 영혼의 소리이고 정욕은 육체의 소리라"고 하였다. 우리는 겸허한 자세로 예수님을 온전히 나의 주인으로 모셔 드릴 때 영혼의 소리가 나오게 되며 예수님의 참된 모습이 나타나게 되는 것이다. 우리가 예수님을 "주여"라고 부르는 것은 바로 예수님이 나의 주인임을 고백하는 호칭이다.

　사랑하는 성도 여러분, 우리 모두가 예수님을 닮아 이 어두운 세상에 주님의 빛이 되어 주님의 영광을 만민 앞에 선포하는 여러분이 되시기를 주님의 이름으로 축원한다. 할렐루야!

예수님의 손을 잡자
(마태복음 14:13-21)

본문은 오병이어 기적에 대한 내용이다. 여기에서 보리떡 다섯 개와 물고기 두 마리가 주는 교훈을 살펴보면 보리떡 다섯 개는 진리로 연단받은 사명자를 가리켜주고, 물고기 두 마리는 능력의 종을 가리켜 준다. 물고기는 거센 물결을 타고 올라간다.

오늘 죄악된 세상에 떠내려가는 모든 죄악의 무리들 가운데에서도 우리 하나님의 능력의 말씀을 받은 자는 함께 떠내려가는 자가 되지 아니하고 믿음으로 올라갈 줄 믿는다. 세상은 악하고 마귀는 강하나 우리는 약해서 예수님의 손을 붙잡아야 한다.

병든 자가 고침받고 기적이 일어나며 죽은 자가 살아나고 가난한 자가 축복받는다는 예수님의 소문이 갈릴리 사방에 퍼졌다. 그 후 예수님이 벳새다 광야에 오신다는 소문을 듣고 수많은 무리들이 찾아 왔다. 잠깐 왔다가 예수님을 만나보고 돌아가려고 했던 사람들은 얼마나 예수님의 말씀이 진지했던지 시간가는 줄도 모르고 배가 고픈 줄도 모르고 말씀을 듣고 있었다. 어느덧 날이 이미 저물었다. 그때 베드로와 빌립이 예수님께 귓속말로 "예수님, 이곳은 빈들이예요, 때도 이미 저물었으니 무리를 보내어 마을에 들어가 먹을 것을 사먹게 하소서"라고 말씀드렸다. 예수님께서는 제자들에게 "갈 것 없다. 너희가 먹을 것을 주어라"고 말씀하셨다. 그러나 한 아이가 어머니께서 싸준 보리떡 다섯 개와 물고기 두 마리를 가지고 있는 것이 전부라고 말했다. 제자들은 그것을 받아가지고 예수님께 갖다드리자 예수님께서는 하늘을 우러러 축사하시고 떡을 떼어 제자들에게 주시매 제자들이 무리에게 주니 다 배불리 먹고 열두 바구니가 남는 기적이 일어났다.

여기에 보면 여러 종류의 손이 나온다.

① 어머니의 손이다.
어머니의 손은 떡을 만든 손으로 정성이 깃든 손이다.

② 어린아이의 손이다.
어린 아이의 손은 드리는 손, 바치는 손, 깨끗한 손이다.

③ 예수님의 손이다.
예수님의 손은 축복하는 손이다. 축복의 손은 복의 근원이다. 또한 능력의 손이다. 능력의 손은 창조의 근본이다. 또한 기적의 손이다. 기적의 손은 역사의 원천이다. 예수님은 이 손으로 보리떡 다섯 개와 물고기 두 마리를 붙들고 축복하시고 제자들에게 나누어 주셨다.

④ 제자들의 손이다.
제자들의 손은 받는 손이다. 또한 나누어 주는 손이다. 제자들은 믿음으로 받아서 무리들에게 나누어 주었다. 우리도 하나님으로부터 능력을 받았으면 나누어 주어야 된다. 또한 일하는 손이었다. 일한다는 것은 행한다는 것이다. 신앙은 행함이다. 아무리 믿음이 좋아도 행함이 없으면 죽은 것이다. 빈들에서 굶주리는 많은 영혼들에게 떡을 나누어주는 일하는 손이 되시기를 바란다.

사랑하는 성도 여러분, 나의 가장 적은 것을 바칠 때 하나님께서 크게 들어 쓰신다는 믿음으로 예수님의 손을 잡으시기를 주님의 이름으로 축원한다. 시편 22:30에 보면 "후손이 그를 봉사할 것이요 대대에 주를 전할 것이며"라고 말씀했다. 예수님의 손을 잡을 때 하나님의 축복이 여러분의 3, 4대까지 이어지기를 주의 이름으로 축원한다.

내니 두려워 말라
(마태복음 14:22-27)

오늘은 본문에 나타난 "내니 두려워 말라"는 말씀으로 은혜 받고자 한다. 제자들이 게네사렛 땅을 향하여 배를 타고 갈때 갈릴리 바다 위에서 왜 두려워 떨고 있었는지 그 원인을 먼저 찾아보려고 한다.

첫째, 바람이 거슬리므로 큰 물결이 일어났기 때문이다. 이 갈릴리 바다의 주위에는 2, 3백척 내지 수천척의 높은 산들이 둘러 있으나 때때로 해면을 진동하는 크고 작은 무서운 풍랑이 일어나곤 하였다.

이처럼 우리 인생의 길에는 갈릴리 바다의 거세고 무서운 풍랑 같은 고난의 물결이 예고 없이 찾아 오고 있다. 고난당하여 지친 제자들에게 찾아 오셔서 "내니 두려워 말라"고 하시며 바람과 바다를 고요하고 잔잔케하신 주님께서는 지금도 바로 우리곁에 찾아오셔서 "내니 두려워 말라"고 말씀하신다는 사실을 믿으라.

둘째, 주님을 바라보지 않고 바람과 물결만 바라보았기 때문이다.

이 세상에는 인간들의 정신을 혼미케하는 수많은 바람과 물결이 일어나고 있다. 유행의 바람, 돈 바람, 춤 바람, 사치의 물결, 데모의 물결, 전쟁의 회오리 등 이런 바람과 물결은 어두움의 역사와 함께 거센 고난의 풍랑을 몰고 오는 것이다.

우리들은 이런 것들만 바라보며 빠져 들어가지 말고 믿음의 주요 온전케 하시는 이인 예수님만 바라고 따라야 한다. 예수님만 바라볼 때 감사와 소망과 기쁨이 넘치며 새 생명, 새 인격, 새 창조의 거대한 기적의 역사가 성령의 바람과 함께 일어나는 것이다.

셋째, 믿음이 적은 연고였다. 믿음이 적으면 만가지 의심과 의혹이 일어나 바람에 흔들리는 갈대와 같이 뜬 구름같이 되어 버린다.

그러면 어떻게 하여 캄캄하고 거센 풍랑속에서 고난을 극복할 수 있었는가?

첫째, 주님께 부르짖었다.

하나님은 부르짖는 자의 하나님이시다. 환난날에 나를 부르라 내가 너를 건지리니 네가 나를 영화롭게 하리라고 하셨고(시 50:15), 하나님은 자비하셔서 인생의 부르짖음을 들으신다 하셨으며(출 22:27), 죄악으로 말미암아 환난을 당할 때도 주께 부르짖으면 하늘에서 들으시고 긍휼을 발하사 구원해 주신다고 하셨다(느 9:27).

둘째, 주님께서 친히 찾아 오셔서 풍랑을 잔잔케 하여 주셨다.

우리 인간은 미약하다. 아무리 애쓰고 몸부림쳐도 인간의 힘만 가지고는 해결할 수 없는 일들이 무수히 많이 있다. 주님께서 이김을 주셔야만 된다. 주님께 의지해야만 한다. 그리하여야 모든 능력으로 능하게 하시는 주님께서 우리를 찾아 오셔서 도와 주신다. 모든 풍랑을 잔잔케하여 주신다.

"근심 걱정 무거운 짐을 아니진 자 누군가 피난처는 예수시오니 기도드려 고하세 세상 친구 멸시하고 너를 조롱하여도 예수품에 안기어서 참된 위로 받겠네"

셋째, 주님께서 함께 배에 오르셨다.

32절 "배에 함께 오르시매 바람이 그치는지라"고 했다. 세상의 일도 뜻이 통하는 이들이 함께 모여 일을 할때 큰 힘이 되는 것 같이 느껴진다. 하물며 주님께서 나와 함께, 내 가정과 함께, 내 사업과 함께, 내 교회와 함께 내 민족 국가와 함께 하실 때 모든 고통의 풍랑은 잔잔해진다는 사실을 믿으라. 주님이 함께 하시면 성공한다. 슬픔이 변하여 기쁨이 된다. 어떠한 해도 당하지 않는다. 이러한 주님과 항상 함께 동행해서서 주님 오실 때까지 믿음의 귀한 승리자가 되시길 축원한다.

두려움이 없는 생활
(마태복음 14:22-27)

두려움이란 죄와 불신앙에서 온 산물이며, 위험한 일을 당할 때 사탄이 주는 공포의 일종으로서 인간의 심리적 또는 생활의 안정과 기쁨을 송두리째 빼앗아가는 요소이기도 하다. 두려움이 없는 생활은 믿음을 기초로 한 광명의 생활이요, 안정과 평화와 담대함을 누리게 하는 생활이기도 한 것이다. 제자들이 게네사렛 땅을 향하여 배를 타고 갈 때, 갈릴리 바다 위에서 왜 두려워 떨고 있었는지 그 원인을 먼저 찾아보려고 한다.

첫째, 바람이 거슬리므로 큰 물결이 일어났기 때문이다.
이 갈릴리 바다의 주위에는 2, 3백척 내지 구천척의 높은 산들이 둘러 있으나 때때로 해면을 진동하는 크고 작은 무서운 풍랑이 일어나곤 하였다. 이처럼 우리 인생의 길에는 갈릴리 바다의 거세고 무서운 풍랑같은 고난의 물결이 예고없이 찾아오고 있다. 고난당하여 지친 제자들에게 찾아오셔서 "내니 두려워 말라"고 하시며 바람과 바다를 고요하고 잔잔케하신 주님께서는 지금도 바로 우리곁에 찾아 오셔서 "내니 두려워 말라"고 말씀하신다.

둘째, 주님을 바라보지 않고 바람과 물결만 바라보았기 때문이다.
이 세상에는 인간들의 정신을 혼미케 하는 수많은 바람과 물결이 일어나고 있다. 유행의 바람, 돈 바람, 춤 바람, 사치의 물결, 대모의 물결, 전쟁의 회오리 등등 이런 바람과 물결은 어두움의 역사와 함께 거센 고난의 풍랑을 몰고 오는 것이다. 우리들은 이런 것들만 바라보며 빠져 들어가지 말고 믿음의 주요 온전케 하시는 이인 예수님만 바라고 따라야 한다. 예수님만 바라볼 때 감사와 소망과 기쁨이 넘치며 새생명, 새인격, 새창조의 거대한 기적의 역사가 성령의 바람과 함께 일어나는 것이다.

셋째, 믿음이 적은 연고였다.

믿음이 적으면 만가지 의심과 의혹이 일어나 바람에 흔들리는 갈대와 같이, 뜬구름같이 되어 버린다.

그러면 어떻게 캄캄하고 거센 풍랑 속에서 고난을 극복할 수 있었는가?

첫째, 주님께 부르짖었다.

하나님은 부르짖는 자의 하나님이시다. 환난날에 나를 부르라. 내가 너를 건지리니 네가 나를 영화롭게 하리라고 하셨고(시 50:15), 하나님은 자비하셔서 인생의 부르짖음을 들으신다고 하셨으며(출 22:27), 죄악으로 말미암아 환난을 당할 때도 주께 부르짖으면 하늘에서 들으시고 긍휼을 발하사 구원해 주신다고 하셨다(느 9:27).

둘째, 주님께서 친히 찾아오셔서 풍랑을 잔잔케 하여 주셨다.

우리 인간은 미약하다. 아무리 애쓰고 몸부림쳐도 인간의 힘만 가지고는 해결할 수 없는 일들이 무수히 많이 있다. 주님께서 이김을 주셔야만 된다. 주님께 의지해야만 한다. 그리하여야 모든 능력으로 능하게 하시는 주님께서 우리를 찾아오셔서 도와주신다. 모든 풍랑을 잔잔케하여 주신다. "근심되는 중한 짐을 아닌진 자 누군가 피할 곳은 예수시오니 기도드려 고하세 세상 친구 멸시하고 너를 조롱하여도 예수품에 안기어서 안위하심 받겠네"

셋째, 주님께서 함께 배에 오르셨다.

32절 "배에 함께 오르시매 바람이 그치는지라"고 했다. 세상의 일도 뜻이 통하는 이들이 함께 모여 일을 할때, 큰 힘이 되는 것같이 느껴진다. 하물며 주님께서 나와 함께, 내 가정과 함께, 내 사업과 함께, 내 교회와 함께, 내 민족 국가와 함께 하실 때, 모든 고통의 풍랑은 잔잔해진다는 사실을 믿으라. 주님이 함께 하시면 성공한다. 슬픔이 변하여 기쁨이 된다. 어떠한 해도 당하지 않는다. 이러한 주님과 항상 함께 동행해서서 주님 오실 때까지 믿음의 귀한 승리자가 되자.

소원성취 받은 여인의 믿음
(마태복음 15:21-28)

예수님께서 시돈 지방에 들어가셨을 때였다. 때마침 자기의 딸이 흉악한 귀신에 사로 잡힌 일로 인해서 몸부림치며 애타하던 여인 한 사람이 예수님을 만나 그렇게도 딸을 괴롭혔던 더러운 귀신을 내쫓아 참으로 소망과 꿈을 이루게 되었다. 소원성취 받게 된 여인의 믿음 네 가지를 찾아 은혜를 받자.

첫째, 이 여인의 믿음은 자기의 모든 문제를 예수님 앞에 온전히 맡겨 버린 믿음이었다.

이 여인이 예수님께서 시돈 지방을 지나가시는 기회를 놓치지 않고 소리를 지르며 호소하기를 "주 다윗의 자손 예수여, 나를 불쌍히 여기소서 내 딸이 귀신 들렸나이다."라고 몸부림 치면서 딸의 이 기막힌 모든 문제를 예수님께 통채로 맡겨 버렸던 것이다. 인간은 누구에게나 저마다 걸머지고 애타하는 무거운 짐들이 있다. 이 짐들로 인해 때로는 탄식하며 낙심하기도 하고 때로는 삶을 저주하며 인생을 포기하고 싶은 때도 있는 것이다. 이러한 인생들을 향하여 주님께서 말씀하시기를 "수고하고 무거운 짐진 자들아 다 내게로 오라 내가 너희를 쉬게 하리라"고 하셨고, "너희는 마음에 근심하지 말라 하나님을 믿으니 또 나를 믿으라"고 말씀했다. 하나님은 부르짖는 자의 하나님이시며 믿는 자의 하나님이신고로 하나님의 백성이 믿고 부르짖을 때 언제나 응답해 주시며 구원해 주시는 하나님이신 것이다. 그런고로 시편 18:6 말씀에 다윗은 말하기를 "내가 환란에서 여호와께 아뢰며 나의 하나님께 부르짖었더니 저가 그 전에서 내 소리를 들으심이여 그 앞에서 나의 부르짖음이 그 귀에 들렸도다"고 말씀했다. 인생이 세상에 살면서 어떠한 사건에 접하였을 때 과오를 범하기 쉽고 어리석은 행위는 전능하신 여호와께 맡기지를 아니하고 무능하기 짝이 없는 인간 자신의 힘으로 해결해 보려고 하는 불신앙적인 행위다. 본문에 나타난 평생을 몸부림치며 애타게 갈망해도 해결하지 못했던 딸의 기막힌 문제를 몽땅 주님 앞에 이끌고 나와 믿음으로 부르짖고 맡긴 순간 문제 해결을 보면서 응답을 주신 그 하나님께서는 이 시간도 우리 가운데 역사해 주심을 확실히 믿는다.

둘째, 이 여인의 믿음은 겸손한 믿음이었다.

주님은 이 여인의 부르짖음을 들으셨으나 처음에는 응답해 주지를 아니 하였을 뿐 아니라 도리어 "자녀의 떡을 취하여 개들에게 던짐이 마땅치 아니하니라"고 하시면서 거절하여 버렸던 것이다. 그 이유는 주님께서 이 여인에게 응답해 주지 않기 위해서가 아니라 이 여인이 얼마나 겸손한가를 보시기 위함인 것이다. 이 여인은 주님의 말씀을 듣는 순간 자신은 참으로 개만도 못한 자신임을 자인하면서 주님 앞에 대답하기를 "주여 옳소이다마는 개들도 주인의 상에서 떨어지는 부스러기를 먹나이다"라고 하였던 것이다. 이 말은 이 여인이 얼마나 겸손한 사람인가를 나타내고 있는 것이다. 하나님은 겸손한 자를 사랑하신다. 그런고로 겸손한 자를 높이 들어 쓰시며 바리새인의 기도보다도 겸손한 세리의 기도를 더욱 축복해 주셨고 응답해 주셨던 것을 보게 된다. 세계 백화점왕 "휘니"의 어머니는 항상 기도할 때마다 "주님 이 죄인인 저에게 자비를 베풀어 달라"는 기도를 자주 하였다고 한다. 겸손한 사람은 참으로 존귀한 사람이며 위대한 사람이다. 18세기 독일의 계몽주의 지도자요 고전희극의 창시자인 "레싱"은 말하기를 "모든 위대한 인물들은 모두가 겸손하다"고 말했다. 하나님은 항상 겸손한 자를 찾아 은혜를 부어 주시는 것이다.

셋째, 이 여인의 믿음은 아무런 응답이 없을 때에도(23절) 한 발자욱도 물러서지를 않는 믿음이었다.

우리 기독교는 구원의 종교이며, 전진의 종교이며, 승리의 종교인 것이다. 후퇴하기를 잘하는 사람은 성공하는 인물이 되지를 못하며 전진할 수 없는 사람은 승리할 수 없는 자가 되고마는 것이다. 주님은 물러서는 자를 기뻐하지 않으셨다. 항상 전진하는 자를 기뻐하시고 축복하여 주시는 것이다. 본문에 나타난 이 여인도 애타게 부르짖은 일에 대하여 아무런 응답이 없었으나(23절) 추호도 물러서거나 낙심하지를 아니하고 한 발자국도 후퇴 없이 주님 앞에 더욱더 가까이 나아가 부르짖고 간구하였던 것을 보게 된다. 우리 주님은 여인의 끈질긴 접근과 줄기찬 전진의 믿음을 바라보게 되었다. 드디어 예수님의 입에서 "여자야 네 믿음이 크도다 네 소원대로 되리라"라는 말씀이 떨어지게 되었던 것이다.

넷째, 이 여인의 믿음은 흔들리지 않는 믿음이었다.

주님께서는 흔들리지 않는 믿음을 축복하여 주셨고 또 기뻐하셨다. 믿음이 귀하나 흔들리는 믿음은 힘이 없고 넘어지기 쉬운 것이다. 흔들리지 않는 믿음은 산을 뚫고 터널을 만들며 바다를 막고 전답을 만들게 되는 것이다. 그런고로 사도 바울은 고린도전서 15:58에 "그러므로 내 사랑하는 형제들아 견고하며 흔들리지 말며 주의 일에 더욱 힘쓰는 자들이 되라"고 하였다. 오늘 본문에 나타난 이 여인의 믿음은 참으로 위대하였다. 이 여인이 애타게 부르짖었으나 한 마디의 응답도 없었지만 믿음이 흔들리지 아니하였고 심지어는 이 여인의 부르짖음이 시끄러워서 제자들이 예수님께 찾아가 이 여자를 내어 보내자고까지 하였다. 그러나 이 여인은 추호도 믿음이 흔들리지 아니하고 주님 앞에 더욱 가까이 나가게 되었으므로 마침 내 이 여인은 그렇게도 소원했던 한이 풀어지게 되어 딸을 그렇게도 괴롭혔던 흉악한 귀신은 떠나가게 되었고 뿐만 아니라 예수님은 그 여인을 향하여 "여자야 네 믿음이 크도다 네 소원대로 되라"고 하신 소원성취의 축복된 은혜를 입게 되었던 것이다.

사랑하는 성도 여러분, 여러분은 이 시간 어떠한 소원을 가지고 있는가? 소원성취 받은 여인의 믿음과 같이 모든 문제를 예수님 앞에 온전히 맡겨 버리라. 그리고 겸손한 믿음과 한 발자국도 물러서지 않는 믿음과 흔들리지 않는 믿음을 가지고 여러분의 마음 속에 원하는 모든 소원이 예수님의 이름으로 이루어지기까지 전진하는 믿음의 승리자가 되시기를 기원한다.

베드로의 신앙고백
(마태복음 16:13-20)

"전능하사 천지를 만드신 하나님 아버지를 내가 믿사오며…" 우리는 매 예배마다 사도들이 신앙을 고백했던 사도신경으로 신앙고백을 하고 있다. 본문에 보면 베드로가 주님 앞에 "주는 그리스도시요, 살아계신 하나님의 아들이시니이다"라고 신앙고백을 한다. 주님은 베드로의 이 신앙고백을 들으시고 너무 기뻐하셨다. 그러면 이 베드로의 신앙고백에 담긴 깊은 뜻에 대해서 말씀을 상고하면서 함께 은혜를 나누고자 한다.

첫째, 교회는 신앙고백 위에 세워진 교회이다.

"시몬 베드로가 대답하여 가로되 주는 그리스도시요 살아 계신 하나님의 아들이시니이다"(16절). 교회란 어떠한 건물이 교회가 아니다. 교회는 이 신앙고백을 하는 자들이 모이는 모임이다. 이 신앙고백을 하는 자만이 참 교회의 구성원이 되는 것이다. 그러므로 주를 믿는 이 신앙고백이 얼마나 중요한지 모른다. 고린도전서 12:3에 보면 "성령으로 아니하고는 누구든지 예수를 주시라 할 수 없느니라"고 말씀했다. 베드로가 주님이 기뻐하시는 신앙고백을 한 것은 그 자신이 한 것이 아니라 성령께서 그에게 믿음을 주셔서 창세 전에 그를 택하신 하나님의 축복 속에서 주님의 은혜로 주신 믿음으로 인해서 신앙고백을 하게 된 것이다.

둘째, 교회는 주님이 세우신 교회이다.

"또 내가 네게 이르노니 너는 베드로라 내가 이 반석 위에 내 교회를 세우리니…"(18절). 간혹 교회를 세운 분들이 새신자들에게 이런 말들을 하는 경우가 있다. "우리가 이 교회를 세울 때에 얼마나 고생했다고?" 하는 은근히 알아 달라는 그런 투이다. 이것은 잘못된 것이다. 누가 개척을 했든지 그들은 주님이 사용한 도구에 불과하고 그들을 사용해서 주님이 교회를 세우셨다는 것을 믿어야 한다. 누구든지 우리는 교회에 속하기는 하지만 교회의 주인은 될 수가 없다. 에베소서 1:22에 보면 "그를 만물 위에 교회의 머리로 주셨느니라"고 말씀했다. 주님이 교회의 머리시니, 주님이 시키는대로 순종하면 그 교회는 바른 교회요, 성장하는 교회인 줄로 믿는다.

셋째, 교회는 주님이 지키시는 교회이다.

"내 교회를 세우리니 음부의 권세가 이기지 못하리라"(18절). 여기에서 '음부의 권세'란 사탄의 세력을 말한다. 교회는 주님이 세우시고, 주님이 지키시기 때문에 사탄이 교회를 해치지 못한다. 세계에서 비율적으로 가장 기독교 신자가 많았던 소련(현재 러시아)이 1917년 볼셰비키혁명이 일어난 뒤로 공산주의 국가의 종주국이 되었다. 그러나 그후 70년이 지난 오늘날에 와서는 소련이 다시 개방되어 지금 세계에서 가장 급속도로 교회가 성장하는 국가가 되었다. 뿐만 아니라 지금 북한에도 온갖 핍박과 박해 속에서도 신앙을 잃지 않고 끝까지 지키고 있는 성도들이 있는 것이다. 사탄이 아무리 교회를 박해해도 주님이 교회를 눈동자같이 지키시기 때문에 교회는 영원토록 멸망되지 않고 점점 왕성해지는 줄 믿는다.

넷째, 교회는 복음 전하는 사명이 있는 곳이다.

"내가 천국 열쇠를 네게 주리니, 네가 땅에서 무엇이든지 매면 하늘에서도 매일 것이요, 네가 땅에서 무엇이든지 풀면 하늘에서도 풀리라"(19절). 여기에서 '천국 열쇠'란 교회의 복음 전하는 사명을 말하는 것이다. 어거스틴은 말하기를 "이 열쇠는 베드로나 열 한 사도의 것이 아니라 전교회에 부여된 권위이다"라고 했다. 교회의 사명 중에 하나는 천국 복음을 전하는 것이다. 마가복음 16:15에 보면 "너희는 온 천하에 다니며 만민에게 복음을 전파하라"고 말씀했다. 우리는 힘이 닿는 대로 돌아다니면서 복음 전하는 일에 힘써야 한다. 주님이 우리에게 맡겨 주신 천국 열쇠의 복음을 열심히 전해야 된다.

사랑하는 성도 여러분, 교회는 신앙고백 위에 세워졌고, 주님이 세우시고 지키시며, 복음 전하는 사명이 있다는 사실을 믿고, 베드로처럼 주님이 기뻐하시는 신앙고백을 하여 주님이 피로 값 주고 사신 교회의 부흥을 위해 더욱 더 충성하는 성도 여러분이 되시기를 주의 이름으로 축원한다.

주님이 기뻐하시는 신앙
(마태복음 16:13)

첫째, 주님께서 기뻐하시는 신앙은 생명있는 신앙고백이 있는 신앙이다.

예수님 당시에 수많은 사람들이 인산인해를 이루어 주님의 뒤를 좇아 다니긴 했으나 그들 중에 어떤이는 떡을 먹고 배를 채우기 위하여 또 몸의 질병을 고치기 위하여 어떤이는 예수님을 책잡기 위하여 어떤이는 예수님을 세례 요한이나 엘리야나 예레미야나 선지자 중에 하나로 착각해 주님의 뒤를 따랐던 사람들이 많이 있었다. 그러나 시몬 베드로는 "너희는 나를 누구라 하느냐"고 물으시는 예수님의 질문에 분명히 대답하기를 "주는 그리스도요 살아계신 하나님의 아들이시라"고 고백을 하였다. 이때 주님은 그의 신앙고백을 기뻐하시면서 "바요나 시몬아 네가 복이 있도다 이를 네게 알게 하신 이는 혈육이 아니요 하늘에 계신 네 아버지시니라"고 하시면서 그의 신앙을 심히 기뻐하셨던 것을 보게 된다. 인간이 하나님께 대하여 올바른 신앙고백을 하게 될 때 그 신앙이 건전하게 되며, 위대하게 성장될 수 있는 것이다.

우리 신자들이 항상 고백하는 사도신경은 7가지로 요약된 기독교 신앙의 중심 고백으로서 그 내용을 살펴보면 첫째 성부에 대한 신앙고백, 둘째 성자에 대한 신앙고백, 셋째 성령에 대한 신앙고백, 넷째 교회에 대한 신앙고백, 다섯째 사죄에 대한 신앙고백, 여섯째 부활에 대한 신앙고백, 일곱째는 영생에 대한 신앙고백이다. 이것은 ① 신·구약 성경의 중심요약이며, ② 기독교 진리의 기본원리이며 ③ 사도들의 신앙고백이며 ④ 전 기독교인들의 신앙고백인 것이다. 이 신앙을 고백하는 자 앞에는 마귀도 이단도 꺼꾸러지게 되며, 우상도 사교도 뒤엎어지고 마는 것이다.

둘째, 주님께서 기뻐하시는 신앙은 열매를 맺는 신앙이다.

신앙생활에 있어서 믿음은 뿌리와 같고 행위는 곧 그의 열매와 같은 것인데 주님께서는 열매 맺는 무화과를 기뻐하셨다. 신앙인은 아름다운 열매가 맺혀야 한다. 마태복음 7:20에 주님께서 말씀하시기를 "그의 열매로 그들을 알리라"고 하였다. 성경에는 우리가 마땅히 맺혀야 할 많은 열매들이 기록되어 있다. 누가복음 3:8 말씀에는 회개에 합당한 열매를 맺어야 한다고 하였는데, 이 말의 뜻은 회개한 바가 행위로 직접 나타나는 것을 말하는 것이다.

에베소서 5:9의 말씀에는 빛의 열매에 대하여 말씀하였다. 빛의 열매는 모든 착함과 의로움과 진실함이라고 말하였다. 착함과 의로움과 진실함은 신앙인의 기본행위요, 마땅히 행하여야 할 도리인 것이다. 갈라디아서 5:22 말씀에는 성령의 9가지 열매가 기록되어 있는데, 즉 사랑, 희락, 화평, 인내, 자비, 양선, 충성, 온유, 절제인 것이다. 이 열매는 성령의 열매로서 성령에 의해서만 맺혀지게 되며, 주님께서 가장 기뻐하시는 열매인 것이다.

그 외에도 히브리서 13:15 말씀에는 입술의 열매가 기록되어 있다. 이 입술의 열매는 성도가 항상 영혼 깊은 곳에서부터 하나님을 찬미하는 찬송의 생활을 의미하는 것이다. 사도 바울은 에베소서 13:15 말씀에서 "우리가 예수로 말미암아 항상 찬미의 제사를 하나님께 드리자 이는 그 이름을 증거하는 입술의 열매니라"고 하였다.

사랑하는 성도 여러분, 지금 이 순간 성령님의 뜨거운 불길이 여러분의 심령 속에 조명해 주셔서 영혼의 찬송이 끊임없이 솟아 넘치기를 바라며 전날의 한숨이 변하여 찬송이 되고 전날의 두려움이 변하여 기도가 되어지고 주님 나라에 이르기까지 끊어지지 않는 찬송 생활이 날로 뜨거워지며 기도의 열매, 전도의 열매, 구제의 열매 등 수만가지 열매를 많이 맺어 주님께서 기뻐하시는 신앙의 소유자가 되어지기 바란다.

셋째, 주님께서 기뻐하시는 신앙은 마지막 심판때에 하나님 앞에서 인정을 받는 신앙이다.

이사야 61:9 말씀에 "그 자손을 열방 중에, 그 후손을 만민 중에 알리니 무릇 이를 보는 자가 그들은 여호와께 복 받은 자손이라 인정하리라"고 하였다. 인정이란 말은 헬라어 '로기조마이'($\lambda o \gamma i \zeta o \mu a \iota$) - '계산에 넣다.'

페이도($\pi\epsilon i\theta\omega$) - '신뢰하다, 확신을 가지게 하다, 증명하다, 선포하다' 등의 뜻을 가진 말인데 인간 최후 심판때에 하나님께 인정받아 오른편에 설 수 있는 신자만이 주님을 기쁘시게 하는 신자가 될 수 있는 것이다. 마태복음 25:31 이하 말씀에 인자가 자기 영광으로 모든 천사와 함께 올 때에 자기 영광의 보좌에 앉으리니 모든 족속을 그 앞에 모으고 각각 분별하기를 목자가 양과 염소를 구별하는 것같이 하여 양은 그 오른편에 염소는 그 왼편에 두리라고 하였다. 여기서 오른편에 있는 자들은 하나님께 인정받은 자들인 것이다. 하나님은 인류역사의 통치자이시며, 심판주이시며, 구원자이신 것이다.

세계 역사가의 권위자인 '빼올드'는 그의 제자들이 질문한 역사를 연구한 소감을 한마디로 말해 달라고 하였을 때 그는 대답하기를 "인류 역사 속에는 하나님의 공의의 맷돌이 돌고 있었다"고 하였다. 우리가 이 세상에 사는 동안 사람들이 나를 어떻게 보느냐가 문제가 아니라 하나님께 인정받는 것이 문제인 것이다.

성도 여러분, 이 세상에서 살아가는 동안 하나님께 인정 받는 삶을 살 뿐 아니라 인생 최후 하나님의 보좌 심판대에서 가장 인정받는 신앙자가 되기를 주님의 이름으로 축원한다.

넷째, 주님께서 기뻐하시는 신앙은 하나님께 영광을 돌리는 신앙이다.

고린도전서 10:31에서 바울은 말하기를 "너희가 먹든지 마시든지 무엇을 하든지 다 하나님의 영광을 위하여 하라"고 하였다. 성도의 삶의 의미가 바로 여기에 있는 것이다. 헛된 영광을 구하는 자들은 서로 격동하고 서로 투기하며 살지만 참된 신앙자는 하나님의 영광을 위하여 자기의 육체를 쳐서 복종시키고 사는 것이다.

성도 여러분, 여러분은 주님께서 가장 기뻐하시는 위대한 신앙의 소유자로서 하나님의 놀라우신 은혜와 축복이 늘 함께 하시기를 주님의 이름으로 축원한다.

그리스도 제자의 길
(마태복음 16:21-25)

"이에 예수께서 제자들에게 이르시되 아무든지 나를 따라 오려거든 자기를 부인하고 자기 십자가를 지고 나를 좇을 것이니라"(마 16:24). 우리는 모두 그리스도인이고 또한 그리스도의 제자이다. 그리스도 제자의 길을 가기 위해서는 어떠한 생활을 해야 하는가에 대해서 함께 말씀의 은혜를 나누고자 한다.

첫째, 자기를 부인하는 생활이다.

자기를 부인하는 생활이란 그리 쉽게 되어지지는 않는다. 자존심, 자만심, 이기심, 자기 출세, 자기 만족 등의 현실 속에서 우리가 자신을 포기할 수 있는 용단은 신앙으로서만이 이루어질 수 있다.

'자기'라는 말과 '부인'이라는 말은 헬라어의 어원에 보면 '자신을 위한 목적'과 '포기한다'라는 의미가 있다. 따라서 자기를 부인하는 생활이란 ① 자신을 위한 삶의 목적을 포기하는 것이다 -- 옛사람, 육에 관한 것 ② 자기의 신뢰를 포기하는 것이다 -- 내 재간, 내 방법, 내 생각 ③ 자기 자신의 주인을 바꾸는 것이다 -- 예수 믿기 전에는 마귀나 우리 자신이 우리의 주인이 되었지만 예수 믿은 후에는 우리의 기쁨과 소망, 생명과 구원이 되시는 예수님이 우리의 주인이 되어야 한다.

사도 바울은 이렇게 고백했다. "내가 그리스도와 함께 십자가에 못박혔나니 그런즉 이제는 내가 산 것이 아니요 오직 내 안에 그리스도께서 사신 것이라"(갈 2:20上).

둘째, 십자가를 지고 그리스도를 좇는 생활이다.

우리는 예수님을 위한 고난을 기뻐할 줄 알아야 한다. 그리스도를 위해서 능욕받는 것을 바울은 오히려 기뻐했다고 말씀했다. "내가 이제 너희를 위하여 받는 괴로움을 기뻐하고 그리스도의 남은 고난을 그의 몸된 교회를 위하여 내 육체에 채우노라"(골 1:24). 예수님이 고난을 당하신 목적과 우리에게 십자가를 지라고 하신 목적은 ① 영혼 구원을 위해서이다. "인자의 온 것은 잃어버린 자를 찾아 구원하려 함이니라"(눅 19:10). "누구든지 사람 앞에서 나를 시인하면 나도 하늘에 계신 내 아버지 앞에서 저를 시인할 것이요"(마 10:32). 우리는 영혼 구원에 힘써야 한다. ② 몸된 교회를 위함이다. 주님께서는 교회를 피로 사셨다고 말씀했고 교회는 음부의 권세가 이기지 못한다고 말씀하셨다. 그래서 우리가 몸된 교회를 위해서 수고하는 것이 바로 십자가를 지고 그리스도를 좇는 길이다.

셋째, 그리스도의 말씀 안에 거하는 생활이다.

"너희가 내 말에 거하면 참 내 제자가 되고 진리를 알지니 진리가 너희를 자유케 하리라"(요 8:31, 32).

자동차를 운행하는데 교통법규가 있고, 회사에는 사규가 있으며, 나라에는 헌법이 있듯이 그리스도인이 지켜야 할 법은 곧 그리스도의 말씀이다. 그리스도의 말씀은 곧 생명의 양식이기 때문에 말씀 안에 거하는 자는 영적인 풍성함이 있게 되고 악한 마귀와의 싸움에서 이기게 된다.

사랑하는 성도 여러분, 신앙 수련의 달에 자기를 부인하며, 자기 십자가를 지고 그리스도를 좇으며 그리스도의 말씀 안에 거하는 생활을 하여 그리스도 제자의 길을 걸어가시는 여러분이 되시기를 주의 이름으로 축원한다.

십자가를 지는 생활 1
(마태복음 16:24)

독일의 종교가 진젠돌프(Zinzendorg)는 말하기를 "내 신학은 피의 신학이요, 내 교회는 십자가의 교회이다. 나는 피있는 은혜를 받았다"고 하였다. 예수 그리스도의 십자가는 인류 구원을 위한 사랑의 상징이며, 기독교의 영원한 자랑이다. 그러므로 사도 바울은 십자가만을 자랑하면서 증거하기를 "내게는 우리 주 예수 그리스도의 십자가 외에는 결코 자랑할 것이 없나니 그리스도로 말미암아 세상이 나를 대하여 십자가에 못박히고 내가 또한 세상을 대하여 그러하다"고 하였다. 십자가 없는 종교는 구원의 종교가 아니며, 십자가 없는 기독교는 기독교가 아니다.

사랑하는 성도 여러분, 우리는 이 한 주간 고난주간을 지키면서 특별히 십자가의 의미를 깊이 묵상하고 우리도 십자가를 지고 주님을 따르는 성도가 되어야 하겠다. 오늘 읽어드린 본문에 보면 아무든지 나를 따라오려거든 자기를 부인하고 자기 십자가를 지고 나를 좇으라고 하였다. 그러면 어떻게 사는 생활이 주님의 십자가를 지는 생활인가에 대해서 네 가지를 말씀드리겠다.

첫째, 십자가를 지는 생활은 자신의 정과 욕을 십자가에 못박는 생활이다.

사도 바울은 갈라디아서 5:24에 "그리스도 예수의 사람들은 육체와 함께 그 정과 욕을 십자가에 못박았다"고 하였다. 여기 못을 박았다고 하는 말은 장사지내 버렸다는 말이다. 그런고로 이제는 육체를 따라 사는 것이 아니고 필연적으로 성령을 좇아 행하는 삶을 의미하는 말이다. 사도 바울은 자신이 십자가에 못박혔다는 말을 여러 차례 반복하였는데, 로마서 6:6에 "옛사람이 십자가에 못박혔다"고 하였고, 갈라디아 2:20에서도 "내가 그리스도와 함께 십자가에 못박혔나니 그런즉 이제는 내가 산 것이 아니요 오직 내 안에 그리스도께서 사신 것이라"고 하였다. 우리가 예수 그리스도의 십자가에 못박혀야 할 이유는 ① 내 안에 그리스도가 살게 하기 위함이고 (갈 2:20) ② 죄의 종이 되지 않기 위함이며(롬 6:6) ③ 믿음 안에서 살기 위함인 것이다(갈 2:20).

둘째, 십자가를 지는 생활은 맡은 사명을 위해 죽기까지 충성을 다하는 생활이다.

예수님이 제자들에게 십자가를 지고 나를 좇으라고 하신 말씀은 바로 사명의 십자가를 지라는 말이다. 이 세상에서 가장 값있고 위대한 삶은 하나님의 사명을 위해 사는 것이다. 우리 인간은 사명을 위해 이 땅 위에 태어난 것이다. 미국의 사상가요, 시인인 에머슨(Emerson Ralph)은 말하기를 "살아있다고 하는 것이 무거운 짐이라고 해서 죽음을 원한다는 것은 비겁한 일이다. 이 무거운 짐으로부터 벗어날 오직 하나의 방법은 자기 사명을 다하는데 있는 것이다. 운명으로부터 짊어지고 나온 사명을 성취할 때만이 무거운 짐이 없어지게 되는 것이다"라고 하였다. 그렇다. 우리 인간은 날때부터 하나님의 사명이 메어져 있다. 그런고로 하나님께 대해서 자기의 사명이 무엇인지를 바로 발견하고 자신이 맡은 사명에 충성을 다하여 살아가는 사람이 바로 주님의 십자가를 지는 사람인 것이다. 시편 101:6에 "내 눈이 이 땅의 충성된 자를 살펴 나와 함께 거하게 하리니 완전한 길에 행하는 자가 나를 수종하리라"고 하였다.

셋째, 십자가를 지는 생활은 화평을 이루는 생활이다.

골로새서 1:20 "그의 십자가의 피로 화평을 이루사 만물 곧 땅에 있는 것들이나 하늘에 있는 것들을 그로 말미암아 자기와 화목케 되기를 기뻐하심이라"고 하였다. 예수님의 십자가는 하나님과 원수되었던 인간들을 연결시켜 주신 가교이다. 에베소서 2:16, 17에 "또 십자가로 이 둘을 한 몸으로 하나님과 화목하게 하려 하심이라 원수된 것을 십자가로 소멸하시고 또 오셔서 먼 데 있는 너희에게 평안을 전하고 가까운 데 있는 자들에게 평안을 전하셨으니"라고 하였다. 예수님께서 십자가에 높이 달려 몸을 찢고 붉은 피를 다 쏟아 주심으로서 하나님과 원수되었던 우리가 화평을 이루게 된 것이다. 그런고로 우리가 화평을 이루게 된 것이다. 그런고로 우리가 십자가를 지는 생활은 우리가 하나님과 화평을 이루는 것이며, 이웃과도 화평을 이루는 생활인 것이다.

넷째, 십자가를 지는 생활은 고난 중에서도 인내하는 생활이다.
예수님께서 십자가에서 고난을 당하신 것은 우리 인류의 모든 죄와 슬픔, 저주와 질고를 친히 담당하여 주시기 위함인 것이다. 그런고로 우리는 어떠한 고난과 환난이 닥쳐올 때에도 두려워하거나 낙심해서는 결코 안된다. 오히려 그리스도의 고난에 참예하는 것으로 기뻐하며 인내해야 한다. 사도 바울은 그리스도를 위하여 그가 받는 고난을 오히려 기뻐하면서 골로새서 1:24에 말하기를 "내가 이제 너희를 위하여 받는 괴로움을 기뻐하고 그리스도의 남은 고난을 그의 몸된 교회를 위하여 내 육체에 채운다"고 하였다. 성도가 고난 중에서도 기뻐해야할 이유는 그 고난이 불행을 가져오게 되는 것이 아니라 결국은 더 큰 유익을 가져오게 하는 것이기 때문이다. 이 세상에 위대한 인물들은 모두가 고난을 통하여 연단을 받은 자들이며 고난 중에서도 기뻐하였던 자들인 것이다. 베드로전서 4:13에 보면 "오직 너희가 그리스도의 고난에 참여하는 것으로 즐거워하라 이는 그의 영광을 나타내실 때에 너희를 즐거워하고 기뻐하게 하려 함이라"고 하였다.

사랑하는 성도 여러분, 십자가를 지고 나를 따르라고 하신 주님의 분부하심에 따라 이 귀한 고난주간에 우리도 주님의 십자가를 지고 주님의 발자취를 따름으로 주님께서 주시는 놀라우신 은혜와 승리가 여러분 위에 충만하기를 주님의 이름으로 축원한다. 할렐루야!

산에 오르신 예수님
(마태복음 17:1-8)

옛부터 산은 성인군자, 정서를 좋아하는 사람들, 큰 일을 하는 사람들이 항상 찾아가고 동경하는 곳이었다. 기독교의 역사를 보면 산에서 기도하다가 성령의 불과 능력을 받고, 병 고침을 받고, 큰 일을 행한 인물들이 많이 있다. 본문 1절에 보면 "예수께서 높은 산에 올라가셨더니"라는 말씀이 있다. 그러면 왜 예수님이 산에 올라가셨는가에 대해서 말씀을 상고하면서 함께 은혜를 나누고자 한다.

첫째, 주님의 신적 권능을 제자들에게 나타내 보여 주기 위해서였다.

예수님의 제자들은 3년 동안이나 주님 곁에서 기사와 이적을 보고 천국 복음을 친히 듣고 전파하는 일에 참여했지만 저들은 예수님의 신적 권위에 대해서 별로 표현한 바가 없다. 그래서 어느날 마태복음 16:13이하에 보면 예수께서 가이사랴 빌립보 지방에 이르러 제자들에게 "사람들이 인자를 누구라 하느냐?"라고 물었다. 그때 제자들은 "더러는 세례 요한, 더러는 엘리야, 어떤이는 예레미야나 선지자중의 하나라고 하나이다"라고 대답했다. 예수님은 또 다시 제자들에게 "너희는 나를 누구라 하느냐?"라고 질문하시자 그 때 제자중 시몬 베드로가 "주는 그리스도시요 살아계신 하나님의 아들이시니이다"라고 대답했다. 그 때 예수님이 그에게 세가지 특권을 주셨다. 그것은 곧 ① 반석위에 내 교회를 세우리라 ② 음부의 권세가 이기지 못하리라 ③ 천국 열쇠를 주겠노라"라는 것이었다. 특별히 영적 성장을 통해서 우리도 베드로와 같이 주님의 신적 권능을 인정하고 고백하는 가운데 흔들리지 않는 반석과 같은 신앙을 소유해야 되겠다.

둘째, 제자들의 영적 성장훈련을 위해서였다.

제자들은 변화산에 올라가서 세 가지 놀라운 변화가 있었다. ① 변형되신 주님을 바라보게 되었다. "저희 앞에 변형되사 그 얼굴이 해같이 빛나며 옷이 빛과 같이 희어졌더라"(2절) 그들은 지금까지 인자 예수만 바라보았지 하나님의 아들로서는 바라보지 못했다. 그러나 변형되신 주님을 바라보면서 그들에게 신령한 눈이 떠지게 된 것이다. ② 하나님의 음성을 들을 수 있는 신령한 귀가 열렸다. "이는 내 사랑하는 아들이요 내 기뻐하는 자니 너희는 저의 말을 들으라"(5절) ③ 오직 예수만 바라보는 체험을 하게 되었다. "제자들이 눈을 들고 보매 오직 예수 외에는 아무도 보이지 아니하더라"(8절) 우리의 머리 속에는 예수 외에 세상 것들로 가득차 있을 때가 있다. 우리도 예수님의 제자들처럼 영적 성장훈련을 통하여 신령한 눈이 뜨여지고, 하나님의 말씀을 들을 수 있는 신령한 귀가 열려지며, 오직 예수만 바라보는 변화가 있어야 된다.

셋째, 기도하러 올라가셨다.

"무리를 보내신 후에 기도하러 따로 산에 올라가시다 저물매 거기 혼자 계시더니"(마 14:23). 예수님은 기도하기 위하여 산에 올라가셨다. 누가복음 6:12에도 보면 "이 때에 예수께서 기도하시러 산으로 가사 밤이 맞도록 하나님께 기도하시고"라고 말씀했다. 여러분, 밤을 세우면서 기도하신 예수님의 모습을 한 번 생각해 보라. 우리는 기도를 많이 해야 된다. 우리가 하나님께 기도할 때 새로워지고 우리의 삶이 새로워지며 하나님께서 사명을 감당할 수 있는 지혜와 능력을 주실 줄 믿으시기 바란다. 예수님은 이렇게 산에 올라가 기도하심으로 만민을 구원하는 구속 사역을 이루셨고 악한 사탄의 모든 권세에 승리하셨던 것이다.

넷째, 모든 일을 정상의 궤도에 올려 놓아 주시기 위해서였다.

예수님이 제자들을 산 밑에서 훈련시키지 않고 변화산의 꼭대기에 올라가셔서 거기에서 훈련시키신 것은 제자들이 높은 정상에서 좀 더 차원 높은 신앙으로, 차원높은 축복을 받고, 차원 높은 삶을 살라고 한 것이다. 우리는 항상 목표를 높은 정상에 두고 신앙생활을 해야 한다. 어느 통계에 보면 이 지구상의 10%의 인생은 완전히 비극의 주인공으로 마쳐지고, 그 중에 80%는 비극의 주인공도 아니고 그렇다고 성공의 주인공도 아닌 평범한 인생으로 끝나며 그 중에 나머지 10%만 삶의 목표를 높은 정상에 놓고 그를 위해서 끊임없이 노력하면서 성공적인 삶으로 인생을 마친다는 것이다. 무슨 일이든지 쉽게 이루어지는 것은 결코 아니다. 실패와 연단 속에서도 좌절하거나 포기하지 않고 정상을 향하여 계속해서 도전하고 전진하는 삶을 살아갈 때에 우리의 신앙이 정상의 궤도에 오를 수 있다. 하나님은 우리의 신앙이 정상의 궤도에 이르기를 원하신다. 그래서 하나님은 아브라함에게 모리아산에서 이삭을 제물로 바칠 것을 요구하셨으며 모세를 시내산 꼭대기로 불러 세웠고, 엘리야를 갈멜산 꼭대기로 불러 세웠던 것이다.

사랑하는 성도 여러분, 예수님처럼 세상과 단절된 높은 산에 올라가서 영적 성장훈련과 기도를 통하여 주님의 신적 권능을 체험하고 정상의 궤도에 오르는 신앙이 되시기를 주의 이름으로 축원한다.

믿음의 위력
(마태복음 17:14-20)

어느날 간질하는 아이를 그 아버지가 예수님의 제자들에게 데리고 와서 고쳐달라고 했다. 그런데 제자들이 고치지 못하자 예수님께 데리고 와서 고쳐달라고 했다. 그 아이는 귀신이 들어가서 간질하는 아이였다. 예수님께서 그 아이에게 들어간 귀신을 꾸짖으시니 그 아이가 낫게 되었다. 이때 제자들이 예수님께 여쭈었다. "우리는 어찌하여 쫓아내지 못하였나이까?" 예수님께서 말씀하시기를 "너희 믿음이 적은 연고니라"라고 했다.

믿음은 우리가 가진 모든 소유물 중에서 가장 귀한 선물이다. 그러면 믿음은 어떠한 위력이 있는가에 대해서 말씀을 상고하면서 은혜를 나누고자 한다.

첫째, 믿음은 육체로 타락한 인간을 영적 인간으로 변화시켜 준다.

우리도 예수 믿기 전에는 육체로 타락한 인간이었다. "너희의 허물과 죄로 죽었던 너희를 살리셨도다. 그 때에 너희가 그 가운데서 행하여 이 세상 풍속을 좇고 공중의 권세 잡은 자를 따랐으니 곧 지금 불순종의 아들들 가운데서 역사하는 영이라. 전에는 우리도 그 가운데서 우리 육체의 욕심을 따라 지내며"(엡 2:1-3). 우리의 육체는 마치 브레이크 고장난 자동차와 같고, 널판 위에 얹어 놓은 공과 같아서 누군가가 붙잡아 주지 아니하면 굴러 떨어질 수 밖에 없다.

그러나 우리가 예수 그리스도를 믿음으로 말미암아 영적 인간으로 변화된 것이다. "그런즉 누구든지 그리스도 안에 있으면 새로운 피조물이라. 이전 것은 지나갔으니 보라! 새 것이 되었도다"(고후 5:17). "너희가 그 은혜를 인하여 믿음으로 말미암아 구원을 얻었나니 이것이 너희에게서 난 것이 아니요 하나님의 선물이라"(엡 2:8). 예수님은 니고데모에게 성령으로 거듭나야 된다고 말씀했다(요 3:6,7).

둘째, 믿음은 무능한 인간을 능력의 소유자로 변화시켜 준다.

"강한 믿음은 강한 사람을 만들고 큰 믿음은 큰 일을 이루게 하며, 작은 믿음은 작은 것을 이루게 한다"는 말이 있다. 우리의 믿음 여하에 따라서 능력이 좌우된다는 것이다.

믿음은 ① 구원에 이르는 능력이다. "이 복음은 모든 믿는 자에게 구원을 주시는 하나님의 능력이 됨이라"(롬 1:16). ② 귀신을 제어하는 능력이다. "주의 이름으로 귀신들도 항복하더이다"(눅 10:17). "귀신을 내어 쫓는 권세도 있게 하려 하심이라"(막 3:15). "더러운 귀신들이 크게 소리지르며 나가고"(행 8:7). ③ 무엇이든지 할 수 있게 하는 능력이다. "할 수 있거든이 무슨 말이냐? 믿는 자에게는 능치 못할 일이 없느니라"(막 9:23).

그래서 예수님은 "너희는 위로부터 능력을 입히울 때까지 이 성에 유하라"고 말씀하셨고, 사도 바울도 "네게 능력 주시는 자 안에서 내가 모든 것을 할 수 있느니라"(빌 4:13)라고 말했다.

셋째, 믿음은 저주의 인간을 축복의 인간으로 변화시켜 준다.

개인과 국가, 사회 그리고 역사를 통한 어느 시대를 보더라도 믿음이 있는 곳에는 반드시 하나님께서 축복해 주셨다. 그러나 믿음을 저버린 곳에는 저주가 따랐다. 저주란 곧 지옥의 형벌, 고통, 하나님의 준엄한 심판 등을 의미한다. 저주와 축복의 차이점은 하나님과의 연결 여부에 달려 있다. 하나님과 단절된 것은 저주요, 하나님과 연결된 것은 축복이다. 역사가 토인비는 말하기를 "오늘 인류의 최대의 비극은 단절이다"라고 했다. 우리 성령님은 하나님과 인간, 부모와 자식, 남편과 아내, 형제와 형제, 이웃과 이웃간에 단절된 것을 하나가 되게 해 준다. "사랑하는 자여, 네 영혼이 잘됨 같이 네가 범사에 잘되고 강건하기를 내가 간구하노라"(요삼 1:2).

사랑하는 성도 여러분, 믿음은 육체로 타락한 인간을 영적 인간으로, 무능한 인간을 무엇이든지 할 수 있는 능력의 소유자로, 저주의 인간을 축복의 인간으로 변화시켜 주는 위력이 있다. 아브라함의 믿음, 이삭의 순종, 야곱의 별미를 본받아 위대한 믿음을 소유하여 항상 승리하는 성도 여러분이 되시기를 주의 이름으로 축원한다.

아직도 무엇이 부족하니이까?
(마태복음 19:16-22)

어느날 예수님 앞에 한 부자 청년이 찾아와서 이러한 질문을 했다. "내가 무슨 선한 일을 하여야 영생을 얻으리이까?" 이 질문은 인간이 하나님께 대한 질문 중에 가장 중요한 질문이라고 할 수 있다. 이 영생 문제는 누구나 이 땅에 사는 동안에 기필코 해결해야 될 문제인 것이다. 이 땅의 모든 인간의 문제를 다 해결했다 할지라도 영생 문제를 해결하지 못한 사람은 그 죽음과 함께 그 영혼은 영원한 심판과 멸망이 기다리고 있기 때문이다. 예수님은 그에게 이렇게 대답해 주었다. "살인하지 말라. 간음하지 말라. 도적질하지 말라. 거짓증거하지 말라. 네 부모를 공경하라. 네 이웃을 네 몸과 같이 사랑하라"(18,19절). 이때 그 청년은 당돌하게 예수님께 다시 질문했다. "이 모든 것을 내가 지키었사오니 아직도 무엇이 부족하니이까?"(20절) 예수님은 그의 부족한 것을 가르쳐 주었다. 예수님이 지적한 이 청년의 부족한 점을 상고해 보면서 말씀의 은혜를 나누고자 한다.

첫째, 영생의 길을 알지 못하고 산 것이다.

이 청년이 영생의 길을 알지 못하고 산 이유는 ① 예수 그리스도가 자기와 어떤 관계인지를 알지 못했기 때문이다. 베드로는 예수님을 '주여'라고 불렀는데 이 청년은 예수님을 '선생님이여'라고 불렀다. 우리는 예수님을 '나의 주'라고 고백해야 된다. ② 예수 그리스도의 구속사역을 알지 못했기 때문이다. 우리는 우리의 모든 죄를 대속해 주시기 위해서 십자가에 못박혀 죽으시고 부활하셔서 우리를 천국까지 인도해 주시는 예수님을 평생토록 찬양하며 살아야 한다. ③ 구원이 자기 행위에서 성립되는 것으로 착각하며 살았기 때문이다. 로마서 3:20이 보면 "율법의 행위로 그의 앞에 의롭다 하심을 얻을 육체가 없나니 율법으로는 죄를 깨달음이니라"라고 말씀했다. 구원은 오직 예수님을 믿음으로써 성립되는 것이다. 우리는 이 영생의 문제를 참으로 귀중히 여길 뿐만 아니라 알지 못하는 모든 사람에게 전해 주어야 되는 것이다.

둘째, 헌신과 봉사가 없는 삶을 산 것이다.

이 청년은 자기의 부축적에만 전전 긍긍한 나머지 하나님께 대한 헌신과 사람에게 대한 봉사가 없는 삶을 살았다. 예수님께서는 바로 이 점을 지적해 주었다. "네가 온전하고자 할진대 가서 네 소유를 팔아 가난한 자들을 주라 그리하면 하늘에서 보화가 네게 있으리라"(21절). 우리의 모든 소유는 다 하나님의 것이다. 베드로전서 4:10에 보면 우리를 '청지기'라고 말씀했다. "각각 은사를 받은 대로 하나님의 각양 은혜를 맡은 선한 청지기같이 서로 봉사하라." 우리는 선한 청지기같이 살아야 한다. 사도행전 9:36이하에 보면 선행과 구제를 심히 많이 한 다비다의 이야기가 나온다. 우리는 하나님께서 주신 물질을 자기 자신만을 위해 사용하지 말고 하나님께 대한 헌신과 사람에게 대한 봉사를 위해 사용해야 한다.

셋째, 하늘의 상받을 축복을 쌓아두지 못하고 산 것이다(21절).

갈라디아서 6:7에 보면 "사람이 무엇으로 심든지 그대로 거두리라"고 말씀했고, 잠언 11:18에도 보면 "의를 뿌린 자의 상은 확실하니라"라고 말씀했다. 하나님께서는 우리가 행한 일에 대해서 반드시 상을 주신다. 사도 바울은 이 상을 얻기 위하여 좇아간다(빌 3:14)고 했고, 예수님께서도 마태복음 5:11,12에 "나를 인하여 너희를 욕하고 핍박하고 거짓으로 너희를 거스려 모든 악한 말을 할 때에는 너희에게 복이 있나니 기뻐하고 즐거워하라 하늘에서 너희의 상이 큼이라"라고 말씀하셨다. 하늘의 상을 받도록 열심으로 충성하고 봉사하시기 바란다.

사랑하는 성도 여러분, 여러분 자신의 부족한 것을 돌아보고 영원한 생명을 주신 하나님께 감사하면서 전능하신 하나님께 능력을 구하여 아직도 영생의 길을 알지 못하는 자들에게 이 구원의 기쁜 소식을 전하며 사시기를 주의 이름으로 축원한다.

인생에게 베푸시는 하나님의 은총
(마태복음 20:1-16)

오늘 본문에 보면 천국은 마치 품꾼을 얻어 포도원에 들여 보내려고 이른 아침에 나간 집 주인과 같다고 했다. 여기에 하나님께서 인생에게 베푸신 놀라운 은총이 담겨 있다. 그러면 하나님께서 인생에게 베푸신 은총이 무엇인가에 대해서 말씀을 상고하면서 함께 은혜를 나누고자 한다.

첫째, 때를 가리지 않고 불러 들이신 은혜이다.

품꾼을 얻어 포도원에 들여 보내려고 이른 아침에 나간 집 주인은 이른 아침(오전 6시경)부터 제3시(오전 9시), 제6시(정오), 제9시(오후 3시), 제11시(오후 5시)까지 때를 가리지 않고 계속해서 품꾼을 불러 들였다. 하나님께서는 멸망의 지옥에 갈 인생들을 향하여 하루가 천년같이 천년이 하루같이 오래 참고 기다리시면서 이른 비와 늦은 비를 베푸셔서 한 사람이라도 더 구원받게 하시기 위하여 계속해서 부르시고 계신다. 예수님께서도 "수고하고 무거운 짐진 자들아 다 내게로 오라 내가 너희를 쉬게 하리라"(마 11:28)고 말씀하셨다.

둘째, 놀고 있는 자에게 일터를 주시는 은혜이다.

"너희는 어찌하여 종일토록 놀고 여기 섰느뇨 가로되 우리를 품꾼으로 쓰는 이가 없음이니라. 가로되 너희도 포도원에 들어가라 하니라"(7절). 이 세상에서 제일 가치 없는 사람은 놀고 굶는 사람, 놀고 먹는 사람이다. 반면에 가장 가치 있는 사람은 일을 하고 수고의 댓가를 받는 사람이다. 하나님께서는 인생에게 힘써 일하면서 살라고 하셨다. "너는 종신토록 수고하여야 그 소산을 먹으리라"(창 3:17下). "엿새 동안은 힘써 네 모든 일을 행할 것이니"(출 20:9). 본문에 보면 장터에 놀고 있는 사람들이 있었다. 집 주인은 이들에게 일터를 주었다. 이렇게 놀고 있는 자들에게 일터를 주셨다는 것은 예수님을 만나는 사람은 누구든지 일할 수 있는 축복을 주시는 은혜인 것이다. 우리가 성경적인 삶을 살기 위해서는 하늘나라의 생명 양식을 위해서 하나님의 뜻이 우리들의 삶을 통해서 이루어질 수 있게 하기 위해서 열심히 일을 해야 한다.

셋째, 더불어 주시는 특별 은혜이다.

포도원 주인은 각각 일을 시작한 시간이 달랐지만 처음에 약속한대로 품삯을 똑같이 한 데나리온씩 품꾼들에게 나누어 주었다. 이것은 품삯을 나중에 온 사람도 동일하게 베풀어 주신 은혜인데, 예수를 먼저 믿은 분에게나 나중에 믿은 분에게나 똑같은 은혜를 베푸신다는 뜻이다. "이와 같이 나중된 자로서 먼저 되고 먼저 된 자로서 나중되리라"(16절). 하나님의 공의는 모든 인류에게 베풀어지지만 더불어 주시는 특별 은혜가 있다. 나중에 온 사람은 처음에 온 사람과 똑같은 품삯을 받을 자격이 없는데도 불구하고 똑같이 주신 것은 더불어 주시는 하나님의 특별 은혜인 것이다. "은혜를 베풀 때에 너를 듣고 구원의 날에 너를 도왔다 하셨으니 보라, 지금은 은혜받을 만한 때요 보라, 지금은 구원의 날이로다"(고후 6:2).

넷째, 일하는 댓가를 반드시 지불해 주시는 은혜이다.

포도원 주인은 품꾼들에게 모두 일한 댓가를 지불해 주었다. 하나님은 인생에게 반드시 일한 댓가를 지불해 주신다. 데살로니가후서 3:10에 보면 "누구든지 일하기 싫어하거든 먹지도 말게 하라"고 말씀했고, 요한복음 5:17에 보면 예수께서 유대인들에게 "내 아버지께서 이제까지 일하시니 나도 일한다"라고 말씀했다. 우리는 열심을 품고 주의 일에 더욱 힘쓰는 자들이 되어야 한다. 예수님께서는 "누구든지 제자의 이름으로 이 소자 중 하나에게 냉수 한 그릇이라도 주는 자는 내가 진실로 너희에게 이르노니 그 사람이 결단코 상을 잃지 아니하리라"(마 10:42)라고 말씀하셨다.

사랑하는 성도 여러분, 하나님께서는 우리 인생에게 때를 가리지 않고 불러 들이신 은혜, 놀고 있는 자에게 일터를 주신 은혜, 더불어 주시는 특별은혜, 일한 댓가를 반드시 지불해 주시는 은혜를 배풀어 주셨다. 이 은혜를 감사하면서 열심히 충성 봉사하시는 성도 여러분이 되시기를 주의 이름으로 축원한다.

하나님의 포도원에 가서 일하라
(마태복음 21:28-32)

포도원은 교회와 하나님의 세계를 의미한다. 우리는 많은 세계를 접한다. 마귀의 세계, 불신앙의 세계, 향락, 물질 세계 속에도 접할 수가 있다. 그러나 하나님은 우리들이 오직 하나님의 세계 안에 있기를 원하신다. 마치 목자가 양이 우리 안에 있기를 원하시는 것과 같다. 비바람이나 눈보라가 친다할지라도 우리 밖에 있으면 보호를 받지 못한다. 오늘 본문에 보면 한 사람이 두 아들에게 포도원에 가서 일하라고 했다. 우리는 하나님의 일을 어떻게 해야 하는가에 대해서 말씀을 상고하면서 은혜를 나누고자 한다.

첫째, 하나님의 명령임을 알고 일해야 한다.
한 사람이 두 아들이 있어 큰 아들에게 가서 일하라고 했더니 가겠다고 대답만 하고 가지 않았다. 그러나 작은 아들은 안가겠다고 했으나 결국에는 포도원에 가서 일을 했다. 여기에서 우리에게 주는 교훈은 무엇일까요? 어떤 분은 하나님의 말씀을 하나님의 명령으로 알고 순종하지만 어떤 분은 거역하기도 한다는 것이다. 명령은 해도 되고 안해도 되는 것이 아니라 반드시 해야 하는 것이다. 하나님은 명령을 지켜 행하는 자들에게 축복을 약속해 주셨다. "네가 네 하나님 여호와의 말씀을 삼가 듣고 내가 오늘날 네게 명하는 그 모든 명령을 지켜 행하면 네 하나님 여호와께서 너를 세계 모든 민족 위에 뛰어나게 하실 것이라"(신 28:1). 실제로 오늘날 복음을 받아들여 하나님의 명령을 지켜 행하는 나라마다 축복받은 것을 알 수 있다.

둘째, 오늘 일해야 한다.
여기에서 '오늘'이라는 의미 ① 일의 긴박성을 말한다. 하나님의 일은 미루지 말고 신속하게 해야 한다. 우리가 일하지 않을 때 사탄이 일한다. 성도가 깨어있지 않으면 사탄이 가라지를 뿌린다. 우리는 하나님의 일에 긴박한 마음을 가지고 신속하게 일해야 한다. ② 즉각적인 순종을 말한다.

에베소서 5:16에 보면 "세월을 아끼라 때가 악하니라"고 말씀 했다. 여기에서 '악하다' 라는 말은 시대적인 부패도 의미하지만 긴박성을 뜻하기도 한다. 또 요한복음 9:4에 보면 일할 수 없는 밤이 온다고 했다. "때가 아직 낮이매 나를 보내신 이의 일을 우리가 하여야 하리라" ③ 하나님의 일을 게을리하지 말고 우선적으로 하라는 뜻이다. "너희는 먼저 그의 나라와 그의 의를 구하라. 그리하면 이 모든 것을 너희에게 더하시리라"(마 6:33).

셋째, 가서 일해야 한다.

"가서 일하라"고 한 것은 ① 행동개시를 의미한다. 마음 속에 생각하는 것으로 그치지 말고 행동으로 옮기라는 것이다. ② 자원하는 마음으로 해야 한다. 하나님이 "내가 누구를 보내며, 누가 우리를 위하여 갈꼬?" 할때 이사야 선지자는 "내가 여기 있나이다. 나를 보내소서"(사 6:8)하고 자원해서 일을 했다. 평안하고 복되게 교회생활을 하는 비결은 내가 교회를 위해서 무엇을 할 것인가를 생각하고 자원해서 하나님의 일을 하는 것이다. 하나님의 일을 하기 싫어하고 하나님의 일에 관심이 없는 사람에게는 일거리가 안 생긴다. 그러나 하나님의 일을 자원해서 하는 사람에게는 어려움과 질병이 있어도 하나님이 도와주셔서 기쁨이 있게 한다.

넷째, 포도원에서 일해야 한다.

포도원은 예수님이 피흘려 세워주신 그리스도의 몸된 교회를 상징한다. 우리는 무엇을 하든지 교회를 중심으로 일을 해야 한다. ① 열매가 많은 곳이다. 우리는 교회를 통해서 수많은 일을 할 수 있다. ② 가지가 나무에 붙어 있기만 하면 열매가 저절로 맺히게 된다. 조금도 염려할 것이 없다. "너희는 마음에 근심하지 말라. 하나님을 믿으니 또 나를 믿으라"(요 14:1). ③ 포도원에서 생산된 포도는 널리 그리고 멀리 사방에 펼쳐진다. 교회는 좀 널리, 많이 펼쳐주는 교회가 되어야 한다.

사랑하는 성도 여러분, 하나님의 일을 귀중히 여겨 하나님의 명령으로 알고 내일로 미루지 말고 오늘하며, 생각으로 그치지 말고 행동으로 옮기며, 교회를 중심으로 열심히 일하는 성도 여러분이 되시기를 주의 이름으로 축원한다.

계명 중의 계명
(마태복음 22:34-40)

    바리새인들이 예수님께 율법 중에 가장 큰 계명이 무엇이냐고 물었을 때 예수님께서는 사랑이라고 대답하셨다. 성경의 가장 핵심이 되는 것은 십계명인데 십계명을 다시 요약하면 '사랑'이라고 말씀하셨다. 사도 바울도 "그런즉 믿음, 소망, 사랑, 이 세 가지는 항상 있을 것인데 그 중에 제일은 사랑이라"(고전 13:13)고 말했고, 문호 톨스토이는 '서로 사랑하라, 그리하면 신은 그 사랑하는 가슴 속에 머물게 된다'라고 말했다.
    그러면 계명 중의 계명인 '사랑'을 어떻게 실천해야 하는가에 대해서 말씀의 은혜를 나누고자 한다.

첫째, 하나님을 사랑하라.
"네 마음을 다하고 목숨을 다하고 뜻을 다하여 주 너의 하나님을 사랑하라"(마 22:37).
① 마음을 다하여 사랑하라 — 형식적이나 외식적으로 또는 습관적으로 하는 것이 아니라 영적 생명의 전체를 드려서 하나님을 사랑하라는 것이다.
② 목숨을 다하여 사랑하라 — 정말 주님을 사랑하는 사람은 순교를 할 수 있다.
③ 뜻을 다하여 사랑하라 — 인생의 목적을 하나님께 두고 살아가는 것이 하나님을 사랑하는 것이다.

둘째, 이웃을 사랑하라.
"둘째는 그와 같으니 네 이웃을 네 몸과 같이 사랑하라 하셨으니"(마 22:39). 사도 요한은 신앙의 생명이 있는 증거는 바로 사랑이라고 했다. "우리가 형제를 사랑함으로 사망에서 옮겨 생명으로 들어간 줄을 알거니와 사랑치 아니하는 자는 사망에 거하느니라"(요일 3:14).

그러면 이웃을 네 몸과 같이 사랑하려면 어떻게 해야 될까?
① 자기가 해함을 받기 원치 않는 것처럼 남을 해하지 말아야 한다.
② 자기를 중히 여기는 것 같이 남도 존중해야 한다.
③ 자기가 잘 되기를 원하는 것 같이 남도 잘 되기를 원해야 한다.
④ 환난시에 자기가 위로 받기 원하는 것처럼 남을 위로해야 한다.
⑤ 자기가 구원 받기 원하는 것처럼 남도 구원 받을 수 있도록 전도해야 한다.
⑥ 자기가 축복 받기 원하는 것처럼 남도 축복 받을 수 있도록 기도해야 한다.

사랑하는 성도 여러분!
마음을 다하고 목숨을 다하고 뜻을 다하여 하나님을 사랑하고 이웃을 네 몸과 같이 사랑하여 계명 중의 계명인 '사랑'을 꼭 실천하는 성도 여러분이 되시기를 예수 이름으로 축원한다.

말세 성도의 5대 생활수칙
(마태복음 24:3-8)

첫째, 말세 성도는 미혹을 받지 않도록 주의해야 한다.

예수님께서 감람산 위에 앉으셨을 때에 제자들을 모아 놓고 주의 임하심과 세상끝에 일어날 징조에 대하여 말씀하시면서 첫번째 당부한 말씀이 미혹을 받지않도록 주의해야 한다고 하였다. 미혹이란 마음 상태가 흐려져 무엇에 홀리는 것을 말하며 정신이 헷갈리어 헤메는 상태를 말하는 것이다. 말세 성도에게는 많은 미혹이 따르게 된다. ① 사람의 미혹 ② 사탄의 미혹 ③ 이단의 미혹이 따르게 되는 것이다. 이러한 미혹들은 믿음의 바른 길을 굽게하며(고후 11:3), 세상 염려에 빠지게 하며(눅 23:14), 사람들의 악한 일에와 사탄의 어두운 곳에와 이단의 비진리에 빠지게 하여 무서운 멸망의 길로 이끌어 가게 하는 것이다. 그런고로 데살로니가후서 2:9, 10 말씀에 "악한 자의 임함은 사탄의 역사를 따라 모든 능력과 표적과 거짓 기적과 불의의 모든 속임으로 멸망하는 자들에게 임하리니 이는 저희가 진리의 사랑을 받지 아니하여 구원함을 얻지 못함이라"고 하였다.

둘째, 말세 성도는 환난을 두려워 말고 주님을 바라보아야 한다.

그 이유는 첫째, 모든 환난은 악인을 심판하고 성도의 잠을 깨우는 방편이기 때문이다. 지상의 모든 환난이 악인들에게 무서운 심판의 요소들이라는 것은 누가복음 21:23 이하 말씀에 보면 일월성신의 징조들과 땅의 징조들로 인하여 혼란한 중에 곤고하게 되며 사람들이 세상에 임할 일을 생각하고 무서워 하므로 기절하게 되지만 주님을 믿는 성도들은 오히려 이런 환난들이 주님께서 구름을 타시고 큰 영광으로 오시는 구속이 가까워 왔음을 알고 신앙의 깊은 잠에서 깨어나 일어나게 되는 유익이 됨을 알 수 있다. 그리고 성도가 환난을 두려워하지 말아야 할 이유는 하나님께서 환난 중에 있는 성도들을 보살펴 주시며 모든 환난에서 승리하도록 역사하여 주시기 때문이다. 요한복음 16:33에 보면 "세상에서는 너희가 환난을 당하나

담대하라 내가 세상을 이기었노라"고 말씀하셨는데, 이는 모든 환난에서 승리하신 주님께서 환난을 당하는 성도들로 하여금 모든 환난을 이기게 하여 주실 것을 약속하신 말씀이기도 한 것이다. 사무엘하 4:9 말씀에 다윗이 레갑과 바아나에게 말하기를 여호와 하나님께서 자기의 생명을 여러 환난 가운데서 건지셨다고 말하였고, 시편 9:9 말씀에 기록하기를 여호와는 환난 때의 산성이라고 말하였다. 우리 하나님은 성도들의 모든 환난 중에 친히 개입하여 주셔서 위로해 주시며(고후 1:4), 또한 환난 중에서도 즐거워할 수 있도록 능력과 담대함을 주실 뿐만 아니라 오히려 환난이 인내를 낳게하고 인내는 연단을, 연단은 소망을 이루도록 역사해 주시는 것이다. 그런고로 성도는 환난을 당할 때 두려워하거나 낙심하지 말고 오직 주님만을 바라보고 힘있게 나아가야 되는 것이다.

셋째, 말세 성도는 깨어 기도해야 된다.

마태복음 24:20 말씀에 "너희의 도망하는 일이 겨울이나 안식일에 되지 않도록 기도하라"고 하였고, 마태복음 26:41에는 시험에 들지 않게 깨어 있어 기도하라고 하였다. 성도가 시험에 드는 것은 깨어 기도하고 있지 않기 때문이다. 깨어 있어 기도하는 자는 시험에 들지 않게 될 뿐 아니라 시험이 몰아쳐 온다 할지라도 반드시 승리하게 되는 것이다. 그런고로 성도는 항상 깨어 기도해야 하며, 또한 쉬지말고 기도해야 한다. 기도가 중단되면 하나님과 신령한 영적 교통이 끊어진 상태가 되고 말기 때문에 심령의 갈증과 고통이 찾아오게 되며 무기력하게 되고 마는 것이다. 그런고로 성도는 마땅히 깨어 기도하며, 쉬지말고 기도하며, 믿음으로 기도하며, 간절히 기도하며, 맡기면서 기도하며, 정신을 차리고 기도함으로써 모든 일에 승리할 수가 있게 되는 것이다.

넷째, 말세 성도는 열심으로 서로 사랑해야 한다.

사랑은 성령의 열매와 성령의 선물로서 마귀의 통로를 막게 되며 시험에서 승리하게 되며, 화평과 단합을 이루게 되며, 율법을 완성하게 되며, 주님의 거룩한 뜻을 이룰 수 있게 하여 주는 것이다.

괴테는 말하기를 "사랑은 최대의 모순을 융화하고 천지와의 통할 길을 알게 한다"고 하였다.
　우리가 서로 사랑하되 주님께서 우리를 사랑하심과 같이 우리도 서로 사랑해야 하며(요 13:34), 허다한 죄와 허물을 덮어주며 사랑해야 하고(벧전 4:8), 내 몸과 같이 사랑해야 하며(마 22:39), 원망없이 대접하며 사랑해야 하며(벧전 4:9), 처음 사랑으로 사랑해야 하며(계 2:4), 오래 참고 온유함으로 사랑해야 하며(고전 13:4), 불의를 기뻐하지 않고 진리와 함께 기뻐하며 사랑해야 한다(고전 13:6).

다섯째, 말세 성도는 은사를 받은대로 서로 봉사해야 한다.
　하나님은 모든 믿는 자에게 각기 그릇에 따라 은사를 부여해 주셨다. 어떤 이에게는 성령으로 말미암아 지혜의 은사를, 어떤 이에게는 지식의 은사, 믿음의 은사, 병고치는 은사, 능력의 은사, 예언의 은사, 영분별의 은사, 방언의 은사, 통역의 은사 등을 주신 것이다(고전 12:4-11). 그리고 그리스도의 몸을 세우기 위하여 혹은 사도로, 혹은 선지자로, 혹은 복음을 전하는 자로, 혹은 목사와 교사로 각각 분량을 맡겨주신 것이다(엡 4:7-12). 이러한 은사를 받은 자는 힘을 다해 충성해야 하며(고전 4:2), 하나님께 영광을 돌리도록 온 정성을 다해야 한다.

　결론으로 이와 같이 말세성도의 생활수칙을 준행하는 자는,
　① 주님께로 부터 칭찬을 받게 되며(마 24:46),
　② 영광과 존귀와 생명의 면류관을 받게 되며(벧전 1:7, 계 2:10),
　③ 주님의 즐거움에 참여하는 자가 되는 것이다(마 25:21).

　친애하는 성도 여러분, 오늘도 이 종말의 시대를 살아가는 성도로서 성도의 생활수칙을 준수하면서 살아가자. 우리 주님의 놀라우신 은혜와 축복이 여러분과 함께 하시기를 기도드린다.

종말의 현상과 신앙 승리
(마태복음 24:3-13)

많은 사람들이 우리가 사는 이 세대를 가리켜 말세라고 한다. 이러한 때일수록 우리는 현실을 바로보고 우리 자신의 삶을 신앙으로 무장하여 최후까지 승리해야 되겠다.

오늘은 '종말의 현상과 신앙승리' 라는 제목으로 말씀을 상고하면서 은혜를 함께 나누고자 한다. 성경에 보면 종말의 현상에 대해 많이 언급되어 있는 것을 볼 수 있다.

첫째, 종말에는 동족과 국가간의 전쟁이 일어나게 된다.

"민족이 민족을 나라가 나라를 대적하여 일어나겠고"(7절上).

예를 들면 우리나라의 6·25 사변, 걸프전과 같은 전쟁이다. 이와 같은 전쟁이 일어나게 되는 이유는 상고해 보면 ① 많은 사람들이 서로 미워하기 때문이다. "그 때에 많은 사람이 시험에 빠져 서로 잡아 주고 서로 미워하겠으며"(10절), ② 많은 사람이 시험에 빠지기 때문이다. ③ 불법이 성해지기 때문이다. ④ 사랑이 식어지기 때문이다. ⑤ 돈을 사랑하며 자긍하기 때문이다. "돈을 사랑하며 자긍하며"(딤후 3:2). "돈을 사랑치 말고 있는 바를 족한 줄로 알라"(히 13:5).

둘째, 종말에는 처처에 기근과 지진이 일어나게 된다.

"처처에 기근과 지진이 있으리니"(7절下). 6월에 일어난 지진사건만 해도 얼마나 끔찍한 사건들이 많았는가? 필리핀을 비롯하여 일본, 인도, 아르헨티나, 알라스카, LA 등등 말이다.

베드로후서 3:7에 보면 "이제 하늘과 땅은 그 동일한 말씀으로 불사르기 위하여 간수하신 바 되어 경건치 아니한 사람들의 심판과 멸망의 날까지 보존하여 두신 것이니라"고 말씀했다. 그러므로 우리는 하나님의 날이 임하기를 바라보고 간절히 사모해야 된다. "하나님의 날이 임하기를 바라보고 간절히 사모하라 그 날에 하늘이 불에 타서 풀어지고 체질이 뜨거운 불에 녹아지려니와 우리는 그의 약속대로 의의 거하는 바 새 하늘과 새 땅을 바라보도다"(벧후 3:12, 13).

셋째, 종말에는 기독교에 대한 박해가 일어나게 된다.

불신자들에 의한 박해가 있다. "그 때에 사람들이 너희를 환난에 넘겨주겠으며 너희를 죽이리니 너희가 내 이름을 위하여 모든 민족에게 미움을 받으리라"(9절).

또한 거짓선지자들에 의한 박해가 있다. "거짓 선지자들이 많이 일어나 많은 사람을 미혹하게 하겠으며"(11절). 유다서 1:8에 보면 "꿈꾸는 이 사람들도 그와 같이 육체를 더럽히며 권위를 업신여기며 영광을 훼방하는도다"라고 말씀했다. 거짓 선지자들은 교회의 권위, 성직의 권위를 업신여기고, 주의 백성들에게 주신 주의 영광을 훼방한다. 여기에서 우리는 승리해야 된다.

사랑하는 성도 여러분!

종말에 우리 성도들은 어떻게 해야 신앙으로 승리하는 생활을 할 수 있을까요? ① 끝까지 견뎌야 한다. "끝까지 견디는 자는 구원을 얻으리라"(13절). ② 깨어 기도해야 된다. "근신하라 깨어라 너희 대적 마귀가 우는 사자같이 두루 다니며 삼킬 자를 찾나니"(벧전 5:8) ③ 주의 날이 임하기를 바라보며 간절히 사모해야 된다(벧후 3:12).

이 말씀을 거역하면서 종말에 다시 오실 주님을 고대하며 최후까지 신앙으로 승리하는 성도 여러분이 되시기를 예수 이름으로 축원한다.

환난때 성도가 취할 태도
(마태복음 24:15-22)

환난은 이 땅에 인류가 존속한 때부터 오늘까지 역사의 흐름 속에 계속되고 있다. '환난'이란 '근심과 재난, 혼돈과 무질서, 불행, 파괴, 상해, 파멸'이라는 뜻이다. 예수님은 이러한 환난이 겨울이나 안식일에 있지 아니하도록 기도하라고 말씀했다(20절). 그러면 왜 환난이 있게 될까? ① 멸망의 가증한 것이 거룩한 곳에 서기 때문이다.(15절) 여기에서 멸망의 가증한 것이란 불의, 악한 귀신의 역사, 우상 등이다. ② 악한 사람들이 있기 때문이다. "악한 사람들과 속이는 자들은 더욱 악하여져서 속이기도 하고 속기도 하나니"(딤후 3:13). ③ 마귀의 도전이 있기 때문이다.(벧전 5:8). 그러면 환난 때 성도가 취할 태도가 무엇인가에 대해서 말씀을 상고하면서 함께 은혜를 나누고자 한다.

첫째, 성전을 중심으로 하나님께 경배드리는 생활을 해야 한다.

"그 때에 유대에 있는 자들은 산으로 도망할지어다"(16절). 여기에서 말하는 산은 하나님께 경배드리는 거룩한 성산 즉 성전을 의미한다. 오늘날로 말하면 교회이다. 하나님은 성도들이 환난을 당할 때 도피성과 같은 성전에 모여서 하나님께 경배드릴 때 암탉이 날개 아래 병아리를 보호하듯이 성도들을 보호해 주신다.

둘째, 기도처를 떠나지 말아야 한다.

"지붕 위에 있는 자는 집안에 있는 물건을 가질러 내려가지 말며"(17절). 당시 유대 가옥의 지붕은 평평한 옥상으로 만들어져 있어 기도처로 사용되었다. 그래서 지붕 위에 있는 자는 기도처를 떠나지 말라는 것이다. 환난 때 제일 중요한 무기는 기도이다. 우리는 환난때도 기도해야 되지만 환난이 오기 전에도 오지않기 위해 기도해야 한다. 하나님께서는 하나님께 부르짖게 하기 위해서 성도들에게 환난을 주시는 경우가 있다.

셋째, 입과 혀를 지켜야 한다.

"입과 혀를 지키는 자는 그 영혼을 환난에서 보전하느니라"(잠 21:23). 우리는 저주하는 말, 욕하는 말, 부정된 말, 불신앙적인 말, 더러운 말 등을 해서는 안된다. 이사야 선지자는 기도하다가 하나님을 뵙고 제일 먼저 자기 입술의 부정한 것을 회개했다(사 6:5). 우리는 환난 때일수록 경건한 말을 해야 한다. "주께서 경건한 자는 시험에서 건지시고"(벧후 2:9). 경건한 말이란 기도하고 찬송하며, 남을 축복해주고, 칭찬하며, 기쁨과 소망을 주는 말이다. 입이 거친 사람은 하나님의 복이 떠나고 환난이 임한다.

넷째, 믿음 위에 굳게 서서 마귀를 대적해야 한다.

"근신하라 깨어라 너희 대적 마귀가 우는 사자같이 두루 다니며 삼킬 자를 찾나니, 너희는 믿음을 굳게 하여 저를 대적하라. 이는 세상에 있는 너희 형제들도 동일한 고난을 당하는 줄을 앎이니라"(벧전 5:8,9). 우리는 환난 때에 믿음을 굳게 하여 마귀를 대적해야 한다. 뿐만 아니라 마귀로 틈을 타지 못하게 해야 한다(엡 4:27). 마귀와 싸워 이기기 위해서는 하나님의 전신갑주를 입어야 한다(엡 6:11).

다섯째, 맡은 일에 죽도록 충성을 다하여 면류관의 상을 좇아가야 한다.

"네가 장차 받을 고난을 두려워 말라. 볼지어다. 마귀가 장차 너희 가운데서 몇 사람을 옥에 던져 시험을 받게 하리니, 너희가 십일 동안 환난을 받으리라. 네가 죽도록 충성하라 그리하면 내가 생명의 면류관을 네게 주리라"(계 2:10). 환난이 있다고 맡은 일을 소홀히 해서는 안된다. 예수님은 택하신 백성의 죄를 대속하시기 위해 죽기까지 충성을 다했다(히 2:17, 빌 2:8).

사랑하는 성도 여러분, 환난때 일수록 성전을 중심으로 하나님께 경배드리고, 기도처를 떠나지 말고 기도에 더욱 힘쓰며 입과 혀를 지키고, 믿음 위에 서서 마귀를 대적하고, 죽도록 맡은 일에 충성을 다하며 승리하는 성도 여러분이 되시기를 주의 이름으로 축원한다.

나의 남은 때를 이렇게 살렵니다!
(마태복음 25:1-13)

"가르치심을 시작할 때에 삼십세쯤 되시니라"(눅 3:23). 예수님께서도 3년의 공생(公生)을 위하여 무려 30년의 긴 세월을 준비하셨으며, 또한 40일이란 금식기도의 시간을 가지면서(마 4:1-11) 준비하셨다. 공인(工人)도 그 하는 일을 잘하기 위해서는 반드시 그 연장 손질을 잘한다고 한다.

오늘 성경말씀은 예수님의 천국에 대한 교훈 중 '열처녀의 비유'에 대한 말씀이다. 유대 혼례식의 전통을 따라 저녁에 신부를 데리러 신부의 집으로 오는 신랑을 맞기 위하여 신부의 친구 열 명의 처녀가 등을 들고 맞으러 나갔다. 그런데 어떤 연고에서인지 신랑이 도착할 시간이 훨씬 넘어도 소식이 없자 그 처녀들은 기다리다 못해 그만 고개를 끄덕이며 잠에 떨어져 버리고 말았다. "보라, 신랑이로다. 맞으러 나오라"하는 한밤중의 공기를 가르는 외침에 졸며 자던 열 명의 처녀들은 일제히 일어났다. 그리고 모두가 등불을 들고 신랑맞을 준비를 했다. 그런데 열 명의 처녀 중 절반은 미련하여 등불은 가졌으나 기름을 따로 준비하지를 못했다. 등불의 심지를 다시 돋우고 꺼져가는 등에는 기름을 더 채워야 했지만 준비한 기름이 없었다. 당혹해진 그들은 미리 기름을 준비한 슬기로운 다섯 처녀에게 "기름을 좀 나눠달라"고 안타깝게 하소연 했다. 그러나 "우리와 너희 쓰기에 다 부족할까 하노니 차라리 파는 자들에게 가서 너희 쓸 것을 사라"고 단호히 거절 당하고 말았다.

결국은 그녀들이 기름을 사러간 동안에 기다리던 신랑은 도착하였으며, 기름을 등과 함께 준비했던 슬기로운 다섯 처녀는 혼인잔치에 들어가게 되었고, 기름을 사러갔던 처녀들은 이미 문이 닫힌 후에 도착하였으므로 한 번 닫힌 문앞에서 아무리 "주여, 주여, 우리에게 열어주소서" 하며 애절하게 부르짖어도 "내가 너희를 알지 못하노라"라는 참으로 준엄한 심판의 선언이 떨어지고 말았다. 결국 등불과 기름을 동시에 준비했던 다섯 처녀는 슬기로운 자로서 잔치에 들어가는 축복의 소유자가 되었고, 등불만 가지고 있던 다섯 처녀는 미련한 자로서 그 귀한 축복의 기회를 영원히 상실하고 말았다. 우리는 오늘 이 비유의 말씀을 통해서 우리의 삶에 귀한 교훈을 얻고자 한다.

첫째, 기회를 잃지 말아야 한다.

기회는 용기있는 자에게 열려있는 문이다. 그래서인지 미국의 기업체들은 항상 3C를 외친다고 합니다. 3C란 기회(Chance), 선택(Choice), 도전(Challange)을 말한다. 그렇다. 기회를 잘 선택하여 도전하면 반드시 승리할 수 있다는 말이다. 전도서 3:1에는 "천하에 범사가 기한이 있고 모든 목적이 이룰 때가 있나니"라고 했다.

신랑을 맞으러 나갈 가장 아름다운 임무를 맡은 열 처녀 중 미련한 다섯 처녀는 기름을 준비를 못했기 때문에 혼인잔치에 참여치 못했지만, 결국은 미련한 까닭에 혹시 더딜 경우를 대비치 못했고 준비할 수 있는 기회를 생각조차도 하지 못했기 때문에 준비의 기회는 이미 사라졌고, 뒤늦게 준비를 서둘렀으나 이미 신랑은 도착되어 문은 닫힌 후가 되었으니, 한 번 지나간 세월은 다시 회복할 수가 없을 뿐만 아니라 영원한 낙오자가 되게 하고 말았다. "보라 지금은 은혜받을 만한 때요 구원의 날이로다"(고후 6:2 下).

둘째, 구원은 그 누구도 대신할 수 없는 각 인격체의 중대사이다.

'구원'(救援)이란 하나님의 은혜와 긍휼하심에 의해 사탄의 세력과 죄로 인한 멸망에서 구함을 받는 일이다. 그런고로 하나님의 인류 구원 역사는 예수 그리스도의 십자가와 부활에 있어서 정점(頂點)에 달했고, 하나님은 이로 인해 단절되었던 하나님과의 사귐이 회복되었으니 누구든지 자기 죄를 회개하고 주 예수를 믿기만 하면 구원은 이루어지는 것이다.

미련한 다섯 처녀들이 자신들의 부족한 기름을 나누어 줄 것을 요청했을 때 슬기로운 처녀들은 이를 단호히 거절했다. 왜냐하면 서로 나누어 가지게 되면 열 처녀 모두가 다 혼인 예식이 끝날 때까지 쓰기에 부족할 것이기 때문이다. 그렇다. 성령은 선지자들끼리 나눌 수 있는 것이 아니다. 구원 역시 각 인격의 믿음으로 얻어지는 것이기 때문에 타인의 믿음이나 간구로 얻어지지 않는다.

"내가 진실로 진실로 너희에게 이르노니 내 말을 듣고 또 나 보내신 이를 믿는 자는 영생을 얻었고 심판에 이르지 아니하나니 사망에서 생명으로 옮겼느니라"(요 5:24)고 하신대로 이 복음의 말씀을 듣고 죄에서 돌이켜 예수 그리스도를 믿고 의지하면 구원함을 받는다. 영생을 소유하게 된다. 주님은 우리를 심판하시기 위해 오신 분이 아니다. 사망에서 생명으로 옮겨놓기 위해서 오셨다. 그런고로 어떤 실수와 실패가 있어도 지옥으로 가는 것이 아니다. 또 어떤 의무를 수행치 못했기 때문에 구원을 얻지 못하고 지옥으로 가는 것이다. "내가 곧 길이요 진리요 생명이니 나로 말미암지 않고는 아버지께로 올 자가 없느니라"(요 14:6)고 하신 예수 그리스도만을 신뢰하자.

셋째, 항상 준비하는 삶을 살아야 한다.

신랑을 맞으러 나간 열 처녀는 외견상으로는 별다른 차이를 느낄 수가 없었다. 신랑이 약속시간을 예고도 없이 엄청나게 이그러뜨림으로 말미암아 그들의 특성과 차이점이 드러나게 된 것이다. 등은 가졌으나 기름을 따로 준비하지 못한 처녀들은 똑같은 모습으로 신랑을 기다렸으나 지체되는 시간으로 인한 부족한 기름을 등에 채울 수 없어 등불이 꺼져가는 절박한 안타까움과 함께 잔치자리에는 들어가 보지도 못했을 뿐만 아니라 "내가 너희를 알지 못하노라"라는 다시는 돌이킬 수 없는 영원한 선고를 받고야 말았으며 미련한 자의 낙인이 찍히고 말았으니 그 결과는 어떠했겠는가? 그런고로 이제 우리 모두는 자신을 돌아보아 영적 무지에서 속히 벗어나 날마다 성령충만으로 무장하여 불타는 풍성한 신앙을 소유하자. 그리하여 기름 준비 잘한 슬기로운 처녀들처럼 축복과 희락과 평강이 넘치는 소망의 삶을 살자.

사랑하는 성도 여러분, 기회란 항상 있는 것이 아니다. 구원 곧 영생얻는 길은 다른 사람이 대신할 수 없다. 아비가 신포도를 먹었으므로 아들들의 이가 시다 하지 않는다(렘 31:29). 항상 깨어 있어 준비의 삶을 살아야 한다. 우리는 누구도 그 날과 그 시를 알지 못함이기 때문이다(마 25:13).

유비무환의 삶
(마태복음 25:1-13)

평화로운 시대에는 유비무환(有備無患)의 삶이 통하지 않는다. 그러나 이 말은 이 시대에 갈수록 점점 더 우리 생활 속에 깊이 교훈이 되는 말이기도 하다. 모든 것에 준비하고 사는 자는 항상 후환이 없이 승리의 삶을 살 수 있게 되는 것이다. 우리는 이 세상의 모든 생활 법칙 속에서 학생들이 자라면 사회에 나와서 열심으로 사회의 일원으로서 활약을 하게 되고, 군인이 훈련을 받은 이후에는 나라를 지키는 국가의 막강한 저력이 되어서 활동을 하게 되듯이 우리 성도들은 항상 하나님 앞에 우리가 구원받은 주의 백성으로서 언제든지 믿음직스럽고 하나님께서 쓰실 만한 삶의 자세를 갖추고 살아가야 하는 것이다.

특별히 한 해를 보내고 새해를 맞이하는 역사적인 기로에서 나그네 인생을 살아가는 우리 모두에게 하나님께서 예비하신 은혜로 충만케 하시기를 기원합니다. 그러면 우리는 어떠한 준비를 하고 살아야 할까?

첫째, 주님 맞을 준비를 하고 살아야 한다.

주님께서는 열 처녀 비유를 통하여 준비된 자와 준비되지 못한 자의 삶의 본보기를 보여 주셨다. 지금 이 세계에는 세 가지 종말이 다가오고 있다. ① 인생의 죽음 ② 세대의 마지막 종말 ③ 우주만물의 종말이다. 그래서 성경은 이러한 일들이 인간에게 다가올 때 몇가지 징조를 예언했다. ① 사람이 빨리 왕래한다고 했고(단 12:4) ② 지식이 극도로 발달된다고 했다(단 12:4). ③ 처처에 전쟁과 지진이 일어난다고 했고(마 24:7), ④ 처처에 온역(질병)이 번져진다고 했다(눅21:11). ⑤ 도덕적 타락과 불법이 성하여 무질서해진다고 했고(마 24:12) ⑥ 적 그리스도와 거짓 선지자가 출현하다고 했다(요일 2:18, 4:1). 이 모든 일들은 주님이 오실 날이 다가왔다는 사실을 교훈해 주고 있다. 우리는 오늘의 이 시기를 바로 분별하고 항상 기도와 말씀으로 깨어 있어 주님 맞을 준비를 잘하고 살아야 되겠다.

둘째, 하나님께 쓰임받는 사명을 준비하고 살아야 한다.

여러분, 이 사명은 해도 좋고 않해도 좋은 것이 아니다. 하나님의 일을 싫어하고 하나님의 사명을 저버린 자는 모두 멸망받았다. 가룟유다는 제자의 사명을 아나니아와 삽비라는 물질의 사명을 다하지 못하다가 죽고 말았다. 한 달란트 받은 자는 악하고 게으른 종이라고 저주를 받았다. 우리는 하나님께 받은 사명을 생명을 걸고 순교의 각오로써 완수해야 될 줄 믿는다. 하나님의 일이 얼마나 귀한 것을 알고 매일매일의 생활 속에서 주를 위해서 죽도록 충성하는 성도가 되기를 바란다. "네가 죽도록 충성하라 그리하면 내가 생명의 면류관을 네게 주리라"(계 2:10).

셋째, 하늘의 축복과 상급을 준비하고 살아야 한다.

왜냐하면 우리는 경기하는 경주자와 같기 때문에 앞에 있는 상을 위해서 좇아가야 한다(고전 9:24). 사도 바울은 하나님이 위에서 부르신 부름의 상을 위하여 좇아간다(빌 3:14)고 했다. "보라 내가 속히 오리니 내가 줄 상이 내게 있어 각 사람에게 그의 일한대로 갚아 주리라"(계 22:12). "사람이 무엇으로 심든지 그대로 거두리라"(갈 6:7).

"상급"이란 말은 히브리어의 어원을 보면 '일한 것에 대한 정당한 보상'이라는 의미가 있다. 성경에 보면 여러 곳에 하늘의 축복과 상급에 대한 약속을 말씀했다. "나를 인하여 너희를 욕하고 핍박하고 거짓으로 너희를 거스려 모든 악한 말을 할 때에는 너희에게 복이 있나니 기뻐하고 즐거워하라 하늘에서 너희의 상이 큼이라"(마 5:11,12). "의를 뿌린 자의 상은 확실하니라"(잠 11:18). "또 누구든지 제자의 이름으로 이 소자 중 하나에게 냉수 한 그릇이라도 주는 자는 내가 진실로 너희에게 이르노니 그 사람이 결단코 상을 잃지 아니하리라"(마 10:42).

사랑하는 성도 여러분, 우리에게 주어진 몸과 시간과 물질은 심장에 맥박이 뛰고 있는 순간만 우리의 것이다. 오늘 이날은 영원히 우리 앞에 다시 오지 않는다. 슬기로운 다섯 처녀처럼 주님 맞을 준비를 잘 하고, 하나님의 일에 쓰임받아 열심으로 충성하여 하늘의 축복과 상급을 준비하며 새해를 맞이하는 성도 여러분이 되시기를 주의 이름으로 축원한다.

달란트 비유가 주는 교훈
(마태복음 25:14-22)

마태복음 25장은 인생의 가장 심오한 내세와 영에 관한 문제들을 잘 다루어 주신 말씀이다. 달란트 비유를 통해서 우리에게 교훈해 주는 내용이 나온다. 그러면 달란트 비유가 우리에게 주는 교훈이 무엇인가에 대해서 말씀을 상고하면서 함께 은혜를 나누고자 한다.

첫째, 인생의 모든 것은 하나님께서 잠시 맡겨주신 것임을 말해준다.

"또 어떤 사람이 타국에 갈제 그 종들을 불러 자기 소유를 맡김과 같으니"(14절). 한 주인이 타국에 가면서 그 종들에게 각각 금 다섯 달란트, 두 달란트, 한 달란트를 맡기고 갔다. 오랜후에 그 주인은 다시 돌아와 종들에게 맡긴 것을 회계했다. 여기에서 주인은 하나님을 말한다. 하나님께서는 모든 것을 인생에게 맡겨 주셨다. "하나님이 자기 형상 곧 하나님의 형상대로 사람을 창조하시되 …… 번성하여 땅에 충만하라. 땅을 정복하라. 바다의 고기와 공중의 새와 땅에 움직이는 모든 생물을 다스리라 하시니라"(창 1:27,28). 심지어 그 이름까지도 인간이 짓도록 허락해 주셨다. "아담이 각 생물을 일컫는 바가 곧 그 이름이라"(창 2:19). 우리는 우리의 모든 소유가 하나님께서 잠시 맡겨주신 것임을 알아야 한다.

둘째, 하나님은 인간에게 자신의 소유를 맡기시되 각각 그 재능대로 맡겨주심을 말해 준다.

"각각 그 재능대로 하나에게는 금 다섯 달란트를, 하나에게는 두 달란트를, 하나에게는 한 달란트를 주고 떠났더니"(15절). 어린 아이에게 의사가 사용하는 칼을 줄 수 없듯이 하나님은 우리에게 권세, 물질, 건강을 주시되 각각 그 재능대로 활용할 수 있는 만큼 주신다. 하나님께서 우리에게 맡겨주신 재능 즉 말의 재능, 손의 재능, 지혜의 재능, 사업의 재능, 조직적이고 체계적인 질서를 세우는 재능, 화목케 하는 재능 등 어떠한 재능을 주셨든지 최대한 활용하여 하나님께 영광을 돌리는 자가 되어야 한다. 우리는 하나님이 맡겨주신 재능에 대해 감사할 줄 알아야 한다.

셋째, 맡겨주신 달란트를 즉시 활용하여 이익을 남기기 원하심을 말해 준다.

"다섯 달란트 받은 자는 바로 가서 그것으로 장사하여 또 다섯 달란트를 남기고"(16절). 여기에서 '바로 가서'라는 말은 '즉각적인 행동개시'를 말한다. 우리는 하나님이 기뻐하시는 일을 지체하면 안된다. "즉시, 즉각, 바로" 해야 한다. 맡겨주신 달란트를 즉시 활용하여 이익을 남겼다는 것은 대단히 중요하다. 우리의 신앙생활은 '공상'에서 끝나면 안된다. 마음에 감동을 받고 깨달은 것은 즉각적으로 행동으로 옮겨야 한다. 하나님이 주신 것을 자꾸 활용하면 하나님께서 자꾸 더 주신다. "네 시작은 미약하였으나 네 나중은 심히 창대하리라"(욥 8:7). "사람이 무엇으로 심든지 그대로 거두리라"(갈 6:7).

넷째, 맡겨주신 달란트를 잘 활용하여 충성한 자에게는 반드시 하늘의 상이 있음을 말해 준다.

"그 주인이 이르되 잘하였도다. 착하고 충성된 종아, 네가 작은 일에 충성하였으매 내가 많은 것으로 네게 맡기리니 네 주인의 즐거움에 참예할지어다"(21절). 하나님이 맡겨주신 달란트를 잘 활용하여 충성한 자에게 주시는 하늘의 상은 ① 많은 것으로 맡겨 주신다. "주라 그리하면 너희에게 줄 것이니 곧 후히 되어 누르고 흔들어 넘치도록 하여 너희에게 안겨 주리라"(눅 6:38). 하나님의 계산방법은 사람의 계산방법과 다르다. ② 주인의 즐거움에 참예하게 해 주신다.

사랑하는 성도 여러분, 인생의 모든 것은 하나님께서 잠시 맡겨주신 것임을 알고, 맡겨주신 달란트를 감사하며, 즉시 활용하여 많은 이익을 남겨 하나님께 영광돌리며 충성하는 자가 되어 하나님께서 약속하신 하늘의 상을 다 받아누리는 성도 여러분이 되시기를 주의 이름으로 축원한다.

얼마나 남겼습니까?
(마태복음 25:14-30)

사람들마다 연말이 되면 지나온 삶을 점검해 보면서 새해의 계획을 세우는 것을 볼 수 있다. 특별히 우리 성도들은 신앙생활을 잘하고 있는지 점검해 보아야 한다. 오늘 본문의 내용은 달란트 비유로서 하나님이 우리에게 주는 네 가지 교훈이 담겨 있다. "얼마나 남겼느냐?"라고 물으시는 하나님의 질문에 대해서 말씀을 상고하면서 함께 은혜를 나누고자 한다.

첫째, 하나님께서 인간에게 자기의 소유를 맡겼기 때문이다.

"또 어떤 사람이 타국에 갈제 그 종들을 불러 자기 소유를 맡김과 같으니"(14절). 우리가 받은 모든 것은 다 하나님께서 맡겨 주신 소유물이다. ① 온 세계도 하나님의 소유이다. "세계가 다 내게 속하였나니 너희가 내 말을 잘 듣고 내 언약을 지키면 너희는 열국 중에서 내 소유가 되겠고"(출 19:5). ② 우리의 영혼도 하나님의 소유이다. "모든 영혼이 다 내게 속한지라. 아비의 영혼이 내게 속함 같이 아들의 영혼도 내게 속하였나니"(겔 18:4). ③ 우리의 몸도 하나님의 소유이다. "너희 몸은 너희가 하나님께로부터 받은바 너희 가운데 계신 성령의 전인 줄을 알지 못하느냐"(고전 6:19). 그래서 하나님의 소유를 맡은 우리는 하나님이 주신 것을 최대한 활용해서 많은 이(利)를 남겨야 되는 것이다.

둘째, 하나님께서 자신의 소유를 인간에게 주되 각각 그 재능대로 맡겼기 때문이다.

"각각 그 재능대로 하나에게는 금 다섯 달란트를, 하나에게는 두 달란트를, 하나에게는 한 달란트를 주고 떠났더니"(15절). 여기에서 '재능'이란 힘을 쓰거나 힘이 나갈 때 생기는 에너지를 말한다. 우리는 각각 하나님께 받은 달란트가 다르다. 우리는 큰 일을 맡았든지, 작은 일을 맡았든지 하나님께 감사하면서 맡은 일에 대해 최선을 다해 충성하고 헌신할 때 하나님의 역사가 나타날 줄 믿는다. 우리는 하나님이 우리에게 부여하신 재능을 최대한 활용하여 얼마나 남겼느냐는 하나님의 질문에 자신있게 대답할 수 있어야 되겠다.

셋째, 하나님께서는 그 맡겨 주신 달란트에 대해서 반드시 결산을 보시기 때문이다.

"오랜 후에 그 종들의 주인이 돌아와 저희와 회계할새"(19절). 우리 주님은 좀 더디게 느껴질지라도 반드시 재림해서 우리에게 맡겨 주신 재능의 열매를 찾으실 것이다. 그러므로 우리는 주님께서 결산하실 때가 반드시 있다는 것을 깨닫고 날마다 깨어 기도하면서 맡은 일에 충성을 다해야 한다. 우리 하나님은 맡겨 주신 것에 대해서 기대하고 계신다. 우리는 하나님 앞에 결산보고를 드릴 때 "주여, 받으소서. 제가 다섯 달란트를 받았는데, 다섯 달란트를 더 남겼나이다" 하고 말씀드릴 수 있어야 되겠다.

넷째, 하나님께서는 우리가 행한 일에 대해서 반드시 상벌을 내리시기 때문이다.

"무릇 있는 자는 받아 풍족하게 되고 없는 자는 그 있는 것까지 빼앗기리라"(29절). 본문에 보면 다섯 달란트 받은 자와 두 달란트 받은 자에게는 상을 내렸고, 한 달란트 받은 자에게는 벌을 내렸다. 하나님은 우리가 맡은 일에 충성을 다했을 때 ① 칭찬해 준다. "잘하였도다, 착하고 충성된 종아"(23절) ② 더 받게 해 준다. "무릇 있는 자는 받아 풍족하게 되고"(29절) ③ 주인의 즐거움에 참여케 해준다. "네 주인의 즐거움에 참여할지어다"(23절). 그러나 충성을 다하지 못했을 때는 '악하고 게으른 종, 무익한 종'이라고 책망을 받고, 있는 것까지 빼앗기게 되며, 바깥 어두운 데로 내어 쫓겨 슬피 울며 이를 가는 벌을 받게 된다.

사랑하는 성도 여러분! 하나님께서 여러분에게 각각 그 재능대로 맡겨 주신 일에 최선을 다해서 충성하고 헌신하여 "얼마나 남겼습니까?" 하고 하나님께서 결산보고서를 청구하실 때, 다섯 달란트 받은 자와 두 달란트 받은 자처럼 잘했다 칭찬 들을 수 있는 성도 여러분이 되시기를 주의 이름으로 축원한다.

옥합을 깨뜨린 신앙적 교훈
(마태복음 26:6)

예수님께서 베다니 문둥이 시몬에 집에 계실때, 한 여자가 매우 귀하고 값진 향유 한 옥합을 가지고 와서 식사하시는 예수님의 머리에 부어드린 일이 있었다. 제자들은 이 여자에게 책망하였지만 예수님께서는 오히려 이 여자의 행한 일을 칭찬하며 온천하 어디서든지 복음이 전파되는 곳에는 이 여자의 행한 일을 말하여 저를 기념하라고 하였다. 이상의 본문의 내용에서 옥합을 깨뜨린 신앙적 교훈이 무엇인가에 대해서 네 가지 내용으로 말씀드리겠다.

첫째, 이 여인이 옥합을 깨뜨린 것은 그리스도를 향한 자신의 희생을 의미하는 것이다.

이 여자가 예수님을 찾아가 만난 곳은 다른 곳이 아닌 문둥이 시몬의 집이있다. 문둥이의 집은 옛날이나 지금이나 일가친척, 이웃 혈육도 외면하는 소외당한 인생이 거처하는 곳이다. 그러나 예수님은 누구보다도 문둥이 집에 찾아가 그들과 함께 음식을 나누시며 친구가 되어 주셨다. 소중한 옥합을 들고 예수님을 찾아간 이 여인 역시 예수님을 사랑하고 사모한 나머지 간절한 마음으로 문둥이의 집에까지 찾아가게된 것이다. 우리는 이 여인의 귀한 행위에 자신을 온전히 깨뜨린 희생적인 모습을 찾아볼 수가 있다. 값진 희생이 있는 곳에는 그만큼 큰 보람이 안겨지게 되는 것이며 좋은 결과를 거두고야마는 것이다.

이 세상에는 자신을 깨뜨리지 못하고 티끌만한 희생을 지불하는데도 인색해 빠진 이기주의자들을 수 없이 만나 볼 수 있게 된다. 자유론의 저자 J.S 밀은 말하기를 "살찐 돼지가 되는 것보다 여윈 소크라테스가 되라"고 하였다. 이는 바로 자신을 희생하는 삶이 얼마나 귀한 것임을 보여주는 말인 것이다.

둘째, 이 여인이 옥합을 깨뜨린 것은 환경의 조건을 깨뜨린 것을 의미한다.

인간은 환경의 지배를 받는 피조물이다. 그러나 참된 신앙은 결코 환경에 지배를 받지 아니한다. 위대한 신앙은 환경을 정복하기 때문이다. 옥합을 깨뜨린 이 여인은 먼저 환경의 조건을 깨뜨린 것이다. 가냘픈 한 여성의 몸으로 당시에 모든 사람이 꺼려하고 마다한 문둥이 시몬의 집에까지 찾아가 예수님을 만나게 된 것은 분명히 환경의 장벽을 깨뜨린 위대한 신앙의 교훈을 보여주고 있는 것이다. 진실로 예수님을 사모하는 자는 세대를 탓하거나 환경을 탓하지를 아니한다. 비바람이 치고 눈보라가 몰아쳐와도 주님이 계시는 곳이라면 어디에나 주님을 찾아 나아가는 승리자가 될 수 있는 것이다.

참된 신앙 앞에서는 요단강도 갈라지며 여리고 성도 무너지고마는 것이다. 이 세상에 그 무엇도 신앙을 가두어 놓을 수는 없기 때문이다.

셋째, 이 여인이 옥합을 깨뜨린 것은 물욕을 깨뜨린 것을 의미한다.

이 여인이 깨뜨린 향유는 매우 값진 향유라고 하였다. 마태복음 26:6에 보면 "예수께서 베다니 문둥이 시몬의 집에 계실 때에 한 여자가 매우 귀한 향유 한 옥합을 가지고 나아와서 식사하시는 예수의 머리에 부었다"고 하였고, 요한복음 12:5에는 이 향유의 시가는 300데나리온이라고 하였는데 이 금액은 한 사람이 평생에 먹고 살 장사 밑천인 것이다. 그러므로 옥합을 깨뜨린 이 여인은 자신의 전 재산을 깨뜨리고 예수님의 머리에 부어드린 것이다. 참 신앙의 승리는 물욕을 깨뜨리는데서 오게 된다. 인간의 육체는 물질에서 나왔기 때문에 물욕을 깨뜨린다는 것은 쉬운 일은 아니다. 그러나 올바른 신앙의 출발은 물욕이 깨어지는데서부터 시작한다. 아나니아와 삽비라는 물욕을 깨뜨리지 못하고 물질을 신앙보다 앞세우고 있었기 때문에 생명도 물질도 모두를 잃어버리고 말았으며 롯의 처도 소돔과 고모라가 멸망을 받게 되었을 때에 물질에 대한 애착을 못버리고 뒤돌아 보다가 소금기둥이 되고 말았던 것이다. 쌓을 곳이 없도록 물질을 부어 주시되 물욕에 치우치는 자에게는 주시지를 아니한다. 다만 주님을 위하여 물질의 옥합을 깨뜨릴 줄 아는 자에게만 주시는 것이다.

넷째, 이 여인이 옥합을 깨뜨린 것은 교만과 위선을 깨뜨린 것을 의미한다.

여인이 값진 향유를 300데나리온이나 소유하고 있었다는 것은 사치와 허영에 자신이 지배되어 있었다는 것을 보여주고 있는 것이며 옥합을 깨뜨리고 눈물로 주님을 영접하기까지 심경에 변화가 일어났다는 것은 그만큼 생활이 복잡한 가운데 있었던 것을 보여주고 있는 것이다. 그러나 하나님은 누구나 회개하고 주께로 돌아오기만 하면 범한 죄악의 크고 작음의 분량을 탓하지 아니하시고 한량없는 은총과 긍휼을 베풀어주시는 분이시다. 이 여인은 비록 세상 오락, 사치, 허영, 물욕에 치우쳐 살면서 하나님도 이웃도 멸시하고 살았지만 불쌍한 문둥이 집에까지 찾아가 값진 향유옥합을 깨뜨려 예수님께 붓고 경배한 것은 자신의 교만과 위선을 송두리째 깨뜨려버린 아름다운 모습을 보여주고 있는 것이다.

결론으로 예수님은 이와 같은 여인의 행위에 대하여 이 여자가 내 몸에 향유를 부은 것은 내 장사를 위함이며 또한 온천하 어디서든지 이 복음이 전파되는 곳에는 이 여자의 행한 일도 말하여 기념하리라고 하셨다.

사랑하는 성도 여러분, 우리도 이 여인의 옥합을 깨뜨린 희생적인 신앙을 본받아 영원토록 하나님께 영광돌리고 축복의 대열에서 승리하시는 여러분들이 되시기를 축원한다. 할렐루야!

전진의 비결
(마태복음 26:36)

모든 경기의 영광스러운 메달들은 모두가 남보다 한걸음 앞서 전진하여 승리하는데서 안겨졌듯이 신앙의 금메달도 끊임없이 전진하여 승리하는 자에게 주어지는 사실을 성경은 말씀해 주고 있다. 그러면 신앙의 경주장에서 전진하는 비결이 무엇인가에 대해서 네 가지 내용을 본문에서 말씀드리겠다.

첫째, 전진의 비결은 깨어 있어 기도해야 한다.
지금 예수님과 제자들은 최후의 목적 달성을 앞에 놓고 겟세마네 동산에 올라가 앉게 되었다. 이때 예수님은 제자들에게 간곡히 당부하시기를 "내 마음이 심히 고민하여 죽게 되었으니 너희는 여기 머물러 나와 함께 깨어 있으라"고 명령하셨다(마 26:38). 이는 깨어 기도하는 일만이 최선의 방법이며 최후의 고지를 점령하는 비결이기 때문이다. 그러므로 예수님은 사랑하는 제자들에게 깨어있어 기도할 것을 명령하셨다. 그리고 예수님은 조금 떨어진 곳에 홀로 나아가 얼굴을 땅에 대시고 엎드려 기도하시기를 "내 아버지여 만일 할만 하시거든 이 잔을 내게서 지나가게 하옵소서 그러나 나의 원대로 마옵시고 아버지의 원대로 하옵소서"라고 하였다. 이 한 마디의 기도속에는 온 인류를 죄와 멸망에서 구원하실 최후의 고지가 얼마나 어렵고 고통스러운 일인가를 보여 주고 있는 것이다. 그러나 이 최후의 전진의 순간에 제자들은 깨어 기도하지 못하고 졸고 잠만 자고 있었다. 이 안타까운 모습을 바라본 예수님은 그들은 책망하시면서 "너희가 나와 함께 한시 동안도 이렇게 깨어 있을 수 없더냐 시험에 들지 않게 깨어 있으라"고 하였다. 사랑하는 성도 여러분, 성도는 신앙의 경주자이다. 최후의 역경을 돌파하며 신앙의 금메달을 따는 비결이 바로 깨어 기도하는 일임을 언제나 잊어서는 아니된다.

둘째, 전진의 비결은 지치고 시달린데서 일어나야 한다.

마태복음 26:46에 "일어나라 함께 가자 나를 파는 자가 가까이 왔느니라"고 하였다. 일어난 자만이 걸을 수가 있고 전진할 수가 있다. 신앙의 승리는 먼저 일어나는데서부터 출발된다. 제자들은 최후의 순간을 돌파하지 못하고 낙심과 좌절 속에 주저앉아 있었다. 사랑하는 성도 여러분, 행여나 여러분은 인생의 고달픈 길에서 낙심하거나 실의의 구렁텅이에서 작심하고 주저앉아 계신 분은 아니계신가? 지금 여러분은 일어나야 한다. 예수님은 일어나라고 말씀하고 계신다. 주님의 말씀을 듣는 자는 누구나 일어날 수 있다. 주저앉아 낙심하는 곳에는 사탄이 역사하게 되고 비록 힘이 없으나 예수의 이름으로 일어서는 곳에는 성령님이 역사하여 주시는 것이다. 성경 안에는 많은 종류의 사람들을 향하여 일어나게 하였다. 오늘 본문에서는 신앙이 잠든 데서 깨어 일어나라고 하였고, 마가복음 2:11 말씀에는 "병든데서 일어나 걸어가라"고 하였다. 오늘날 많은 사람들이 육신의 병도 앓고 있지만 그보다 더 무서운 마음의 병을 앓고 있다. 주님께서는 이러한 병든 자를 향하여 일어나 세상을 향하여 걸어가라고 말씀하고 있다. 우리는 전진하기 위하여 일어나야 한다.

셋째, 전진의 비결은 주님과 함께 가야한다.

예수님은 제자들에게 "일어나라 함께 가자"고 하였다(마 26:46). 주님이 함께 하시는 곳에는 생명이 있고 전진이 있다. 예수님은 인생들에게 "너희가 나를 떠나서는 아무것도 할 수 없다"고 말씀하였다. 그러나 주님이 그곳에 함께하여 주심으로 그물이 찢어지도록 고기가 가득하게 되었다고 하였다. 성도의 성공의 비결은 주님과 함께 하는데 있다. 하나님이 없는 인생은 소리와 형체만이 있을 뿐이다. 한때 천하를 호령하며 교만과 자만이 머리 끝까지 가득차 있었던 독일의 히틀러는 하나님 앞에 망령된 말로 "하나님이여 당신이 정말 계십니까. 정말 당신이 계신다면 하늘 일만 간섭하시고 땅의 일은 참견하지 마십시오. 땅의 일은 내가 맡겠나이다"하면서 나중에는 하나님의 계명까지 자기의 손으로 만들어 놓다가 최후에는 저주를 받아 비참하게 전사하고 말았던 것이다. 하나님 없는 세계는 죽음의 세계요, 저주의 세계이다. 사랑하는 성도 여러분, 오늘도 하나님은 여러분을 향하여 함께 가자고 말씀하고 계신다. 하나님과 함께 가는 인생은 언제나 승리와 힘찬 전진만이 있게 되는 것이다.

넷째, 전진의 비결은 때를 분별할 줄 알아야 한다.

본문 마태복음 26:45, 46에 "보라 때가 가까왔으니 인자가 죄인의 손에 팔리우느니라 일어나라 함께 가자 보라 나를 파는 자가 가까이 왔느니라"고 하였다. 예수님과 제자들은 촉각을 다투어야할 최후의 순간이 오게 된 것이다. 그러므로 예수님은 보라 때가 가까왔으니 인자가 죄인의 손에 팔리운다고 하셨다. 하나님의 사람들에게는 긴급하게 해내야 할 귀중한 사명들이 매여져 있다. 그 귀중한 일을 뒤로 미루거나 회피해서는 아니된다. 예수님은 제자들에게 사태가 긴급하게 된 사실을 고하여 주었다. 그러나 제자들은 영도 육신도 깊은 잠에 빠져 있었고 사태의 긴박성에 관심조차도 없었던 것이다. 그러므로 저들은 결정적인 순간에 주님을 모른다고 부인까지 하게 되었고 주님과 함께 십자가를 질 수가 없게 되었던 것이다.

사랑하는 성도 여러분, 참으로 때가 찼고 하나님의 나라가 가까와 온 이 때에 우리의 시대적인 사명이 무엇인가를 깊이 깨닫고 기도하며 전진하는 자가 되어야 하겠다. 지금 세계는 한국의 시대가 열리고 있다. 자유세계나 소련중공의 세계까지 우리나라의 인식을 새롭게 하고 있는 이 때에 우리는 복음의 횃불을 더욱 높이들고 이 지구상의 인류가 존재하는 곳곳마다 주님의 이름으로 달려가야 하겠다.

겟세마네의 기도
(마태복음 26:39)

주님은 우리에게 기도의 중대성을 교훈해 주실 때 말씀으로 하시지 아니하시고 몸소 본을 보여 실천으로 보여 주셨는데, 그 대표적인 기도 중 하나가 겟세마네 동산에서의 기도였던 것이다. 이 겟세마네 동산의 기도는

첫째, 순종의 기도였다.
예수님은 온 인류의 죄속함을 위한 십자가를 앞에 놓으시고 고민하여 죽게 되신 지경에 이르셨을 때에 이 잔을 물리치거나 그냥 통과하려고 하지 않으시고 하나님께 기도하시기를 "아버지여 만일 할만 하시거든 이 잔을 내게서 지나가게 하옵소서. 그러나 나의 원대로 마옵시고 아버지의 원대로 되기를 원하나이다"라고 기도하였던 것이다. 이는 바로 성부 하나님께 대한 순종의 기도였는데, 여기 순종이란 말은 '휘포타 쏘'($ὑποτασσω$) 즉, 아래에 두어 예속시키는 것을 말하는 것이다.

우리가 기도할 때 한 가지 과오를 범하기 쉬운 것은 우리가 기도함으로서 하나님의 뜻을 찾아 그 뜻을 좇고 자신을 하나님 아래 예속시켜 순종하려고 하는 자세 보다도 오히려 하나님이 우리 인간의 뜻을 좇아주기를 바라는 억측의 기도를 드릴 때가 종종 있는 것을 보게 된다. 하나님께 대한 순종은 순종 자체가 바로 신앙의 행위이며, 응답의 자세라고 볼 수 있다.

하나님은 순종의 사람, 아브라함을 축복하여 복의 근원이 되게 하셨으며, 순종의 사람 이삭을 선택하여 언약한대로 보호하여 주셨을 뿐 아니라 (창 26:11) 한 해 농사에 백배나 결실을 거두는 기적의 복을 주어 창대하고 왕성케 하여 주심으로 마침내 거부가 되게 하였다고 하였다. 이와 같이 성도의 올바른 신앙자세는 내 뜻에 의한 삶이 아니고 하나님 아버지의 거룩하신 뜻을 좇아 복종하며 살려는 자세가 세워져 있어야 하며, 또한 이와 같은 삶을 살아갈려고 할 때 만사 형통함이 오게 되는 것임으로 우리는 이

와 같은 삶을 위해 끊임없는 기도를 하나님께 드려야 하는 것이다.

둘째, 겟세마네 동산의 기도는 간절한 기도였다.

겟세마네란 뜻은 기름을 짜낸다는 뜻이다. 누가복음 22:44 말씀에 보면, "예수님께서 힘쓰고 애써 더욱 간절히 기도하시더니 땀이 땅에 떨어지는 피방울같이 되더라"고 하였다. 여기 '간절'이란 말 '엑테노이스'($\varepsilon\kappa\tau\varepsilon\nu\hat{\omega}\varsigma$)는 '열망하여 애원한다'는 뜻을 가진 말인데 예수님이 이 기도야 말로 얼마나 간절한 기도인가를 보여 주고 있다.

친애하는 성도 여러분! 우리 다함께 예수님의 그 애절하신 기도의 모습을 명상하며 고요히 음미해 보자.

"겟세마네 동산에서 기도하실 때 주님의 땀방울은 피로 변했네. 하나님을 거역한 나를 위하여 순종의 속죄 피를 흘려 주셨네. 빌라도의 뜰에 서서 가시관 쓸 때 주님의 얼굴은 피로 젖었네. 온 인류의 저주를 속하시려고 저주의 관을 가시채로 쓰셨네. 빌라도의 군인들이 때린 채찍에 찢어져 피로 물든 주님 등허리 온 인류의 질병을 속하셨으니 치료의 강물되어 넘쳐 흐르네" 아-멘

사랑하는 성도 여러분! 오늘 이 세상의 민심은 갈수록 삭막해져 가고 비정의 살벌함이 양심을 사로잡아 간절한 소원의 기도 생활보다도 차라리 스스로가 체념상태에 빠져 "케아 세라세라" 내일 일은 생각하기 싫으니 될대로 되라는 식의 사고방식 속에 살아가는 인생이 얼마나 많은가? 예수님께서 비유로 말씀하신대로 피리를 불어도 춤 출줄 모르며, 애곡하여도 가슴을 칠줄 모르는 삭막한 세상을 우리가 살아간다 할지라도 우리는 겟세마네 동산으로 찾아 올라가 하나님 앞에 겸손한 마음으로 엎드려 땀방울이 피가 되기까지 간절히 기도하는 경건한 삶을 살아야 하겠다.

셋째, 겟세마네의 기도는 인내와 결단의 기도였다.

19세기 영국의 고아의 아버지로 호칭된 죠지 뮬러는 말하기를 "기도할 때 가장 명심해야 할 점은 응답이 내려질 때까지는 결코 물러서서는 안 된다는 것이다"고 하였다. 저는 언젠가 겟세마네 동산을 찾아보다가 주님의 기도하신 자리를 더듬어 어루만지며 그때의 모습을 회상해 보며, 흐느낀

때가 있었다. 2천년전 피로 물든 얼굴로 부르짖으신 주님의 음성, 깊은 밤 삼경에 찬바위를 껴안으시고 애절하게 기도하시던 모습, 이 모두가 누구를 위하심이었던가! 그 아픔, 그 애절함, 그 비장한 결단은 모두가 우리들의 죄와 구원을 위하심이었던 것이다. 누가복음 22:41 말씀에 나타난 예수님의 기도의 모습 가운데 무릎을 꿇고 기도하신 것과 또한 얼굴을 땅에 대시고 기도하신 모습은 바로 예수님의 인류 구원을 위한 비장한 각오와 결단의 모습을 보여주기도 하신 말씀이다. 주님의 이 귀한 결단은 어느 누구도 꺾을 수가 없었으며, 돌이킬 수가 없었던 것이다.

친애하는 성도 여러분, 우리도 주님의 기도의 발자취를 따라 가십시다. 골방에도, 제단에도, 겟세마네 동산에도, 낮에도, 밤에도, 2경, 3경에도 기도의 축복을 빼앗기지 말고 오늘도 우리의 삶을 지켜주시는 전능하신 하나님 앞에 무슨 일을 당해도 낙심하지 말고 쉬지않는 기도의 무릎을 겸손히 꿇고 순금의 기도소리 속에 승리하며 전진하자. 할렐루야!

부활의 주님을 만난 여인들
(마태복음 28:1-10)

본문은 예수님께서 십자가에 달려 돌아가신 지 사흘만에 부활하신 사건을 기록한 내용으로 특별히 부활의 주님을 만난 여인들이 나온다. 이 여인들이 우리에게 주는 교훈이 무엇인가에 대해서 말씀을 상고하면서 함께 은혜를 나누고자 한다. "예수께서 가라사대 나는 부활이요 생명이니 나를 믿는 자는 죽어도 살겠고 무릇 살아서 나를 믿는 자는 영원히 죽지 아니하리니 이것을 네가 믿느냐"(요 11:25-26).

첫째, 최후까지 주님을 따랐다.

"안식일이 다하여가고 안식 후 첫날이 되려는 미명에 막달라 마리아와 다른 마리아가 무덤을 보려고 왔더니"(1절). 이 여인들은 예수님을 너무너무 사랑하고 예수님께 대한 신앙이 돈독했기 때문에 죽음을 무릅쓰고 안식 후 첫날 새벽 미명에 예수님의 무덤을 찾아 갔다. 위대한 믿음을 가진 사람은 언제나 변함없이 최후까지 예수님을 따르는 사람이다. 잠언 12:11에 보면 "방탕한 것을 따르는 자는 지혜가 없느니라"고 말씀했다. 주님은 항상 우리가 주님을 따르기를 원한다. 마태복음 4:19에 보면 "나를 따라 오너라. 내가 너희로 사람을 낚는 어부가 되게 하리라"고 말씀했고, 요한복음 10:27에는 "내 양은 내 음성을 들으며 나는 저희를 알며 저희는 나를 따르느니라"고 말씀했으며, 누가복음 9:23에는 "아무든지 나를 따라오려거든 자기를 부인하고 날마다 자기 십자가를 지고 나를 좇을 것이니라"고 말씀했다.

둘째, 돌문이 굴러내리는 기적을 보았다.

"큰 지진이 나며 주의 천사가 하늘로서 내려와 돌을 굴려 내고"(2절). 우리가 살아가는 길에는 우리 힘으로 해결할 수 없는 많은 장애물들이 있다. 그러나 주님을 잘 섬기는 자는 하나님께서 모든 장애물을 제거해 주신다. 여인들은 예수님의 무덤을 향해 가면서 누가 큰 돌문을 옮겨 줄 것인가에 대해 염려했지만 하나님께서는 이미 천사를 통해서 돌문을 굴려 내셨다. 여인들은 바로 이러한 기적을 체험했다. 우리와 주님 사이에는 어떠한 장애물도 가로막혀져 있어서는 안된다. 몰랑이라는 사람은 "인생은 죽음과 부활의 연속이다"라고 말했다.

셋째, 부활의 주님을 만나게 되었다.

"예수께서 저희를 만나 가라사대 평안하뇨 하시거늘 여자들이 나아가 그 발을 붙잡고 경배하니"(9절). 부활의 의미는 바로 예수님을 만나는데 있다. 부활의 주님을 영으로 만나시기를 바란다. 부활의 주님을 만난 이 여인들이야말로 부활의 주님과 연합한 자들이었다. 로마서 6:5에 보면 "만일 우리가 그의 죽으심을 본받아 연합한 자가 되었으면 또한 그의 부활을 본받아 연합한 자가 되리라"고 말씀했다. 주님의 부활은 곧 우리의 부활이다. 주님께서 철장의 권세로 세상 마귀를 쳐부수고 승리하신 것은 바로 우리의 승리가 되는 줄로 믿는다. 부활의 주님을 만나는 자는 곧 승리자가 되는 것이다.

넷째, 부활하신 주님을 가는 곳마다 증거했다.

"여자들이 갈제 파숫군 중 몇이 성에 들어가 모든 된 일을 대제사장들에게 고하니"(11절) 누가복음 24:9에도 보면 "무덤에서 돌아가 이 모든 것을 열한 사도와 모든 다른 이에게 고하니"라고 말씀했다. 부활의 주님을 만난 여인들은 그 즉시 달려가서 모든 사람들에게 부활의 주님을 전했다. 주님의 부활이 우리에게 주는 가장 큰 의미는 부활하신 예수님을 전하는데 있다. 우리는 복음의 큰 나팔이 되어야 한다. 우리 기독교는 릴레이 경주장과 같다. 우리는 복음의 바톤을 받는 자로서만 끝나지 말고 이 복음의 바톤을 모든 사람에게 들려주는 자가 되어야 한다.

사랑하는 성도 여러분, 소돔과 고모라성을 방불케하는 이 종말의 시대에 부활의 주님을 만난 여인들처럼 최후까지 주님을 따르고 돌문이 굴러내리는 기적을 체험하며, 부활의 주님을 만나 어느 곳에서 누구를 만나든지 부활하신 주님을 전하는 성도 여러분이 되시기를 예수 이름으로 축원한다.

부활의 3대 사건
(마태복음 28:5)

예수님의 부활은 예수님의 부활을 믿지 못하는 사람들에 세 가지 사건을 통해서 증거해 주셨다. 이 사건이 우리에게 주는 교훈이 무엇인지 말씀을 상고하면서 은혜를 받자.

첫째, 예수님의 부활이 가져온 사건은 심히 크고 무거운 돌문이 옮겨진 일이었다.

마가복음 16:24에 보면 "안식후 첫날 매우 일찍 해 돋은 때에 그 무덤으로가며 서로 말하되 누가 우리를 위하여 무덤 문에서 돌을 굴려 주리요 하더니 눈을 들어본 즉 벌써 굴려졌으니 그 돌이 심히 크더라"고 하였다. 무덤을 찾아간 여인들은 마음에 큰 번민을 안고 있었다. 그 이유는 바로 온 세상 인류를 구원하시기 위하여 십자가에 못박혀 돌아가신 그 예수님을 가로막은 큰 돌때문이었다. 그러나 그들이 예수님이 무덤 앞에 도착한 순간 큰 지진이 일어나기 시작하였고 주의 천사가 하늘로서 내려와 돌을 굴려내고 그위에 앉아 있는 모습을 바라볼 수 있게 되었다.

우리가 주님을 향해 나아가는 길에는 사탄이 가로막는 돌문이 많다. 염려의 돌문, 낙심의 돌문, 핍박의 돌문, 환난의 돌문, 그리고 질병, 근심, 고통 등 인생이 한평생 나아가는 길에는 이러한 수많은 돌문들이 가로질러 있다. 그러나 우리가 안심할 것은 믿음의 눈을 뜨고 주님을 향해 전진하기만 하면 어떤 시련의 돌덩이라도 종이상자처럼 흔적없이 사라져 버리게 되며 하나님의 권능으로 모래알처럼 부서버려지게 되는 것이다.

둘째, 예수님의 부활이 가져온 사건은 예수님의 시체가 없어진 일이었다.

누가복음 24:1에 보면 새벽에 이 여자들이 그 예비한 향을 가지고 무덤에 갔을 때 돌이 무덤에서 굴려 옮겨진 것을 보고 들어가니 예수님의 시체는 보이지 않고 흰 옷입은 두 천사만 그들 앞에 있었다. 이를 본 순간 막달라 마리아와 함께 한 다른 여자들이 다 함께 얼굴을 땅에 대고 두려워서 떨고만 있었다. 이 때 두 천사는 이 여자들에게 말하기를 "너희는 무서워 말라 십자가에 못박히신 예수를 너희가 찾는 줄을 내가 아노라 그가 여기 계시지 않고 그의 말씀하던대로 살아 나셨느니라"(마 28:5-6)고 하였다. 그렇다. 사탄은 예수님을 죽음의 무덤 속에 가두어 놓을 수가 없었다. 예수님은 바로 사망의 권세를 이기신 생명의 주님이시기 때문이다.

오늘날 수많은 사람들이 기독교를 무덤 속에 가두어 사탄에게 사로 잡혀서 시기, 원망, 저주, 악독, 교만, 허영, 분열, 분쟁에 사로잡혀 사탄을 기쁘게 하는 자들이 얼마나 많은지 말로다 할 수 없다. 자기보다 작다고 앞서는 사람이 생기면 거짓, 궤휼, 중상모략 등으로 어떻게 하던지 넘어뜨려 보려고 하다가 도리어 자신이 망해버리는 자들도 수 없이 보게 된다. 사랑하는 성도 여러분, 우리 기독교는 무덤 속의 종교가 아니다. 부활과 생명의 종교이다. 그리고 사랑과 축복의 종교이며 영생과 소망의 종교이다. 유교의 창시자 공자의 무덤은 중국 "창평향"에 있고, 불교의 창시자 석가의 무덤은 인도 "살수"서안에 있으며, 회교 마호멧의 무덤은 "사우디아라비아 메카"에 있으나 우리 예수님의 무덤은 이 땅 위에서 영원히 없어시고 만짓이다. 그런고로 예수 안에 있는 자는 썩고 부패됨이 있을 수가 없으며 저주와 멸망이 있을 수가 없는 것이다.

셋째, 예수님의 부활이 가져온 사건은 다시 사신 예수님의 신령한 모습을 만천하에 공개하신 일이다.

예수님은 자신의 부활하신 모습을 인간들에게 가리워 두지 아니하시고 친히 40일 동안이나 수 많은 장소에서 나타내 보이셨다. 요한복음 20:17에 보면 빈 무덤을 찾아가 울고 있던 막달라 마리아에게 부활하신 예수님이 친히 나타나시어 말씀하시기를 "여자여 어찌하여 울며 누구를 찾고 있느냐 나를 만지지 말라 내가 아직 아버지께로 올라가지 못하였노나 너는 내 형제들에게 가서 내가 내 아버지 곧 너희 아버지 내 하나님 곧 너희 하나님께로 올라간다"고 하시면서 막달라 마리아에게 나타나신 것을 비롯하여 수많은 사람들에게 자신의 모습을 나타내 보여 주셨다.

갈릴리 바닷가에서 베드로에게(요 21:1-2), 엠마오로 내려가는 제자들에게(눅 24:36) 그리고 500여명의 성도들과(고전 15:6) 수 많은 사람들에게 부활의 모습을 그대로 나타내 보여 주셨다. 이와 같이 예수님이 여러기간 여러 장소에서 수 많은 사람들에게 보여주신 이유는 인간들에게 부활의 확증을 심어주고 모든 믿는 자에게 영생과 생명을 주시는 주님이심을 믿게 하기 위함인 것이다.

사랑하는 성도 여러분, 죄와 저주, 죽음과 심판, 지옥의 영원한 고통의 문을 닫으시고 사망의 권세를 이기신 주 예수 그스리스도는 오늘도 여러분 가운데 영으로 임하셔서 여러분과 함께 하신다. "보라 내가 세상 끝날까지 너희와 함께 하리라"고 약속하신 주님의 신실하신 약속은 영원히 우리 가운데 그대로 이루어 주고 계시는 것이다.

사랑하는 성도 여러분, 이제 주를 믿는 여러분에게는 영원토록 지옥문이 닫혀버리고 생명의 부활이 약속되어 있다. 이제 불신앙의 먹구름은 성령의 바람으로 뜬구름처럼 흔적 없이 영원히 사라지기 바라며 슬픔과 염려는 감사와 찬송, 기쁨과 소망으로 바꾸어지는 부활의 아침이 되어지기를 주님의 이름으로 축원한다. 할렐루야!

하늘의 권세를 받자
(마태복음 28:18)

성경 말씀 안에는 권세에 대한 말씀이 여러 곳, 여러 종류로 기록되어 있는데 이 말씀들을 요약해서 열거해 보면

첫째, 짐승 곧 사탄의 권세가 나타나 있다.

사탄(Satan)이란 말은 히브리어의 명사로서 그의 뜻은 "대적하는 자" "원수" 등의 뜻을 가진 말인데 이 말에 정관사가 붙어 "적대자" 즉 "마귀"의 고유명사로 되어 있는 것이다. 이 사탄 마귀는 타락한 천사로서 하나님의 허락을 받아 욥을 시험하여 괴롭혔고(욥 1:6), 이스라엘을 대적하고 다윗을 격동시켰는가 하면(대상 21:1), 여호와 앞에서 대제사장 여호수아를 대적하기도 하였던 것이다(슥 3:1). 특히 신약에 와서는 그리스의 명사 "나타나스"(Natanas) 즉 히브리어 사탄의 음역으로서 고유명사처럼 사용되고 있는데 그 이름의 뜻은 시험하는 자(마 4:1), 악한 자(마 13:19), 인류의 대적(벧전 5:8), 하나님 일의 파괴자(마 4:15), 거짓의 아비(요 8:44), 사람을 죄로 이끄는 유혹자(요 13:2), 하나님과 사람과 선에 대한 대적자(요 2:3), 육체의 병을 가져오는 자(욥 1:11), 거짓을 행케하는 자(요 8:44), 공중의 권세 잡은 자(엡 2:2)이기도 한 것이다.

그리고 이 사탄의 명칭으로 나타낸 이름들을 보면 이 세상 신(고후4:4), 귀신의 왕(마 9:34), 바알세불(마 10:25), 벨리알(고후 6:15), 우는 사자(벧전 5:8), 이리(요 10:12), 용과 뱀(계 12:9), 짐승(계 13:11) 등으로 나타내어 있기도 한다. 사도행전 13:10 말씀에 보면 이러한 사탄에게 사로잡힌 자를 마귀의 자식이라고 하였고, 사단의 회(계 2:9)라고 불리우기도 하였다. 이 사탄들은 그의 부하로 귀신을 두고 있으며 힘과 권력을 가진 악한 왕국의 지배자로 나타나 있기도 한다(마 12:24,26, 눅 11:18). 이 사탄은 사람의 마음에 들어가 인간을 점령하기도 하는데(마 12:22-29), 특히 아나니아와 삽비라를 실패케 하였으며(행 5:3), 또한 데살로니가전서 2:18

에 보면 사도 바울의 전도의 길을 방해하고 가로막기도 한 것을 보게 된다. 참으로 사탄은 인류의 대적이며 영원히 저주받을 어둠의 권세로서 활동하다가 마침내 예수 그리스도의 권세 앞에 세세토록 멸망 지옥의 고통을 당하게 되고야 말게 되는 것이다.

둘째, 성경에 나타난 권세는 예수 그리스도의 권세이다.
예수님께서 말씀하시기를 "하늘과 땅의 모든 권세를 내게 주셨다"고 하였는데 이 엄청난 그리스도의 권세를 몇가지로 구분하여 보면,
① 사망과 음부의 권세를 이기신 권세이다.
예수님은 인류의 구속을 위하여 십자가에 못박혀 돌아가신 후 사망의 권세를 이기시고 부활하심으로써 그를 믿는 모든 자의 구원을 확증하여 주신 것이다.
② 예수 그리스도의 권세는 사탄의 모든 권세를 멸하시는 권세이다.
사탄은 자기의 때가 얼마 남지 않았음을 알고 있기 때문에 최후의 수단과 세력으로서 우는 사자같이 세계 도처에서 발악하고 있으나 만왕의 왕이시요 만주의 주이신 어린 양 예수 그리스도 권세가 사탄의 권세를 다 이기시며 뿐만 아니라 그에게 붙어 있는 부르심을 받은 모든 자들에게는 그리스도의 권세를 나타내게 하여 주시는 것이다. 이 사실에 대하여 요한계시록 17:14에서 말씀하시기를 "저희가 어린 양으로 더불어 싸우려니와 어린 양은 만주의 주시요 만왕의 왕이심으로 저희를 이기실 터이요 또 그와 함께 있는 자 곧 부르심을 입고 **빼내심**을 얻고 진실한 자는 이기리로다"라고 하였다.
③ 예수 그리스도의 권세는 천하만국을 심판하는 권세인 것이다.
예수 그리스도는 만유의 모든 주권을 한 손에 잡으시고 모든 원수를 심판하시는 주님이신 것이다. 주님께서 하나님 우편에 앉아 계심은 마치 집정자로서의 하나님께로 부터 권세를 잡은 것을 의미하기도 하는 것이다.
④ 예수 그리스도의 권세는 죄를 사하시는 권세인 것이다.
마태복음 9:6 말씀에 "인자가 세상에서 죄를 사하시는 권세가 있는 줄을 너희로 알게 하려 하노라"고 말씀하셨다.
⑤ 예수 그리스도의 권세는 병을 제어하는 권세이며

⑥ 예수 그리스도의 권세는 영생을 주시는 권세인 것이다. 이 사실에 대하여 요한복음 17:2 말씀에 "아버지께서 아들에게 주신 모든 자에게 영생을 주게 하시려고 만민을 다스리는 권세를 아들에게 주셨다"고 하였다.

셋째로, 성경에 나타난 권세는 그리스도와 함께한 성도의 권세인 것이다.

하나님은 주를 믿는 모든 자들에게 하나님의 자녀되는 권세를 주셨을 뿐 아니라 철장권세를 주어(시 2:9) 원수마귀를 질그릇 쳐부수듯 권세와 승리를 주시는 것이다. 누가복음 10:19 말씀에 "내가 너희에게 뱀과 전갈을 밟으며 원수의 모든 능력을 제어할 권세를 주셨으니 너희를 해할 자가 결코 없으리라"고 하였다.

사랑하는 성도 여러분, 비록 우리가 사탄과 짐승, 붉은 용의 권세, 악인의 권세(시 125:3), 전갈의 권세(계 9:5), 질병, 고난풍파가 끊임없는 이 세상에 처하여 있다 할지라도 주님을 믿는 모든 자들에게는 주님의 철장권세로서 굳게 무장하여 승리하는 주님의 능력있는 백성이 될 수가 있는 것이다.

하늘의 권세
(마태복음 28:18)

예수님이 말씀하시기를 "하늘과 땅의 모든 권세를 내게 주셨으니 그러므로 너희는 가서 모든 족속으로 제자를 삼으라"고 하시면서 이 땅 위에 사는 모든 믿는 자들은 악마와 더불어 싸우는 하늘의 전사들이라고 하였다. 그런고로 주님께서는 주의 백성들이 이 중대한 영적 전쟁에서 능히 승리하고도 남음이 있도록 하늘의 권세를 입혀 주시며 역사하여 주시는 것이다. 그러면 하나님께서 이 위대한 권세를 주의 백성들에게 입혀 주셔서 무엇에 승리하게 하여 주시는가에 대하여 세 가지 내용을 말씀드리겠다.

첫째, 하늘의 권세는 짐승의 권세와 용의 권세에서 승리하게 하여 주신다.

짐승의 권세나 용의 권세는 사탄의 권세를 의미하는 말로서 요한계시록 13장에 보면 바다에서 한 짐승이 나오는데 그 짐승이 용의 권세를 받아 참람된 이름을 가지고 표범, 곰, 사자같이 강퍅하고 포악하며 살인적인 악성을 가지고 악랄하게 발악하게 되는데(계 13:1-2), 심지어 이들은 참람되게 말하는 입을 받아서 감히 하나님과 하늘에 속한 백성들에게까지 훼방을 하며 도전하게 된다. 이로 말미암아 어린 양의 생명책에 기록되지 못한 이 땅 위에 사는 모든 자들이 오히려 그 짐승에게 미혹을 받아 짐승의 권세와 그의 표를 받은 후 사탄의 역사에 가담하게 되는 자들이 수 없이 일어나게 될 것을 성경은 이미 경고하여 주고 있는 것이다(계 13:13-18). "그러나 이 사탄의 권세는 땅의 사방백성, 곡과 마곡을 미혹하며 바다 모래수 같이 많은 싸움을 일으키고 이 땅 지면에 널리 퍼져 하나님의 교회와 성도들의 진을 넘어 뜨리려 하다가 마침내 하나님의 심판의 불로 소멸을 당하고야 말게 되는 것이다. 결국은 천하를 미혹하던 이 마귀가 불과 유황 못에 던지움을 당하게 됨으로 그에게 미혹을 받아 추종하던 모든 자들도 사탄과 함께 불못에서 세세토록 괴로움을 받게 되는 것이다. 사랑하는 성도 여러분, 오늘날 우리의 주변에는 사탄의 미혹으로 죽음과 멸망의 길로 빠져들어가는 영혼들이 얼마나 많은가? 그리고 신앙을 선택한 자들 중에도 이단에 빠지거나 잘못된 영에 사로잡혀 그리스도를 부인하고 악령에 지배를 받아 자신들의 신앙은 파선이 되어졌고 하나님의 교회를 어지럽게 하는 자들이 여기저기서 일어나게 됨을 보게 된다.

친애하는 성도 여러분, 여러분은 믿음과 진리로 굳게 무장하여 하늘의 권세를 소유한 자가 됨으로 짐승과 용의 권세를 파괴하고 하나님의 나라를 건설하는 승리자가 되시기를 주님의 이름으로 축원한다.

둘째, 하늘의 권세는 악인의 권세에서 승리하게 하여 주신다.

시편 125:3에 "악인의 권세가 의인의 업에 미치지 못하리니 이는 의인으로 죄악에 손을 대지 않게 함이로다"라고 하였다. 악인이란 악한 영에 포로되어 지배 받는 자를 말하며, 악한 마음을 품고 있거나 밖으로 노출하는 행위를 말하는 것이다. 종말에는 사탄의 역사가 강하게 일어남과 동시에 악령의 지배를 받는 자도 많이 생기게 되어 어두움의 일들을 자행할 뿐 아니라 양심에 화인 맞은 소행들이 범람하게 되어진다고 성경은 교훈하여 주고 있다. 디모데후서 3:13에 "악한 사람들과 속이는 자들은 더욱 악하여져서 속이기도 하고 속기도 하게 됨으로 이러한 자들에게서 돌아서라"고 하였고 "악은 모든 모양이라도 버리라"고 하였다(살전 5:22). 그리고 악을 행하는 자는 빛을 미워하게 되고(요 3:20), 악인의 입에서는 패역을 말하게 되며(잠 10:32), 악인들에게는 수 많은 악한 일들을 자행한다고 하였다. 그런고로 하나님은 권고하시기를 악은 모든 모양이라도 버릴 뿐 아니라 악한 자들에게서 가치없이 돌아서라고 하였다.

친애하는 성도 여러분, 우리는 악한 세대에 살고 있으며 연약한 체질을 가지고 있다. 그런고로 여러분은 하나님께 이렇게 기도하라. "하늘에 계신 우리 아버지 일용할 양식을 주옵실 뿐 아니라 다만 악에서 구하여 주소서"라고. 그리하면 하나님은 반드시 여러분을 악에서 구하여 건져 주시며 생명의 길로 이끌어 주심을 받게 되는 것이다.

셋째, 하늘의 권세는 전갈의 권세를 이기게 하신다.

　요한계시록 9:3에 "또 황충이 연기 가운데로부터 땅 위에 나오매 저희가 땅에 있는 전갈의 권세와 같은 권세를 받았더라"라고 하였다. 여기의 전갈은 악하고 무서운 세력을 상징하는 것으로서 인간이 당하는 시험의 고통을 의미하기도 하는 것이다. 이 전갈은 꼬리에 쏘는 힘을 가지고 있기 때문에 한 번 쏘이기만 하면 두통과 함께 전신에 고통이 생기게 되며 생명까지도 잃게 되는 무서운 시험과 고통의 세력인 것이다. 오늘날 많은 인간들이 육체의 질병으로 괴로움을 당하는 것보다 보이지 않는 영적, 심적으로 당하는 수 많은 아픔을 안고 전갈에 쏘인 듯한 시험이 고통으로 몸부림치는 자가 얼마나 많은가?
　성도 여러분, 오늘도 하늘과 땅의 권세를 소유하신 우리 주 예수 그리스도를 굳게 붙잡고 짐승과 용의 권세에서와 어두움에 사로잡힌 악의 권세에서 그리고 견딜 수 없는 시험과 고통을 가져다 주는 전갈의 권세에서 승리하자.

규정된 의식
(마태복음 28:18-20)

기독교의 가장 큰 성례는 세례와 성찬이다. 이것은 예수님께서 명하신 규정된 의식이다. 이 의식을 통해서 주님을 만나게 되고 그 은혜에 동참하는 특권을 우리에게 허락하여 주셨다. 1년에 두 차례씩 거행되는 성례주일을 맞이하여 '규정된 의식'이라는 제목으로 말씀의 은혜를 나누고자 한다.

'세례'란 뜻은 원문에 보면 '잠긴다' 혹은 '담근다'라는 뜻이다. 좀 더 구체적으로 세례의 의미를 상고해 보겠다.

첫째, 세례는 옛사람이 예수와 함께 장사되는 예식이다.

"그러므로 우리가 그의 죽으심과 합하여 세례를 받음으로 그와 함께 장사되었나니"(롬 6:4上).

예수를 믿기 전에 우리는 죄의 몸으로 태어났기 때문에 그 상태로서는 구원도 없고 영생에 참여할 수도 없는 자들이었다. 그래서 예수 그리스도의 명하신 성부와 성자와 성령의 이름으로 세례를 받아야 한다. 세례를 받는 순간 옛사람이 예수와 함께 장사되는 것이다. 또한 죄의 몸이 멸하여지고 다시는 죄에게 종노릇하지 아니하려고 하게 되는 것이다.

둘째, 세례는 예수님과 함께 새 생명을 얻는 예식이다.

"그리스도를 죽은 자 가운데서 살리심과 같이 우리로 또한 새 생명 가운데서 행하게 하려 함이니라"(롬 6:4下).

우리 옛사람이 장사되면 예수님의 부활과 함께 우리 속사람이 새 생명을 얻게 되는 것이다. 예수 안에서 세례받고 구원받은 우리는 이미 새 생명을 얻었다.

인간에게 두 가지 생명이 있다. 하나는 육의 생명이요, 다른 하나는 영의 생명이다. 그래서 주님은 "사람이 만일 온 천하를 얻고도 목숨을 잃으면 무엇이 유익하리요"(마 16:26)라고 말씀했다. 우리는 육신의 생명을 소중히 여김과 같이 영적인 생명을 더 소중히 여겨야 된다. "생명으로 인도하는 문은 그 길이 협착하여 찾는 이가 적음이니라"(마 7:14).

셋째, 세례는 예수님과 함께 접붙힘을 받는 예식이다.

"돌감람나무인 네가 그들 중에 접붙힘이 되어 참감람나무 뿌리의 진액을 받는 자 되었은즉"(롬 11:17).

오늘 우리는 미약하고 어리석고 둔하고 보잘 것 없지만 예수님께 접붙힘을 받으면 반드시 승리하고 그 진액을 통해서 아름다운 열매를 맺게 된다.

넷째, 세례는 마귀의 권세에서 해방을 받는 예식이다.

"너희는 다시 무서워하는 종의 영을 받지 아니하였고 양자의 영을 받았으므로 아바 아버지라 부르짖느니라"(롬 8:15).

우리가 예수 믿기 전에는 마귀의 권세 아래 있었지만 예수 믿은 후에는 하나님이 바로 우리의 아버지이기 때문에 마귀의 권세에서 해방 받은 것이다.

사랑하는 성도 여러분, 이미 예수 세례 받은 자는 옛사람이 예수와 함께 장사되고 예수와 함께 새 생명을 얻었고, 예수와 함께 접붙힘을 받았으며 마귀의 권세에서 해방을 받았으니 항상 감사하고 찬양하며 즐거워하는 생활을 하시길 바라며, 아직 세례를 받지 못하신 분은 꼭 세례를 받아 세례 받은 자의 축복을 누리시기를 예수 이름으로 축원한다.

광야의 신앙생활
(마가복음 1:12-15)

"성령이 곧 예수를 광야로 몰아내신지라. 광야에서 사십 일을 계셔서 사탄에게 시험을 받으시며…"(12,13절). 광야란 물이 귀하여 나무나 식물이 잘 자라지 못하는 곳으로 외롭고 쓸쓸한 곳이다. 이와 같은 곳에서 예수님은 마귀에게 시험을 받으셨다. 오늘날 우리가 살아가는 이 곳은 마치 광야와 같다. 구약시대에 이스라엘 백성들은 출애굽후 가나안 땅에 들어가기까지 40년동안 광야생활을 했다. 그들은 광야생활을 하는 동안 온갖 시험을 통과해야만 했다. 광야는 곧 하나님의 백성들을 연단시키는 교육장이기도 한 것이다. 우리도 이 광야같은 세상을 살아가는 동안 닥쳐오는 온갖 시험에서 승리해야만 천국에 들어갈 수 있다. 그러면 광야에서 승리하는 신앙생활을 하기 위해서는 어떻게 해야 하는가에 대해서 말씀을 상고하면서 함께 은혜를 나누고자 한다.

첫째, 하나님의 말씀으로 무장해야 한다.

마귀는 40일 동안 금식하신 예수님께 찾아와 "네가 만일 하나님의 아들이어든 명하여 이 돌들이 떡덩어리가 되게 하라"(마 4:3)고 시험을 했다. 이때 예수님께서 "사람이 떡으로만 살것이 아니요 하나님의 입으로 나오는 모든 말씀으로 살 것이니라"(마 4:4)라고 말씀하셨다. 이와 같이 마귀는 세 번이나 예수님을 시험하였지만 예수님은 세 번 모두 하나님의 말씀으로 마귀를 물리치셨다. 시한부 종말론자들이 사회를 혼란시키며 우리 성도들을 유혹하고 있다. 마태복음 24:4에 보면 예수님께서 말씀하시기를 "너희가 사람의 미혹을 받지 않도록 주의하라"고 했다. 또 마태복음 24:36에 보면 "그러나 그 날과 그 때는 아무도 모르나니 하늘의 천사들도 아들도 모르고 오직 아버지만 아시느니라"고 말씀했다. 그 어느 때 보다도 마귀가 우는 사자같이 두루 다니며 삼킬 자를 찾는 이때에 우리는 더욱더 하나님의 말씀으로 무장하여 예수님처럼 마귀와 대적하여 승리해야 되겠다.

둘째, 지도자를 잘 따라야 한다.

"너희를 인도하는 자들에게 순종하고 복종하라"(히 13:17). 이스라엘 백성들이 출애굽하여 가나안 땅을 향해 가는 동안 지도자 모세의 말에 순종하고 복종하여 잘 따랐을 때에 홍해가 갈라지며 낮에는 구름기둥으로 밤에는 불기둥으로 인도함을 받는 하나님의 기적이 나타났다. 한번은 이스라엘 백성들이 호르산을 떠나 홍해길을 좇아 에돔 땅을 둘러 행하려 하였다가 그 길로 인하여 "어찌하여 우리를 애굽에서 인도하여 올려서 이 광야에서 죽게 하는고? 이곳에는 식물도 없고, 물도 없도다 우리 마음이 이 박한 식물(만나)을 싫어 하노라"하며 하나님과 모세를 원망한 적이 있었다. 그때 하나님께서는 불뱀들을 백성 중에 보내어 백성을 물게 하시므로 죽은 자가 많게 하셨다. 우리는 자기를 부인하고 하나님이 세우신 지도자를 잘 따라야 광야에서 승리할 수 있다. "예수께서 제자들에게 이르시되 아무든지 나를 따라 오려거든 자기를 부인하고 자기 십자가를 지고 나를 좇을 것이니라"(마 16:24).

셋째, 성령의 인도를 받아야 한다.

"술취하지 말라. 이는 방탕한 것이니 오직 성령의 충만을 받으라"(엡 5:18). 이스라엘 백성들이 광야 생활에서 승리할 수 있었던 것은 낮에는 구름기둥으로 밤에는 불기둥으로 인도함을 받았기 때문이다. 그들이 이와 같이 주야로 구름기둥, 불기둥의 인도를 받았다는 것은 곧 성령의 인도를 받았다는 것이다. 우리도 항상 성령의 인도를 받기 위해서는 어두움의 일을 벗고 빛의 갑옷을 입으며 낮에와 같이 단정히 행하고, 방탕과 술취하지 말며, 음란과 호색하지 말고, 쟁투와 시기하지 말고, 오직 주 예수 그리스도로 옷 입고 정욕을 위하여 육신의 일을 도모하지 말고 항상 기도로 깨어 있는 신앙생활을 해야 한다.

사랑하는 성도 여러분, 광야 같은 이 세상을 살아가는 동안 하나님의 말씀으로 무장하고 지도자에 대한 순종과 항상 성령의 인도함을 받는 생활을 하여 승리하는 신앙생활이 되시기를 주의 이름으로 축원한다.

한 중풍병자의 소생
(마가복음 2:1-5)

예수님께서 가버나움에 들어가 계실 때였다. 수 많은 사람들이 예수님에 대해 소문을 듣고 원근 각처에서 각양각색의 사람들이 인산인해를 이루어 문에라도 용신할 수 없도록 모여 들게 되었다. 그 중에 중풍병자 한 사람은 네 사람에게 들리워 예수님께 찾아오긴 했으나 둘러 쌓인 수많은 사람들로 인하여 예수님께 가까이 접근할 수가 없게 되어 주님이 계신 곳의 지붕을 뚫어 중풍병자의 누운 상을 달아 내려 예수님께 내어 맡겼을 때 예수님께서는 그를 책하지 아니하시고 깨끗하게 고쳐 주시어 곧 일어나 상을 가지고 걸어가며 하나님께 영광을 돌리게 되었던 것이다. 가버나움은 갈릴리 바다 서북쪽에 있는 섬으로 예수님의 제2고향과도 같은 곳이다. 이렇듯 주님이 가시는 곳은 초막이나 궁궐이나 그 어디든지 소문이 나서 수많은 사람이 모여들게 되며 구원의 역사, 소생의 역사, 치료의 역사, 변화의 역사, 이적의 역사, 축복의 역사, 승리의 역사, 부흥의 역사가 일어나게 마련이다. 그리고 진심으로 주님의 은혜를 사모하여 찾아온 자는 그 누구나 주님께서 탓하여 버리지 아니하시고 영접해 주시는 것이다. 그러면 이 불행하고 쓸모없고 소망이 없었던 중풍병자가 어떻게 소생함을 받았는가에 대하여 본문에 나타난 교훈 세 가지를 말씀드리겠다.

첫째, 협력하여 예수님께로 나온 사실이다.

이 중풍병자는 자기 혼자 힘으로는 도저히 주님 앞에 나오기에 불가능하여 들것에 실려가는 환자였지만 네 사람이 협력하여 예수님 곁으로 데리고 나와 고침을 받을 수 있게 되었던 것이다. 주님께서는 언제나 진리와 사랑 안에서 합심된 자를 기뻐하신다. 오순절 120문도가 합심하여 기도할 때 놀라운 성령의 은혜를 부어 주셨으며, 베드로와 요한이, 바울과 실라가 합심하고 협력할 때 역사가 더욱 크게 일어났던 것이다. 나와 경험과 생각이 다르고 취미와 개성이 다르다고, 내가 받은 은사와 똑같지 않다고 남의 신앙을 비판하는 것은 비인격적이며 비신앙적이다. 하나님은 인간을 창조하실 때 인간들의 모양이나 음성을 다 이질적으로 조성하셨고, 만물을 창조하셨으나 하나님의 위대하신 창조의 법칙 안에서 아름다운 조화와 아름다운 하모니를 이루게 하셨고, 은사가 각기 다르나 한 성령의 역사 안에서 하나가 되게 하신 것이다. 우리가 서로 협력할 때 그 어떤 일에도 반신불수적인 형태에서 소생함을 입게 되는 것을 믿는다.

둘째, 주님께 통채로 맡겼다.

사람들이 너무 많이 둘러싸고 있어 예수님 곁으로 들어갈 수 없기 때문에 네 사람은 지붕을 뚫고 줄을 달아 반신불수를 주님 앞에 내어 맡겼다. 오늘 우리는 나의 모든 반신불수적인 것을 예수님께 몽땅 내어 맡겨야 되겠다. 이 네 사람은 반신불수의 상반신만 내어 맡긴 것이 아니라 통채로 내어 맡겼다. 우리는 주님께 맡기되 일부분만 맡기지 말고 통채로 내어 맡기고 모든 결과에 대해서는 주님께 감사해야 되는 것이다.

셋째, 소생의 확신이 있었다.

본문 5절 말씀에 "예수님께서 저희 믿음을 보시고"라고 하였다. 주님은 그에게서 외모나 인격을 보시지 않았다. 그리고 그의 족벌이나 가문을 보시지도 않았다. 다만 그의 믿음을 보셨다. 지금 이 시간도 우리 주님은 사랑하는 여러분 한 사람 한 사람에게 귀하고 복된 소생의 은혜를 주시려고 믿음이 있는가를 살피고 계신다. 우리는 주님 앞에 이렇게 기도하자. "주여 나의 믿음을 더하여 주시옵소서. 그리고 나의 속사람을 더욱 소생시켜 주시옵소서." 요한 웨슬레 설교 가운데 "90% 신자"라는 설교 제목이 있다. 나는 몇% 신자인가? 우리 모두 때를 따라 돕는 은혜를 베푸시는 주님 앞에 100%신자로 인정을 받는 은총이 더욱 충만하시기를 주님의 이름으로 축원한다.

친애하는 성도 여러분, 이 땅 위에 수많은 고난의 풍파를 이기고 믿음으로 이기며 주 안에서 위대한 승리의 삶을 살아가자. 할렐루야!

새 포도주는 새 부대에
(마가복음 2:18-22)

"인생은 예술이며 생활은 작품이다"라는 말이 있다. 넓은 무대를 활보할 수 있는 새해 무대의 막이 열렸다. 여러분과 저는 하나님이 주신 말씀이라는 각본을 가지고 멋있는 연기를 출발하게 되었다. 신령한 하나님 말씀의 각본대로 연기하는 연기자로서의 아름다운 새해가 되기를 바란다. 본문 22절 하반절에 보면 "새 포도주는 새 부대에 넣느니라"고 기록되어 있다. 여기에서 '부대'는 '담는 그릇'이다. 옛날 유대인들은 짐승의 가죽을 이용해서 부대를 만들어 물과 음식을 담아 놓았다. 우리는 하나님이 주신 새 부대에 무엇이 담기게 해야 하는가에 대해서 말씀을 상고하면서 함께 은혜를 나누고자 한다.

첫째, 새 사람으로 담기게 해야 한다.
사무엘이 다윗에게 축복할 때에 "네게는 여호와의 신이 크게 임하리니 너도 그들과 함께 예언을 하고 변하여 새 사람이 되리라"(삼상 10:6)고 말씀했다. 에베소서 4:22-24에 보면 "너희는 유혹의 욕심을 따라 썩어져 가는 구습을 좇는 옛 사람을 벗어버리고 오직 심령으로 새롭게 되어 하나님을 따라 의와 진리의 거룩함으로 지으심을 받은 새 사람을 입으라"고 말씀했다. 우리는 그리스도인이 되기 이전의 모습인 옛 사람을 벗어버리고 새 사람을 입어야 한다. 또 골로새서 3:9, 10에도 보면 "너희가 서로 거짓말을 말라. 옛 사람과 그 행위를 벗어버리고 새 사람을 입었으니 이는 자기를 창조하신 자의 형상을 좇아 지식에까지 새롭게 하심을 받는 자니라"라고 말씀했다. 새 사람은 우리 스스로 되는 것이 아니다. 하나님께서는 우리가 부족한 인간이지만 주 안에서 새사람으로 입혀 주셨다.

둘째, 정직한 영으로 담기게 해야 한다.
"하나님이여 내 속에 정한 마음을 창조하시고 내 안에 정직한 영을 새롭게 하소서"(시 51:10). 몸과 생각도 깨끗해야 하지만 영이 깨끗해야 한다. 영이 더러워진다는 의미는 사탄이 우리의 속사람을 악한 사람으로 만든다는 것이다. 영이 사탄과 접할 때 살인도 하게 되며 입술에 거짓 영을 주어 우리의 영을 더럽게 하고 불결하게 한다. 영이 더럽혀지지 않으려면 빛되신 예수 그리스도를 가까이 해야한다. 늘 성령의 도우심을 사모하고, 성령의 능력을 의지하며, 성령의 역사를 믿으면서 살아갈 때에 성령이 우리의 영을 지켜 주신다. 하나님의 말씀을 듣고 읽고 지키며, 기도와 찬송하는 삶을 통해서 사탄의 영이 물러간다. 우리는 새 부대에 깨끗하고 정직한 영이 담기게 해야 한다.

셋째, 새 생명으로 담기게 해야 한다.

"그러므로 우리가 그의 죽으심과 합하여 세례를 받음으로 그와 함께 장사되었나니 이는 아버지의 영광으로 말미암아 그리스도를 죽은 자 가운데서 살리심과 같이 우리도 또한 새 생명 가운데서 행하게 하려 함이니라"(롬 6:4). 이 새 생명은 옛날에 우리가 타고난 그대로의 생명이 아니라 주님께서 우리에게 부여하신 생명이다. 새 생명을 받기 전에는 죽음이라는 것이 인생의 종착역같지만 예수 믿는 사람은 죽음이 불행이 아니다. 육적으로는 하늘나라를 유업으로 받지 못하지만 우리는 하나님이 주신 새 생명이 하늘나라에 이르게 되는 줄 믿기 바란다. 그래서 우리는 하나님께 받은 이 새 생명을 가지고 하늘의 소망을 가지고 기쁨으로 승리하는 삶을 살아가야 한다.

넷째, 새 이름으로 담기게 해야 한다.

"귀 있는 자는 성령이 교회들에게 하시는 말씀을 들을지어다. 이기는 그에게는 내가 감추었던 만나를 주고 또 흰 돌을 줄 터인데 그 돌 위에 새 이름을 기록한 것이 있나니 받는 자 밖에는 그 이름을 알 사람이 없느니라"(계 2:17). 하나님은 이기는 자의 이름을 새 이름으로 빛나는 이름으로, 영광된 이름으로 만들어 주신다.

사랑하는 성도 여러분, 새 부대에 새 사람이 담기게 하고, 정직한 영으로 담기게 하며, 새 생명으로 담기게 하고, 새 이름으로 담기게 하여 더욱 더 하나님께 영광 돌리는 한 해가 되시기를 주의 이름으로 축원한다.

저 편으로 건너 가자
(마가복음 4:35-41)

마가복음 4:1을 보면 주님께서 많은 무리들을 바닷가에서 가르치시면서 하루 온종일 하늘나라의 오묘한 진리를 백성들에게 비유로 말씀해 주셨다. 제자들도 주님을 도우느라 분주한 하루를 보냈다. 이 때 주님께서는 피곤하실텐데도 불구하고 제자들에게 "우리가 저 편으로 건너가자"라고 말씀하셨다. 우리 주님은 저 편을 생각하시고 그곳을 위해서 제자들에게 이렇게 말씀하신 것이다.

이 편은 제자들이 주님을 수종들고 많은 무리들이 주님 앞에 나와서 말씀을 배우며 병자들이 고침받는 천국잔치를 벌여 주심과 아울러 눈에 보이지 않는 저편에 있는 사람들도 생각하셨다는 것이다.

우리는 너무나 자기 중심적으로 모든 것을 생각하고 있지는 않는가? 특별히 가정의 달을 맞이하여 나 아닌 다른 식구들 뿐만 아니라 우리의 이웃도 생각할 수 있는 여러분들이 되시기를 바란다. 무엇보다도 우리가 생각해야 할 것은 그들의 영적상태이다.

주님이 말씀하신 저 편은 "예수께서 바다 건너편 거라사인의 지방에 이르러"(막 5:1). 이 말씀에서 볼때 더러운 귀신이 들려 쇠사슬도 끊고 밤낮 무덤사이에서 소리지르며 제 몸을 상하게 하는 사람이 살고 있는 곳으로 동남쪽에는 데가볼리라고 하는 우상을 섬기는 이방인들이 사는 곳이었다. 주님께서는 많은 무리들에게 천국 복음을 전하시면서 한편으로는 먹을 것이 없어서 굶주림이 아니고 하나님의 말씀이 없어서 굶주리고 있는 저편의 불쌍한 영혼들을 생각하고 계셨다는 것이다.

왜 주님께서는 제자들에게 "저편으로 건너가자"고 하셨는지에 대해서 은혜를 나누고자 한다.

우리는 "저편으로 건너가자"고 하신 주님의 깊은 뜻을 헤아려 세계에 흩어져 있는 예수없이 죽어가는 영혼들을 위해 기도하며 복음을 전해야 되겠다.

첫째, 영혼을 건지는 일은 시간을 다투는 일이다.

주님께서는 하루 온 종일 수고하시고 쉬어야 할 해가 저물 때에 제자들에게 저편으로 건너가라고 하셨다. 예수 없이 지옥불을 내려다보면서 사지(死地)를 헤메는 영적으로 불쌍한 사람들을 건지는 일이야말로 얼마나 시급하고 긴급한 일인지 아셨기 때문이다.

사도 바울은 그의 마지막 편지에 디모데에게 분부하기를 "하나님 앞과 산 자와 죽은 자를 심판하신 그리스도 예수 앞에서 그의 나타나실 것과 그의 나라를 두고 엄히 명하노니 너는 말씀을 전파하라. 때를 얻든지 못 얻든지 항상 힘쓰라"(딤후 4:2)고 말씀하셨다.

여러분 주위에 부모나 자식이나 예수 믿지 않는 분이 계신다면 얼마나 안타까운 일인지 알 수 없다. 여러분들은 그분들을 위해서 얼마나 기도하며 수고하고 있는가?

오늘 우리는 시간을 다투어서 주위에 있는 분들을 건지고 먼데 있는 이방 백성들을 건져야 될 줄 믿는다.

둘째, 영혼을 건지는 일은 위험을 무릅쓰고라도 해야 한다.

저편으로 건너가기 위해서는 갈릴리 바다를 건너야 했다. 갈릴리 바다는 저녁때가 되면 심한 풍랑이 일어나는 곳이다. 주님께서는 풍랑이 일어날 것을 내다 보시면서 "저편으로 건너가자"고 하셨다.

1988년 1월 4일 토요일밤 11시경 태국에 사는 젊은 부부 집사님 집에 잠깐 시장을 보러 간 사이에 불이 났었다. 동네 사람들이 모두 나와서 자기집에 불이 붙을까봐 야단이다. 그런데 어떤 사람은 그 젊은 부부집에 어린아이들이 잠을 자고 있는데 어떻하면 좋으냐고 그 이야기를 하고 있었다. 마침 그 옆을 지나가던 미국 대사가 그 이야기를 듣자마자 불 속으로 들어가서 그 어린 아이를 구해 주었다는 것이다.

지금 우리가 살고 있는 이 세상도 지옥불이 붙어 있는 것과 다를바 없다. 왜냐하면 약 45억의 인구가 예수를 믿지 않고 있기 때문이다. 그들이 이 세상에 남아 있는 동안 예수를 믿지 않는다면 지옥에 떨어질 것이 분명하다. 누가 이 불구덩이 속으로 뛰어 들어가서 저들을 건져내야 되겠는가?

오늘 하나님께서는 우리를 향하여 "저편으로 건너가자 위험을 무릅쓰고라도 건너가자"라고 재촉하고 계신다. 우리는 하나님께서 우리에게 주신 복음과 기도의 능력이라는 구원의 장비들을 가지고 세상에 흩어져 지옥에 직면해 있는 이들을 불구덩이에서 건져내야 될 줄 믿는다.

셋째, '한 생명이 천하보다도 귀하다'는 것을 알고 한 영혼이라도 최선을 다해야 한다.

제자들이 기대에 부풀어 죽을 고비를 넘기고 저편에 건너갔을 때에 주님께서는 귀신들린 사람 한 사람을 고쳐준 것 외에는 하신 일이 없다. 그러나 주님께서는 아흔 아홉마리 양을 들에 두고서 한 마리 잃은 양을 찾기 위해 그 험한 길을 나서는 목자의 심정으로 그 위험한 곳을 피곤해서 쉬셔야 할 때인데도 불구하고 갈릴리 바다를 건너가셨다는 것이다. 그 결과 예수님께 고침받은 사람은 데가볼리에 가서 모든 사람에게 예수님을 전파했다(막 5:20).

오늘 우리는 한 영혼이라고 해서 업신여겨서는 안된다. 우리 주위의 한 사람의 영혼을 우리가 불쌍히 여기면서 그 영혼을 위해서 최선을 다해야 할 것을 가르쳐 주었다.

선교라고 하는 것은 때로는 큰 수확을 얻지 못하는 때도 있다. 우리는 선교사를 보내고서 큰 수확이 있을 줄 알고 보고를 기대한다. 그러나 그 보고가 적은 수일지라도 한 영혼이라도 건질 수 없다고 그 영혼을 위해서 최선을 다해야 한다.

오늘 이 말씀을 생각할 때에 우리는 선교를 눈에 보이지 않는 먼나라라고 해서 외면할 것이 아니라 우리 주변에 있는 죽어가는 영혼도 물론 건져야 되겠지만 아울러 저편의 영혼들을 생각하고 비록 때가 아니고 갈길이 위험하여 수확이 금방 없다 하더라도 풍랑을 무릅쓰고 저편으로 건너가셨던 주님처럼 선교에 힘써야 될 줄 믿는다.

어떤 위기상황에서도 우리는 반드시 승리한다
(마가복음 5:25-34)

오늘날 우리는 '위기'라는 말을 자주 듣는다. 그래서인지 현대를 '위기의 시대'라고들 한다. 위기란 삶을 붕괴시키는 사건들 혹은 관계들로 인하여, 인간이 경험하게 되는 인간의 힘으로는 해결할 수 없어 당혹하게 되고 곤고하게 됨을 말한다. 그러나 우리 기독교인들은 이러한 위기에 직면하게 될 때, 먼저 하나님 앞에서 자신을 살피는 기도의 기간으로 삼게 됨으로 오히려 불가능한 상황을 변화시켜 축복의 기회로 만들어 주시는 여호와 하나님의 능력을 체험하게 된다.

그런고로 성경은 "환난 날에 나를 부르라. 내가 너를 건지리니 네가 나를 영화롭게 하리라"(시 50:15)고 하였고, 존 프리벨은 말하기를 "인간의 극한 상황은 하나님께서는 좋은 기회가 된다"라고 했다.

오늘 본문은 절망 가운데 처한 한 여인이 예수님을 만남으로 치유의 은총을 받는 기적적인 사건, 즉 절망적인 위기 상황에서 건강을 회복하게 되어 새로운 삶을 살게된 기적이 기록되어 있다. 우리는 이 여인의 사건을 통하여 위기의 시대를 살아가는 현대인들이 어떻게 하면 이 위기를 극복하고 승리의 삶을 살수 있는지 살펴보기로 하겠다.

첫째, 자신의 노력의 무가치함과 절망적인 상태에 대한 깨달음이 있어야 한다.

사람들은 저마다 제 잘난 맛에 산다고 한다. 남보다 백배 더 노력하면 우둔해도 반드시 현명해지고, 약해도 반듯이 강해진다고 생각하면서 부단한 노력을 한다. 그러나 오늘 본문을 보면 12년간이나 혈루증으로 고생하는 여인이 그동한 많은 의원들을 찾아다니며, 고침을 받으려고 온갖 노력을 다했지만, 결국은 많은 괴로움만 당하였고, 급기야는 자산마저 탕진하게되는 2중, 3중의 고통을 당하는 기록이다. 이 여인은 당시 사회상황으로 보아 부정한 여인으로 인정되어 사회로부터 쫓겨나야 했고, 종교적으로는 파문을 당해야 했으며, 만약 결혼을 했다면 이혼을 당해야했던(레 15장),

격리와 굴욕의 삶을 살아가는 아주 비참한 여인이었다.

그런고로 이 여인은 육체적, 사회적, 종교적인 모든 상황에서 정상인의 삶을 살기 위해 온갖 노력을 다 기울였던 것이다. 그러나 아무 효험이 없었을 뿐 아니라 오히려 더욱 악화 되었으며, 이제는 의지할 곳조차 없게 된 가련한 신세가 되었던 것이다. 그러던 차에 예수님의 치유의 능력을 듣게 되었던 것이다. 그러면 예수님은 어떤 분이신가? "수고하고 무고한 짐 진 자들아, 다 내게로 오라 내가 너희를 쉬게하리라"(마 11:28). "나는 마음이 온유하고 겸손하니…"(마 11:29)라고 말씀하신 것처럼 수많은 일들로 인하여 피곤하고 지쳐 있는 상태에서 혹은 타(他)에 의해서 무거운 짐을 진 채 계속해서 예수님께로 나아오기만 하면 일상생활의 모든 갈등을 해소시켜 주실 뿐만 아니라, 평안과 승리를 주신다고 약속하신 하나님의 본체(本體)이시다. 그런고로 예수님은 자신의 무능함과 지금까지의 노력과 수고가 무가치하였다는 사실, 더 이상 소망을 가질 수 있는 그 어떤 것도 이 세상에는 없다는 사실을 철저히 깨닫고, 자신이 부정하다는 것을 알기 때문에 떳떳이 나서지를 못하고, 사람들의 눈에 띄지 않게 또는 예수님께서 알아차리지 못하시도록 살그머니 뒤로 가서 두렵고 떨리는 마음으로, 예수님의 옷가에 손을 댄 이 여인에 대하여 큰 관심을 가지셨고, 또한 긍휼히 여기사 그를 구원하여 주셨던 것이다.

인간의 수고와 노력, 많은 재물이 인생을 위기 상황에서 승리로 이끌지는 못한다. 왜냐하면 인간은 질그릇 같으며(고후 4:7), 그림자와 같고(대상 29:15), 안개와 같으며(약 4:14), 풀의 꽃과 같기 때문이다(벧전 1:23-24). 그런고로 인간이 소유하고 있는 모든 것들은 유한한 것일 뿐이다.

둘째, 무서운 절망 속에서도 단호한 결단력이 있어야 한다.

두뇌는 맑고 고요한 것이 좋고, 생각은 주도면밀(周到綿密)한 것이 좋으며, 결단은 과감하고 신속한 것이 좋다고 한다. 그리고 모든 일을 성공적으로 성취하려면 기분의 노예가 되어서는 안되고, 절대로 뒤로 미루지도 말아야 하며, 하려고 정한 것은 끝까지 해 보고야 말겠다는 결단력이 있어야만 하는 것이다.

12년이란 긴 세월을 자신의 혈루병을 치료하기 위하여 자신이 할 수 있는 모든 수단을 다 동원하였던 여인, 그러나 효험(效驗)은 커녕 오히려 더 중해졌기 때문에 더욱 괴로워진 여인, 이로 인한 절망의 벼랑에서 소망이라고는 전혀 얻을 길 없는 여인. 그런데 이 여인이 '그의 옷에만 손을 대어도 구원을 얻으리라'(28절)는 확신을 가지고, 비장한 결단을 내려서 예수님께서 다가갔던 것이다. 참으로 단호한 결단이었으며, 이를 보신 예수님으로 하여금 "딸아, 네 믿음이 너를 구원하였으니 평안히 가라. 네 병에서 놓여 건강할지어다"(34절)하는 그녀가 가장 소원했던, 그리고 지상 최대의 축복을 하시게끔 하였던 것이다.

그렇다. 이 여인은 절망의 벽에 부딪혔다는 사실을 깨달은 즉시 예수님의 치병 기적에 대한 소문을 그대로 자신의 것으로 믿고 자신을 온전케 하실 분은 오직 예수님 한 분 뿐이시라는 확신으로, 곧바로 무리 가운데 섞여 뒤로 가서 예수님의 옷에 손을 대었던 것이다. 이 얼마나 위대한 복을 보장받을 결단인가? 삭개오가 그리했고(눅 19:1-10), 많은 재물을 가지고 집을 떠났던 탕자가 그리했던 것이다(눅 15:11-32).

우리나라 6·25동란때 UN군 총사령관으로서 인천상륙작전을 지휘하여 성공적으로 전쟁을 이끈 육군 원수(元帥), 맥아더 더글러스는 "어떤 전쟁에건 이기겠다는 의지(意志)없이 뛰어드는 것은 치명적이다"라는 유명한 말을 남기기도 했다.

셋째, 절대적인 믿음이 필요하다.

'믿음'은 바라는 것들의 실상이요, 보지 못하는 것들의 증거이다(히 11:1). 그런고로 '믿음의 힘'은 대단한 것이다. 죄로부터 구원을 받게하며, 마음에 평강을 주며, 모든 유혹에서 이기게 하며, 시험에서 승리케 하며, 원수를 이기게 하며, 질병에서 치유받게 하며, 어떤 위기에서도 보호함을 받게 한다.

12년 동안을 수시로 하혈하는 심각한 질병을 치유하기 위해, 유명하다는 의원을 다 찾아다니며, 온갖 방법으로 치료를 받아보았으나 괴로움만 당했을 뿐, 그 결과는 가산 탕진과 더 악화된 병으로 인한 이중의 고통만 받았을 뿐인 이 여인은 이로 인한 절망감으로 자포자기 상태에까지도 이르렀을 것이다. 이러한 때에 듣게 된 예수님의 치유능력의 소식은 그 여인에게 예수님의 신적 능력에 대한 믿음을 갖게 하는 새로운 전환기를 마련해 주었던 것이다. "전쟁터의 참호 속에서는 무신론자가 없다"는 말이 있듯이, 인생의 벼랑에 서서 극적으로 신앙을 갖게 되거나, 새로이 변화되는 경우를 우리는 보게 된다.

예수님의 신적 권능을 확신한 여인의 신령한 믿음의 눈과 "내가 그의 옷에만 손을 데어도 구원을 얻으리라"(28절)는 큰 믿음을 가지고, 당시의 의식법상으로 부정하게 여김을 받았던 자신이 감히 예수님 앞으로 나서지 못하고, 뒤로 가서 예수님의 옷에 손을 대었던 그 여인의 절대적 신앙은 예수님의 치유의 능력을 몸소 체험케 하였던 것이다. "그의 혈루 근원이 곧 마르매" 즉 즉각적인 치료를 받았다는 말이다. 그리고 두려워서 떨고 있는 여인에게 "딸아, 네 믿음이 너를 구원하였으니 평안히 가라"(34절)는 말씀으로 우리 주님께서는 축복하셨으니, 이 얼마나 큰 기쁨이며 또한 얼마나 놀라운 축복인가!

사랑하는 성도 여러분, 학문도 경제질서도, 정치이념도, 인간의 마음도, 사상도, 지구 땅덩어리도, 천체도 모두가 흔들리는 이 말세지말에 밀물처럼 밀어닥치는 이 모든 위기를 우리는 어떻게 극복해 나가려는가? 어떻게 승리하려는가? 절대적인 유일신(唯一神) 하나님 신앙 안에서 자기 자신을 부인하고 최선을 다해 진실하게 살아보자. 어떠한 절망 속에서도 기도하면서 전진하자. 믿는 자에게는 능치 못함이 없느니라(막 9:23) 하신 하나님께 모든 것을 맡기고 믿음으로 전진하자. 내게 능력 주시는 자 안에서는 모든 것을 할 수 있기 때문이다. 할렐루야!

나를 누구라 하느냐?
(마가복음 8:27-28)

예수님께서는 그의 첫 사역을 갈릴리 호수 주변을 중심으로 시작하셨다. 예수님의 소문이 촌으로부터 궁중에까지 퍼져 식사하실 시간도 없을 정도로 바쁘게 사역하셨다. 세상으로부터는 많은 인기를 독차지 하신 예수님으로 생각하시겠지만 열두 제자를 비롯한 작은 공동체에는 문제가 있었다. 제자들을 바라보시는 예수님의 심정은 자못 심각하기까지 했다. 마가복음 8:21에 보면 예수님의 심정이 잘 나타나 있다. "아직도 깨닫지 못하느냐?" 또 본문에 보면 예수님께서 "너희는 나를 누구라 하느냐?"라고 물었다. 이때에 베드로의 위대한 신앙고백이 나온다. "주는 그리스도(기름 부음을 받은 자)시니이다"(막 8:29). 오늘은 이 본문을 중심으로 우리에게 얘기해 주고자 하는 메시지를 세 가지로 정리하여 말씀을 드리고자 한다.

첫째, 주님께서는 언제 어떠한 상황에서 제자들에게 '너희는 나를 누구라 하느냐' 라는 질문을 하셨는가?
예수님께서는 제자들에게 '너희는 나를 누구라 하느냐' 이렇게 질문하셨다. 예수님의 마음은 촉박했을 것이다. "삼가 바리새인과 사두개인들의 누룩을 주의하라"고 했더니 "우리가 떡을 가져오지 아니하였도다"라고 동문서답을 하고 있는 제자들이었기 때문이다. 또한 구원사역의 최고사역인 십자가와 부활을 앞에 두고 있기 때문이다. 오늘도 표적을 구하고 있는 어지럽고 암담한 현실에서 주님을 우리를 향하여 '너희는 나를 누구라 하느냐?' 이렇게 묻고 계신다.

둘째, 주님께서는 왜 제자들에게 이러한 질문을 하셨는가?
1) 고백하는 자에게 축복을 해 주시기 위해서 물으신 것이다.
베드로가 '주는 그리스도시요 살아계신 하나님의 아들이니이다' 라고 고백했을 때 예수님께서는 그에게 "바요나 시몬아 네가 복이 있도다(마 16:17) …… 내가 이 반석 위에 교회를 세우리니(18) …… 내가 천국 열쇠를 네게 주리니(19)"라고 말씀하셨다. 천국 열쇠는 우리의 현실의 문제를 해결할 수 있는 유일한 열쇠인 것이다.

2) 고백을 증거하라고 물으신 것이다.
증거하는 자는 조심해야 할 두 가지가 있다. ① 때를 잘 알고 증거해야 한다. 베드로가 신앙고백을 했을 때 예수님께서는 그에게 아무에게도 말하지 말라고 경계시켰다. 왜냐하면 메시야의 선포를 예루살렘에 가서서 십자가 위에서 죽으시고 부활하신 다음에 그것으로 실증을 보여 주시기 위해서였다. ② 장소이다. 지금 베드로가 신앙고백한 장소는 가이사랴 빌립보이다. 이 도시는 헤롯 빌립이 아구스도 황제를 위해서 건설한 도시이다. 여기에서 '주'라고 하면 '로마의 황제'를 가리킨다. 그러므로 우리가 그리스도를 증거하되 두 가지의 지혜를 동원해야 되는 것이다.

3) 고백하는 사람의 정체가 밝혀지게 하기 위해서 물으신 것이다.
세상 사람과 구별되게 살아야 한다는 것이다.

셋째, 주님께서는 고백자(베드로)에게 어떻게 해 주셨는가?

본문 33절에 보면 주님께서 베드로에게 "사탄아 내 뒤로 물러가라"라고 추방령을 내리게 된다. 이 얼마나 안타까운 상황인가? 주님은 그래도 그 변덕스러운 고백자인 베드로를 버리지 아니하셨다.
주님께서는 부활하신 후 갈릴리 호숫가에 나타나셔서 베드로에게 '네가 나를 사랑하느냐'라고 세 번 물으시고 '내 양을 먹이라'고 새로운 임무를 부여해 주셨다. 이와 같이 고백자와 질문자는 함께하는 관계가 유지되었다. 비록 우리의 삶이 변덕스럽고 우리의 신앙생활이 실수투성이라고 하더라도 주님은 우리와 함께 해 주시는 것을 믿으시기 바란다.

사랑하는 성도 여러분! 우리의 고백은 한 순간 한 번으로 끝나는 것이 아니다. 주님께서는 끊임없이 어떻게 살아야 할 것인가를 고백하도록 한다. 날마다 순간마다 우리의 삶의 현장에서 반복해서 고백을 하자. '너희는 나를 누구라 하느냐'라는 물음 앞에 정직하게 서서 고백하여 승리하는 주님의 제자가 되시기를 주님의 이름으로 축원한다.

기적이 수반되는 믿음
(마가복음 9:23)

한번은 벙어리 되고 귀먹은 귀신에게 사로잡혀 절망에 빠져있는 자기 아들을 고쳐 달라고 예수님께 찾아나온 사람이 있었다. 그는 예수님께 고하기를 귀신이 아들을 죽이려고 어디서든지 사로잡아 꺼꾸러 뜨리며 거품을 흘리게 하고 불과 물에도 자주 던짐을 받게 한다고 호소하였다. 그리고 그는 예수님께 간청하기를 "무엇을 하실 수 있거든 우리를 불쌍히 여기사 도와 주옵소서"라고 하였다. 이때 예수님께서는 "할 수 있거든이 무슨 말이냐 믿는 자에게는 능치 못할 일이 없느니라"(막 9:17-23)고 말씀하셨다.

우리는 예수님께서 말씀하신 가운데서 "믿는 자에게는 능치 못할 일이 없느니라"라고 하신 말씀을 유의해야 되겠다. 믿음은 바로 하나님의 기적을 가져오게 하며 그 어떠한 일에도 능치 못함이 없도록 역사하여 주시는 사실을 알아야 한다.

그러면 기적이 수반되는 믿음은 어떠한 믿음인가에 대해서 세 가지를 말씀을 드리겠다.

첫째, 기적이 수반되는 믿음은 큰 믿음이다.

읽어드린 마가복음 9:22에 보면 귀신들려 벙어리된 아이를 데리고 온 자가 예수님께 호소하기를 "무엇을 하실 수 있거든 우리를 불쌍히 여기사 도와 주옵소서"라고 하였다.

예수님은 그의 작은 믿음을 지적하여 책망하시면서 "할 수 있거든이 무슨 말이냐 믿는 자에게는 능치 못할 일이 없느니라"고 하였다. 이 말을 들은 아이의 아버지는 즉시 부르짖으며 간구하기를 "내가 믿나이다 나의 믿음 없는 것을 도와 주소서"라고 하면서 큰 믿음을 구하였던 것이다. 예수님은 그에게 믿음의 변화가 일어나게 된 것을 아시고 그의 큰 믿음에 대해 축복하여 주셔서 즉시 병든 아이가 일어나게 됨을 받게 되었던 것이다. 이는 바로 믿음의 역사가 얼마나 크고 소중함을 보여주신 말씀이다.

작은 믿음은 작은 기적이 일어나게 되고 큰 믿음은 큰 기적이 수반되게 되는 것이다. 마태복음 15:28에 보면 예수님께서 두로와 시돈 지방으로 지나가실 때 큰 믿음을 가진 여자 한 사람이 자기의 병든 딸을 고쳐 달라고 애원하게 되었다. 그때 예수님께서 그를 축복하시며 말씀하시기를 "여자야 네 믿음이 크도다 네 소원대로 되리라"고 하였다. 그 순간 그 딸이 나음을 입게 되었는데 이것은 바로 기적을 수반한 믿음의 역사였던 것이다.

둘째, 기적이 수반되는 믿음은 의심이 개입되지 않는 믿음이다.

의심은 불신앙의 산물이며 신앙을 마취시키는 마취제와 같다. 야고보는 의심하는 자들에 대하여 권면하기를 "오직 믿음으로 구하고 조금도 의심하지 말라 의심하는 자는 마치 바람에 밀려 요동하는 바다 물결 같으니 이런 사람은 무엇이든지 주께 얻기를 생각하지 말라"(약 1:6-7)고 하였다. 의심이 없는 곳에 믿음이 성장하며 의심이 없는 곳에 하나님의 역사는 출발되는 것이다. 그런고로 마태복음 21:21에 보면 "만일 너희가 믿음이 있고 의심치 아니하면 이 무화과 나무에게 된 이런 일만 할뿐 아니라 이 산더러 들려 바다에 던지우라 하여도 될 것이요 너희가 기도할 때에 무엇이든지 믿고 구하는 것은 다 받으리라"고 하였다.

어느 심리학자가 물건을 선택하는 각 나라의 상업 심리에 대해 서술하기를 미국인은 물건을 선택할 때 값이 비싼 것인가 싼 것인가에 대해 관심을 가지게 되고 영국 사람은 이 물건이 얼마나 실용적이냐, 독일인은 얼마나 강도가 좋으냐를 불란서인은 얼마나 유행성이 있는가를 일본인은 얼마나 신형인가에 대해 관심을 기우리고 우리 한국인은 이 물건이 진짜냐 가짜냐에 대해 관심을 가진다고 하였다. 이 말들을 모두 종합해 보면 이 세상에는 허술한 것이 많고 낡고 구태적인 것이 많으며 진짜가 있는 반면에 가짜도 많이 있다는 사실을 말해 주고 있는 것이다.

그러나 전능하신 우리 하나님은 옛날이나 오늘이나 영원토록 변함이 없으시며 그의 능력과 구원을 믿는 모든 자에게 언제든지 하나님의 구원과 기적을 나타내 주시는 것이다.

셋째, 기적이 수반되는 믿음은 주님께 모든 것을 맡기는 믿음이다.

예수님의 제자들은 자기들의 발 앞에 데려다 놓은 벙어리 귀신들린 아이를 고쳐 주지를 못하였다. 그 이유는 주님께 기도하여 맡기지 아니하고 자기들의 힘으로 고쳐 보려고 하였기 때문이다.

그러므로 그 아이의 아버지는 병든 아이를 데리고 ① 예수님께 찾아갔으며 ② 그 아이의 진상을 사실대로 낱낱이 고하였을 뿐 아니라 ③ 그 아이의 모든 것을 송두리째 주님께 맡겨 버렸다. 그 순간 그 아이를 괴롭히던 귀신은 즉시 나가게 되고 깨끗하고 건강한 아이가 되었던 것이다(막 9:24-27).

신앙생활의 성공과 실패의 차이는 바로 여기에 있는 것이다. 하나님 없이 자기 힘으로 살아가는 자는 실패자가 되고 하나님께 모든 것을 맡기고 간구하는 자는 성공자가 되어지는 것이다. 마치 험란한 바다를 향해 가는 자가 헤엄쳐 가는 것보다 노를 저어가면 더 쉽게 되고 노를 젓는 것보다는 바람을 타면 더 쉬우며 바람을 타는 것보다는 가야호와 같은 대형 배위에 실리우게 되면 문제는 해결이 되어지는 것이다. 그런고로 시편 55:22에 "네 짐을 여호와께 맡겨라"고 하였고, 잠언 16:3에는 "너의 행사를 여호와께 맡기라"고 하였다.

사랑하는 성도 여러분, 오늘도 큰 믿음과 의심없는 믿음 그리고 모든 것을 송두리째 하나님께 맡기는 믿음을 통해 귀신이 쫓겨났던 악한 자가 일어나며 병든 자가 고침을 받으며 멸망 자가 구원을 받는 하나님의 기적적인 역사가 날마다 나타나는 여러분이 되시기를 주님의 이름으로 축원한다. 아멘.

기적의 조건
(마가복음 9:25)

한번은 귀신 들려 폐인이 된 아들을 데리고 예수님께 찾아와 절망에 처한 아들을 고쳐 달라고 호소한 아버지가 있었다. 이 아이는 이미 귀신에게 전신이 사로잡혀 말 못하는 벙어리가 되었고 심한 경련을 일으킬 뿐 아니라 때때로 땅에 엎드려져 딩굴고 거품을 흘리며 말조차 알아듣지 못하는 재기 불능의 아들이 되고 말았던 것이다.

그의 부모의 심정은 찢어지는 것 같았으며 오직 자녀를 고쳐 주고야 말겠다는 집념으로 가득찬 아버지는 드디어 예수님을 찾아오게 되었고 마침내 예수님과의 만남이 이루어지는 순간 더러운 귀신은 물러가게 되었으며 꿈에도 소원했던 사랑하는 아들의 건강을 되찾게 된 기적을 체험하게 되었던 것이다. 그러면 이 놀라운 기적이 어떻게 하여 나타나게 되었는가에 대한 네 가지 중요 내용을 말씀 드리겠다.

첫째, 주님께 맡기는 믿음이 있었기 때문이다.

마가복음 9:17에 보면 "무리 중에 하나가 대답하되 선생님 벙어리 귀신 들린 내 아들을 선생님께 데려왔나이다"라고 하면서 이 처참한 문제를 예수님께 이끌고 나아와 통째로 내어 맡겼던 것이다.

주님의 전능의 팔은 언제나 주님께 찾아 나오는 자를 향하여 벌려 주시며 주님께 맡기는 모든 사건 속에 친히 임하여 주시는 것이다.

친애하는 성도 여러분, 여러분이 해결할 수 없는 모든 여건 속에서 주님의 기적이 나타나기를 원하시고 계시는가? 그렇다면 지금 곧 모든 것을 주님께 맡기라. 주님은 지금 여러분을 향하여 네 무거운 짐과 네 험한 인생길을 온전히 내게 맡기라고 말씀하고 계신다(시 37:5).

우리는 걱정과 근심도 두려움과 공포도 염려와 불안도 낭패와 절망도 질병과 고통도 송두리째 하나님께 온전히 맡겨 버려야만 한다. 베드로는 말하기를 "너희 염려를 다 주께 맡겨 버리라 이는 저가 너희를 권고 하심이라"(벧전 5:7)고 하였다. 여기 '맡긴다' 는 말은 히브리어 '까-랄' (׃ךלג) 즉 '위탁하다' 또는 '위임하다' 라는 뜻을 가지고 있는 말로서 부분적인 맡김이나 일시적인 맡김이 아니라 전폭적인 위탁을 의미하는 말인 것이다.

둘째, 기적의 조건은 의심치 않는 믿음이었다.

의심이란 불신앙의 산물이며 의혹의 사자이며 부정의 요인물인 것이다. 서양속담 중에 'Never doubt in the dark what God told you in the light'(하나님께서 광명 중에 일러주신 말씀을 너는 혹암 중에서 의심하지 말라)라는 말은 신앙격언이다. 하나님의 기적적인 역사는 의심치 않는 믿음에서 일어나게 되며, 응답이 거절되는 요인도 의심하는 데에서 기인되는 것이다. 그런고로 주님께서는 귀신들린 아이를 데리고 온 아버지에게 말씀하시기를 "할 수 있거든 이 무슨 말이냐 믿는 자에게는 능치 못할 일이 없느니라"(막 9:23)고 하시면서 먼저 의심없는 믿음의 소유자가 되도록 말씀으로 깨우쳐 주셨던 것이다. 그 순간 기적은 일어나기 시작하였다.

주님께서는 마가복음 11:23에 "마음에 의심치 아니하면 그대로 되리라"고 하셨고 기도하고 구한 것은 받은 줄로 믿으라고 말씀하셨다. 우리는 위로 하나님께 대한 믿음과 아래로 사람에게 대한 서로의 신뢰의 풍토가 조성되는 삶이 이루어져야 하겠다.

세계 상업심리를 나타낸 간단한 표어와 대화의 내용을 보면 미국사람은 얼마나 값이 싼가에 대해서 묻고 영국 사람은 얼마나 실용적이냐? 독일 사람은 얼마나 강도가 좋으냐? 불란서 사람은 얼마나 유행성이 있느냐? 일본 사람은 얼마나 깨끗하냐? 그리고 한국 사람은 진짜냐 가짜냐?하는 것을 확인 해보는 심리가 있다. 세상의 상품이나 이 세상 것들에 대해서는 진짜냐 가짜냐? 의심할 여지가 혹있다 할지라도 주님의 세계는 의심할 여지가 없으며 추호도 실망된 일이 없이 우리의 생활 속에 구원의 기적을 수반케하여 주시는 이 놀라운 사실을 의심없이 믿으시기 바란다.

셋째, 기적의 조건은 부르짖고 간구하는 믿음이었다.

이 아이의 아버지는 자기의 아들을 위해 크게 부르짖으며 간구하게 되었고 주님은 또한 그의 간구를 응답하여 주셔서 주님의 마음이 움직여지게 되었고 드디어 기적은 나타나게 되었다. 예수님은 그의 간구를 들어주시는 즉시 그 아이를 위하여 귀신을 향해 꾸짖으시기를 "벙어리 되고 귀먹은 귀신아 내가 네게 명하노니 그 아이에게서 나오고 다시 들어가지 말라" 하실 때에 귀신이 요란한 소리를 지르며 그 아이로 하여금 심히 경련을 일으키게 하고 마침내 더러운 모든 귀신은 그 아이에게서 깨끗하게 쫓겨 나가고 말았던 것이다.

넷째, 기적의 조건은 순종하는 믿음에 의해서였다.

그는 주님께서 시키시는데로 일거일동작을 순종하는 자세로 가다듬어 행동을 개시 하였던 것이다. 우리는 내 자신들의 뜻이 이루어지는 것을 기뻐하지 말고 주님의 뜻을 이루어지는 것을 기뻐하는 자가 되어야 하겠다. 우리는 매사에 있어 나의 의지에 주파수를 맞추는 자가 되지 말고 주님의 거룩하신 뜻과 의지에 우리 인생의 주파수를 맞추어야 하겠다. 그리할 때 주님의 위대한 기적의 하모니는 우람차게 울려 퍼지게 되며 신앙의 위대하고 아름다운 연주가 장엄하게 메아리칠 줄 믿는다.

다윗의 자손 예수여!
(마가복음 10:46-52)

　지금 이 시대는 그 어느 때보다도 더 기도가 필요한 때이다. 본문에 보면 앞을 보지 못하는 소경 거지 바디매오가 온갖 멸시와 천대를 받으며 생활해오다가 예수님이 지나간다는 말을 듣고 "다윗의 자손 예수여! 나를 불쌍히 여겨 주소서"라고 간절히 부르짖는 모습을 볼 수 있다. 오늘날에는 장님들을 위해서 소리로 들을 수 있는 교통신호도 만들어지고, 그들에 맞는 직업도 배려해주고 있지만 예수님 당시에 유대 나라 풍습에는 소경은 저주받은 사람으로 취급했고, 노동도 할 수 없게 되어 있어서 거지 생활을 할 수 밖에 없었다. 그러면 바디매오의 부르짖음은 어떤 부르짖음이었는가에 대해서 말씀을 상고하면서 함께 은혜를 나누고자 한다.

첫째, 올바른 신앙고백이 있는 부르짖음이었다.

　"나사렛 예수시란 말을 듣고 소리질러 가로되 다윗의 자손 예수여"(47절). 예수님을 행하여 '다윗의 자손'이라고 한 것은 예수님을 메시야로 인정한 신앙고백이다. "아브라함과 다윗의 자손 예수 그리스도의 세계라"(마 1:1). "우리를 위하여 구원의 뿔을 그 종 다윗의 집에 일으키셨으니"(눅 1:69). 올바른 신앙고백을 가지고 부르짖어야 하나님의 마음을 움직이는 기도가 된다. 어려운 일을 당할 때 성도들이 조심해야 할 것은 누가 예언의 은사나 계시를 받았다고 해서 그에게 미혹되어 따라가다 보면 잘못된 이단에 빠지기 쉽다. 영적인 타락은 영원히 버림을 받는다. 바디매오는 예수님께 부르짖을 때에 '다윗의 자손 예수'라고 하는 분명한 신학적인 메시야관을 가지고 부르짖었다.

둘째, 겸손이 수반된 부르짖음이었다.

　"나를 불쌍히 여기소서 하거늘"(47절). 바디매오가 예수님께 자기를 불쌍히 여겨달라고 한 것은 예수님 앞에 자기를 밑바닥까지 낮춘 겸손이 수반된 부르짖음이었다. 영국의 속담에 '열매를 많이 맺는 가지는 낮아진다'는 말이 있다. 하나님은 겸손한 자를 구원해주신다. "네가 낮춤을 받거든 높아지리라고 말하라. 하나님은 겸손한 자를 구원하시느니라"(욥 22:29). 그리고 하나님은 겸손한 자에게 하나님께서 값없이 주시는 선물인 은혜를 베풀어주시며(잠 3:34), 재물과 영광과 생명을 주시고(잠 22:4), 기쁨이 넘치게 해주신다(사 29:19).

셋째, 기회를 놓치지 않는 부르짖음이었다.

"예수께서 제자들과 허다한 무리와 함께 여리고에서 나가실 때에 디매오의 아들인 소경 거지 바디매오가 길가에 앉았다가 나사렛 예수시란 말을 듣고 소리질러 가로되"(46, 47절). 예수님께서 여리고성을 지나가실 때는 십자가의 구속사역을 이루시기 위해서 예수살렘으로 가시는 마지막 길로서 바디매오가 이번 기회를 놓치면 다시는 예수님을 만날 수 없는 기회였다. 바디매오는 이 기회를 결코 놓치지 않고 잘 포착하여 예수님께 부르짖었다. 인생이란 일반통행이다. U턴이 없다. 기도는 방어이고, 예방이며, 처방이고, 치료이다. 우리는 기도하면서 세월을 아끼고(엡 5:16), 지혜롭게 행동해야 한다(골 4:5).

넷째, 환경과 핍박을 초월한 부르짖음이었다.

"많은 사람이 꾸짖어 잠잠하라 하되 그가 더욱 심히 소리질러 가로되, 다윗의 자손이여 나를 불쌍히 여기소서 하는지라"(48절). 소경 거지 바디매오가 예수님께 부르짖었을 때 많은 사람들이 그를 멸시하고 꾸짖었다. 그래도 그는 포기하지 않고 더욱 심히 소리지르며 예수님께 부르짖었다. 우리도 이러한 부르짖음이 있어야 한다. 우리에게는 때때로 좋은 환경이 주어질 수도 있고, 어렵고 힘든 환경이 주어질 수도 있다. 어려운 환경이 주어질수록 우리는 더욱 더 간절히 하나님께 부르짖어야 한다.

사랑하는 성도 여러분, 소경 거지 바디매오가 이와 같이 부르짖었을 때 예수님께서 그에게 머물러 주셨고, 안심된 마음을 주셨으며(49절), 그의 소원을 들어주셨다(52절). 한 해 동안 열심히 부르짖음으로 승리하시는 성도 여러분이 되시기를 주의 이름으로 축원한다.

섬김의 도
(마가복음 10:46-52)

오늘 본문은 소경 거지 바디매오가 예수님을 만나서 간절한 마음으로 눈을 뜨게 해달라고 간청한 결과 눈을 뜨게 되었다는 내용이다. 육신의 소경, 육신의 거지도 불쌍하지만 사실은 영적인 소경, 영적인 거지가 훨씬 불쌍하다. 예수를 믿으면서도 섬길 줄 모르는 사람은 영적인 소경, 영적인 거지와 같다. 그러면 섬김의 도가 무엇인가에 대해서 말씀을 상고하면서 함께 은혜를 나누고자 한다.

첫째, 섬김의 도는 거듭난 삶이다.

"사람이 거듭나지 아니하면 하나님 나라를 볼 수 없느니라"(요 3:3). 예수님께서 가이사랴 빌립보 여러 마을을 다니시면서 노중에서 제자들에게 "사람들이 나를 누구라 하느냐?"라고 물었다. 제자들은 "세례 요한, 엘리야, 선지자 중의 하나"라고 대답했다. 예수님은 또 제자들에게 "너희는 나를 누구라 하느냐?"고 물었다. 그 때 베드로가 "주는 그리스도시니이다"라고 대답했다. 이 때부터 예수님은 제자들에게 "자기가 많은 고난을 받고…죽임을 당하고 사흘만에 살아나리라"고 드러내 놓고 말씀하셨다. 이 말씀을 듣자 베드로는 예수를 붙들고 간했다. 여기에서 '간했다'는 말은 심하게 항의했다는 뜻이다. 예수님은 베드로를 꾸짖으시면서 "아무든지 나를 따라오려거든 자기를 부인하고 자기 십자가를 지고 나를 좇을 것이니라"(막 8:34)고 말씀했다. 또 제자들이 노중에서 서로 누가 크냐고 쟁론했을 때 예수님은 열두 제자를 불러서 "아무든지 첫째가 되고자 하면 뭇 사람의 끝이 되며 뭇사람을 섬기는 자가 되어야 하리라"(막 9:35)고 말씀했다. 또 마가복음 10:35-45에 보면 제자 중에 야고보와 요한이 예수님께 "주의 영광 중에 하나는 주의 우편에 하나는 좌편에 앉게 하여 주옵소서"라고 요구하는 것을 볼 수 있다. 예수님의 제자들도 세상 욕심에 영적인 눈이 가리워졌을 때는 예수님을 메시야로 보지 못했다. 거듭난 삶을 사는 자만이 예수님을 바로 볼 수 있다. 거듭난 자는 영적인 눈이 떠어져서 남을 섬기는 삶을 살게 된다.

둘째, 섬김의 도는 겉옷을 버리는 삶이다.

"소경이 겉옷을 내어버리고 뛰어 일어나 예수께 나아오거늘…"(50절). 소경 거지 바디매오가 길가에 앉았다가 예수께서 그 곳을 지나가신다는 말을 듣고 소리질러 "다윗의 자손 예수여 나를 불쌍히 여기소서"라고 간청했다. 많은 사람이 그를 꾸짖어 잠잠하라고 했지만 그는 계속해서 간청했다. 드디어 그는 예수님의 부름을 받게 되자 겉옷을 내어버리고 예수님께 나아갔던 것이다. 여기에서 '겉옷'이란 거짓옷이다. 이것은 곧 받기만 좋아하는 것을 의미한다. 우리는 자기 중심적인 신앙을 버려야 한다. 교만, 시기, 질투, 원망, 불평, 분쟁, 분냄, 미움 등의 더럽고 냄새나는 겉옷을 내어버려야 한다. 소경 거지 바디매오가 겉옷을 내어 버리고 예수님께 나아갔을 때 그의 소원을 성취받았다. 그의 소원은 보는 것이었다. 우리의 소원은 영적인 눈이 떠어져서 주님의 뜻이 무엇인가를 분별하여 주님의 뜻대로 사는 것이어야 한다. 받기만 하는 겉옷을 내어버리고 자기의 것을 남에게 나누어 주는 삶이 곧 섬김의 도이다.

셋째, 섬김의 도는 주님을 좇는 삶이다.

"예수께서 이르시되 가라 네 믿음이 너를 구원하였느니라 하시니 저가 곧 보게 되어 예수를 길에서 좇으니라"(52절). 바디매오는 그의 눈을 뜨면서부터 곧 예수를 좇는 삶을 살았다. 섬김의 도는 곧 예수를 좇는 삶을 사는 것이다.

사랑하는 성도 여러분, 바디매오처럼 영적인 눈을 떠서 거듭난 삶, 겉옷을 내어버리고 나누어주는 삶, 주님을 좇는 삶을 살아 섬김의 도를 이루어 주님의 뜻대로 살아가는 성도 여러분이 되시기를 주의 이름으로 축원한다.

옥합을 깨뜨린 신앙의 교훈
(마가복음 14:3)

한번은 예수님께서 문둥이 시몬의 집에 앉아 계실 때에 한 여자가 매우 값진 향유 한 옥합을 가지고 예수님께 찾아와 그 옥합을 깨뜨리고 예수님의 머리에 부은 일이 있었다. 이로 말미암아 온 방안에는 아름다운 향기가 가득하게 되었고 주님은 이 여자의 행한 일에 대하여 크게 칭찬하여 주셨다. 그리고 주님의 복음이 전파되는 곳에는 이 여자의 행한 일을 전파되리라고 하는 큰 축복을 받게 되었다. 오늘날 우리들도 주님을 기쁘시게 해드리고 칭찬 받는 성도가 되려면 자신의 옥합을 깨뜨리는 자가 되어야 한다. 그러면 이 여인이 예수님 앞에 옥합을 깨뜨린 일이 신앙에 어떤 교훈을 주고 있는가에 대해서 네 가지 내용을 말씀드리겠다.

첫째, 옥합을 깨뜨린 것은 자신의 육성을 깨뜨려 버린 것을 의미한다.
우리 인간은 누구에게나 깨뜨려 버려야할 육성들이 있다. 교만, 시기, 원망, 질투, 저주, 악담, 부정, 의심, 안일, 나태, 방탕, 퇴폐, 이기심, 자만심, 의타심, 자존심 등이 모든 육성들이 깨어져야만 그리스도의 향기가 나타나게 되는 것이다. 러시아의 문호 도스토예프스키는 말하기를 "자기를 희생시킨 것만큼 행복한 것은 없다"라고 하였다. 예수님께 찾아온 이 여인은 육에 사로잡혀 연락 속에 살던 여인이였음에 틀림 없었다. 그러나 생명의 주님을 발견한 후 그는 자신의 모든 것을 깨뜨릴 수가 있었으며 또한 아무것도 아깝지를 아니하였다.

달걀은 껍질이 깨어지고 부서질 때에만 병아리가 나오게 되고 씨앗도 껍질이 부서지고 깨어져야만 싹이 나오게 되듯이 우리 인간은 누구나 육성이 깨어지고 부서질 때에만 속사람이 새롭게 되어지는 것이다. 그런고로 사도 바울은 날마다 자신의 육을 쳐 복종시켰고 십자가에 못박았다고 하였다. 그런고로 그는 옥중에서까지 하늘의 기쁨이 충만하였던 것이다.

둘째, 옥합을 깨뜨린 것은 환경의 조건을 깨뜨린 것을 의미한다.

사람은 누구나 환경의 지배를 받는 연약한 존재들이다. 더구나 여성의 몸으로 문둥이 시몬의 집에까지 찾아가 예수님께 향유를 부어 드린 것은 바로 환경을 초월한 신앙행위였다. 지금은 나병도 치료가 가능하고 재생의 길이 얼마든지 있지만 예수님 당시의 문둥병자들은 멸시와 천대 속에 엄히 격리되어 접근하기를 꺼려했으며 별세계의 사람처럼 취급해 버렸다. 그러나 예수님은 문둥이 집을 찾아가 시몬의 집에서 음식을 잡수셨고 또한 옥합을 깨뜨려 향유를 부어드린 여인도 환경의 장벽을 두려워하지 않고 예수님을 찾아 문둥이 집안에 들어가게 된 것이다. 이는 참으로 귀하고 본받을 신앙이 아닐 수 없다.

우리는 환경의 지배를 받는 사람을 평범한 사람이라고 평하고 환경을 극복할 수 있는 사람을 위대한 사람이라고 말한다. 하나님의 사람은 어떠한 환경이라도 극복할 줄 알아야 한다. 진실로 우리가 예수님을 만나자면 어떠한 여건이라도 헤쳐나가는 과감성이 있어야 한다.

맹자는 인생이 걸어가는 길에 대해서 다음과 같이 말한 바가 있다. "스스로 돌이켜보고 마음에 거리낌이 없을 때에는 천만인이 반대하여도 나는 나의 길을 가야 한다"고 하였다. 진실로 우리 인생의 승리의 비결은 환경을 극복하고 그리스도를 향해 전진하는데 있는 것이다.

셋째, 옥합을 깨뜨린 것은 자신의 물욕을 깨뜨려 버린 것을 의미한다.

마가복음 14:3 이하에 보면 이 여인이 깨뜨려 버린 향유는 매우 비싼 향유의 원액인 오일(very costly oil)이였다. 그것은 300데나리온 이상의 값인데 여기 삼백데나리온이란 돈은 평생에 먹고 살 장사밑천에 해당되는 금액이다. 이렇게 값이 비싼 향유가 든 옥합을 지체없이 깨뜨리고 예수님의 머리에 부어 드린 것은 주님을 위한 자신의 물욕을 깨뜨려 버린 것을 의미한다.

디모데전서 6:10에 "돈을 사랑함이 일만악의 뿌리가 된다"고 하였고, 영국의 예술평론가 러스킨은 말하기를 "돈을 말하면 진리는 침묵한다"고 하였다. 물질은 하나님의 영광과 선을 위하여 사용될 때만이 빛이 나게 되는 것이다. 돈이란 사람에게 필요로 하는 것이 되어야지 사람이 돈의 필요로 하는 것이 되어서는 결코 아니된다. 불란서 속담에 "돈이란 좋은 종이 되기도 하고 악한 주인이 되기도 한다"고 하였다. 돈을 잘만 사용하면 참으로 좋은 종이 되어 인생의 삶을 편리하고 보람되도록 만들어 주고 잘못 사용하면 도리어 돈이 악한 주인이 되어 인생에게 온갖 번뇌와 고통 그리고 엄청난 죄악 속으로 이끌고 들어가기도 하는 것이다. 그런고로 우리가 돈 우상을 깨뜨려 버리게 될 때만이 참된 신앙과 인격이 형성될 수 있게 되는 것이다.

넷째, 옥합을 깨뜨린 것은 핍박의 장벽을 깨드린 것을 의미한다.

마가복음 14:5에 보면 예수님께서 베다니 문둥이 시몬의 집에서 식사하실 때에 한 여자가 매우 값진 향유 곧 순전한 나드 한 옥합을 가지고 와서 그 옥합을 깨뜨려 예수님께 부어드릴 때에 주변의 사람들이 이 값비싼 것을 왜 허비하느냐고 엄히 책망을 하였다. 그러나 이 여자는 주변의 핍박에 굴하지 아니하고 끝까지 예수님의 기뻐하시는 일을 행하고야 말았다. 참된 신앙의 길에는 언제나 박해가 따르게 마련이며 사탄의 시험이 따라오게 되는 것이다. 그런고로 예수님은 너희가 환난을 당하나 담대하라 내가 세상을 이기었노라고 하였고, 미국의 경영학자 버나드는 참된 지도가가 되려면 ① 박력이 있어야 하고 ② 결단성이 있어야 하며 ③ 책임감이 강해야 하고 ④ 능력이 있어야 된다고 하였다. 핍박을 이길 수 있는 힘은 바로 신앙이다. 신앙은 어떠한 박해에서도 승리할 수 있게 한다. 옥합을 깨뜨린 이 여인은 그리스도를 위한 자기 행위에 대해 주변 사람들의 엄한 책망과 분노의 박해 속에서도 끝까지 옥합을 깨뜨려 주 예수 그리스도께 향유를 부어 드리는 일에 승리할 수가 있었다.

사랑하는 성도 여러분, 우리도 옥합을 깨뜨린 이 여인의 신앙을 본 받아 ① 인간의 육성을 깨뜨리고 ② 물욕을 깨뜨리며 ③ 환경의 장벽과 ④ 박해의 장벽을 깨뜨리고 주 예수 그리스도의 이름과 그에게 돌려 드리는 합당한 영광을 위하여 승리하시는 여러분이 되시기를 주님의 이름으로 축원한다. 할렐루야!

기념비적인 삶을 삽시다
(마가복음 14:3-7)

만주 갈림성 동부의 한 도시인 용정에 가면 유명한 애국자요, 시인인 윤동주 선생의 기념비를 보게 된다.

경기도 용인에도 한국기독교순교자기념관에는 우리 민족의 복음화를 위하여 조선말기로부터 일제 36년간, 그리고 공산당에 의해 순교당하신 수많은 믿음의 선진들의 모습을 담은 기록들이 많이 있다. 이런 것들은 후대를 살아가는 모든 사람들에게 많은 교훈을 주는 기념비적인 삶을 산 사람들의 행적인 것이다.

오늘 본문은 한 여인, 곧 나사로의 누이 마리아, 가난한 시민에 불과한 그 여인이 300데나리온의 향유를 가지고 와서 예수님의 머리에 부은 사건에 대한 예수님의 분명한 해답이 기록되어 있다(요 12:3). "내가 진실로 진실로 너희에게 이르노니 온 천하에 어디서든지 복음이 전파되는 곳에는 이 여자의 행한 일도 말하여 저를 기념하리라".

그러면 어떠한 자세로 살아갈 때 기념비적인 삶이 되어 후대 사람들의 귀감이 되겠는지 성경말씀을 상고하면서 함께 은혜의 시간을 갖자.

첫째, 마리아는 최선을 다하는 삶을 살아갔다.

당시 머리에 붓는데 사용되는 기름의 양은 1페나(작은 동전 한닢)에 해당되는 정도의 값어치밖에 되지 않았다고 한다. 그러나 마리아가 예수님의 머리에 부은 기름은 한 옥합에 300데나리온이나 되는 매우 값진 것이었다. 더욱이 이 향유는 왕이 사용하는 것으로 그것도 한 방울씩 사용하는 것이었다. 당시 하루 품삯이 한 데나리온이었던 바 300데나리온은 약 1년치의 품삯에 해당되는 가치를 가지고 있었던 것이다. 더더욱 이 여인은 예수님이 계시는 베다니 문둥이 시몬의 집에 찾아가서 옥합을 깨뜨려서 예수님의 머리와 발에 몽땅 부어드렸다는 사실이다. 이는 전폭적인 헌신의 표시요, 아름다운 신앙의 고백이며, 신앙적 결단의 표시인 것이다.

그런고로 예수님은 그녀를 비방하는 무리들을 향하여 "저가 내게 좋은 일을 하였느니라", "저가 힘을 다하여…"라고 칭찬하시며 옹호하셨다.

사람들은 거의 대부분 현재적인 성공만을 위해 일하는 경우들이 많다. 이것은 마치 씨를 뿌려야 할 때 거두어 들이려고 하는 것과 같은 것이다.

우리가 비록 어둠 속에서 일하며 최선을 다해도 고마워하는 사람들이 없다 할지라도……, 양심이나 신앙이라고 하는 것을 낡은 유품으로 여기는 현대인들 속에서 함께 어울려 산다해도……, 그리고 재물과 탐욕, 음란과 향락에의 유혹이 곳곳에서 우리에게 손짓한다 해도 과감히 일어나서 베푸는 삶, 최선의 삶을 살아갈 때 사랑의 숨겨진 법칙이 우리로 하여금 열매를 맺게 해 주는 것이다.

광할한 영토와 강력한 군데, 셀 수 없는 백성을 거느리고 호령했던 지상 최대의 황제라해도 죽을 때에는 그 화려했던 왕관과 왕복도 벗은 채 왕중왕이신 하나님 앞에 경호원이나 호위병도 없이 홀로 나아가게 된다. "너는 무엇을 위해 어떻게 살다가 왔느냐?"라는 이 간단한 물으심에, 또는 "너는 예수의 머리에 향유를 부었던 비천하고 힘없는 여인과 한 자리에 설 수 있는가?"라는 물으심에 무엇이라 대답하려는가?

둘째, 마리아는 기회를 찾아 놓치지 않는 삶을 살았다.

기회는 찾아오는 것이 아니라 이 쪽에서 발견하여 붙잡아야 한다고 한다. 그래서 어떤 사람은 "모든 찬스(Chance)는 그것을 볼 줄 알고 휘어잡을 줄 아는 사람이 나타나기까지는 잠자코 있는 것이다"라고 말했다.

당시 예루살렘은 유월절 절기로 인해 수많은 사람들이 모여 들었고 무엇인가 중대한 일이 일어날 것만 같은 분위기가 느껴지는 때였다. 왜냐하면 대제사장들과 서기관들은 예수를 잡아 죽이려는 모의가 한창 진행중이었던 때였기 때문이었다. 그런고로 이 여인의 주님을 향한 사랑과 희생적 헌신은 적절한 때를 잘 선택한 것이었다.

기회는 항상 있는 것이 아니다. 기회는 지나가고 만다. 그런고로 기회가 주어졌을 때 그 기회를 붙들어야만 한다.

셋째, 마리아는 그 누구도 할 수 없는 예수님의 메시야되심과 장사를 준비하는 거룩한 일을 준비하는 삶을 살았다.

공생애 동안 가난한 자, 병든 자, 소외된 자들에 대한 깊은 관심과 실질적인 도움을 주셨던 예수님은 이제 자신의 임박한 죽음 곧 인류구속을 위한 십자가상에서의 죽음을 염두에 두시고 "가난한 자들은 항상 너희와 함께 있으니 아무 때라도 원하는대로 도울 수 있거니와 나는 항상 너희와 함께 있지 아니하리라"고 말씀하시면서 지금 제자들에게 가장 시급한 것은 예수님 자신의 최후를 맞을 준비라는 점을 여인의 옥합깨뜨리는 사건을 통하여 깨우치고 계신 것이다.

가난한 자에 대한 구제는 물질적 요구를 채우는 일이요, 또한 이 세상에서 행할 기회가 또 있지만 예수님의 대속적인 죽음은 오직 한 번이요, 인류 전체의 영혼을 구원하는 일이기에 이 여인의 행위는 그 누구도 생각할 수 없었던 일 곧 예수님의 메시야되심과 장사(葬事, a funeral)를 준비하는 거룩한 일을 가장 순수하고 뜨거운 사랑과 헌신으로 가장 적절한 순간에 이루어졌다는 것이 보다 큰 의의가 있는 것이요, 대대로 기념될만한 것이었다.

넷째, 마리아는 오직 예수 그리스도만 믿고 그 복음의 진리 안에서 사는 삶을 살았다.

마리아는 주님의 핵심 제자들 못지않게 주님께서 아끼셨던 여인이었으며, 유독 주님의 진리의 말씀과 교훈에 깊은 관심을 가졌던 여인이었다(눅 10:38-42). 모든 제자들은 유월절 명절에 예수님께서 예루살렘성에 입성하여 영광을 누릴 것을 기대하고 들떠 있을 때, 오직 마리아만이 예수님의 십자가 대속을 바라보고 그 장례를 위하여 값진 나드 한 옥합을 부어드린 그 행위는 그녀의 신앙이 얼마나 복음진리 위에 든든히 서 있는 것인지를 깨닫게 하는 본받을 만하고 또한 기념할만한 행위인 것이다.

모든 종교가 한결같이 인간에게 궁극적으로 요구하는 것은 그 주장하는 학설이나 신조(信條, an article of faith)나 대상에 대한 믿음이다. 그런고로 그 종교의 기둥이자 기초가 되는 기본진리를 올바로 파악하고 인식하며 신앙하는 사람만이 본질적인 의미에서 그 종교의 신앙인이라고 할 수 있는데, 마리아는 바로 기독교의 기초이자 기독교 신앙의 근거가 되는 그리스도와 십자가의 대속과 부활에 대한 진리를 신앙의 중심으로 삼았음을 알 수 있다. 그러기에 예수님께서도 그 여인의 행위를 "내 몸에 향유를 부어 내 장사를 미리 준비하였느니라", "저를 기념하라라"고 하셨던 것이다.

인생은 짧다. 아무리 의학이 발달하고 고도의 의술이 개발된다 할지라도 누구에게나 찾아오는 죽음은 피할 길이 없는 것이다.

그런고로 나에게 주어진 환경 속에서 ① 최선을 다하며 살자. ② 기회를 찾아 놓치지 말고 잘 활용하자. ③ 오직 예수 그리스도만이 나의 구주이심을 믿고 그 보금 진리 위에서 삶을 영위해 나아가자.

당시 마리아보다 더 많은 값진 것을 소유한 여인도 많았을 것이다. 지식과 지혜가 특출한 사람도 많았을 것이다. 그러나 그들은 다 기억 속에서 이미 잊혀진 사람들이 되고 말았다.

자기 자신을 위해 행한 일은 곧 잊혀져 버린다. 그러나 예수 그리스도를 위해 행한 일은 영원히 잊혀지지 않고 기념될 것이라는 사실을 명심하시기 바란다. 설혹 세상에 남겨진 기념비는 박살나서 흔적조차도 찾을 길 없이 없어진다 해도 하나님의 충실한 종들의 이름은 영원토록 그 보좌 가운데서 불리워질 것이다. 이 세상에 뿌린 씨앗으로부터 영원한 기쁨의 열매를 거둘 수 있도록 마리아처럼 살자. 할렐루야!

깨어 있어라
(마가복음 14:36)

사도 바울은 깨어 "믿음에 굳게서서 남자답게 강건하여라"(고전 16:13) 고 하였고, 베드로는 "근신하라 깨어라 너희 대적 마귀가 우리 사자같이 삼킬자를 찾는다"(벧전 5:8)고 하였다. 그러면 우리가 왜 깨어 있어야 하는가에 대해서 네 가지 내용을 말씀드리겠다.

첫째, 기도하기 위하여 깨어 있어야 한다.
마가복음 14:38에 십자가를 앞에 놓으신 예수님이 기도하기 위하여 제자들을 이끌고 겟세마네동산으로 올라가셨다. 이 때 예수님의 드린 기도는 땀방울이 떨어지는 피방울같이 되었다고 하였다(눅 22:44). 그러나 함께 기도해야 될 제자들은 애석하게도 잠에만 취하여 세상 모르게 뒹굴고 있었다. 이 모습을 보신 예수님은 베드로를 향하여 "시몬아 자느냐 네가 한시 동안도 깨어 있을 수 없더냐 시험에 들지 않게 깨어 있어 기도하라"고 하였다.

오늘날과 같이 기도가 긴급한 때도 없다. 깨어 기도하는 자만이 종말의 시대를 대처해 나갈 수 있으며 모든 문제를 해결해 나갈 수가 있는 것이다. 기도 없는 자는 병든 신앙자가 되며 어리석고 무기력한 존재가 되어지고 마는 것이다.

데살로니가전서 5:17에도 바울은 "쉬지말고 기도하라"고 하였고, 에베소서 6:18에는 "무시로 성령안에서 기도하고 이를 위하여 깨어 구하기를 항상 힘쓰며"라고 하였다. 현대를 살아가는 우리들에게는 초긴급 초비상, 최우선적으로 해야될 일들이 한 두 가지가 아니지만 기도보다 더 긴급한 일은 없다. 기도의 사람, 페이션이라는 사람은 기도한 마무리의 자리가 움푹하게 패였다고 한다. 그는 무슨 일에나 기도하는 가운데 승리하는 삶을 살아갈 수 있었다. 사랑하는 성도 여러분, 여러분도 깨어 기도하는 자만 된다면 무슨 일에나 승리하는 위대한 사람이 되어질 수 있다.

둘째, 사탄의 시험을 이기기 위하여 깨어 있어야 한다.

미국의 영계의 거성 무디는 말하기를 "나는 아침마다 두 시간은 기도하지 않으면 그 날은 마귀가 이긴다"고 하였다. 사탄은 신앙에 깨어 있는 자를 두려워하며 기도하는 자 앞에서는 한 길로 치러들어 왔다가도 일곱 길로 도망을 가게된다. 사탄은 조는 자에게 찾아가 가라지를 뿌리며 시험에 들게하며 수치를 당하게 한다. 그런고로 디모데후서 2:26에 "저희로 깨어 마귀의 올무에서 벗어나 하나님께 사로 잡힌 바 되어 그 뜻을 좇아 행하라"고 하였다. 예수님은 졸며 자는 제자들을 향해 책망하시기를 "한 시간 동안도 이렇게 깨어 있을 수 없더냐 시험에 들지 않게 깨어 있어 기도하라"고 하였다.

그러면 우리가 사탄의 시험을 이기기 위해서 무엇에 깨어 있어야 할까요? ① 믿음에 깨어 있어야 한다. 고린도전서 16:13에 "깨어 믿음에 굳게 서서 남자답게 강건하여라"고 하였다. 여기 "깨어 믿음에 굳게서서"라는 말은 그리스도를 믿는 신앙이 언제나 깨어 있음으로 흔들리지 않는 견고함을 의미하며 "남자답게 강건하여라"는 말은 신앙이 남자 같은 행동의 강함을 나타내라는 말이다. 특히 "강건하여라"는 말이 헬라어의 "크라타이우스데"(Κραταιοῦσθε)라는 말은 수동으로서 즉 나의 힘이 아닌 하나님의 힘으로 강건히라는 말인 것이다. ② 기도로 깨어 있어야 한다. 누구나 믿음 위에 서서 기도로 깨어 있는 자는 하나님의 능력이 부여되므로 무슨 문제든지 능히 이겨 나갈 수가 있게 되는 것이다.

셋째, 종말을 대비하기 위하여 깨어 있어야 한다.

성경은 세 가지 종말을 분명히 말씀하였다. 첫째는 우주의 종말(계21:12)과 둘째는 세대의 종말, 세째는 인류의 종말이다. 또 요한계시록 21:1에 "내가 새 하늘과 새 땅을 보니 처음 하늘과 처음 땅이 없어졌고 바다도 다시 있지 않더라"고 하였다. 그리고 베드로전서 4:7에 "만물의 마지막이 가까왔으니 그러므로 너희는 정신을 차리고 근신하여 기도하라"고 하였는데, 이 말씀들은 모두가 우주의 종말을 예고하신 말씀이다. 그리고 세대의 종말이다. 세대라는 것은 시간의 흐름과 연륜을 말하는 것으로서 이 연륜이 무한정으로 주어진 것이 아니라 마지막 때가 있는 것을 하나님은 말씀하셨다. 마가복음 1:15에는 "때가 찾고 하나님의 나라가 가까왔으니 회개하고 복음을 믿으라"고 하였고, 에베소서 5:16에는 "세월을 아끼라 때가 악하니라"고 하였다. 다음으로 인류의 종말이 있다. 이것은 개인의 종말도 있고 인류집단 종말도 있는 것이다. 개인종말이란 자기의 주어진 년륜이 다 차게 되면 누구나 하나님의 부르심을 받게 되는데 이것이 개인의 종말이 되는 것이며, 만물의 마지막날에 일순간에 인류가 종식되는 것은 집단적 종말이 되는 것이다. 오직 그날을 바라보고 현실에 충실하며 세상에 빛된 삶을 통하며 그의 나라와 의를 올바로 확장해 나가며 건전한 복음 안에서 올바로 살아가야 하겠다.

넷째, 각기 맡은 사명을 위해 깨어 있어야 한다.

겟세마네 동산에까지 부름받아 예수님을 수행한 제자들이 예수님의 심정과는 너무나 대조적으로 세상모르게 졸고 있었던 것은 사명자로서 실격된 자가 아닐 수 없다. 우리는 먼저 내가 받은 하나님의 달란트가 무엇임을 발견해야 한다. 그리고 그 달란트의 소중함을 인식하고 끊임없이 충성함으로 주께로부터 착하고 충성된 종이란 인정과 칭찬을 받아야 한다. 누가복음 12:35, 36에 "허리에 띠를 띠고 등불을 켜고 서 있으라 너희는 마치 주인이 혼인집에서 돌아와 문을 두드리면 곧 열어주려고 기다리는 사람과 같이 되라"고 하였고, 주인이 와서 이렇게 깨어 있는 것을 보면 종들은 복이 있으리로다"라고 하였다. 이 말씀은 바로 자기의 사명을 위하여 깨어 있는 충성된 종의 모습을 보여 주신 말씀인 것이다.

사랑하는 성도 여러분, 오늘 우리 모두가 깨어 있는 삶을 살아가자. 첫째로 기도하기 위해 깨어 있고, 둘째로 마귀의 시험을 이기기 위해 깨어 있으며, 셋째로 종말을 대비하기 위하여, 그리고 네째로 사명 수행을 위하여 깨어 있는 삶을 살아가자. 할렐루야!

십자가상의 예수
(마가복음 15:21-32)

"그가 찔림은 우리의 허물을 인함이요. 그가 상함은 우리의 죄악을 인함이라"(사 53:5). 예수님은 우리의 허물과 죄악을 용서해 주시기 위해서 십자가의 고난을 당하셨다. 예수님의 고난을 깊이 묵상하는 한 주간이 되시기 바란다. 마가복음 15장은 예수님의 고난의 한 생애를 엮어 놓은 말씀으로 "① 1-15절은 빌라도의 심문 ② 16-20절은 로마 군병에게 희롱당하신 예수님 ③ 21-32절은 예수님이 십자가에 못박히신 일 ④ 33-47절은 예수님의 죽으심과 장사되심"에 대한 내용이다. 그러면 고난주간을 맞이하여 십자가상의 예수님에 대해서 말씀을 상고하면서 함께 은혜를 나누고자 한다.

첫째, 모욕과 조롱을 당하신 예수님이셨다.
"지나가는 자들은 자기 머리를 흔들며 예수를 모욕하여 가로되, 아하! 성전을 헐고 사흘에 짓는 자여 네가 너를 구원하여 십자가에서 내려오라"(29, 30절). 예수님은 이와 같이 지나가는 사람들에게까지도 모욕을 당했다. 또 22절에 보면 예수를 끌고 골고다로 갔다고 했다. 그리고 31절에 보면 대제사장들과 서기관들 곧 종교지도자들에게까지도 조롱을 당했다. 여러분들 중에 예수를 잘 믿는데 한 번도 핍박을 받아본 일이 없다고 한다면 너히 자랑할 일은 못된다. 오히려 내가 예수 때문에 핍박을 받고 고통을 당하고 많은 사람들에게 멸시와 천대를 받은 일이 있다면 기뻐하기를 바란다. 예수님께서는 마태복음 5:11, 12에 "나를 인하여 너희를 욕하고 핍박하고 거짓으로 너희를 거스려 모든 악한 말을 할 때에는 너희에게 복이 있나니 기뻐하고 즐거워하라. 하늘에서 너희의 상이 큼이라. 너희 전에 있던 선지자들을 이같이 핍박하였느니라"고 말씀했다. 예수님은 우리를 위해서 온갖 모욕과 조롱을 당하신 것이다.

둘째, 육체적인 고통과 쓰라림을 당하신 예수님이셨다.

"이에 바라바는 저희에게 놓아주고 예수는 채찍질하고 십자가에 못박히게 넘겨주니라"(마 27:26). 여기에서 채찍질은 죄수를 십자가에 처형할 때 기운을 빼어 되도록이면 죄수가 빨리 죽게 하기 위해 가하는 것으로써 채찍은 가죽으로 만든 것인데, 그 끝에 뼈나 납같은 것을 달아 놓았다고 한다. 예수님은 이와같은 "채찍에 맞음으로 우리가 나음을 입었도다"(사 53:5下). 우리가 예수님을 영접할 때 우리 육체의 고난이 예수님께 옮겨지는 것이다.

셋째, 고독과 쓸쓸함의 예수님이셨다.

예수님을 따르던 무리들까지 예수를 십자가에 못박으라고 소리지르고 심지어 예수님의 제자들까지 그를 버리고 도망하는가 하면 그의 수제자 베드로가 그를 부인했을 때 얼마나 고독하고 쓸쓸했겠는가? 그러나 예수님은 우리의 고독과 쓸쓸함을 옮겨주기 위해서 대신 당하셨던 것이다. 이사야 53:7에 보면 "그가 곤욕을 다하여 괴로울 때에도 그 입을 열지 아니하였음이여 마치 도수장으로 끌려가는 어린 양과 털 깎는 자 앞에 잠잠한 양같이 그 입을 열지 아니하였도다"라고 말했다.

넷째, 인류구원을 완성하신 예수님이셨다.

"예수께서 신 포도주를 받으신 후 가라사대 다 이루었다"(요 19:30). 예수님은 십자가상에서 인류구원을 완성하셨다.

사랑하는 성도 여러분, 십자가상의 예수님은 우리 죄를 대속해 주시기 위하여 모욕과 조롱, 육체적인 고통과 쓰라림, 고독과 쓸쓸함을 당하시고 인류구원을 완성해 주셨다. 예수님의 고난을 깊이 묵상하면서 죄악과 고통 중에 헤매이는 자들에게 이 예수님을 전하는 성도 여러분이 되시기를 주의 이름으로 축원한다.

예수 부활의 의미
(마가복음 16:1-8)

세계 인구 중에 1년에 사망자수가 5,500만명이나 된다고 한다. 우리는 부활절을 맞이할 때마다 살아서 주님의 부활을 축하하게 된 것을 감사하게 생각해야 한다. 우리는 왜 해마다 부활절을 지키고 있나? 그것은 하나님께 영광 돌리고 우리가 부활의 예수님을 다시 만나 예수님의 부활 소식이 온 세상에 전파되게 하기 위함인 것이다. 그러면 예수님의 부활이 우리에게 주는 의미가 무엇인가에 대해서 말씀을 상고하면서 은혜를 나누고자 한다.

첫째, 예수의 부활로 말미암아 인간들 앞에 가로막힌 수 많은 돌문들이 굴러 열려지게 되었다.

예수님의 무덤에 찾아간 막달라 마리아는 전에 일곱 귀신이 들려 그 악령에 의해서 수 많은 죄악을 저질렀던 여자로서 주님께 고침을 받고 모든 죄를 용서받아 하나님의 긍휼을 입은 자였다. 그래서 막달라 마리아는 누구보다도 주님을 더 사랑했고 관심을 가지고 있었다. 주님이 십자가에 못박혀 돌아가신 후에 시체에 향유라도 붓기를 소원하면서 가장 먼저 예수님의 무덤에 찾아가는데 그 여인의 마음 속에 큰 근심이 있었다. 그것은 큰 돌문을 누가 열어줄 것인가 하는 것이었다. "누가 우리를 위하여 무덤 문에서 돌을 굴려 주리요 하더니 눈을 들어본즉 돌이 벌써 굴러졌으니 그 돌이 심히 크더라"(3, 4절). 마리아는 깜짝 놀랐다. 여기에서 우리에게 예수님의 부활이 주는 의미는 우리 인간들에게는 이 여인이 염려했던 돌처럼 인간의 힘으로 해결할 수 없는 수 많은 장벽들이 있는데 예수님의 부활로 말미암아 이 수 많은 돌문들이 굴러 열려지게 된 것이다.

둘째, 예수님의 부활로 말미암아 인간들에게 덮혀진 사망의 모든 결박이 풀어지게 되었다.

"내가 진실로 진실로 너희에게 이르노니 내 말을 듣고 또 나 보내실 이를 믿는 자는 이미 영생을 얻었고 심판에 이르지 아니하나니 사망에서 생명으로 옮겼느니라"(요 5:24). 예수를 믿는 자는 이미 영생을 얻었다는 것이다. 그리고 심판에 이르지 아니한다는 것이다. 그런데 왜 우리가 예수를 잘 믿고 주일을 성수하고 주님 뜻대로 살며 하나님 말씀대로 살려고 애쓰는 것일까? 지옥에 갈까봐, 두려워서 그런 것이 아니다. 다만 ① 하나님께 영광을 돌리기 위함이고 ② 축복을 받기 위함이며 ③ 주의 뜻대로 살지 못하면 채찍을 맞기 때문에 징계를 받지 않기 위함이고 ④ 하나님 앞에 상급을 받기 위함인 것이다. D.L 무디는 죽음은 하늘나라로 이사가는 것이라고 말했다. 하나님을 믿는 사람들은 지상에서 아무리 위급하고 괴롭고 고통스러운 일이 있어도 언제나 하나님이 주시는 평안이 있다. 예수님은 요한복음 11:25에 "나는 부활이요 생명이니 나를 믿는 자는 죽어도 살겠고 무릇 살아서 나를 믿는 자는 영원히 죽지 아니하리니 이것을 네가 믿느냐?"라고 말씀했다. 우리는 사망의 법에서 해방을 받았고 율법의 저주에서 은혜로 구원받아 하나님의 자녀가 되었다.

셋째, 예수의 부활로 말미암아 그를 믿는 자에게 영생의 축복과 천국의 입국을 보장시켜 주셨다.

우리는 예수님의 부활로 말미암아 영생과 천국을 소유하게 된 것이다. 요한복음 14:1-3에 보면 예수님이 "너희는 마음에 근심하지 말라. 하나님을 믿으니 또 나를 믿으라. 내 아버지 집에 거할 곳이 많도다 내가 너희를 위하여 처소를 예비하러 가노니 가서 너희를 위하여 처소를 예비하면 내가 다시와서 너희를 내게로 영접하여 나 있는 곳에 너희도 있게 하리라"고 말씀했고, 6절에 보면 "예수께서 가라사대, 내가 곧 길이요 진리요 생명이니 나로 말미암지 않고는 아버지께로 올 자가 없느니라"고 말씀했다.

사랑하는 성도 여러분, 예수의 부활은 인간들 앞에 가로막힌 수 많은 돌문들이 굴러 떨어지게 하였고, 인간들에게 덮혀진 사망의 모든 결박이 풀어지게 하였으며, 그를 믿는 자에게 영생의 축복과 천국의 입국을 보장시켜 주셨다. 이 귀한 하나님의 은혜와 축복이 세상 끝날까지 영원토록 여러분과 함께 하시기를 예수의 이름으로 축원한다.

가서 역사하라
(마가복음 16:15)

"인생을 향하신 주님의 삼대 명령" 중에서 세 번째 명령이신 "가서 역사하라"는 제목으로 은혜를 함께 나누고자 한다.

하나님은 언제나 수고하고 무거운 짐을 지고 몸부림치는 인생들을 향하여 목마른 데서, 죄의 길에서, 마귀의 속박에서, 질병의 고통에서, 여호와를 떠난 데서, 사명을 버린 데서, 형제를 미워하는 길에서, 실패의 길에서, 낭패의 길에서, 채찍을 맞는데서, 버림을 받는 데서, 죽음의 길에서, 멸망의 길에서 주님에게로 "돌아오라"고 하셨으며 용서와 긍휼을, 사랑과 치료를, 구원의 은혜를, 성령의 권능을, 넘치는 축복을 믿음으로 "받으라"고 하셨다. 그리고 세번째는 "가서 역사하라"고 하신 것이다.

귀한 은혜를 받은 자는 받기만 하고 가만히 앉아 허송세월하지 말고 가치있게 선용해 역사해야 한다.

첫째, 주님은 우리를 전도자로 보내신다.

복음을 받은 자마다 선교사요 복음을 받지 못한 자마다 선교지다. 마가복음 16:15에 "너희는 온 천하에 다니며 만민에게 복음을 전파하라"고 하였다. '전파'라는 말은 '케루소' (κηρύσσω) 즉 '널리 알리며 공포하는 것'을 의미한다.

우리는 이 하나님의 구원의 복음을 만민에게 알리며 공포해야 한다. 복음 전파를 게을리하거나 부끄러워하는 것은 주님의 은혜에 대한 배은의 행위요 모독이다. 우리는 구원받은 이 기쁨을 온 세상에 전해야 한다. 이 복음은 믿는 자에게 구원을 주시는 하나님의 능력이시며 믿고 세례를 받는 자는 구원을 얻게되고 믿지 않는 사람은 정죄를 받게되는 것이다. 우리는 때를 얻든지 못얻든지 항상 힘써 전해야 한다.

사도행전 1:8 말씀에 "오직 성령이 너희에게 임하시면 너희가 권능을 받고 예루살렘과 온 유대와 사마리아와 땅끝까지 이르러 내 증인이 되리라"

고 하였다. 우리는 모두가 성령 충만하고 능력이 충만한 주님의 부끄럽지 아니한 위대한 증인이 되어야 한다. 주님은 담대하게 복음을 전하는 여러분을 사랑하시며 천군 천사들 앞에서 시인해 주시며 축복해 주시고 세상 끝날까지 여러분과 함께 하여 주시는 것이다.

둘째, 주님은 우리를 가르치는 자로 보내신다.

마태복음 28:19 말씀에 "너희는 가서 모든 족속으로 제자를 삼아 아버지와 아들과 성령의 이름으로 세례를 주고 내가 너희에게 분부한 모든 것을 가르쳐 지키게 하라 볼지어다 내가 세상 끝날까지 너희와 항상 함께 있으리라"고 하였다.

우리는 주님께서 분부하여 주신 모든 것을 만민들에게 가르쳐 주며 지키게 해야 한다. 주님은 우리에게 모든 족속을 제자로 삼으라고 하였다. 우리 믿는 자는 믿지 않는 자들에게 대하여 주님의 복음을 가르쳐 주어야할 영적 그리고 신앙적인 스승의 사명이 부여되어 있는 것이다. 가르친다는 말은 '디다스코'($\delta\iota\delta\alpha\sigma\kappa\omega$)의 뜻은 '보여준다'는 뜻을 가지고 있다.

우리는 신앙의 솔선수범 자로서 신앙이 무엇임을 말과 행위로 보여주며 열매로 보여주어야 한다. 그리고 '가르친다'는 말은 '주입시키다, 알게하다, 설명하다, 맛보게하다'의 뜻을 가지고 있는 말인데 주님의 놀라우신 구원의 복음을 알지 못하는 자들에게 참된 맛을 맛보아 알게 하여야 한다.

세째, 주님은 우리를 그리스도의 편지로 보내신다.

고린도후서 3:2 말씀에 "너희가 우리의 편지라 우리 마음에 썼고 뭇사람이 알고 읽는 바라"고 하였다. 편지는 보낸 자로 하여금 보낸 자의 뜻이 그대로 잘 드러나야 하고 내용이 분명해야 하듯 신자는 어느 곳에서 누가 보든지 그리스도의 모습이 읽혀져야 한다. 주님의 뜨거운 사랑, 용서와 긍휼, 의와 진리, 주님의 영원한 생명의 빛이 만민에게 비춰져야 한다.

네째, 우리를 주님의 몸된 교회의 지체의 사명자로 보내시는 것이다.

고린도전서 12:27에 "너희는 그리스도의 몸이요 지체의 각 부분이라"고 하였다. 하나님이 교회 중에 몇을 세우셨으니 첫째는 사도요, 둘째는 선지자요, 세째는 교사요, 그 다음은 능력이요, 그 다음은 병고치는 은사와 서로 돕는 것과 다스리는 것과 각종 방언을 하는 것이라"고 하였다.

우리는 주님께서 이 땅 위에 보내시고 명령하신 바가 무엇임을 찾아 발견해야 하며 주님의 일에 힘쓰는 자가 되어야 한다. 이 세상에서의 가장 위대한 삶은 주님을 위해 사는 것이며 헌신인 것이다. 사도 바울은 고린도 교회를 향하여 "그러므로 내 사랑하는 형제들아 견고하며 흔들리지 말며 항상 주의 일에 더욱 힘쓰는 자들이 되라 이는 너희 수고가 주 안에서 헛되지 않은 줄 앎이니라"라고 하였다.

친애하는 성도 여러분!

우리를 만백성 가운데서 불러주시고 주 예수를 믿어 귀한 은혜 귀한 생명 받게 하시고 또 우리를 주님의 귀한 일꾼으로 삼으셔서 역사하게 하신 하나님 은혜 얼마나 감사한가?

우리 모두 이 생명 다할 때까지 전도자로 나가서 열심히 복음을 전하며 주 예수 그리스도의 복음의 진리를 가르쳐 주어 생명의 길, 영생의 길, 축복의 길, 소망의 길, 진리의 길, 승리의 길을 찾게하여 주며 그리스도의 편지로서 주님을 읽게하여 주고 몸된 교회의 지체의 사명을 다함으로써 주님께 큰 영광을 돌리며 전진하자. 그리고 위대한 승리의 삶을 살아가자. 할렐루야!

하나님 앞에 의인
(누가복음 1:5-16)

본문에 보면 하나님께서 사가랴와 엘리사벳에게 하나님 앞에 의인이라고 말씀했다. '의'라는 말은 '바르다, 정직하다'는 뜻을 가지고 있다. 사람이 사람 앞에 '저 사람은 참 선한 사람이다. 정직한 사람이다' 이렇게 인정을 받는 것도 참 귀한 것이다. 그런데 하나님 앞에 의인으로 인정받았을 때 이 사람의 의가 얼마나 훌륭했겠느냐 하는 것을 생각해 볼 수 있다. 그러면 하나님 앞에 의인이 될 자는 누구인가 하는 것과 의인이 된 자는 어떠한 축복을 받는가에 대해서 말씀을 상고하면서 함께 은혜를 나누고자 한다.

첫째, 하나님 앞에 의인이 될 자

① 주의 모든 계명과 규례대로 흠이 없게 행하는 자이다. "이 두 사람이 하나님 앞에 의인이니 주의 모든 계명과 규례대로 흠이 없이 행하더라"(6절). 사가랴와 엘리사벳은 주의 모든 계명과 규례를 흠없이 지켰기 때문에 하나님 앞에 의인으로 인정을 받았다. 이와 같이 주의 모든 계명과 규례대로 흠없이 행하기란 그리 쉬운 일은 아니다. 그러나 성령의 힘을 의지할 때에는 가능한 줄 믿는다.

② 항상 주의 성소에서 하나님을 섬기는 자이다. "마침 사가랴가 그 반열의 차례대로 제사장의 직무를 하나님 앞에 행할새 제사장의 전례를 따라 제비를 뽑아 주의 성소에 들어가 분향하고…"(8, 9절). 사가랴는 제사장으로서 항상 주의 성소에서 하나님을 잘 섬겼다. 이것은 예배드리는 열심을 교훈해 준다. 우리는 예배드리는 열심이 항상 지속되어야 한다. 하나님은 우리가 예배드리는 곳에 임재하신다. "주의 사자가 저에게 나타나 향단 우편에 선지라"(11절).

③ 믿음이 있는 자이다. "오직 의인은 믿음으로 말미암아 살리라"(롬 1:17). 율법의 행위로는 하나님 앞에 의롭다 하심을 얻을 육체가 없다고

했다(롬 3:20). 우리는 예수 그리스도를 믿음으로 그리스도 예수 안에 있는 구속으로 말미암아 하나님의 은혜로 값없이 의롭다 하심을 얻을 수 있다(롬 3:21, 24). 로마서 5:1에도 보면 "우리가 믿음으로 의롭다 하심을 얻었은즉 우리 주 예수 그리스도로 말미암아 하나님으로 더불어 화평을 누리자"라고 말씀하셨다.

둘째, 의인이 된 자에 대한 하나님의 축복

① 모든 소원을 성취받게 하신다. "천사가 일러 가로되 사가랴여 무서워 말라. 너의 간구함이 들린지라. 네 아내 엘리사벳이 네게 아들을 낳아 주리니 그 이름을 요한이라 하라"(13절). 사가랴와 엘리사벳은 나이가 많도록 아들이 없었다. 그런데 하나님께서 그의 의로움을 보시고 그의 소원을 성취받게 하여 주신 것이다.

② 사랑하여 주신다. "여호와께서 의인을 사랑하시며"(시 146:8). 의인이 된 자는 하나님의 사랑을 받게 된다.

③ 복을 주신다. "의인의 집에는 복이 있느니라"(잠 3:33).

④ 구원을 얻게 해 주신다. "의인의 자손은 구원을 얻으리라"(잠 11:21).

⑤ 일곱 번 넘어져도 다시 일어나게 해 주신다. "대저 의인은 일곱 번 넘어질지라도 다시 일어나려니와 악인은 재앙으로 인하여 엎드리느니라"(잠 24:16).

⑥ 사자와 같이 담대하게 해 주신다. "악인은 쫓아오는 자가 없어도 도망하나 의인은 사자같이 담대하니라"(잠 28:1).

⑦ 기도의 응답을 받게 하신다. "의인의 간구는 역사하는 힘이 많으니라"(약 5:16).

⑧ 죽음에도 소망을 얻게 하신다. "악인은 환난에 엎드러져도 의인은 그 죽음에도 소망이 있느니라"(잠 14:32).

성탄의 기쁨
(누가복음 2:8-14)

우리는 해마다 이 때를 맞이하면 모든 죄악의 슬픔과 쓰라림을 송두리채 잊게하고 기쁨과 소망을 안겨주는 성탄을 맞이하게 되는데, 올해도 우리 하나님께서 변함없는 사랑으로 평화없는 이 세상, 고통과 싸움으로 무서워 떠는 이 세상, 죄와 전쟁이 끝없는 이 땅 위에 평화의 왕이 임하신 큰 기쁨을 안겨주신 성탄절을 맞이하게 하셨다. 이 거룩한 기쁨과 성탄의 축복으로 가득찬 여러분과 함께 오늘은 "성탄의 기쁨" 이란 제목으로 말씀을 드리겠다.

목자들이 온 밤을 지새우며 양떼를 지키고 있을 때 주의 영광 중에 천사가 나타나 목자들에게 이르기를 "무서워말라. 보라 내가 온 백성에게 미칠 큰 기쁨의 좋은 소식을 너희에게 전하노라"고 하셨다. 그러면 성탄의 기쁨이 무엇인가에 대하여 세 가지 내용을 말씀드리겠다.

첫째, 성탄의 기쁨은 구원의 기쁨이다.

천사가 다윗의 동리에 나신 예수 그리스도를 가르켜서 "구주" 라고 하신 것은 죄와 사망으로 멸망받을 인생을 구원하시려고 오셨기 때문이다. 주님께서는 바로 이를 위하여 이 땅 위에 오신 것이다.

마태복음 1:21에 "아들을 낳으리니 이름을 예수라 하라 이는 그가 자기 백성을 저희 죄에서 구원할 자이심이라"고 하였으며, 요한복음 3:16에는 "하나님이 세상을 이처럼 사랑하사 독생자를 주셨으니 이는 저를 믿는 자마다 멸망치 않고 영생을 얻게 하려 하심이라"고 하였다. 그리고 누가복음 19:10 말씀에는 "인자의 온 것은 잃어버린 자를 찾아 구원하려 함이니라"고 하였다. 누구든지 예수 그리스도를 믿으면 구원을 받는다.

여러분 가운데 혹 예수 그리스도를 아직도 구주로 영접하지 못하신 분이 계신가? 지금 곧 지체하지 마시고 주 예수를 자신의 구주로 영접하시기를 바란다. 당신은 지금까지 이 세상에서 체험해보지 못했던 놀라운 기쁨과 성령의 뜨거운 역사를 놀랍게 체험하실 수가 있다. 하나님은 당신을 사랑하시며, 당신의 구원을 위하여 만반의 준비를 다 준비해 놓으셨다. 당신이 주님을 영접하시기만 하면 된다.

저는 언젠가 예수님께서 이 땅위에 구주로 오실 것을 예언하신 구약 선지자들의 발자취와 예수님께서 친히 오신 유대 땅 베들레헴 마굿간과 자라나신 나사렛 동네와 온갖 이적을 행하신 예루살렘과 요단강, 가나, 벳새다, 여리고를 비롯한 여러 지역과 십자가에 못박히신 갈보리 언덕, 부활하신 무덤, 승천하신 곳, 성령을 보내신 마가 다락방 등을 세밀히 방문하면서 하나님께서 인류를 구원하시기 위하여 나타내신 놀라우신 구원의 계획과 성취하신 사랑이 얼마나 위대하시고 크신 것인가를 마음 속 깊이 깨닫게 되었다.

이 놀라우신 구원은 믿는 자에게 값없이 주신 하나님의 선물인 것이다. 에베소서 2:8에 "너희가 그 은혜를 인하여 믿음으로 말미암아 구원을 얻었나니 이것이 너희에게서 난 것이 아니요 하나님의 선물이라"고 하셨다.

이 구원의 선물을 받은 자에 대해 창세기 45:7에는 말씀하시기를 생명을 보호받게 되며, 이사야 12:2 말씀에 두려움이 없게되며, 디모데전서 2:4에 진리를 알게되고, 이사야 45:17에 영원토록 부끄러움을 당하지 않게 되며, 요한복음 1:12에 하나님의 자녀가 되며, 이사야 25:9 말씀에는 기쁨과 즐거움이 넘친다고 하였다.

친애하는 성도 여러분, 이 기쁜 성탄의 주간을 맞이하여 구원의 기쁨이 여러분과 가정 위에 더욱 충만하시기를 주님의 이름으로 축원한다.

둘째, 성탄의 기쁨은 임마누엘의 기쁨이다.

"보라 처녀가 잉태하여 아들을 낳을 것이요, 그 이름은 임마누엘이라 하리라"고 하였다. '임마누엘'이란 뜻은 하나님이 우리와 함께 하신다는 뜻이다. 이 말은 거룩하신 하나님이 낮고 천한 인간과 역사 속에 친히 개입하셔서 역사하여 주시는 사실을 말하는 것인데,

첫째, 인간 속에 새 생명을 부여해 주셨다. 아들이 있는 자에게는 생명이 있고, 아들이 없는 자에게는 생명이 없는 것이다. 예수님께서 말씀하시기를 나는 길이요 진리요 생명이라고 하였으며, 나를 믿는 자는 죽어도 살

고, 살아서 믿는 자는 영원히 죽지 않는다고 하셨다.

둘째, 하나님께서 인간 속에서 살아계셔서 영원히 목마르지 않는 생수의 강이 흐르게 하셨다. 예수님께서는 목마른 인생을 향하여 누구든지 목마른 자는 내게로 와서 마시라고 하셨다.

셋째, 수고하고 무거운 짐진 자들에게 영원한 쉼을 허락하셨다. 이것이 성탄의 임마누엘의 기쁨인 것이다.

셋째, 성탄의 기쁨은 선물의 기쁨이다.

사람은 선물을 받을 때 기뻐진다고 한다. 이 세상에서 가장 큰 선물은 하나님께서 독생자 예수 그리스도를 주신 선물이다. 이 선물은 오직 하나님의 놀라우신 사랑으로 인간에게 주신 것이다. 하나님은 예수 그리스도로 말미암아 여러 가지 선물을 주셨다. 로마서 5:15에는 은사를 선물로 주셨으며, 사도행전 2:38에는 성령을 선물로 주셨으며, 에베소서 2:8에는 구원을 선물로 주셨다고 하였다. 성탄의 기쁨은 바로 이 선물의 기쁨인 것이다.

성도 여러분, 슬픔 많은 세상에서 우리에게 안겨주신 이 성탄의 놀라운 기쁨이 여러분과 온 가정 위에 충만하시기를 예수님의 이름으로 축원한다. 오늘도 주님의 이 놀라운 기쁨 안에 승리하며 살아가자. 할렐루야!

평화의 왕 예수 그리스도
(누가복음 2:13)

죄와 사망으로 그늘진 이 땅 위에 평화의 왕 구세주가 오셨다. 2천년전 유대땅 베들레헴 말구유 안에 인류를 구원하러 오신 예수 그리스도가 지금 이 시간 여러분과 온 가정 위에도 충만하심을 기원하면서 오늘은 "평화의 왕 예수 그리스도"라는 제목으로 이 기쁜 성탄절에 주님의 은혜를 함께 나누고자 한다.

일찍이 이사야 선지자는 예수 그리스도의 나심에 대하여 예언하기를 "한 아기가 우리에게 났고 한 아들을 우리에게 주신 바 되었는데 그 어깨에는 정사를 메었고 그 이름은 영존하신 아버지라 평강의 왕이라"라고 하였으며, 그 정사와 평강의 더함이 무궁하며 또 다윗의 위에 앉아서 그 나라를 굳게 세우고 지금 이후 영원토록 공평과 정의로 그것을 보존하실 것이라고 하였다. 여기 '평화'란 말은 히브리어 "샬롬(שלום)"이란 말로서 '안전, 건전, 완전, 복지'란 뜻을 나타낸 말이며 또한 "에이레네(ειρηνη)"란 헬라어의 말로서 '조화, 일치, 무사'란 뜻이다. 그러면 예수 그리스도는 어떠한 평화의 왕이신가에 대해서 말씀을 드리겠다.

첫째, 예수 그리스도는 하나님과 인간 사이에 가로막힌 죄의 장벽을 무너뜨린 평화의 왕이신 것이다.

이 땅 위에 사는 모든 인간들에게는 하나님과 인간 사이를 가로막는 무서운 죄악의 담들이 높이 가로 놓여있다. 그런고로 인간은 죄로 인한 두려움과 심판에 대한 공포들이 영혼 깊은 곳에 있는 것이다. 이 사실에 대하여 다윗은 여호와께 기도하기를 "주의 진노로 인하여 내 살에 성한 곳이 없사오며 나의 죄로 인하여 내 뼈에 평안함이 없나이다. 내 죄악이 내 머리에 넘쳐서 무거운 짐 같으니 감당할 수 없나이다"(시 38:3,4)라고 기도하였다. 이와같이 죄와 사망의 그늘에 앉아 불안 속에 떨고 있는 인간들에게 예수 그리스도께서 평화의 왕으로 이 땅 위에 오셔서 하나님과 인간 사이에 가로막힌 죄악의 담을 다 허시고 참된 자유와 평강을 내려 주신 것이다.

둘째, 예수 그리스도는 전쟁과 질병의 고통 속에서 건져 주시는 평화의 왕이신 것이다.

다윗이 블레셋 사람과 전쟁할 때에 다윗이 외치기를 "전쟁은 여호와께 속한 것인즉 그가 너희를 우리 손에 붙이시리라"(삼상 17:47)고 하였으며 역대하 20:15에 "이스라엘"은 유다와 예루살렘 거민들에게 하나님의 말씀을 전달하며 외치기를 "너희는 이 큰 무리로 인하여 두려워 하거나 놀라지 말라 이 전쟁이 너희에게 속한 것이 아니요 하나님께 속한 것이니라"고 하였다. 이 땅 위에는 전쟁과 질병 죄와 고통이 그치지 아니하며 핵전쟁의 위협은 이 지구를 무서운 공포 속으로 점점 더 깊이 이끌고 들어가고 있는 이 때에 온 인류들에게는 유대 땅 베들레헴 말구유에 오신 평화의 왕 예수 그리스도가 절실히 요구되는 것이다. 진실로 예수 그리스도가 없는 곳은 창살 없는 지옥이요, 빛없는 암흑이며 죽음의 골짜기인 것이다.

평화의 왕 예수 그리스도가 이 땅 위에 오셨다. 누구든지 예수 그리스도를 영접하는 자, 곧 그 이름을 믿는 자는 하나님의 자녀가 되는 권세를 받게 되며 예수 그리스도의 이름으로 승리와 영광을 차지하게 되는 것이다.

셋째, 예수 그리스도는 영원한 생명을 주시는 평화의 왕이신 것이다.

진실로 예수 그리스도는 영원한 생명의 빛으로 이 땅 위에 오셨다. 이사야 선지자는 예수 그리스도에 대해 예언하기를 "흑암에 앉은 백성이 큰 빛을 보았고 사망의 땅과 그늘에 앉은 자들에게 빛이 비취도다"(사 9:2)라고 하였다. 예수 그리스도 안에 생명이 있고 참된 기쁨과 소망이 있다. 이 놀라운 성탄의 아침 하늘의 천사도 땅 위에 성도들도 우리 다함께 찬미하여 주의 나심을 축하하자. "지극히 높은 곳에서는 하나님께 영광이요 땅에서는 기뻐하심을 입은 사람들 중에 평화로다." "오늘날 다윗의 동네에 너희를 위하여 구주가 나셨으니 곧 그리스도 주시니라." 할렐루야.

사랑하는 성도 여러분, 본향 가는 나그네 피곤한 인생길에서 오늘도 평화의 왕 주 예수 그리스도로 말미암아 놀라우신 기쁨과 신령한 하늘의 축복이 넘치시기를 주님의 이름으로 축원한다. 할렐루야!

내 눈이 주의 구원을 보았사오니
(누가복음 2:21-33)

오늘 본문에 보면 시므온이라는 사람이 나온다. 그는 구약성경을 잘 알고 있는 분으로 장차 이 땅에 메시야가 오시는데 이왕이면 자기가 살아 있는 동안에 메시야를 만났으면 좋겠다는 것이 꿈에도 소원이었다. 하나님께서는 그에게 탄생하신 예수님을 만날 뿐 아니라 그의 품에 안을 수 있도록 해주시고, 가장 가까이에서 성탄을 맞이하는 주인공이 되게 해주셨다. 그래서 시므온은 찬송하기를 "내 눈이 주의 구원을 보았사오니"(30절)라고 했다. 그러면 시므온과 같이 주님을 가까이 영접하려면 어떻게 해야 하는가에 대해서 말씀을 상고하면서 함께 은혜를 나누고자 한다.

1. 주의 구원을 눈으로 본 시므온은 어떤 사람이었나?
첫째, 의로운 사람이었다.

여기에서 '의롭다'는 말은 '공의롭다, 예의 바르고 마땅한 도리대로 살아간다'라는 뜻이다. 성경에 보면 의의 개념이 두 가지로 나타난다. 하나는 죄인이었던 자가 예수의 피로 말미암아 의인의 신분으로 보증을 받는 의이고, 다른 하나는 의의 신분에 따른 생활의 의를 말한다. 본문에 나오는 시므온은 이 두 가지 의를 다 겸비하고 살았다. 시편 11:7에 보면 "여호와는 의로우사 의로운 일을 좋아하시나니, 정직한 자는 그 얼굴을 뵈오리로다"라고 말씀했고, 잠언 12:28에는 "의로운 길에 생명이 있나니, 그 길에는 사망이 없느니라"고 말했다. 또한 하나님께서는 물로 세상을 심판하실 때 노아의 의로움을 보시고 그와 그의 가족을 구원해 주셨다(창 7:1).

둘째, 경건한 사람이었다.

'경건'이라는 말은 매사에 조심성 있고, 좋은 것을 선택해서 붙잡은 상태를 말한다. 우리는 매사에 취사 선택을 잘해야 된다. 경건은 범사에 유익을 준다. "육체의 연습은 약간의 유익이 있으나, 경건은 범사에 유익하니, 금생과 내생에 약속이 있느니라"(딤전 4:8). 하나님은 경건한 자에게 큰 힘을 부여해 주신다. "주께서 경건한 자는 시험에서 건지시고, 불의한 자는 형벌 아래 두어 심판 날까지 지키시며"(벧후 2:9). 하나님은 경건한 자의 기도를 응답해 주신다. "하나님이 죄인을 듣지 아니하시고 경건하여 그의 뜻대로 행하는 자는 들으시는 줄을 우리가 아나이다"(요 9:31).

셋째, 이스라엘의 위로를 기다리는 자였다.

"예루살렘에 시므온이라 하는 사람이 있으니, 이 사람이 의롭고 경건하여 이스라엘의 위로를 기다리는 자라"(25절). 여기에서 이스라엘은 택함받은 하나님의 백성을 의미한다. 시므온은 하나님의 백성들의 모든 위로는 예수 안에 있다는 것을 확실히 믿고 예수님의 탄생을 기다린 사람이다.

본문에 보면 성령이 시므온에게 역사한 모습이 세 가지로 나타난다. "성령이 그 위에 계시더라"(25절). "성령의 지시를 받았더니"(26절). "성령의 감동으로 성전에 들어가매"(27절). 시므온은 그의 안에 성령이 계셨고, 성령의 지시를 받았으며, 성령의 감동으로 성전에 들어간 자였다. 우리는 성령의 감동에 의해 교회에 오는 줄 믿는다.

2. 시므온이 본 예수는 어떤 분이었나?

첫째, 만민 앞에 예비하신 주님이시다. "이는 만민 앞에 예비하신 것이요"(31절) 예수님은 예수를 믿는 자는 누구에게든지 구세주가 되신다. 둘째, 이방을 비추는 빛이시다. "이방을 비추는 빛이요"(32절上). 예수님은 죄악의 어두움에서 헤매이는 이방을 비추는 빛으로 오셨다. 셋째, 하나님의 백성들의 영광이시다. "주의 백성 이스라엘의 영광이니이다"(32절下). 우리 예수님이 이 땅에 오심은 주의 백성들이 영광이다.

사랑하는 성도 여러분! 시므온과 같이 평생토록 의롭고 경건한 삶을 살며, 하나님의 위로를 기다리고 성령의 역사 안에 거하는 자가 되어 만민 앞에 예비하신 주로, 이방을 비추는 빛으로, 하나님의 백성들의 영광으로 오신 주님을 영접하는 성도 여러분이 되시기를 주의 이름으로 축원한다.

귀신의 결박을 풀어주신 예수님
(누가복음 4:35)

"귀신의 결박을 풀어주신 예수님"이란 제목으로 주님의 은혜를 함께 나누고자 한다. 예수님께서 갈릴리에 있는 가버나움 동리에서 열심으로 천국 복음을 전하고 계실 때에 더러운 귀신들린 흉악한 자 하나가 나타나 소란을 피우며 소리 지르기를 "나사렛 예수여 우리가 당신과 무슨 상관이 있나이까? 우리를 멸하러 왔나이까?"라고 큰소리로 고함을 치며 회당 안을 떠들썩하게 만들었다. 그때 예수님께서 그 귀신에게 명하시며 꾸짖으시기를 "잠잠하고 그 사람에게서 나오라"고 하였다. 그때 그 귀신은 즉시 쫓겨가고 방금 귀신들려 흉악하게 되었던 자는 깨끗하고 온전하게 고침을 받게 되어 하나님께 영광을 돌리게 되었다. 이상의 성경말씀에서 우리가 관심있게 살펴보아야 할 것은 귀신의 실태와 소행이다.

첫째, 더러운 귀신이라고 하였다.

귀신은 언제나 더럽고 추잡하며 불결하고 추악하기 짝이 없는 흉악한 영인 것이다. 많은 사람들이 깨끗하고 의로운 것을 사모하지 않고 더럽고 속된 것을 좋아하는 것은 바로 더러운 귀신에게 사로잡혀 있기 때문이다.

그러나 사도 바울은 에베소 교회를 향하여 말하기를 "음행과 온갖 더러운 것과 탐욕은 너희 중에서 그 이름이라도 부르지 말라 이는 성도의 마땅한 바니라"(엡 5:3)고 하였다.

둘째, 이 귀신은 떠들고 소리지르며 소란을 피웠다.

귀신은 언제나 분쟁과 소요를 일삼게하고 떠들며 소란을 피우게 할 뿐아니라 하나님의 거룩하고 경건한 성전을 시장 바닥같이 어지럽게 만드는 요인이며 주모자인 것이다. 이 귀신들이 가정에 침투하면 가정을 소란하게 만들고 교회에 침투하면 교회를 소란하게 만드는 어지러움의 영인 것이다. 누가복음 4:33에 보면 회당에 더러운 귀신들린 사람이 있어 크게 소리를 질렀다고 하였다. 고요하고 평온해야 될 회당이 귀신의 개입으로 말미암아 갑자기 큰 소란이 피워졌고 질서가 혼란하게 되어지고 말았던 것이다. 이 귀신은 마침내 소란을 피우고 떠들어 대다가 예수님의 꾸짖으심과 그 사람에게서 나오라고 호령하시는 책망을 듣는 순간, 즉시 항복하게 되었고 그 사람에게서 쫓겨 나오고야 말았다. 이와 같이 귀신은 언제나 파괴를 일삼는 자이며, 분쟁과 소요, 폭동과 혼란을 일삼는 자로서 때와 장소, 인종과 사건을 가리지 아니하고 부딪히는 대로 역사하는 사악한 영인 것이다.

셋째, 이 귀신은 사람을 넘어뜨리고 엎어지게 만들어 버렸다.

누가복음 4:35에 "귀신이 무리 중에 그 사람을 넘어 뜨렸다"고 하였다. 귀신의 궁극적인 목적은 인생으로 하여금 넘어지고 엎어지게 하는데 있으며 꺼꾸러지고 망하게 하는데 있는 것이다.

우리는 우리의 주변에서 허다한 사람들이 불행하게도 사탄의 시험으로 말미암아 넘어지는 것을 많이 보게된다. 그런고로 고린도전서 10:12 말씀에 "그런즉 선 줄로 생각하는 자는 넘어질까 조심하라"고 하였다. 우리가 넘어지지 않고 굳게 서서 승리하는 자가 되자면 하늘과 땅의 권세를 가지시고 사탄과 질병과 흑암의 권세를 멸하시는 예수님과 함께 동행해야 한다.

요한복음 5:5에 38년된 병자 하나가 베데스다 연못가에 드러누워 병낫기를 애절하게 기다리다가 예수님을 만나게 되었다. 예수님은 그의 병이 오랜줄 아시고 그에게 말씀하시기를 "네가 병이 낫고자 하느냐 일어나 네 자리를 들고 걸어가라"고 하였다. 이때에 38년이나 누워서 온갖 고생 수만 가지 고초를 다 겪어왔던 환자가 벌떡 일어나 걷게되어 하나님께 영광을 돌리게 되었던 것이다. 귀신은 넘어뜨리며 거품을 흘리게하고 인생을 폐인으로 만들어 놓았지만 주님께서는 넘어진 자를 일으켜 서게 하셨으며 새 생명과 새 소망을 부여해 주신 것이다.

넷째, 이 귀신은 인생들에게 괴로움과 고통을 가져다 주었다.

사도행전 5:16에 "예루살렘 근읍 허다한 사람들도 모여 병든 사람과 더러운 귀신에게 괴로움을 받는 사람을 데리고 와서 다 나음을 얻으니라"고 하였다. 옛날이나 지금이나 더러운 귀신들은 숱한 사람들에게 들어가 괴로움과 고통을 가져다 줌으로 인생의 삶을 슬프게 만들어주며 고통 속으로 이끌고 들어가는 것이다. 사도행전 16:16에 사도 바울이 빌립보성에 들어가 열심히 복음을 전하고 있을 때 점치는 귀신들린 여종 하나가 여러 날을 소리지르며 바울의 뒤를 좇게 됨으로 바울이 심히 괴로워하여 그 귀신을 향하여 소리 지르기를 "예수 그리스도의 이름으로 내가 네게 명하노니 그에게서 나오라"고 하였다. 이때 바울을 괴롭히던 귀신은 즉시 물러가게 되었고 평안한 마음으로 복음을 전하게 된 것을 보게된다.

사랑하는 성도 여러분, 여러분 가운데 행여나 더러운 귀신에게 괴로움을 당하는 자가 있는가? 또는 여러분 주위에 그런 사람이 있는가? 지금 이 시간 예수 그리스도 앞에 나오라. 예수 그리스도는 당신을 모든 악에서 구원해 주시며 영원한 생명과 평안을 약속해 주신다.

그리고 본문에 나타나 있는 더러운 귀신, 떠들고 소란을 피우며 넘어 뜨리게하는 귀신, 심히 괴롭히며 고통을 주는 악령의 권세가 예수 그리스도의 이름으로 멸하게 되고 참된 자유와 영생의 기쁨으로 넘치게하여 주심을 확실히 믿는다. 할렐루야!

베드로를 만나주신 하나님
(누가복음 5:1-11)

 누가복음과 사도행전에 보면 어떤 사람들이 하나님의 놀라우신 사역에 동참하는가, 어떤 사람들이 하나님과 더불어서 일하는가 하는 것에 대한 말씀이 하나의 큰 물줄기처럼 흐른다.
 본문에 어부 베드로를 통해서, 누가복음 7:36-50에 보면 예수님께 향유를 부은 여인을 통해서, 누가복음 19장에 보면 세리장이요 부자였던 삭개오를 통해서, 사도행전에 보면 사도 바울을 통해서 역사하신 하나님의 놀라우신 사역이 나온다. 오늘 우리가 생각해야 될 것은 누가 그 전능하신 하나님께 쓰임 받느냐 하는 것이다.
 우리 인생의 축복은 하나님께 쓰임받는 것이다. 그러면 베드로를 만나주신 하나님을 통해서 하나님께 쓰임받는 사람은 어떠한 사람인가에 대해서 말씀을 상고하면서 함께 은혜를 나누고자 한다.

첫째, 하나님께 선택받은 사람이다.
 "호숫가에 두 배가 있는 것을 보시니 어부들은 배에서 나와서 그물을 씻는지라. 예수께서 한 배에 오르시니 그 배는 시몬의 배라"(2, 3절).
 여기에 보면 두 배가 있는데 그 중에 주님께서 한 배에 오르셨다. 이것은 하나님의 선택의 역사를 말한다. 하나님께서 선택하시는 그 뜻과 기준은 우리가 알 수 없다. 왜냐하면 이것은 하나님의 주권적인 역사이기 때문이다.
 에베소서 1:5에 보면 "그 기쁘신 뜻대로 우리를 예정하사 예수 그리스도로 말미암아 자기의 아들들이 되게 하셨으니"라고 말씀했다.
 베드로는 어부였다. 예수님께서 그를 선택해 주신 것이다. 선택의 만남은 매우 감격적인 만남이다. 사도 바울은 하나님의 선택에 감격하여 "나의 달려갈 길과 주 예수께 받은 사명 곧 하나님의 은혜의 복음 증거하는 일을 마치려 함에는 나의 생명을 조금도 귀한 것으로 여기지 아니하노라"(행

20:24)고 고백했다.
　우리는 하나님께 선택받은 것에 대해 감사할 줄 알아야 한다. 감사는 곧 기쁨으로 이어진다. 우리는 입에서 늘 감사가 나와야 한다. 감사가 떨어지면 신앙에 문제가 생긴다.

둘째, 말씀에 의지하는 사람이다.
　"시몬이 대답하여 가로되 선생이여, 우리들이 밤이 맞도록 수고를 하였으되 얻은 것이 없지마는 말씀에 의지하여 내가 그물을 내리리이다 하고 그리한즉 고기를 에운 것이 심히 많아 그물이 찢어지는지라"(5, 6절).
　베드로는 밤새도록 고기를 잡다가 실패한 사람이었다. 그러나 그는 "깊은데로 가서 그물을 내려 고기를 잡으라"고 하신 예수님의 말씀에 순종해서 그물을 던졌을 때 그물이 찢어질 정도로 고기를 많이 잡았다. 하나님은 이와 같이 말씀에 의지하여 순종하는 사람을 들어 쓰신다.
　하나님께 감사하는 사람은 그 마음 속에 순종하는 마음을 갖게 해주셔서 하나님의 말씀대로 살도록 해 주신다. 하나님께서 선택한 사람은 하나님께서 그 마음 속에 하나님의 마음, 그리스도의 마음, 영의 생각, 계시의 정신을 넣어 주신다. 그래서 순종하게 만든다.
　로마서 8:6에 보면 "육신의 생각은 사망이요, 영의 생각은 생명과 평안이니라"고 말씀했고, 빌립보서 2:5에 보면 "너희 안에 이 마음을 품으라. 곧 그리스도 예수의 마음이니"라고 말씀했으며, 에베소서 1:17, 18에는 "계시의 정신을 너희에게 주사 하나님을 알게 하시고 너희 마음 눈을 밝히사"라고 말했다.

셋째, 전능하시고 거룩하신 하나님을 만나는 사람이다.
　"시몬 베드로가 이를 보고 예수의 무릎아래 엎드려 가로되 주여, 나를 떠나소서. 나는 죄인이로소이다"(8절).
　하나님을 뵙고 만나는 사람은 그 빛과 말씀에 의해서 자기 자신을 발견하게 된다. 인간은 약하다. 전능하신 하나님을 깨달을수록 인간의 나약함을 발견하게 되고, 거룩하신 하나님을 만날수록 인간의 추함을 깨닫게 되는 것이다. 하나님 앞에 자신이 죄인임을 깨달을 때 겸손해진다. 자랑할 것이 아무것도 없음을 발견하게 된다. 고린도전서 1:31에 보면 "자랑하는 자는 주 안에서 자랑하라"고 말했다. 이 땅에서 자랑하는 사람은 결코 하나님이 쓰시지 않는다. 예수의 무릎 아래 엎드려 '나는 죄인이로소이다' 하고 통곡하며 기도하는 사람들을 하나님께서 쓰신다. 베드로가 겸손한 마음으로 예수의 무릎 아래 엎드렸을 때에 주님께서는 그에게 "무서워 말라. 이제 후로는 네가 사람을 취하리라"(10절)고 말씀해 주셨다.

사랑하는 성도 여러분!
하나님께 쓰임받은 사람은 하나님께 선택받은 것을 감사하는 사람, 하나님 말씀에 의지하여 순종하는 사람, 전능하시고 거룩하신 하나님을 만나 늘 겸손한 사람이다. 베드로와 같이 하나님께 쓰임받아 전도에 항상 힘쓰는 성도 여러분이 다 되시기를 주의 이름으로 축원한다.

게네사렛 호숫가의 교훈
(누가복음 5:1-11)

게네사렛 호수는 '갈릴리 바다, 디베랴 바다'라고도 불리워지는 곳으로 예수님의 초기 사역의 대표적 중심지였다. 특히 베드로에게 있어서 이곳은 매우 중요한 곳이었다. 예수님께서는 이곳에서 베드로에게 인간의 이성이나 경험을 초월한 메시야로서의 신적 권능을 보여주셨다. 어느날 밤 베드로는 이 곳에서 밤새도록 그물을 내렸지만 웬일인지 한 마리의 고기도 잡지 못했다. 그러나 예수님의 말씀에 의지하여 그물을 내렸을 때 많은 양의 고기를 잡을 수 있었다. 그러면 게네사렛 호숫가의 교훈이 무엇인가에 대해서 말씀을 상고하면서 함께 은혜를 나누고자 한다.

첫째, 시간을 발견한 것이다.

"그리한즉 고기를 에운 것이 심히 많아 그물이 찢어지는지라"(6절). 베드로는 자기의 경험과 노력으로 밤새도록 그물을 내렸지만 한 마리의 고기도 못잡았다. 그러나 예수님의 말씀에 의지하여 그물을 내린 순간 많은 고기가 잡혔다. 예수님의 말씀은 "깊은 데로 가서 그물을 내려 고기를 잡으라"(4절)는 것이었다. 예수님이 이 말씀을 하신 시간은 낮이었다. 일반적으로 깊은 물 속에는 고기가 없고, 고기의 이동이 많은 시간도 낮이 아니라 새벽이라는 것이 어부들의 상식이었다. 그래서 어부출신인 베드로에게는 시간적으로나 장소적으로 그리고 이때는 이미 그물을 다 씻어 놓은 뒤라 순종하기 어려운 말씀이었다. 그러나 베드로는 예수님의 말씀에 순종하여 짧은 시간에 많은 양의 고기를 잡는 체험을 했다. 경험이나 노력으로 안되는 일이 있는가? 예수님의 말씀에 순종하여 보기 바란다.

둘째, 고기를 발견한 것이다.

"그리한즉 고기를 에운 것이 심히 많아 그물이 찢어지는지라"(6절). 여기에서 고기는 전도를 의미하고 생명을 의미한다. 국내 전도, 국외 선교를 의미한다. 그물을 던지는 행위는 바로 전도의 행위이다. 주님이 말씀하신 깊은 곳은 곧 죄악의 깊은 곳을 의미한다. 생명의 말씀이 있는 곳에는 고기가 모여든다. 아모스 8:11에 보면 "주 여호와께서 가라사대 보라 날이 이를지라 내가 기근을 땅에 보내리니 양식이 없어 주림이 아니며 물이 없어 갈함이 아니요 여호와의 말씀을 듣지 못한 기갈이라"고 말씀했다. 우리가 주님의 말씀에 의지하여 전도에 힘쓸 때 많은 영혼들을 주께로 인도하게 될 줄 믿는다.

셋째, 자기를 발견한 것이다.

"시몬 베드로가 이를 보고 예수의 무릎 아래 엎드려 가로되 주여 나를 떠나소서 나는 죄인이로소이다 하니"(8절). 베드로는 저 흩어졌던 고기도 모으게 하시는 예수님의 위대한 능력을 보고 예수님 앞에 무릎을 꿇고 자기가 죄인임을 발견하며 고백했다. 베드로는 자기를 발견한 순간 그의 자존심과 자만함을 버리고 낮은 자리로 내려가 전에는 예수님을 '선생'이라고 부르던 그가 이제는 '주'라고 부르면서 겸손의 모습을 보였다. 시편 147:6에 보면 "여호와께서 겸손한 자는 붙드시고 악인은 땅에 엎드러뜨리시는 도다"라고 말씀했다.

넷째, 사명을 발견한 것이다.

"예수께서 시몬에게 일러 가라사대 이제 후로는 네가 사람을 취하리라 하시니 저희가 배들을 육지에 대고 모든 것을 버려두고 예수를 좇으니라"(10, 11절). 예수님은 게네사렛 호숫가에서 베드로에게 복음전파의 사명을 부여하셨고, 베드로는 그 사명을 발견하여 사람 낚는 어부가 되어 많은 사람을 주께로 인도하는 자가 되었다. 우리도 베드로와 같이 사람을 낚는 어부가 되어야 한다. 디모데후서 4:2에 보면 "너는 말씀을 전파하라. 때를 얻든지 못 얻든지 항상 힘쓰라"고 말씀했다.

사랑하는 성도 여러분! 베드로는 게네사렛 호숫가에서 예수님을 만나 시간과 고기를 발견했고, 자기와 사명을 발견했다. 하나님의 말씀을 듣는 순간 예수님을 만나 베드로와 같이 열심히 복음 전하는 사명자가 다 되시기를 주의 이름으로 축원한다.

백부장의 모범
(누가복음 7:2)

한번은 예수님께서 가버나움에 들어가셨을때에 백부장 한 사람이 병들어 죽게 된 자기 종을 고쳐달라고 간청하게 되었다. 그때 예수님께서는 백부장을 크게 칭찬하시면서 "이스라엘 중에 이만한 믿음을 만나 보지 못하였도다"라고 하였다. 그러면 이 백부장은 어떠한 사람이었기에 칭찬을 받았으며 모범이 되었는가에 대해서 네 가지로 나누어 말씀드리겠다.

첫째, 백부장의 모범은 구원이 주에게만 있음을 확신하였다.

그는 당시의 세계 판도를 장악한 로마의 고급장교였지만 병들어 죽게된 하인의 병을 고칠 수가 없어 고민하고 있었다. 유명한 의사에게 값비싼 고급약도 투약케 하여 보았지만 죽어가는 하인의 병은 점점 더 심해져가기만 하였다. 그러던 차에 예수님께서 가버나움에 들어오시는 소식을 듣게 되었다. 그는 조금도 지체하지 아니하고 예수님께 간청을 하였다. "오셔서 하인을 구원하여 달라"(눅 7:3)고 호소하였던 것이다. 그순간 예수님은 백부장의 부르짖음과 애원을 외면하시지 아니하시고 즉시 응답하여 주셨다.

누가복음 7:9에 보면 "예수님께서 저를 기이히 여겨 돌이키사 좇는 무리에게 이르시되 내가 너희에게 이르노니 이스라엘 중에서도 이만한 믿음을 만나보지 못하였노라"고 하시며 그를 지극히 칭찬하였다.

백부장이 예수님으로부터 이처럼 큰 칭찬을 듣게된 이유 중에 하나는 오직 구원이 주에게만 있음을 확신하였기 때문이며, 인생의 크고 작은 모든 문제 해결의 열쇠가 예수님의 손에 있음을 확신하였기 때문이다.

사랑하는 성도 여러분, 남모르는 번민과 평생에 노력해도 해결되지 못한 가슴 아픈 문제가 있는가? 오직 문제 해결의 열쇠가 주에게만 있으며 예수님만이 나의 해결사가 되심을 믿을 때 하나님의 기적이 나타나게 되는 것이다.

둘째, 백부장의 모범은 하나님과 모든 사람 앞에 겸손한 자였다.

겸손은 인격의 표현이며 신앙의 열매이다. 마귀의 소유물들은 교만한 자의 것이지만 하나님의 소유물은 모두가 겸손한 자의 것이다.

예수님께 찾아나온 백부장은 당시에 상당한 자격을 부여받은 로마의 시민권 소유자였다. 당시의 로마의 군인은 천하 앞에 무적의 용사로서 그 기세는 하늘까지 높아 있었고 특히 유대인을 노예같이 취급해 버린 자였다. 그러한 백부장이 겸손의 마음을 가졌다는 것은 참으로 전감(前鑑)할 행위가 아닐 수 없는 것이다. 누가복음 7:6에 보면 예수님께서 백부장의 집 근처에 다가오셨을 때 백부장이 말하기를 "주여, 내 집에 들어오심을 감당치 못하겠나이다 내가 주께 나아가기도 감당치 못할 줄을 알았나이다"라고 말한 것을 보면 한 마디로 그는 얼마나 겸손한 자였다는 것을 쉽게 알 수가 있는 것이다.

하나님은 겸손한 자에게 은혜를 베푸시며 응답과 평안을 주시는 것이다. 오늘날 많은 사람들이 머리 끝까지 지니고 있는 자만과 고집 때문에 스스로가 번민과 고통, 불행의 함정에 빠져 들어가는 자들을 수 없이 바라보게 된다. 우리는 지위고하를 막론하고 백부장의 겸손을 지니고 하나님과 사람 앞에 존귀히 여김을 받을 수 있도록 겸비함을 구하여야 하겠다.

셋째, 백부장의 모범은 자신의 소유 재산을 선용하였다.

그는 유대인이 아닌 로마의 지위를 가진 군인이면서도 멸시 천대받던 유대인을 위하여 회당을 지어 주었으며 자신의 소유 재산을 선용하였던 것을 보게 된다. 이 땅 위에는 가진 자와 갖지 못한 자의 불화가 점점 크게 대두되어 가고 있다.

여기에서 우리는 두 가지 각성이 필요하다. 갖지 못한 자는 가진 자의 소유를 보호해 줄줄 알아야 하고 가진 자는 한 세대에 같은 땅에서 공존하고 살고 있는 친구요, 이웃임을 잊지 말아야 한다. 그리고 가진 것에 대해 자기만의 특정 소유물이라고 생각하지 말고 하나님과 인류 앞에 선용할 줄 아는 아름다운 미덕을 지니고 살아가야 한다. 재물도 지식도 명예도 권세도 마찬가지이다.

16세기의 문학가요 천문학자인 "파우스트"는 너무 많이 아는 지식 때문에 고통과 갈등 속에 몸부림치다가 마침내 독주을 마시고 인간을 포기하려고 결심하였다. 그러던 순간 어느날 성가대에서 울려 나오는 부활의 찬송을 듣고 새 생활을 출발하게 되었다. 인간이 비록 많은 지식을 가졌다 할지라도 그것을 선용하고 하나님의 영광을 위해 사용할 때만이 그 지식이 빛이 나게되고 보람과 기쁨을 누릴 수 있게 되는 것이다. 건강도 물질도 마찬가지다. 오늘 본문에 나타난 백부장은 유대인도 아닌 로마인이면서 자기가 가진 물질을 가지고 회당을 지으며 선용함으로 하나님께 영광을 돌리게 된 것이다.

넷째, 백부장의 모범은 모든 사람 앞에 좋은 평판을 듣는 삶을 살았다.
누가복음 7:4에 보면 "대인의 장로들이 예수님께 찾아와 백부장에 대하여 평하기를 이 일 행하는 것이 이 사람에게는 합당하나이다. 저가 우리 민족을 사랑하고 또 우리를 위하여 회당을 지었나이다"라고 하였다.

사람이 타인에게 좋은 평판을 받으며 산다는 것은 그렇게 쉬운 일은 아니다. 그러함에도 불구하고 로마인이 되어 유대인의 장로들에게까지 좋은 평판을 받게 된 것은 그의 평소의 생활이 얼마나 모범된 삶을 살았다는 것을 보여주고 있는 것이다. 오늘 우리들의 주변에는 종말적인 극단의 사건들이 인간들의 가슴을 아프게 하여 주고 있다. 그리고 불안과 공포 속으로 몰아가고 있다. 퇴폐적 욕망, 물질만능주의, 출세지향주의, 권력남용주의, 기회주의, 한탕주의 등이 우리 인간들을 어지럽게 만들어 주고 있다. 이는 바로 기본질서를 파괴하고 있기 때문이다. 이러한 세대일수록 하나님의 사람들은 굳센 마음 위에 견고히 서서 백부장과 같은 모범된 삶을 살아가야 하겠다.

기적의 나인성
(누가복음 7:11-16)

나인성은 갈릴리의 한 성읍으로서, 그 뜻은 '귀엽다, 사랑스럽다, 즐겁다'라는 말이다. 그런데 이 성에는 큰 비극이 몰아치게 되었다. 인생을 외롭게 살아가며 의지할 곳 없는 불쌍한 과부의 아들이 갑자기 죽게되었기 때문이다. 유대인의 풍습은 사람이 죽게되면 해(日)를 넘기지 아니하고 그 날로 장사를 치루게 되는데 그렇게도 사랑스럽고 즐거웠던 나인성은 죽은 과부의 아들의 장례행렬로 말미암아 슬픔과 절망, 실의와 탄식, 눈물과 통곡소리로 온 성을 비극의 마을로 만들게 되었다. 죽음이란 인간을 슬프게 만들지만 누구에게나 공정하고 정직하게 찾아오는 것이다.

J. 베일리는 말하기를 "지상의 유일한 평등은 죽음이다"라고 하였다. 죽음 앞에는 뇌물도 통하지 아니하며 어느 누구도 항거할 수 없다. 인간이 이 세상에 올 때는 나이많은 사람으로부터 순서있게 왔지만 죽음은 무순으로 찾아오며 예고없이 찾아온다. 죽음 앞에는 모든 꿈도 설계도 다 깨어지고 마는 것이다. 그런고로 옛 시인은 말하기를 "아! 이 무서운 죽음이여 영웅도 호걸도 왕후장상도 백만장자도 홍안소년, 절세미인도 이 죽음의 대적 앞에는 아침의 이슬이요 먼 산의 안개"라고 말했다.

그러면 이러한 죽음의 나인성, 슬픔의 나인성의 행렬이 어떻게 하여 생명과 축복, 소망과 기쁨, 승리와 환희의 행렬, 기적의 나인성으로 바꾸어지게 되었는가에 대하여 본문에서 세 가지 진리를 찾고자 한다.

첫째, 죽음을 정복하시는 생명의 주님께서 나인성에 찾아 오셨기 때문이었다.

본문 12절 말씀을 보면 예수께서 나인이란 성으로 가까이 오셨다고 하였다. 예수님께서 나인성에 오신 것은 죽음과 슬픔, 절망과 비극의 모든 문제를 해결해 주시기 위하여 찾아 오신 것이다. 요한복음 10:10에 예수님께서 말씀하시기를 "내가 온 것은 양으로 생명을 얻게하고 더 풍성히 얻게하려는 것이라"고 하였다. 마태복음 11:5에는 "소경이 보며 앉은뱅이가 걸으며 문둥이가 깨끗함을 받으며 귀먹어리가 들으며 죽은 자가 살아나며 가난한 자에게 복음이 전파된다"고 하였다.

오늘 우리가 사는 이 세상은 나인성과도 같다. 나인성이란 이름의 뜻 그대로 사랑스럽고 귀여웁고 즐거웁고 복스럽게 하나님께서 이 세상을 창조하셨지만 독자가 죽은 까닭에 나인성에 비극이 찾아왔듯이 인간이 하나님께 범한 죄와 타락으로 말미암아 죽음과 슬픔의 행렬은 꼬리를 물고 긴 대열이 이어지게 된 것이다. 이러한 세상에 우리 주님께서 찾아 오셨다. 그리고 말씀하시기를 "나는 부활이요 생명이니 나를 믿는 자는 죽어도 살겠고 무릇 살아서 나를 믿는 자는 영원히 죽지 아니하리라"고 하였다.

친애하는 성도 여러분! 누가 이 죽음과 슬픔의 행렬을 생명과 부활과 소망의 행렬로 바꾸어 놓을 수가 있는가? 오직 우리 주 예수 그리스도께서만이 친히 이 세상에 찾아오시어 영원한 생명으로 바꾸어 주신다. 할렐루야! 그 생명의 주 예수 그리스도는 지금도 바로 성도 여러분 곁에 찾아오셔서 영원한 생명으로 함께 계심을 믿으시기 바란다.

둘째, 나인성에 기적이 일어나게 된 것은 예수님께서 깊은 관심을 가지시고 나인성 과부를 보셨기 때문이다.

세상 사람들은 부하고 윤택할 때 잘나고 똑똑할 때 권세있고 성공할 때 관심을 가지고 보아주기를 좋아하지만 그러나 예수님께서는 남모르는 고통과 괴로움을 당하는 자들에게 더욱 깊은 관심을 가지고 지켜 보시는 주님이시다. 예수님께서는 그의 슬픔을 관심깊게 보셨다. 독자를 잃은 과부의 아픔, 희망도 소망도 산산조각난 이 과부의 슬픔을 보시고 불쌍히 여겨 주셨다.

마태복음 9:36에 "무리를 보시고 민망히 여기시니 이는 저희가 목자 없는 양같이 고생하며 유리함이라"라고 하였다. 그리고 주님은 그의 눈물을 보셨다. 볼떼르는 말하기를 눈물은 소리없는 슬픔의 말이라고 하였다. 주님은 이 과부의 쓰리고 아픈 슬픔의 눈물, 몸부림치며 목 메어 울부짖는 통곡의 눈물을 보시고 그에게 소생의 기쁨과 희망을 안겨주신 것이다. 우리 주님께서는 지금 이 시간에도 슬프고 외로운 자, 몸부림치며 통곡하는 자, 병들고 가난한 자, 버림받고 멸시받는 자, 길잃고 방황하는 자, 가슴 치며 애통하는 자에게 찾아오셔서 모든 문제를 맡아주시며 울지말라고 말씀을 하시는 것이다.

셋째, 나인성에 기적이 일어난 것은 예수님께서 친히 손을 대셨기 때문이다.

예수님께서는 이 슬픔의 행렬을 멀리서 바라보고만 계시지 아니하였다. 가까이 오사 불행과 슬픔의 행렬을 멈추시고 친히 관에다 손을 대셨다. 주님께서는 우리 인간의 슬픔에 친히 동참하여 주셔서 놀라우신 생명의 역사를 나타내 주시는 주님이시다. 요한복음 14:18 말씀에 "내가 너희를 고아와 같이 버려두지 아니하겠다고 말씀하셨다. 예수님께서는 그 죽은 과부의 아들에게 손을 대시며 그 청년을 향해서 "내가 네게 말하노니 일어나라"고 하였다. 만왕의 왕이시며 우주와 그 안에 있는 모든 것을 지배하시는 그의 능력과 생명의 말씀 앞에 죽음과 슬픔은 사라지고 새 생명의 역사는 일어나게 된 것이다.

친애하는 성도 여러분!

오늘도 이 말씀을 듣는 중에 주 예수 그리스도의 십자가 구속의 은혜로 심령이 살아나고 어두운 심령이 밝아지며 병든 육체는 건강하게 되고 실패한 자는 승리하시기 바라며 절망 속에 죽은 자는 소망을 얻기 바란다.

청년아 일어나라

(누가복음 7:13)

오늘은 "청년아 일어나라"고 하신 본문 말씀을 제목으로 삼아 주님의 은혜를 함께 나누겠다. 예수님께서 과부의 독자가 죽은 슬픔의 거리 나인성을 지나가시다가 죽음과 슬픔의 장례의 행렬을 멈추고 이미 생명이 끊어진 청년의 관에 손을 대시며 "청년아 내가 네게 말하노니 일어나라"고 하셨을 때 청년은 죽음 가운데서 벌떡 일어나게 되었고 굳어진 입에서는 말이 나오게 되었으며, 이 놀라운 기적을 바라본 수 많은 무리들은 하나님께 영광을 돌리게 되었던 것이다.

여기서 우리는 "청년아 일어나라"고 하시면서 청년을 부르신 주님의 말씀에 특히 유의해야 하겠다. 청년은 젊음과 생기가 있는 시기이고 꿈과 희망이 있는 존재이다. 그런고로 우리 주님은 이러한 청년이 죽어져 있었기 때문에 청년아 일어나라고 말씀하셨다. 우리는 항상 청년의 젊음을 가지고 살아야한다. 청년의 젊음이란 육신의 년륜에만 국한되어 있는 것은 아니다. 그러면 우리가 어떠한 젊음을 가지고 살아야 하겠는가?

첫째, 우리의 속사람이 젊음을 가지고 살아야 한다.

고린도후서 4:16 "겉사람은 후패하나 우리의 속은 날로 새롭다"라고 말한 바울의 말과 같이 날마다 새로워지는 속사람을 형성해야 한다. 많은 사람들이 육신의 젊음은 소중하게 여겨 늙지않기 위한 안간힘을 다 기울이고 있지만 속사람이 썩고 부패하여 에스겔 골짜기의 마른 해골떼와 같이 사망의 골짜기를 헤매이고 있는 사실을 알지 못하고 하루하루를 살아가고 있다.

우리는 무엇보다도 속사람이 강건해져야 한다. 육신의 젊음이란 안개와 같아서 신속하게 지나가 버리지만 속사람은 점점 더 새로와질 수가 있으며 강건하게 될 수가 있는 것이다.

둘째, 우리의 마음이 젊음을 가지고 살아야 한다.

마음은 인격의 좌소요, 하나님의 뜻을 담는 그릇이다. 우리가 마음이 젊어지자면 깨끗한 마음을 소유해야 한다.

마태복음 5:8 말씀에 "마음이 청결한 자는 복이 있나니 저희가 하나님을 볼것임이라"고 하였다. 영국의 시인 밀톤(Milton John)은 말하기를 "마음이 청결한 자는 하나님의 애인이다"라고 하였는데, 진실로 우리가 마음이 젊어지자면 예수 그리스도의 마음을 내마음에 품어야 한다.

바울은 빌립보 교회를 향하여 "너희 안에 이 마음을 품으라 곧 그리스도 예수의 마음"(빌 2:5)이라고 하였다. 예수의 마음을 품은 자는 마음이 젊어질 수가 있다. 가룟 유다의 마음속에는 사탄이 들어가 그로 하여금 멸망을 받게 하였고, 사도행전 5:3에 보면 베드로가 말하기를 "아나니아야 사탄이 네 마음에 가득하여 네가 성령을 속이고 땅값 얼마를 감추었느냐 …… 사람에게 거짓말 한 것이 아니요 하나님께로다"라고 책망한 것을 보게된다.

진실로 우리는 우리 마음이 하나님 앞에 젊고 청년같이 강건해져야 하겠다. 우리 마음에 침투해오는 악하고 더러운 어두움의 권세들을 다 내어 쫓고 성경에서 말씀하신 의로운 마음(벧후 2:8), 진실한 마음(벧후 3:1), 넓은 마음(왕상 4:29), 온유한 마음(고전 4:21)을 간직하여 젊고 강건한 마음을 항상 잃지 않고 살아야 하겠다.

셋째, 우리의 생활 속에서 젊음을 가지고 살아야 한다.

어떤 자는 나이는 젊은데 생활 속의 사고방식이 늙고 맥이 다 빠져버려 의욕도, 기대도, 전진도 없는 무능한 인생으로 열매없이 사는 자가 있는가 하면 어떤 자는 모세같이 늙고 백발이 되어도 줄기찬 신앙 속에 넘치는 소망을 가지고 뜨겁고 위대하게 살아가는 자를 얼마든지 찾아 볼 수가 있게 된다.

신명기 14:10 말씀에는 모세가 80세에 사명자로 부르심을 받아 120세가 되기까지 살았지만 그 눈이 흐리지 아니하였고 기력조차 쇠하지 아니하였다고 하였다. 갈렙도 마찬가지였다. 그가 85세때에 자기의 사명 생활에 넘치는 젊음을 감사하면서 여호수아에게 말하기를 "내가 85세로되 모세가 나를 보내던 날과 같이 오늘날 오히려 강건하니 나의 힘이 그 때나 이제나 일반이라 싸움에나 출입에 감당할 수 있사온즉"(수 14:11)라고 하였다.

친애하는 성도 여러분, 여러분 가운데 속사람도 마음도 육신의 생활에도 약하고 무능하며 병든 자는 아니 계신가? 여러분 우리는 절대로 약해져서는 아니 된다. 그러면 우리가 어떻게 하면 강건하게 될 수 있는가에 대하여 말씀드리겠다.

첫째, 예수 그리스도가 항상 내 마음의 주인이 되게해야 한다.

예수 그리스도는 그를 믿는 모든 자에게 생명과 구원을 주시는 영원한 소망이 되실 뿐 아니라 피곤한 자에게 능력을 주시며 무능한 자에게 힘을 주시는 주님이시기 때문이다.

둘째, 성령의 능력을 항상 의지해야 한다.

바울 사도가 에베소교회 성도들을 위하여 간절히 간구하기를 "그의 성령으로 말미암아 너희 속 사람을 능력으로 강건하게 하옵소서"(엡 3:16)라고 축복한 것을 보게된다. 우리는 이 말씀에서 성령으로 말미암아 강건하게 된다는 말에 유의해야 하겠다. 주의 성령은 언제나 그를 믿는 모든 자 위에 역사하셔서 핵폭탄 보다 더 강하고 불길보다 더 뜨겁고 힘있는 삶을 가져다 주는 것이다.

친애하는 성도 여러분, 이제 여러분의 속사람이 예수 그리스도 안에서 성령으로 더욱 강건하여지기 바라며 마음도 생활도 활기찬 젊음의 신앙속에 독수리처럼 믿음의 창공을 힘차게 날으며 주님 곁으로 더욱 가까이 나아갈 수 있기를 바란다. 죽음의 거리 나인성에 나타나신 주님은 지금도 우리 가운데 임하셔서 청년아 일어나라고 말씀하시고 계시는 사실을 기억하시기 바란다. 이제 우리는 ① 탄식과 슬픔의 행로에서 일어나야 하겠으며 ② 절망과 좌절의 행로에서 일어나야 하겠고 ③ 죽음의 결박과 암흑의 함정에서 일어나야 하겠다. 할렐루야!

500데나리온과 50데나리온
(누가복음 7:36-50)

인생은 만남의 연속이라고 할 수 있다. 사람은 누구를 만나느냐에 따라서 그의 인생관이 바뀌어지기도 한다. 우리의 만남 중에 가장 중요한 만남은 주님과의 만남이다. 그리스도인들 중에는 종종 문제가 있을 때에만 주님을 찾고 주님을 만나는 분들이 많이 있다. 이러한 만남은 신앙이 어릴 때의 만남이라고 할 수 있다. 우리는 한 걸음 더 나아가 주님과 깊은 만남이 있어야 되겠다. 오늘 본문에 보면 예수님을 만난 두 사람이 나온다. 이 두 사람과 예수님과의 만남이 우리에게 주는 교훈을 상고하면서 함께 은혜를 나누고자 한다.

첫째, 죄많은 한 여인과 예수님의 만남

죄 많은 한 여인은 예수님이 바리새인의 집에서 음식을 잡수신다는 것을 알고 향유 담은 옥합을 가지고 와서 예수의 뒤로 그 발 곁에 서서 울며 눈물로 그 발을 적시고 자기 머리털로 씻고 그 발에 입맞추고 향유를 부으면서 예수님을 만났다. 이 여인은 자신의 죄를 깊이 깨닫고 속죄에 대한 뜨거운 감격과 감사가 있었다. 주님의 긍휼과 은혜로 죄사함을 얻은 것을 확신한 이 여인은 자신의 전부를 주님께 드렸다. 이와 같이 예수님과 깊은 만남이 있는 사람은 ① 영혼의 기쁨이 있다. ② 어떠한 환경의 지배도 받지 않는다. ③ 항상 감사가 넘친다. 예수님은 이 여인에게 "네 죄사함을 얻었느니라 …… 네 믿음이 너를 구원하였으니 평안히 가라"(48, 50절)고 말씀했다.

둘째, 한 바리새인 시몬과 예수님의 만남

한 바리새인은 함께 식사하기 위하여 예수님을 자기 집에 초대하여 만나게 되었다.

그는 죄 많은 한 여인과는 달리 예수님을 보통 사람으로 대했을 뿐만 아니라 죄 많은 한 여인이 자기 집에 와서 예수님에게 한 행동을 보고 마음 속으로 "이 사람이 만일 선지자라면 자기를 만지는 이 여자가 누구며 어떠한 자 곧 죄인인 줄을 알았으리라"라고 중얼거렸다. 이때 예수님은 바리새인 시몬에게 탕감의 비유를 통해 속죄의 은총에 대해 설명해 주셨다.

예수님은 바리새인 시몬에게 "빚주는 사람에게 빚진 자가 둘이 있어 하나는 500데나리온을 졌고, 하나는 50데나리온을 졌는데 갚을 것이 없으므로 둘 다 탕감하여 주었으니 누가 저를 더 사랑하겠느냐?고 물었다. 시몬은 많이 탕감을 받은 자라고 대답했다. 예수님은 그에게 "이 여자를 보느냐? 내가 네 집에 들어오매 너는 내게 발 씻을 물도 주지 아니하였으되, 이 여자는 눈물로 내 발을 적시고 그 머리털로 씻었으며 …… 너는 내 머리에 감람유도 붓지 아니하였으되, 저는 향유를 내 발에 부었느니라"하고 말씀하시면서 "저의 많은 죄가 사하여졌도다. 이는 저의 사랑함이 많음이라. 사함을 받은 일이 적은 자는 적게 사랑하느니라"라고 말씀하셨다. 바리새인 시몬은 자기 중심적인 사람이었으며 예수님과 깊은 만남이 없었다.

사랑하는 성도 여러분!

예수님과 깊은 만남이 없었던 제자들은 풍랑을 보고 두려워 했다. 그러나 예수님과 깊은 만남이 있는 사람은 두려움이 없다. 예수님은 요한복음 14:27에 "평안을 너희에게 끼치노니 곧 나의 평안을 너희에게 주노라. 내가 너희에게 주는 것은 세상이 주는 것 같지 아니하니라. 너희는 마음에 근심도 말고 두려워하지도 말라"고 말씀했다. 죄많은 한 여인처럼 지은 죄를 깊이 깨닫고 죄사함 받은 은혜를 뜨겁게 감사하면서 항상 주님과 깊은 교제를 나누시기를 주의 이름으로 축원한다.

이 여자를 보느냐?
(누가복음 7:44-50)

예수님이 바리새인 시몬의 집에 초청되어 음식을 먹는 중에 '창녀'로 생각되는 그 동네에 죄인인 한 여자가 예수님께서 그의 집에 계심을 알고 향유담은 옥합을 가지고 와서 예수의 뒤로 가서 그 발 곁에 서서 울며 눈물로 적시고 자기 머리털로 씻고 그 발에 입맞추고 향유를 부을 때 예수님께서 시몬에게 "빚진 자를 탕감해 주는 비유"를 말씀하시면서 그에게 "이 여자를 보느냐?"라고 물었다. 왜 예수님은 바리새인 시몬에게 이와 같은 질문을 하셨을까? 그 여자를 통해서 깊은 구원의 진리를 깨달으라는 것이다. 그러면 이 여자가 우리에게 주는 교훈에 대해서 말씀을 상고하면서 함께 은혜를 나누고자 한다.

첫째, 이 여자는 가장 죄를 많이 지은 사람 중의 한 사람이었다.

"이러므로 내가 네게 말하노니 저의 많은 죄가 사하여졌도다"(47절).
죄가 인간에게 끼친 영향은 아담과 하와를 통해서도 알 수 있듯이 비극과 사망과 불행이다. 우리는 죄가 이 세상에서 가장 무섭고 더러운 것임을 알아야 한다. 사도 바울은 디모데전서 1:15에 "죄인 중에 내가 괴수니라"라고 말했다. 성경에 보면 죄를 지은 자에 대한 명칭을 여러가지로 표현했다. "① 악행하는 자(요 3:19) ② 마귀의 자식(요 8:44) ③ 저주받은 자(요 7:49) ④ 잃어버린 자(눅 19:10) ⑤ 빛을 미워하는 자(요 3:20)"라고 했다. 사람이 죄를 범하게 되면 타락하게 되고, 균형감각이 상실되며 인생의 올바른 방향설정을 선택할 수 있는 지혜조차도 무디어진다. 죄란 하나님의 궤도에서 빗나간 상태를 말한다. 우리는 하나님의 궤도에서 이탈하지 말고 하나님의 인도하심 따라 살아야 한다.

둘째, 이 여자는 죄를 철저하게 회개한 자였다.

"이 여자는 눈물로 내 발을 적시고 그 머리털로 씻었으며"(44절). 회개란 '뒤돌아본다, 다시 원상태로 회복된다' 라는 뜻으로 ① 모든 저주를 도말시켜 주고 ② 죽음에서 해방시켜 주며 ③ 하나님의 진노를 멈추게 하고 하나님의 축복을 받게한다. 그러나 죄를 범하고서도 죄를 회개하지 않은 상태에 있는 자에게는 "① 뼈가 쇠하여지고(시 32:3) ② 평안이 없으며(시 38:3) ③ 영혼에 화가 임하고(사 3:9) ④ 질병이 오며(요 5:14) ⑤ 심판과 멸망이 따른다(계 20:13, 14)"고 말씀했다. 반면에 죄를 회개한 자에게는 지은 죄를 "① 다시는 기억지도 아니하시고(히 10:17, 렘 31:34) ② 등 뒤에 던져 버리시며(사 38:17) ③ 흔적도 없게 하시고(사 44:22) ④ 멀리 옮겨버리시며(시 103:12) ⑤ 깨끗이 용서해 주신다(요일 1:9)"고 말씀했다. 뿐만 아니라 죄를 철저히 회개할 때 "① 긍휼을 베풀어 주시고(잠 28:13) ② 선한 길로 인도해 주시며(대하 6:27) ③ 성령을 선물로 주신다(행 2:38)"고 말씀했다.

셋째, 이 여자는 전심전력을 다해서 주님을 섬긴 자였다.

"이 여자는 눈물로 내 발을 적시고 그 머리털로 씻었으며 …… 내 발에 입맞추기를 그치지 아니하였으며 …… 저는 향유를 내 발에 부었느니라"(44-46절). 이 여자는 눈물과 머리털로 예수님의 발을 씻기고 향유를 부어 드릴 정도로 전심전력을 다해서 예수님을 사랑하고 섬겼다. 당시 유대인들은 집에 귀한 손님을 초청했을 때 손님에게 평화를 기원하는 입맞춤을 하고, 발을 씻겨드리며, 향로를 피우거나 향을 손님의 머리에 부어 발라 드리는 예식이 있었다. 그러나 바리새인 시몬은 예수님을 초청해 놓고도 이러한 예식은 커녕 그저 평범하게 대했다.

사랑하는 성도 여러분!
바리새인 시몬은 그가 본 여자를 죄인으로 밖에 보지 못했고, 그 여자를 용납하는 예수님에 대해서도 잘못 생각했다. 이 여자의 모습을 통해서 죄의 심각성을 깨닫고, 죄를 철저히 회개하며, 전심전력을 다해 주님을 섬기는 성도 여러분이 되시기를 주님의 이름으로 축원한다.

좋은 땅에 뿌려진 씨
(누가복음 8:4-8)

예수님은 씨뿌리는 비유를 통해서 모든 사람들이 복음을 쉽게 깨달아 알 수 있도록 전하셨다. 본문에 보면 길가와 같은 땅, 바위와 같은 땅, 가시덤불 속과 같은 땅, 좋은 땅 등 네 종류의 땅이 나온다. 여기에 씨가 똑같이 떨어졌는데 좋은 땅에 떨어진 씨는 열매를 맺었고 길가, 바위 위, 가시덤불 속과 같이 좋지 못한 땅에 떨어진 씨는 열매를 맺지 못했다. 여기에서 씨는 하나님의 말씀을 뜻한다. 오늘날도 많은 사람들이 하나님의 말씀을 듣고 있다. 그런데 하나님의 말씀을 듣고 열매를 맺는 사람이 있는가 하면 열매를 맺지 못하는 사람도 있다. 그러면 어떤 땅이 좋은 땅인가에 대해서 말씀을 상고하면서 함께 은혜를 나누고자 한다.

첫째, 청결된 마음이다.

"마음이 청결한 자는 복이 있나니 저희가 하나님을 볼 것임이요"(마 5:8). '청결'이란 말은 '소제된 상태, 불순물이 섞이지 않은 상태, 순수함'이란 뜻이다. 그래서 마음이 청결하냐, 불결하냐에 따라서 인간의 행·불행이 좌우되고 또 결실의 여부가 결정되기도 한다. 본문에 보면 청결한 마음을 가로막는 것들이 있다. ① 길가와 같은 마음이다. ② 바위 위(돌밭)와 같은 마음이다. 다시 말하면 잠시 믿다가 시험받으면 떨어지는 마음이다. ③ 가시덤불 속과 같은 마음이다. 다시 말하면 세상의 염려와 재물에 얽매이고 쾌락에 빠져 말씀대로 생활하지 못하는 마음이다. 우리는 마음을 항상 청결하게 해서 열매 맺는 신앙생활을 해야 한다.

둘째, 착한 마음이다.

"좋은 땅에 있다는 것은 착하고 좋은 마음으로 말씀을 듣고 지키어 인내로 결실하는 자니라"(눅 8:15). '착하다'는 말은 마음과 생활이 바르다는 뜻이다. 우리는 항상 마음을 착하게 가지기 위해서 자기 스스로를 잘 지켜

나가야 하고 하나님의 말씀을 들을 때 착하고 좋은 마음으로 들어야 한다. 하나님은 착한 사람을 칭찬하셨다. "주인이 이르되 잘하였도다 착하고 충성된 종이여 네가 지극히 작은 것에 충성하였으니 열 고을 권세를 차지하라"(눅 19:17). 갈라디아서 6:10에 보면 "그러므로 우리는 기회 있는대로 모든 이에게 착한 일을 하되 더욱 믿음의 가정들에게 할지니라"고 말씀했고, 디모데전서 1:19에 보면 "믿음과 착한 양심을 가지라"고 말씀했다.

셋째, 심령이 가난한 마음이다.

"심령이 가난한 자는 복이 있나니 천국이 저희 것임이요"(마 5:3). '심령이 가난하다'는 것은 욕심이 없는 것을 말한다. 왜 사람들이 죄를 범할까? 지나친 욕심 때문이다. 마가복음 4:18-19에 보면 "또 어떤 이는 가시 떨기에 뿌리운 자니 이들은 말씀을 듣되 세상의 염려와 재리의 유혹과 기타 욕심이 들어와 말씀을 막아 결실치 못하게 되는 자요"라고 말씀했고, 야고보서 1:15에 보면 "욕심이 잉태한즉 죄를 낳고 죄가 장성한즉 사망을 낳느니라"고 말씀했다. 우리는 가진 것을 족하게 여길 줄 알아야 한다. 디모데전서 6:7,8에 보면 "우리가 세상에 아무 것도 가지고 온 것이 없으매 또한 아무 것도 가지고 가지 못하리니 우리 먹을 것과 입을 것이 있은즉 족한 줄로 알 것이니라"고 말씀했다.

넷째, 애통하는 마음이다.

"애통하는 자는 복이 있나니 저희가 위로를 받을 것임이요"(마 5:4). '애통'이란 하나님 말씀대로 살지 못했던 것, 주의 뜻대로 살지 못한 것, 선을 행할 기회가 있었는데도 행치 않았던 것 등등 잘못한 것을 깨닫고 뉘우치며 죄를 슬퍼하는 마음이다. 우리는 애통하는 마음을 가질 때 좋은 땅이 될 수 있다. 신명기 5:29에 보면 "다만 그들이 항상 이같은 마음을 품어 나를 경외하며 나의 모든 명령을 지켜서 그들과 그 자손이 영원히 복 받기를 원하노라"고 말씀했다.

사랑하는 성도 여러분, 좋은 땅이란 청결된 마음, 착한 마음, 심령이 가난한 마음, 애통하는 마음이다. 좋은 땅이 되어 하나님의 말씀을 들을 때마다 좋은 열매를 많이 맺는 성도가 되시기를 주의 이름으로 축원한다.

십자가를 지는 생활 2
(누가복음 9:23-24)

첫째, 정과 욕심을 십자가에 못박는 생활을 의미한다.

사도 바울은 갈라디아서 5:24 말씀에서 "그리스도 예수의 사람은 육체와 함께 그 정과 욕심을 십자가에 못박았다"고 하였고, 로마서 6:6 말씀에는 "우리가 알거와 우리 옛사람이 예수와 함께 십자가에 못박힌 것은 죄의 몸이 멸하여 다시는 우리가 죄에서 종노릇하지 아니하려 함이라"고 하였다.

그리고 갈라디아서 2:20 말씀에는 "내가 그리스도와 함께 십자가에 못박혔나니 그런즉 이제는 내가 산 것이 아니요 오직 내 안에 그리스도께서 사실 것이라"고 하였다. 우리 그리스도인은 항상 혈육의 자신은 죽고 오직 그리스도께서만이 내 안에서 사셔야 하며 그리스도 밖에서 행하여지는 육체의 죄악된 삶이 되풀이 되어서는 안되는 것이다.

우리가 십자가에 못박아야 할 육체의 소욕은 여러 가지가 있다. 곧 음행과 더러운 것과 호색과 우상숭배와 술수와 원수를 맺는 것과 분쟁과 시기와 분냄과 당짓는 것과 분리함과 이단과 투기와 술취함과 방탕한 모든 생활을 의미한다. 이 모든 것을 그리스도와 함께 십자가에 못박고 예수 그리스도 안에서 경건되게 살아야 하며 성령의 아홉 가지 열매인 사랑과 희락과 화평과 오래참음과 자비와 양선과 충성과 온유와 절제로서 항상 성령으로 살며 성령 안에서 행하여야 한다.

둘째, 십자가를 지는 생활은 그리스도와 함께 당하는 고난을 기뻐하는 생활을 의미한다.

베드로전서 4:13 말씀에 "오직 너희가 그리스도의 고난에 참여하는 것으로 즐거워하라 이는 그의 영광을 나타내실 때에 너희로 즐거워하고 기뻐하게 하려 함이라"고 하였다. 우리가 세상을 살아가는 동안에 여러 가지 고난을 겪게 된다. 그러나 그 당하는 고난이 무엇 때문에 당하는 고난이냐에 따라 그 가치가 달라진다. 세상의 허다한 정욕과 육의 소욕을 위하여 당하는 고난이라면 그 고난은 무가치하기 짝이 없는 저주스러운 고통이며 아무 유익이 없는 고난이다. 그러나 그 고난이 하나님의 뜻에 의한 고난이라면 오히려 기뻐하고 즐거워해야 한다. 사도 바울은 디모데후서 1:8에 사랑하는 디모데에게 말하기를 오히려 복음과 함께 고난을 받으라고 권면하면서 "주를 위하여 갇힌 자 된 나를 부러워하지 말고 오직 하나님의 능력을 좇아 복음과 함께 고난을 받으라"고 하였다. 그리고 골로새서 1:24에는 "그리스도의 남은 고난을 그의 몸된 교회를 위하여 내 육체에 채우노라"고 하였다.

친애하는 성도 여러분, 지금 여러분이 이 괴로움 많은 세상살이에서 고난을 당하고 있을진대 그 고난의 이유가 무엇때문인가? 만일 복음과 함께 당하는 고난이며 몸된 교회를 위하여 당하는 고난이며 신앙을 지키기 위한 고난이라면 추호도 두려워하거나 괴로워하지 말고 기쁨과 감사에 넘치는 마음으로 찬송하며 이겨 나가기 바란다. 고린도후서 1:5 말씀하신 바대로 반드시 여러분들에게 그리스도로 말미암은 큰 위로와 상급과 축복이 임하게 되며 고난과 비교 못할 큰 영광이 사랑하는 성도 여러분에게 반드시 임하실 것을 믿는다. 로마서 8:18에 "생각컨데 현재의 고난은 장차 우리에게 나타날 영광과 족히 비교할 수 없다"고 하였다.

셋째, 십자가를 지는 생활은 사명수행을 위한 헌신의 생활을 의미한다.
마태복음 25:14에 어떤 사람이 타국에 갈 때에 그 종들을 불러 자기의 소유를 맡김과 같다고 하였는데, 그 소유는 바로 각기 재능대로 맡겨주신 사명을 말한다. 사명 수행에 대해서는 반드시 결산하는 때가 온다. 맡은 사명은 반드시 완수해야 한다.

유명한 영국의 저술가 러스킨(Ruskin John)은 말하기를 "나는 나의 사명을 실행하기 위하여 세상에 왔다. 다른 사람이 나보다 더 나은 일을 할 수 있을런지 모르나 나의 일을 대신할 수는 없다. 나의 사명을 다른 사람에게 넘겨 줄 수 없는 이유는 그들의 사명과 나의 사명이 따로 있기 때문이다. 그것은 마치 나의 수족을 다른 사람에게 붙여 줄 수 없는 것과 같다"고 하였다. 옳다. 우리의 삶의 목적은 바로 여기에 있다. 사명을 위해 살고 사명을 위해 죽어야 한다. 이 생활이야말로 하나님 앞에 크게 영광 돌리는 생활이 되어지는 것이다. 사명 없이 사는 사람은 일거리없이 사는 실직자와 같이 무의미하고 사명에 게으른 사람은 태산같이 산적해 있는 일을 앞에 놓고 낮잠을 자와 같은 것이다.

넷째, 십자가를 지는 생활은 구령 운동에 진력하는 생활을 의미한다.
예수님께서 십자가를 지신 이유는 바로 멸망받을 억조창생들의 영혼을 구원하시기 위함인 것이다. 그런고로 이사야 53:5에서 이사야 선지자는 예언하기를 "그가 찔림은 우리의 허물을 인함이요 그가 상함은 우리의 죄악을 인함이라 그가 징계를 받음으로 우리가 평화을 누리고 그가 채찍에 맞음으로 우리가 나음을 입었도다"라고 하였다. 예수를 믿고 구원받은 우리는 십자가의 구원의 도를 땅끝까지 나아가서 만백성에게 전파해야 한다. 우리의 사업 중에 가장 중요하고 가장 우선적이어야 하고 가장 가치를 높이 두어야 할 사업은 바로 구령사업이다. 할렐루야. 주님이 지신 십자가의 의의는 바로 여기에 있다.

친애하는 성도 여러분, 오늘도 우리 주님은 말씀하신다. 누구든지 나를 따라오려거든 자기를 부인하고 날마다 제 십자가를 지고 나를 좇을 것이니라. 아멘.

이제 말씀을 맺으며 우리 마음속 깊이 다짐하는 결심의 시간이 왔다. 성도 여러분, 이제 우리는 첫째로 내 몫에 대한 십자가를 짊어지라(마 16:24). 둘째로 십자가지신 주님을 따르라(요 19:25-30). 세째로 십자가에 못박히신 그리스도를 전하십시다(고전 1:23). 네째로 십자가 외에 아무 것도 알지 않기로 하자(고전 2:2). 다섯째로 십자가를 밝히 보고 어떤 꾀임에도 빠지지 맙시다(갈 3:1-2). 여섯째로 십자가 외에는 아무 것도 사랑하지 맙시다(갈 6:14).

친애하는 성도 여러분, 이제 우리는 이 위대한 십자가로 매일매일의 생활 속에 승리하며 살아갑시다. 할렐루야!

변화산의 영적 훈련
(누가복음 9:28)

해마다 여름이 되면 분주한 일손을 멈추고 복잡한 환경을 떠나 산과 기도원으로 찾아가 주님과의 깊은 만남의 기회를 마련하게 된다. 그리하여 어떤 자는 성령의 충만함을 받아 잃었던 능력을 회복하게 되고 또 어떤 자들은 영육간에 병고침 받아 기뻐뛰며 찬송하는 모습들도 바라볼 수 있게 된다.

오늘 읽어드린 본문 말씀은 예수님의 택함받은 12제자 중에서 베드로, 요한, 야고보를 따로 데리시고 변화산에 올라가 영적 훈련을 받게 하였다. 제자들은 짧은 훈련기간이었지만 너무나 많은 은혜를 체험하게 되었고 더욱 귀한 그릇으로 쓰임받게 되었다. 그러면 제자들이 변화산에서 받은 영적 훈련이 무엇인가에 대해서 네 가지 말씀드리겠다.

첫째, 변화산에서 제자들은 기도의 훈련을 받게 되었다.

누가복음 9:28에 "예수께서 베드로와 요한과 야고보를 데리시고 기도하시러 산에 올라가사…"라고 하였다. 예수님께서 변화산에 올라가신 것은 기도하시기 위함이었다. 기도는 신앙의 위대한 승리를 가져오게 할 뿐만 아니라 하늘의 보좌를 움직이는 응답의 채널이 되는 것이다. 그런고로 다윗은 낮에도 부르짖고 밤에도 부르짖으며 하나님의 응답을 호소하였다(시 22:2). 우리가 머리 속에 아무리 좋고 많은 것을 계획하였다 할지라도 그 일이 이루어지기 위하여 하나님께 기도하며 부르짖어야 만사에 형통함이 있게 되는 것이다.

성공적인 목회자, 성공적인 직분자, 성공적인 사업가는 모두가 기도하는 사람이었다. 우리는 항상 기도생활을 지속해야 됨은 물론 베드로, 요한, 야고보처럼 산에서든지 성전에서든지 기도원에서든지 특별기도 기간과 장소를 마련하고 특별히 기도드리는 일을 귀중히 여겨야 한다. 깰 때 깨어 기도하지 아니하고 큰 일을 행할 때 무능한 존재가 되어지며 사탄이 틈을

타게 된다. 하나님은 기도하는 사람에게 도우시는 손길을 항상 베풀어 주시는 것이다.

둘째, 변화산에서 제자들은 신령한 세계를 체험하게 되었다.

제자들은 지금까지 예수님을 따라 다녔으나 인자 예수의 외형적 모습만 보았지 영광의 하나님 신령한 성자 예수님의 놀라우신 능력을 바라보지를 못하였다. 그러나 변화산에서 일어난 사건과 변형되신 주님의 모습은 너무나 영광스럽고 신령하신 주님이었다. 누가복음 9:29에 보면 "기도하실 때에 용모가 변화되고 그 옷이 희어져 광채가 났다"고 하였고, 문득 모세와 엘리야와 더불어 말씀하시는 것을 보았다. 제자들은 예수님의 영광과 신령한 세계를 체험하는 순간 예수님께 "주여 우리가 여기 있는 것이 좋사오니 우리가 초막 셋을 짓되 하나는 주를 위하여 하나는 모세를 위하여 하나는 엘리야를 위하여 하나이다"라고 하였다.

제자들은 변화산에서 영적훈련을 받는 순간 분명히 이 지상의 물질 세계가 아닌 하나님의 거룩하고 신령한 세계에 부딪게 되었던 것이다. 그리고 그들은 그 순간을 놓치지 않으려고 그곳에 머물고 싶은 충동까지 생겨 주님께 호소하기를 "주여 우리가 여기 있는 것이 좋사오니"라고 하였다. 이는 주님의 신령한 세계가 얼마나 귀하고 영광스러운 세계임을 발견하였기 때문이다. 오늘날 수많은 사람들이 신앙의 세계를 우상과 물질세계와 타협하여 속화되어 가고 있는 이때에 우리는 변화산상의 제자들처럼 신령한 영적 훈련을 쌓아나가야 하겠다.

셋째, 변화산에서 제자들은 말씀의 훈련을 받게 되었다.

누가복음 9:35에 "구름 속에 소리가 나서 가로되 이는 나의 아들 곧 택함받은 자니 너희는 저희 말을 들으라"고 하였다. 우리는 하나님의 말씀을 듣는 시간과 그 말씀을 들을 수 있는 신령한 귀가 항상 열려져 있어야 한다.

오늘날 인간들은 자신 안에 소리가 너무 시끄러워 밖에서 노크하며 부르시는 주님의 음성을 듣지 못하고 귀가 가리워져 있는 자들이 너무나 많다. 그런고로 요한계시록 2, 3장에 "귀있는 자는 성령이 교회들에게 하시는 말씀을 들을지어다"라는 말씀을 일곱 차례나 기록하였다(계 2:7, 11, 17, 29, 3:6, 13, 22).

아무리 하나님의 말씀이 귀하나 그 말씀을 들을 수 있는 신령한 귀가 있어야 한다. 포스트는 말하기를 "교회는 말씀과 함께 살고 말씀과 함께 죽는다"고 하였다. 말씀이 있는 곳에는 그리스도가 계시며 그리스도가 계신 곳에는 생명이 있다. 사랑하는 성도 여러분, 여러분은 무엇에 대해 관심의 귀가 기우려지고 있는가?

하나님의 말씀에 귀를 기우려야 한다. 우리가 여호와의 말씀을 청종하면 ① 하나님은 우리에게 선고하신 재앙까지라도 뜻을 돌이키시겠다고 하였고 (렘 26:13), ② 이사야 55:3에 "너희는 귀를 기울이고 내게 나아와 들으라 그리하면 너희 영혼이 살리라"고 하였다. 이는 바로 하나님 말씀에 귀를 기울리는 자에게 임하는 축복을 약속하신 말씀인 것이다(신 28:1-2).

넷째, 변화산에서 제자들은 예수 중심 생활 훈련을 받게 되었다.

베드로, 요한, 야고보는 예수님과 함께 기도와 처소에 동참하였으며, 예수님의 신령한 세계와 영광을 바라보게 되었고, 또한 하늘의 음성을 들었을 뿐 아니라 나중에는 예수만 보이게 된 것이다. 참신앙자란 예수님만 보이고 예수님만 바라보고 사는 자이다. 우리는 변화산의 제자들과 같이 영적 훈련을 받되 진실로 예수님만 보여지는 예수 중심 생활의 축복을 받아야 하겠다. 예수님 안에는 천국도 있고 건강도 있으며 물질도 있고 생명도 있다.

옛날 앵글로섹슨족이 두 갈래로 갈리어 한편은 물질을 구하려 아프리카로 갔고 또 한편은 신앙을 찾아 아메리카 대륙을 향해 갔는데 나중 물질을 찾아 아프리카로 간 자들은 돈도 잃고 예수님도 잃었지만 예수님을 찾기 위해 아메리카로 간 자들은 예수님도 소유하고 물질도 얻게 되었다. 반틸 고넬리우스(cone llius vantil)은 말하기를 "현대인은 탕자와 같다"고 하였다. 현대인들은 하나님이 안 보이고 돈만 보여지고 있다. 진실로 우리의 눈에는 베드로, 요한, 야고보처럼 오직 예수님만 보여져야 한다.

참된 이웃사랑
(누가복음 10:30-37)

어떤 사람이 예루살렘을 떠나 여리고를 가다가 강도를 만났다. 여리고는 상업도시로서 사치와 향락을 즐기기 쉬운 곳이다. 우리도 하나님을 잘 섬기다가 세상으로 나갈 땐 강도를 만날 수 있다. 여기에 나오는 강도는 사탄이라고 볼 수 있다.

1. 강도의 행위가 주는 교훈

첫째, 옷을 벗겼다. 우리가 예수 믿지 않는 사람들과 다른 점은 위의 옷을 입고 있는 점이다. 하나님께서 입혀 주셨다. 그러나 사탄은 이것을 벗기려고 한다.

둘째, 때려서 거반 죽게 만들었다. 사탄은 이와 같이 인간을 파멸시키는 일을 한다. 육체도 병들게 하고 정신적으로 고통을 당하게 한다.

셋째, 버리고 갔다. 사탄은 인간을 이용할 대로 이용하고서 결국에는 버린다.

2. 제사장과 레위인이 주는 교훈

강도만난 사람이 길거리에 누워 있는데 그 때 세 사람이 지나갔다. 그 중에 제사장과 레위인은 그를 보고서도 모른 척하고 피하여 지나갔다. 우리도 귀한 직분을 받고서 하나님께 대한 사명을 다하지 못하면 이들과 다를 바가 없다. 오늘날 이 땅에 죄악이 관영해지고 있는 이 때에 우리 주변에도 이와같이 강도 만난 사람들이 얼마나 많은지 모른다. 이들은 곧 우리의 이웃이다. 외면하지 말고 참된 사랑을 베풀어 주어야 한다.

3. 사마리아인이 주는 교훈

사마리아인은 강도 만난 사람을 보고 그냥 지나치지 아니했다. 참된 사랑을 베풀었다. 이방인 취급을 받는 사마리아인도 원래는 제사장과 레위인과 같은 유대인이었다. 그런데 포로귀환시 남아 있다가 이방인과 결혼하여 선민의 피가 이방인과 섞였다고 해서 멸시를 받게 되었다. 그러나 이 사람은 강도를 만난 사람에게 가까이 가서 그의 이웃이 되어 주었다.

그가 강도를 만난 사람에게 어떻게 해서 참된 이웃이 되고 사랑을 베풀었는가?

① 불쌍히 여기는 마음이 있었다. "그 이웃을 업신여기는 자는 죄를 범하는 자요 빈곤한 자를 불쌍히 여기는 자는 복이 있는 자니라"(잠 14:21).

② 가까이 갔다.

③ 기름과 포도주를 그 상처에 부어 주었다. 기름은 성령의 은혜를 포도주는 기쁨을 상징한다. 우리는 성령의 은혜와 기쁨을 모든 사람에게 나누어 주어야 한다.

④ 상처를 싸매어 주었다. 우리는 다른 사람의 상처를 싸매어 주는 삶을 살아야 한다.

⑤ 자기 짐승에 태워 주막으로 데리고 가서 돌보아 주었다. 주막은 교회를 상징한다. 우리는 강도 만난 사람들을 교회로 인도해서 주님을 만나게 해 주어야 한다.

사랑하는 성도 여러분, 우리 주변에 강도를 만난 자들이나 사탄의 포로가 되어 시달리는 자들에게 참된 이웃이 되어 주고, 저들에게 참된 사랑을 베풀어 교회로 인도하여 생활 가운데 사랑을 실천하는 성도 여러분이 다 되시기를 주의 이름으로 축원한다.

자 비
(누가복음 10:33-37)

'자비'라는 말은 히브리어 '하-싸드' (החסד), 헬라어의 '엘레오-' (ἐλεέω) 로서 그 뜻을 살펴보면 '용서, 친절, 은혜, 구원, 동정' 등을 말하는 것이 며 성령의 역사로 맺혀지는 열매인 것이다.

첫째, 자비는 용서를 의미한다.

구약의 호세아는 하나님의 자비를 강조한 첫 선지자인데, 하나님께서 자기를 배반한 이스라엘을 찾아 그들이 지은 죄를 사유하시고 구원하신다고 외쳤으며 하나님은 제사보다 자비를 중히 여기신다고 호세아 6:6에 말씀하였다.

본문 말씀에 강도를 만난 사람이 옷이 벗겨지고 실컷 두들겨 맞아 거의 죽게 된 상태에서 내동댕이 쳐졌는데 제사장도, 레위인도 그냥 피하여 지나쳐 버렸으나 사마리아 사람 하나가 여행하는 중 그를 보고 불쌍히 여겨 가까이 가서 기름과 포도주를 그 상처에 붓고 그를 도와 치료해 주었다. 이 사마리인은 그 강도를 만난 자에게 "왜 하나님의 성전이 있는 축복의 예루살렘을 떠났느냐?" "왜 물질과 향락의 세속도시 여리고로 내려갔단 말이냐?" "왜 강도들이 우굴거리는 위험한 길로 갔느냐" 하며 책망하지 않고 먼저 그에게 자비를 베풀어 상처를 싸매 주었던 것이다.

우리 하나님의 인류를 향하신 그 크신 자비하심은 너무나 높고 위대하신 것이다. 하나님의 은혜를 배반하고 주님을 떠나 향락의 여리고, 물질의 여리고, 세속의 여리고로 내려가다가 마귀에게 찔리고 죄악에 멍들고 만신창이 되어 영원히 죽어야 마땅했던 우리 인생들에게 주님께서 친히 찾아오셔서 기름과 포도주를 상처에 붓고 불한당을 만난 사람을 싸매어 주었듯이 죄많은 인생들을 성령과 십자가 보혈로서 치료해 주시고 구원해 주셨다.

이처럼 크신 주님의 용서의 자비하심은 여러분과 저와 온 인류 위에 베풀어 주신 것이다.

사람들은 실패하고 과실을 범하였을 때 성급하고 거칠게 책망하거나 심판하여 내 팽개쳐 버리는 일이 적지 아니하다. 이러한 냉정하고 차가우며 비평적이고 매정한 바리새인, 기독교에 대해서 도리어 환멸을 느끼거나 실망한 자들이 이 땅 위에서 적지 아니하다.

오히려 예수님께서는 모든 사람을 부드럽고 따뜻하게 그리고 친절한 긍휼과 용서로서 대하여 주셨던 것이다. 심지어는 어린아이들까지도 주님의 자비를 느끼며 따뜻하신 주님의 품 속으로 어려움 없이 찾아들게 되었던 것이다. 마가복음 11:25에 예수님께서 말씀하시기를 "아무에게나 혐의가 있거든 용서하라 그리하여야 하늘에 계신 너희 아버지도 너희 허물을 사하여 주시리라"고 하였고, 바울은 에베소서 4:32 말씀에서 "서로 인자하게 하며 불쌍히 여기며 서로 용서하기를 하나님이 그리스도 안에서 너희에게 용서하심과 같이 하라"고 하였다.

둘째, 자비는 친절을 의미한다.

강도를 만난 사람에 대하여 사마리아인은 자기에게 있는 모든 것으로 싸매어 주고 뿐만 아니라 자기 짐승에 태워서 주막집 주인에게 맡기고 자기에게 있는 데나리온까지 주며 돌보아 주라고 부탁하였다. 얼마나 뜨겁고 고마운 친절인가? 괴테는 말하기를 친절은 사회를 결합하게 하는 금사슬이라고 하였고, 백화점을 1,700개나 소유하여 경영했던 세계의 백화점왕 패니가 헤일 포목상에 처음 점원으로 취직하여 첫번 베푼 상술이 친절이었다고 그의 자서전에 나타내었다. 그가 한 손님을 접대하고 있을 때 다른 손님이 들어오면 "기다려 주세요"하는 명령조보다 "잠깐만 기다리시면 대단히 감사하겠습니다"라는 말을 했는데, 이 얼마나 인정스러운 말인가?

셋째, 자비는 은혜를 베푸는 것을 의미한다.

사마리아 사람은 이 강도 만난 사람에게 넘치는 은혜를 베풀어 주었다. 예수님께서 "가서 너도 이와 같이 하라"고 하신 말씀은 이와 같이 은혜를 베풀어 주라는 말이다. 예수를 믿는 성도들 중에서도 두 종류의 사람이 있는 것을 보게 되는데 하나는 은혜 중심의 사람이요, 또 하나는 율법 중심의 사람인 것이다. 율법 중심의 사람은 차가웁고 은혜 중심의 사람은 뜨거웁시다. 또 율법 중심의 사람은 대체적으로 마음이 좁고 은혜 중심의 사람은 마음이 넓고 관용한다. 그리고 늘 감사가 넘치게 된다. 감사가 넘치는 곳에 은혜도 더욱 풍성하게 된다.

우찌무라 간조는 말하기를 "은혜는 불평의 사람에게 내리지 않는다. 감사는 은혜받는 그릇이다. 은혜는 감사의 그릇에 따라 내린다. 감사없이 아무리 열심으로 기도해도 은혜는 내리지 않는다"라고 하였다. 여러분 다같이 큰 소리로 한 번 따라해 보시기 바란다. "성도는 하나님께 은혜를 받은 자이다." 이 기쁜 소식, 이 넘치는 은혜를 이 땅 위에 아직도 주님의 은혜를 받지 못한 자들에게 나누어 주어야 하겠다. 하나님께 받은 은혜를 다른 사람과 함께 할 때에 하나님께서는 더욱 큰 은혜를 내려 주시는 것이다.

친애하는 성도 여러분!

여러분 가운데 예루살렘을 떠나 여리고로 내려가다가 불한당을 만난 사람이 있는가? 지금 이 시간 여러분 곁을 찾아주신 자비로운 주님의 손길을 믿음으로 굳게 붙잡으시기 바란다. 그리고 여러분의 주변에 영육간에 강도 만난 자가 신음하고 있는가? 용서와 친절과 은혜를 베푸신다.

친애하는 성도 여러분, 오늘도 주님의 위대하신 승리가 여러분과 함께 하시기를 주님의 이름으로 축원한다. 할렐루야.

한밤중의 기도
(누가복음 11:5-13)

어느 날 한 사람이 여행을 하다가 노비와 양식도 떨어지고 배도 고프고 매우 지친 가운데에 한밤중에 친구집에 찾아가서 먹을 것을 좀 달라고 했다. 그런데 그의 친구는 밤중에 찾아온 이 친구에게 줄 준비된 것이 아무 것도 없었다. 그러나 그의 친구는 자기 친구를 위해서 또 다른 친구집에 찾아가서 한밤중에 자기집에 찾아온 친구의 사정을 얘기하면서 떡 세덩이만 빌려달라고 했다. 그런데 그 친구는 깊은 밤중이라 아이들과 같이 침소에 누웠으니 일어날 수 없다고 말했다. 그래도 그의 친구는 강청을 했다.

'강청'이란 뜻은 부끄러움과 체면도 불구하고 매달려 부탁하는 것을 말한다. 그러자 그 친구는 친구됨을 인해서는 줄 수 없지만 강청함을 인하여 준다고 말했다. 이 이야기는 예수님이 비유로 말씀해 주신 내용이다. 우리 인생에게는 누구나 밤이 있다. 그러면 우리 인생에게는 어떠한 밤이 있는가에 대해서 말씀을 상고하면서 함께 은혜를 나누고자 한다.

첫째, 자기 힘으로 해결할 수 없는 절망의 밤이 있다.

지극히 작은 일이지마는 굶주린 친구가 자기를 믿고 찾아왔는데 자기 힘으로 해결할 수 없는 절망의 밤을 맞이한 친구처럼 우리도 그러한 상황에 처할 경우가 있다.

그런데 본문에 나오는 이 친구는 다른 친구집에 찾아가 강청함으로 해결할 수 있었다. 인간의 힘으로 할 수 없는 이러한 절망의 밤이 이르렀을 때에 우리에게 가장 가까운 친구분이 있다. 그분은 바로 예수 그리스도이시다. 주님은 우리의 친구가 되어 주신다. 우리는 인간의 힘으로 할 수 없는 많은 일들이 부딪힐 때에 그때마다 주님께 호소하고 간구해야 한다.

"내가 또 너희에게 이르노니 구하라 그러면 너희에게 주실 것이요 찾으라 그러면 찾을 것이요 문을 두드리라 그러면 너희에게 열릴 것이니 구하는 이마다 받을 것이요 찾는이가 찾을 것이요 두드리는 이에게 열릴 것이니라"(눅 11:9, 10).

둘째, 시기적으로 사탄이 발악하는 밤이 있다.

오늘 우리가 사는 이 시대는 캄캄한 밤과 같다. "내가 날마다 너희와 함께 성전에 있을 때에 내게 손을 대지 아니하였도다. 그러나 이제는 너희 때요 어두움의 권세로다 하시더라"(눅 22:53).

지금 이 시대는 사탄이 최후로 발악하는 때이다. 사탄은 성도들까지 밀 까부르듯하여 믿음에서 떨어지게 하고(눅 22:31), 전갈이 쏘는 것처럼 괴롭게 하여 신앙의 궤도에서 탈선하게 하고 있다(계 9:5). 이러한 시대일수록 우리는 빛되신 주님을 꼭 붙잡고 호소해야 한다.

"예수께서 또 일러 가라사대 나는 세상의 빛이니 나를 따르는 자는 어두움에 다니지 아니하고 생명의 빛을 얻으리라"(요 8:12).

"나는 빛으로 세상에 왔나니 무릇 나를 믿는 자로 어두움에 거하지 않게 하려 함이로라"(요 12:46). 사탄이 아무리 어두움을 덮어 씌워도 예수님의 빛이 조명되는 곳에는 어두움이 물러간다.

셋째, 하나님의 일을 하고 싶으나 더이상 일할 수 없는 밤이 있다.

한밤중에 친구에게 강청했듯이 인생이 영원히 일할 수 없는 밤이 오기전에 인생으로서 하나님 앞에 우리는 구하여야 할 것이 있다. '주여! 하나님의 일을 잘 할 수 있게 해주소서. 하나님의 일거리를 주시옵소서'라고 기도해야 한다.

어떤 분은 하나님의 일거리를 찾아서 하는 분이 있는가 하면 어떤 분은 하나님의 일을 맡고서도 명칭만 가지고 있을뿐 아무일도 하지 않고 한 해를 보내는 분이 있다. 요한복음 9:4에 보면 "때가 아직 낮이매 나를 보내신 이의 일을 우리가 하여야 하리라. 밤이 오리니 그때는 아무도 일할 수 없느니라"고 말씀했다.

언젠가는 아무도 일할 수 없는 밤이 오게 된다. 바로 오늘 이시간이 주를 위해서 일할 수 있는 날이요, 주를 위해서 헌신할 수 있는 순간이다. 믿음에 관한 것이 아닌 세상 일은 수고로 끝나고 만다. 그러나 우리가 주를 위해서 일하고 충성하는 모든 것은 다 하나님 앞에 심기워지는 줄로 믿으시기 바란다.

넷째, 하나님의 성령의 불기둥으로 역사하시는 승리의 밤이 있다.

"여호와께서 그들 앞에 행하사 낮에는 구름기둥으로 그들의 길을 인도하시고 밤에는 불기둥으로 그들에게 비춰사 주야로 진행하게 하시니 낮에는 구름기둥, 밤에는 불기둥이 백성 앞에서 떠나지 아니하니라"(출 13:21, 22).

하나님께서는 이스라엘 백성들이 애굽을 떠나 캄캄한 밤에 광야 길을 갈 때에 불기둥으로 인도해 주셨다. 하나님을 믿는 자에게는 절대로 좌절과 절망의 밤만 있는 것이 아니다. 하나님께 나아가 간절히 기도할 때 하나님의 성령의 불기둥으로 역사하시는 승리의 밤을 맞이하게 될 줄 믿는다.

사랑하는 성도 여러분, 어떠한 어려운 상황에 처해 있다 할지라도 빛되신 주님 앞에 나아가 강청하고 하나님의 일에 충성하여 승리의 삶을 사시기를 주의 이름으로 축원한다.

성령은 누구에게 임하시는가?
(누가복음 11:11)

하나님께서 말세의 인간들에게 허락하신 가장 큰 선물은 모든 육체에게 성령을 허락하신 일이다. 하나님은 이 성령의 역사로 예수 그리스도가 구주이심을 믿게 하시고 거듭나게 하셔서 천국 백성으로 인치심을 받게 하셨다. 그러면 이 귀한 성령은 누구에게 임하시는가에 대해서 네 가지 내용을 말씀드리겠다.

첫째, 성령은 하나님께 구하는 자에게 임하신다.

누가복음 11:13의 말씀은 이 사실을 약속해 주신 말씀이다. "인간이 비록 악할지라도 좋은 것을 자식에게 줄줄 알거든 하물며 너희 천부께서 구하는 자에게 성령을 주시지 않겠느냐"고 하였다. 우리가 성령을 받자면 하나님께 믿음으로 구하여야 한다. 오순절에 성령받은 120문도들도 예루살렘을 떠나지 아니하고 마가 다락방에 모여 앉아 기도하다가 성령을 받았다. '찰스피니'도 산 속에 들어가 기도하다가 성령의 불을 받고 큰 부흥사가 되었고 리빙스톤도 철야기도 하다가 성령의 불을 체험하게 되었던 것이다. 기도하는 자에게는 반드시 성령의 불이 임하시게 된다. 사도행전 4:31에도 "빌기를 다하매 모인 곳이 진동하더니 무리가 다 성령이 충만하였다"고 하였다. 기도하는 자의 영혼 속에는 성령의 불길이 일게 되는 것이다. 미국시인 J. 몬거머리는 말하기를 "기도는 가슴 속에 있는 불꽃의 운동이라"고 하였다. 이 찬란한 불꽃은 계속되는 기도와 함께 영원히 타오르게 되는 것이다.

둘째, 성령은 순종하는 자에게 임하신다.

사도행전 5:32에 "우리는 이 일에 증인이요 하나님이 자기를 순종하는 사람들에게 주시는 성령도 그러하니라"라고 하였다.
인류의 시조 아담을 미혹케한 마귀의 전술은 아담으로 하여금 하나님께 순종하지 못하게 한 것이다. 하나님은 명령하시기를 "동산 각종 나무의 실과는 네가 임의로 먹되 선악을 알게 하는 나무의 실과는 먹지 말라 네가 먹는 날에는 정녕 죽으리라"(창 2:17)고 하였다. 그러나 사탄은 미혹하기를 "너희가 결코 죽지 아니하리라 너희가 먹는 날에는 너희 눈이 밝아 하나님과 같이 된다"(창 3:4-5)고 하였다. 이 때 하와도 아담도 사탄의 꾀임에 빠져 하나님의 명령을 불순종하고 선악과를 따먹게 된 것이다.

하나님께 대한 인간의 불순종은 마침내 에덴동산에서 추방당했을 뿐 아니라 그의 후손인 모든 인류에게까지 비극이 이어져 나오게 되었다. 그러므로 인간이 모든 비극에서 회복하는 길은 바로 하나님께 순종하는 일이다. 그의 말씀과 그의 뜻을 순종하는 자에게는 다시금 성령을 부어 주시겠다고 약속하였다(행 5:32). 이 땅 위에 사는 모든 인생이 저마다에 처한 비극의 올무에서 벗어나는 길은 바로 하나님께 순종함으로 성령을 받는데 있는 것이다.

셋째, 성령은 자기의 죄를 깨닫고 회개하는 자에게 임하신다.
죄는 하나님과 인간사이에 크고 깊은 구렁텅이를 내었고 높은 장벽을 쌓아 놓게 되었다. 그러므로 하나님은 죄를 회개하는 자에게 용서와 긍휼을 베푸실 뿐 아니라 성령을 선물로 허락하였다. 사도행전 2:37에 보면 베드로의 설교를 들은 무리들이 마음에 찔림을 받고 "형제들아 우리가 어찌할꼬"하며 안타까워 할때 "너희가 회개하여 각각 예수 그리스도의 이름으로 세례를 받고 죄 사함을 얻으라 그리하면 성령을 선물로 받으리라"고 하였다.

성령은 죄 사함받은 자에게 주시는 선물이다. 그러므로 죄를 회개하기 전에는 성령의 충만함을 받을 수가 없다. 죄는 하나님을 바라보는 마음의 눈을 어둡게 할 뿐 아니라 하나님을 찾게 하는 신앙의 양심마저 마비시켜 버리는 것이다. 그러므로 죄악의 비극에서 탈출하는 길은 만민의 죄를 십자가에 담당해 주신 예수 그리스도 앞에 나아와 범죄한 죄를 중심으로 뉘우치고 털어 버릴 때 용서와 긍휼을 베푸실 뿐 아니라 성령을 선물로 주시어 거듭나게 하시고 세상을 이길 수 있는 능력도 부어 주시는 것이다.

넷째, 성령은 하나님의 말씀을 듣는 자에게 임하신다.

사도행전 10:44에 베드로가 고넬료의 가정에 가서 하나님의 말씀을 선포할 때 하나님의 성령이 말씀을 듣는 모든 사람에게 임하셨다. 말씀은 곧 생명이며 예수 그리스도에 대한 호칭이다(요 1:1).

성령은 신자 속에 말씀하시며 또 그 말씀을 믿게 하여 주신다. 뿐만 아니라 성령은 하나님의 말씀을 증거케 하신다. 예수님은 제자들을 향해 "너희가 나를 인하여 총독들과 임금들 앞에 끌려가리니 …… 너희를 넘겨줄 때에 어떻게 또는 무엇을 말할까 염려치 말라 그때에 무슨말 할 것을 주시리니 말하는 이는 너희가 너희 속에 말씀하시는 자, 곧 너희 아버지의 성령이시니라"고 하였다.

그러므로 말씀 증거는 성령의 역사를 수반케하며 또 그 말씀을 듣는 모든 자에게 역사하여 주시는 것이다. 성령은 언제나 말씀과 함께 역사하시며 말씀은 성령과 함께 역사하는 옛날이나 지금이나 말씀을 듣는 모든 자에게는 성령의 놀라운 역사가 함께 하여 주시는 것이다.

당신 마음의 지배자는?
(누가복음 11:20-26)

현대에 살고 있는 모든 사람들은 자기 생명을 매우 중요시 여긴다. 그래서 정기적으로 자기 건강을 점검하기 위해서 병원에 간다. 또 병원에 가서 의사의 지시에 따라서 병을 사전에 예방하는 현대인들이 많이 늘어나고 있다. 그러나 성도들은 육체의 진단보다 영혼의 진단을 더 중요시 여겨야 한다. 먼저 "영혼이 잘 되어야 하노라"(요삼 1:2). 예수를 잘 믿는 사람은 날마다 하나님의 말씀을 읽으면서 자기의 영혼을 진단하는 성도인줄로 믿으시기 바란다. 만약 여러분의 영혼을 진단하지 않고 사는 생활이 오래 지속된다면 나중에는 자신의 영혼이 어떠한 상태에 놓여 있는지 조차 분간을 못하는 무감각한 신앙으로 전락되어 버리기 쉽다. 그러면 세 가지 부류의 사람에 대해서 본문 말씀을 상고하면서 함께 은혜를 나누고자 한다.

첫째, 자연인

사람은 누구나 태어나면서부터 자연인이다. 이러한 사람의 마음 속에는 하나님을 부정하는 어리석음이 꽉 들어차 있어 하나님의 말씀을 듣지 않을 뿐만 아니라 마귀가 그의 마음을 지배하고 있다. 오늘날 전 인류의 80%이상을 마귀가 장악하고 있을 정도로 마귀는 무척 강하다. 인간의 힘으로는 마귀를 이길 수가 없다. 천하 장사 삼손도 한때는 마귀의 희생물이 되었고, 세상에서 제일 지혜롭다고 하는 솔로몬도 결국 말년에 가서 마귀의 희생물이 되었으며 심지어 예수를 3년동안 따라 다니면서 제자행세를 하던 가룟 유다도 결국에는 마귀의 포로가 되고 말았다. 이러한 마귀를 이길 수 있는 길은 오직 영의 눈을 떠서 하나님의 말씀을 주야로 묵상하면서 하나님 앞에 두 무릎을 꿇고 겸손히 기도하는데 있다. 오늘날 현대인들은 점점 마귀가 유도하는대로 따라 가고 있다. 이러한 사람이 있다면 마음 속에 예수 그리스도를 영접하시기 바란다. 그래서 마귀의 지배에서 속히 벗어나기를 바란다.

둘째, 종교인

종교인이란 마귀의 지배하에서는 벗어났으나 그 마음속이 비어 있는 사람이다. 다시 말하면 예수 믿는다고 하는 정도, 기독교에 대해서 조금 관심이 있다고 하는 정도의 사람이다. 소위 종교인이라고 하는 사람들은 자신의 죄때문에 흘리는 회개의 눈물도 없고 하나님의 말씀을 읽으면서도 깨닫지 못하는 사람이다. 주님이 당장 그 자리에 오시지 않으면 자기 중심적인 잡초들이 우거지는 사람을 가리켜서 종교인이라고 한다. 이런 사람들은 자신의 노예가 되어 자기 중심적으로 신앙생활을 하는 사람이다. 자기 중심적으로 신앙생활을 하는 사람들은 자기 기준에 따라서 성경을 판단하고 신앙을 평가하며 자기에게 좋아 보이는 것은 받아들이지만 그렇지 못하는 것은 항상 거부하는 사람이다. 다시 말해서 이러한 사람은 그 자리에서 빨리 탈피해야 한다. 오늘날 많은 종교인들이 자기 중심적으로 신앙생활을 하다가 주님을 떠나는 경우가 많다. 우리는 절대로 자기 중심적인 신앙생활을 해서는 안된다.

셋째, 진정한 그리스도인

"강한 자가 무장을 하고 …… 더 강한 자가 와서 저를 이길 때에는…"(눅11:21, 22) 여기에서 강한 자는 마귀를 가리킨다. 그러나 더 강한 자는 예수 그리스도인 줄 믿으시기 바란다. 예수님께서 마귀를 결박하고 쫓아내심으로 그 안에 있는 자는 회개하고 죄를 고백하게 되며 주님을 주인으로 모시게 된다. 다시 말해서 진정한 그리스도인은 예수님의 생각과 목적과 말과 행동을 본 받아 점차 예수 그리스도를 닮아가는 사람이다. 우리는 생각이나 목적, 말, 행동이 예수 그리스도를 닮아가야 한다. 진정한 그리스도인은 마음속에 평강을 누리고 마음에 하나님의 의를 사모하며 마음속에 희락을 누리는 자이다.

사랑하는 성도 여러분, 아직도 자연인처럼 마귀의 지배하에서 살고 있는지 종교인처럼 내 자신을 내세우면서 내 주관대로 살고 있는지, 아니면 예수 그리스도의 지배를 받고 신앙 생활을 하고 있는지 여러분 자신의 영혼을 꼭 진단하고 마음속에 예수 그리스도를 모시고 항상 예수 그리스도의 지배만 받고 살아가시는 성도 여러분이 다 되시기를 주의 이름으로 축원한다.

천국시민의 삶의 자세
(누가복음 12:35-40)

유대인의 혼인 잔치는 저녁에 거행되기 때문에 손님들이 돌아가는 시간은 한밤중이 훨씬 지나게 된다. 그때까지 종들은 주인을 기다려야 했다. 그리고 주인이 돌아올 시각이 어느 때가 될런지도 불확실했다. 따라서 종들은 주인을 맞이하기 위해 깨어있어야 했다. 여기에서 우리는 천국시민의 삶의 자세를 살펴 볼 수 있다. 예수를 믿는 우리는 천국시민이다. 천국시민은 어떠한 삶을 살아가야 되는가에 대해서 말씀을 상고하면서 함께 은혜를 나누고자 한다.

첫째, 진리로 띠를 띠고 살아야 한다.

"허리에 띠를 띠고"(35절). 유대인들이 입는 옷은 뜨거운 태양의 직사광선 열기, 사막의 모래바람 등을 피할 수 있도록 길게 만들어져 있으므로 신속한 활동을 하기 위하여선 겉옷을 조금 걷어 올린 후 띠로 고정시키게 되어 있다. 에베소서 6:14에 보면 "서서 진리로 너희 허리띠를 띠고"라는 말씀이 있다. '진리'란 거짓이 없는 참된 것으로 '예수님 자신'(요 14:6), '하나님의 말씀'(시 119:160), '하나님의 영'(요 14:17)을 가리킨다. 그러므로 진리로 띠를 띠고 사는 생활이란 예수님과 하나님의 말씀과 성령과 함께 하는 생활이다. 우리가 진리로 띠를 띠고 살면 ① 자유함을 얻게 된다(요 8:32). ② 거룩한 삶을 살게 된다(요 17:17). ③ 영혼이 깨끗해진다. "너희가 진리를 순종함으로 너희 영혼을 깨끗하게 하여"(벧전 1:22).

둘째, 신앙의 등불을 켜들고 살아야 한다.

"등불을 켜고 서 있으라"(35절). 성전된 우리는 안으로는 항상 신앙의 등불을 켜들고 살아야 하고(레 6:12), 밖으로는 모든 사람에게 신앙의 등불을 비추어 주는 삶을 살아야 한다. "이같이 너희 빛을 사람 앞에 비취게 하여 저희로 너희 착한 행실을 보고 하늘에 계신 너희 아버지께 영광을 돌리게 하라"(마 5:16). 왜냐하면 죄악으로 어둡기 때문이다. 신앙의 등불을 커들고 살려면 ① 성령의 충만함이 있어야 한다. "미련한 자들이 슬기있는 자들에게 이르되 우리 등불이 꺼져가니 너희 기름을 조금 나눠 달라 하거늘"(마 25:8). ② 주께서 나의 등불을 켜주셔야 한다. "주께서 나의 등불을 켜심이여 여호와 내 하나님이 내 흑암을 밝히시리이다"(시 18:28). ③ 항상 기도하는 생활을 해야한다(눅 18:1).

셋째, 깨어 있는 삶을 살아야 한다.

"주인이 와서 깨어 있는 것을 보면 그 종들은 복이 있으리로다"(37절). 사람이 약속을 해놓고도 잠들어 있으면 모든 기능이 마비된다. 우리가 깨어 있어야 되는 이유는 ① 시험에 들지 않게 하기 위해서이다. "시험에 들지 않게 깨어 있어 기도하라"(마 26:41). ② 죄를 짓지 않게 하기 위해서이다. "깨어 의를 행하고 죄를 짓지 말라"(고전 15:34). 우리의 영이 잠들면 온갖 죄를 범하게 된다. ③ 마귀를 대적하기 위해서이다. "보라! 내가 도적같이 오리니, 누구든지 깨어 자기 옷을 지켜 벌거벗고 다니지 아니하며 자기의 부끄러움을 보이지 아니하는 자가 복이 있도다"(계 16:15).

넷째, 예비된 삶을 살아야 한다.

"이러므로 너희도 예비하고 있으라 생각지 않는 때에 오리라 하시니라"(40절). 천국 시민은 ① 주님을 맞이할 예비를 하고 살아야 한다. ② 죽음을 예비하고 살아야 한다. "나의 기운이 쇠하였으며 나의 날이 다하였고 무덤이 나를 위하여 의의 면류관이 예비되었구나"(욥 17:1). ③ 하늘의 상을 예비하고 살아야 한다. "이제 후로는 나를 위하여 의의 면류관이 예비되었으므로 주 곧 의로우신 재판장이 그날에 내게 주실 것이니, 내게만 아니라 주의 나타나심을 사모하는 모든 자에게니라"(딤후 4:8). ④ 선한 일을 예비하고 살아야 한다. "그러므로 누구든지 이런 것에서 자기를 깨끗하게 하면 귀히 쓰는 그릇이 되어 거룩하고 주인의 쓰심에 합당하며 모든 선한 일에 예비함이 되리라"(딤후 2:21).

사랑하는 성도 여러분, 진리로 띠를 띠고, 신앙의 등불을 켜들고, 깨어 있는 삶과 예비된 삶을 살아 천국시민답게 사시는 성도 여러분이 다 되시기를 주의 이름으로 축원한다.

그 종이 복이 있으리로다
(누가복음 12:35-43)

본문에 보면 재림을 준비하는 자의 자세와 관련하여 '주인을 기다리는 충실한 종의 비유'가 기록되어 있다. 주인이 돌아왔을 때 각자 맡은 사명을 잘 감당한 종들에게 "주인이 혹 이경에나 혹 삼경에 이르러서도 종들의 이같이 하는 것을 보면 그 종들은 복이 있으리로다"(38절)고 말씀했다. 하나님은 우리에게 각자 달란트를 주셨다. 그러면 어떻게 하는 자에게 복이 있다고 했는가에 대해서 말씀을 상고하면서 함께 은혜를 나누고자 한다.

첫째, 허리에 띠를 띠고 있는 종이다.

"허리에 띠를 띠고…"(35절上). 허리는 힘이 있는 곳이다(욥 40:16). 하나님은 우리에게 체력도 주시고, 정신력도 주시고, 재력도 주시고, 영력도 주셨다. 머리에 띠를 띠라는 것은 하나님이 우리에게 주신 힘들을 잘 활용하라는 것이다. 에베소서 6:14에 보면 진리로 허리띠를 띠라고 말씀했다. 우리는 하나님이 주신 달란트를 활용하되 진리 곧 하나님의 말씀 안에서 행해야 한다. 하나님이 주신 것을 어떻게 활용하느냐에 따라서 나라와 민족과 세계에 유익을 주어 하나님께 영광을 돌리기도 하고, 나라와 민족과 세계에 폐를 끼쳐 하나님의 영광을 가리우기도 한다. 하나님이 주신 힘을 하나님의 영광을 위해서 사용할 때 복을 받는 종이 되는 것이다.

둘째, 등불을 켜고 서 있는 종이다.

"등불을 켜고 서 있으라"(35절下). 여기에서 '등'이라는 말과 '불'이라는 말과 '서 있으라'는 말은 서로 잘 연결된 말이다. 왜냐하면 등은 있지만 불이 없으면 아무 소용이 없고, 불은 있지만 등이 없으면 들고 다닐 수가 없으며, 등도 있고 불도 있지만 앉아만 있으면 별로 의미가 없기 때문이다. 등은 하나의 의식과 같고, 불은 내실과 같다. 내실이 갖추어져 있으면 의식과 형식이 무시되지 않는다. 우리는 반드시 신앙의 내실을 기해서 생명있는 신앙을 가지고 열매 맺는 삶을 통해서 하나님께 영광 돌리는 삶을 살아야 하고, 또한 언제 오실지 알 수 없는 그리스도를 맞이하기 위해 항상 말씀으로 무장하고 성령의 인도를 통해 준비하는 삶을 살 때 복을 받는 종이 되는 것이다.

셋째, 진실한 청지기로 양식을 나누어 주는 종이다.

"주께서 가라사대 지혜 있고 진실한 청지기가 되어 주인에게 그 집 종들을 맡아 때를 따라 양식을 나누어 줄 자가 누구냐? 주인이 이를 때에 그 종의 이렇게 하는 것을 보면 그 종이 복이 있으리로다"(42,43절). 진실한 청지기란 주인이 있으나 없으나 성실히 자신의 직무를 수행하는 자이다. 그러므로 진실한 청지기는 주인이 출타 중에도 맡겨진 주인의 재물을 늘리고(마 25:14-17), 종들을 잘 관리하며 그들에게 때를 따라 양식을 나누어 준다(마 24:45). 프랑스 황제 나폴레옹은 '부는 보물의 소유에 있는 것이 아니고 그 보물을 사용하는데 있다'고 했고, T.에드워드는 '수의에는 돈주머니가 없다'고 말했다. 우리는 살아 있는 동안에 진실한 청지기가 되어 하나님께 받은 것을 잘 활용하고 많은 이익을 남겨서 다른 사람들에게 자꾸 나누어 주는 자가 되어야 한다. 하나님은 나누어 주는 자에게 후히 주신다고 말씀하셨고(눅 6:38), 구제를 좋아하는 자는 풍족하게 된다고 말씀했다(잠 11:25).

사랑하는 성도 여러분, 하나님이 주신 달란트를 진리 안에서 잘 활용하고, 신앙의 내실을 기해서 생명있는 신앙을 가지고 열매 맺는 삶을 살며, 진실한 청지기로서 나누어 주기를 좋아하는 종에게 주인의 자리에 앉게 해주고(37절), 많은 것으로 맡기고 주인의 즐거움에 참여하게 하는 복을 약속했는데 이러한 종이 되어 하나님의 약속한 복을 다 받아 누리는 성도 여러분이 되시기를 주의 이름으로 축원한다.

모범된 청지기
(누가복음 12:35)

'청지기'라는 말은 주인의 소유를 맡아 관리하는 자를 말하는 것으로서 누가복음 12:42에는 "지혜있고 진실한 청지기가 되라"하였고, 베드로전서 4:10에는 "선한 청지기 같이 서로 봉사하라"고 하였으며, 특히 본문 말씀 가운데에는 모범된 청지기의 모습 다섯 가지가 나타나 있는데,

첫째, 모범된 청지기는 허리에 띠를 띠는 청지기이다.

허리에 띠를 띠는 것은 신앙의 완전무장을 의미하는 말이며, 또한 일하는 자세를 의미하는 말이기도 한다. 성도가 하나님 앞에 모범된 청지기가 되자면 먼저 진리로 띠를 띠어야 한다. 진리로 띠를 띤 신앙의 무장없이는 하나님 앞에 모범된 청지기가 될 수 없는 것이다. 모든 일은 반드시 신앙의 바탕 위에 세워져야 하며, 또한 행해져야 하는 것이다. 프랑스의 전쟁화가 베르네는 말하기를 "아무리 행복한 인간이라 할지라도 신앙이 없다면 뿌리도 없고 오래가지도 않는 흙물 속에 있는 아름다운 꽃일 뿐이라"고 말했다. 신앙 위에 기초된 열심은 위대한 힘을 나타낼 수 있으며 또한 영원히 지속될 수가 있는 것이다. 이와 같이 모범된 청지기는 진리로 허리에 띠를 띨뿐 아니라 열심으로 일을 한다. 베드로전서 1:13에 말씀에 "그러므로 너희 마음의 허리를 동이고 근신하라"고 말하였다. 우리는 그날 그날 자기가 마땅히 할 일에 대하여 게으르거나 나태하여서는 결코 아니된다. 허리를 동이고 열심으로 일해야 한다. 미국의 과학자 프랭크린은 말하기를 "오늘 할 수 있는 것을 내일로 미루지 말라"고 하였다. 더구나 하나님의 일을 하는 사람은 하루 하루의 일에 충실해야 한다. 있는 온 정성을 다 드려야 하는 것이다.

둘째, 모범된 청지기는 등불을 켜는 청지기이다.

청지기가 등불을 켜는 것은 주인을 환영하는 자세이며 밤이 깊도록 일하는 자세이다. 그런고로 누가복음 15:8 말씀에 등불을 켜고 집을 쓴다고 하

였다. 나태하고 게으른 청지기는 등불을 다 꺼버리고 모든 일들도 중단해 버릴 뿐 아니라 안일한 잠자리만 찾아가기 좋아하는 것이다.

그러나 모범된 청지기는 주인의 맡겨진 일들을 다 감당하기 위하여 밤이 깊도록 등불을 밝혀 놓고 자기의 자세를 어두운데 감추지 않고 어엿하게 밝은 빛 가운데 노출시키는 것이다. 오늘 이 시대는 폭풍의 때요, 어두움의 때이며, 비정한 때요, 무자비한 때이며, 사랑이 식어지는 때요, 쾌락 사랑하기를 하나님 사랑하기보다 더 하는 종말의 때이다. 이런 때를 살아가는 말세의 성도들은 예수의 이름으로 사탄의 어두움을 물리치고 죄악과 암흑에서 방황하는 길을 힘차게 걸어차 버리고 모범된 청지기같이 등불을 밝히 켜서 빛을 발해야 하는 것이다. 그러므로 누가복음 12:35에 "허리에 띠를 띠고 등불을 켜고 서 있으라"고 말했다.

그러면 우리가 켜야 할 등불은 무엇인가?

① 신앙의 등불이다.

우리는 신앙의 등불을 밝히 켜야 한다. 신앙의 등불이 꺼진 사람은 불꺼진 등대요, 불꺼진 자동차의 헤드라이트와 같아서 무용지물이 되고 마는 것이다.

② 말씀의 등불이다.

주의 말씀은 내 발의 등이요, 빛이 되는고로 말씀의 등불을 켜들고 있는 사람은 발의 올무가 넘어뜨리지 못하며 평탄한 삶의 길을 잃어버리지 아니할 뿐 아니라 하늘가는 밝은 길을 항상 바라보며 살아가게 되는 것이다.

③ 성령의 등불이다.

성도 여러분! 오늘 이 시간 마가의 다락방에 임하셨던 오순절의 뜨거운 성령의 불길이 여러분 한 사람 한 사람 심령 위에 뜨겁게 임하기를 주님의 이름으로 축원한다. 이 거대한 성령의 불길이 뜨겁게 역사한 자만이 세계를 움직이시는 주님의 구원과 복음의 역사를 세계 만민 앞에 나타내게 되었던 것이다. 이 거대한 성령의 불길이 타오르는 자는 참으로 거대한 하나님의 장중에 붙잡힘 받아 크게 역사했는데 위클리, 존 후스, 사보나롤라, 존 칼빈, 쯔빙글리, 마틴 루터, 웨슬레, 워필드, 진셀돌프, 에드워드, 찰스 피니, 디엘 무디, 센퀴, 빌리그레함, 김익두 목사, 길선주 목사, 이성봉 목사등 수 많은 귀한 주님의 사역자들이 성령의 불길을 전세계에 던졌던 것이다. 꺼져가는 심지를 끄지 아니하시고 상한 갈대를 꺾지 아니하시는 하나님께서 오늘도 사랑하는 성도 여러분 한 사람 한 사람 위에도 이 불길이 타오르기를 주님의 이름으로 축원한다.

셋째, 모범된 청지기는 누워 있지 않고 서있는 청지기이다.

서있는 것은 일의 연속을 의미하는 것이며, 주인이 돌아와 문을 두드리면 언제나 열어줄 수 있기 위해서 서 있는 것이다. 이와같이 서있는 사람은 주인의 발자국 소리를 들을 줄 알며, 주인의 음성을 들을 줄 알기 때문에 그 주인을 언제나 영접해 들일 수가 있는 것이다. 요한계시록 3:20 말씀에 "볼지어다 내가 문밖에 서서 두드리노니 누구든지 내 음성을 듣고 문을 열면 내가 그에게로 들어가 그로 더불어 먹고 그는 나로 더불어 먹으리라"고 말씀했다. 우리는 항상 허리에 띠를 띠고 등불을 켜고 서있어 주인이 돌아와 문을 두드릴 때 언제든지 곧 열어드릴 수 있는 모범되고 축복된 청지기가 되어야겠다.

넷째, 모범된 청지기는 주인을 기다리는 청지기이다.

주인이 언제나 돌아올런지 모르면서도 2경, 3경 밤이 깊었는데도 자지않고 깨어있는 종들은 복이 있으리라고 말씀했다. 이러한 좋은 마음을 잠시라도 풀지 않고 있을 뿐 아니라 그 주인을 간절히 사모하게 되는 것이다. 친애하는 성도 여러분! 우리는 모두가 머지 않아 다시 오실 재림의 주님을 기다리는 그리스도의 신부들인 것이다. 잠시동안 머물다가 본향으로 돌아갈 나그네 인생길에서 세상으로 물욕에 침몰치 말고 바라보는 천국 복을 밝히 바라보면서 모범된 청지기의 굳센 믿음으로 올바르고 굳세게 살아가자.

예비하는 인생
(누가복음 12:40)

성경에는 '예비하라'는 말이 수없이 기록 되어 있는데, 이 말은 헬라어의 '헤토이모스'(ετοιμος)라는 말로서 '준비, 무장, 간직, 저장' 등의 뜻을 가지고 있다. 누가복음 12:40이 보면 "이러므로 너희도 예비하고 있으라 생각지 않을 때에 인자가 오리라"고 하였다. 그러면 우리가 무엇에 대하여 예비하는 인생이 되어야 하는가에 대해서 다섯 가지 중요 내용을 말씀 드리겠다.

첫째, 우리 인생은 하나님 만나기를 예비하고 있어야 한다.
아모스 선지자는 온 백성을 향하여 외치기를 "네 하나님 만나기를 예비하라"고 하였다. 인생이 무거운 짐을 지고 이 땅에 태어나 참된 행복과 영원한 삶을 위하여 동서남북을 헤매여 보다가도 하나님을 만나고 나서야 비로소 참된 안식을 얻게 되며 기쁨의 노래를 부를 수 있게 되는 것이다. 그런고로 이 세상에서 가장 행복한 인생은 바로 하나님을 만나는 사람이다. 우리는 무슨 일에나 먼저 하나님을 만나야 된다고 하는 신앙의 자세가 기초되어 있어야 한다. 그러면 우리가 어떻게 하여 하나님을 만날 수 있는가에 대해서 말씀드리겠다.

① 하나님을 간절히 찾아야 한다.
역대상 28:9 말씀에 "여호와께서는 뭇 마음을 감찰하사 모든 사상을 아시나니 네가 저를 찾으면 만날 것이라"고 하였다. 세상에는 특수한 인물이나 높은 사람을 만나려고 할 때 그 절차가 매우 복잡하고 힘이 들게 된다. 제가 한 번은 하와이에 머물러 있는 동안 하와이에 망명온 전 필리핀 대통령 마르코스를 만나 어려운 가운데 있는 그에게 전도하기 위해서 그가 머무는 숙소 곁에까지 찾아갔다가 도저히 접근하기 어려워 그냥 돌아오게 된 일이 있었다. 그러나 만왕의 왕이시고 만유의 주가 되시는 우리 하나님은 언제 어디서 누구를 막론하고 하나님을 간절히 찾기만 하면 언제나 만날

수 있게 된다. 잠언 8:17에 보면 "나를 사랑하는 자들이 나의 사랑을 입으며 나를 간절히 찾는 자가 나를 만날 것이니라"고 하였다.

② 하나님은 하나님 만나기를 예비하고 있는 자에게 만나주신다.

그런고로 아모스 4:12에 "네 하나님 만나기를 예비하라"고 하였다.

③ 하나님은 세마포 단장하여 신앙의 등불을 밝게 켜들고 있는 자에게 만나주신다. 이와같이 우리는 하나님 만나기를 준비하고 살아가야 하겠다. 언제 어디서나 하나님을 승리하는 여러분이 되시기를 주님의 이름으로 축원한다.

둘째, 우리 인생은 하나님 쓰시기에 합당한 그릇이 되도록 예비하고 있어야 한다.

하나님은 천하고 무능한 우리 인생을 불러서 귀중한 직분을 맡겨 주셨으며 충성된 종으로 불러 쓰시기를 원하고 계신다. 그리고 하나님은 그 귀한 직분을 맡겨 주시는 순간부터 그 모든 일을 능히 감당할 수 있는 능력도 부어 주시는 하나님이시다. 영역이 필요할 때는 영권 역사를 나타내게 하시고 건강, 물질이 필요할 때는 물권 인권을 아낌없이 부어 주시기를 기뻐하시는 하나님이시다. 그러면 하나님께 쓰시는 그릇은 어떠한 그릇인가에 대해서 말씀드리겠다.

① 깨끗한 그릇이다.

디모데후서 2:20에 "큰 집에는 금과 은의 그릇이 있을 뿐 아니요 나무와 질그릇도 있어 귀히 쓰는 것도 있고 천히 쓰는 것도 있나니 그러므로 누구든지 이런 것에서 자기를 깨끗하게 하면 귀히 쓰는 그릇이 되어 거룩하고 주인의 쓰심에 합당하며 모든 선한 일에 예비함이 되리라"고 하였다.

② 순종하는 그릇이다.

아브라함은 순종하다가 큰 그릇이 되었고, 모세도 하나님의 명령에 절대 순종하다가 대 이스라엘 민족의 지도자가 되었다. 순종이란 말인 '솨마'(שמע)의 뜻은 '듣고 따르며 예속, 복종하는 것'을 말하는 것이다. 하나님은 언제나 인간을 하나님의 그릇으로 쓰시려고 할 때 어떠한 어려움 속에서라도 하나님의 명령에 순종하는가를 시험해 보시는 것이다.

③ 감사하는 그릇이다.

감사는 하나님의 은혜에 대한 화답이며 더 큰 수확을 거두어 드리게하는 축복의 그릇인 것이다.

④ 사명감에 불타는 그릇이다.

사명감은 바로 에너지이며 주의 능력을 받는 채널이다. 이와 같이 자기를 깨끗케 하며 순종, 감사, 사명감이 갖추어질 때 주께서 쓰시는 합당한 그릇이 되어지는 것이다.

셋째, 우리 인생은 마귀와 싸워 이길 접전의 태세가 예비되어 있어야 한다.

유비무환이란 말은 매우 중요한 말이다. 강한 군사는 언제나 적이 쳐들어 올 것에 대한 방어와 공격을 위한 완전무장을 갖추어 놓는다. 인생의 가장 큰 대적은 마귀의 세력이다. 마귀의 도전은 휴전이 없고 때와 장소가 없다. 그런고로 마귀와 대적하여 승리하기 위해서는 깨어 기도하는 생활을 지속해야 한다.

베드로전서 5:8에 "근신하라 깨어라 너희 대적 마귀가 우는 사자같이 두루 다니며 삼킬 자를 찾나니 너희는 믿음을 굳게 하여 저를 대적하라"고 하였고, 예수님은 기도하지 않는 제자들을 보시고 민망히 여기시며 "너희가 나와 함께 한시동안도 이렇게 깨어 있을 수 없더냐 시험에 들지 않게 깨어 있어 기도하라"고 하였다.

기도는 마귀를 이기게 되는 최상의 무기인 것이다. 그런고로 성도가 기도할 때 마귀는 도망가게 되고 천군천사는 수종들게 되는 것이다.

넷째, 우리 인생은 하나님 나라에 들어갈 예배를 하고 있어야 한다.

시편 103:15에 "인생은 그 날이 풀과 같으며 그 영화가 들의 꽃과 같다"고 하였다. 우리 인생은 언젠가 주님이 부르시는 그 날이 오게 되는데 예수 믿고 구원 받아 천국에 들어갈 준비를 한 자만이 하늘나라의 영광에 참여하게 되는 것이다.

영국 속담에 "비단 옷 입고 지옥에 가는 것 보다 누더기 입고 천국에 가는 편이 낫다"고 하였고, 영국의 문학가 세익스피어는 "천국은 기쁨의 보고이다"고 하였다. 이와 같이 하나님은 그를 믿는 성도들을 위하여 이 귀한 천국을 예비하여 주셨다. 그 곳에는 하나님의 영광이 가득차 있고 죽음도 슬픔도 질병도 없는 영원한 영생의 나라인 것이다.

다섯째, 우리 인생은 하나님의 상를 받을 준비를 하며 살아야 한다.

고린도전서 9:24에서 사도 바울은 상을 얻도록 달음질한다고 하였다. 하나님은 인생들이 하나님을 믿는 신앙을 통하여 구원의 축복을 주셨고 또 그들의 행함을 통하여 하늘의 상을 예비해 주신 것이다.

사랑하는 성도 여러분, 우리는 모두가 ① 하나님을 만남에 대한 예비와 ② 하나님의 쓰심에 대한 합당한 예비 그리고 ③ 마귀와 접전하여 승리자가 되기 위한 예비, ④ 하나님 나라에 들어갈 예비, ⑤ 하나님의 상 받을 예비를 갖춘 이 귀중한 삶을 통하여 하나님께 영광을 돌리며 축복된 삶을 살아가는 여러분이 되시기를 주님의 이름으로 축원한다.

예비된 삶

(누가복음 12:40-44)

우리는 모든 것에 예비하고 살아야 한다. 고사성어에 '유비무환'(有備無患)이라는 말이 있듯이 항상 예비하고 사는 자는 어떠한 상황에 처하더라도 당황하거나 조급해하지 않고 여유있게 일을 하여 아름다운 열매를 맺게 되는 줄 믿으시기 바란다. 우리는 많은 것에 준비하고 살아야 하지만 특별히 성도로서 예비하고 살아야 될 세 가지를 상고하면서 말씀의 은혜를 나누고자 한다.

첫째, 주님 맞이할 준비를 하고 살아야 한다.

우리 생활 속에 많은 준비를 하고 산다 할지라도 주님 맞이할 준비를 못하고 산다면 이것은 가장 중요한 것에 허점이 생긴 것과 같다. "이러므로 너희도 예비하고 있으라 생각지 않은 때에 인자가 오리라"(눅 12:40).

성경은 여러 곳에서 주님이 오실 징조를 말씀해 주셨다. ① 사람들이 빨리 왕래하며 지식이 더해지는 때이다. "많은 사람이 빨리 왕래하며 지식이 더하리라"(단 12:4). ② 전쟁, 기근, 지진, 온역이 전세계에 번져지는 때이다. "민족이 민족을 나라가 나라를 대적하여 일어나겠고 처처에 큰 지진과 기근과 온역이 있겠고 또 무서운 일과 하늘로서 큰 징조들이 있으리라"(눅 21:10,11). ③ 거짓 선지자와 거짓 그리스도가 출현하는 때이다. "거짓 선지자가 많이 일어나 많은 사람을 미혹하게 하겠으며"(마 24:11). "보라 그리스도가 여기 있다 저기 있다 하여도 믿지 말라 거짓 그리스도들과 거짓 선지자들이 일어나 큰 표적과 기사를 보이어 할 수만 있다면 택하신 자들도 미혹하게 하리라"(마 24:23,24). ④ 민심이 각박해지는 때이다. "불법이 성하므로 많은 사람의 사랑이 식어지리라"(마 24:12). "네가 이것을 알라 말세에 고통하는 때가 이르리니 사람들은 자기를 사랑하며 돈을 사랑하며 자긍하며 교만하며 훼방하며 부모를 거역하며 감사치 아니하며 거룩하지 아니하며 무정하며…"(딤후 3:1-5). ⑤ 사탄이 최후로 발악하는 때이다. "근신하라 깨어라 너희 대적 마귀가 우는 사자같이 두루다니며 삼킬 자를 찾나니 너희는 믿음을 굳게 하여 저를 대적하라"(벧전 5:8, 9).

우리는 항상 말씀과 기도로 깨어 있어 주님을 맞이할 준비를 하고 살아가야 되겠다.

둘째, 사명의 부르심에 응답할 준비를 하고 살아야 한다.

하나님이 언제 어디서 무엇을 맡겨도 "아멘"하고 나설 수 있는 사명의 준비를 해야 한다. "내가 또 주의 목소리를 들은 즉 이르시되 내가 누구를 보내며 누가 우리를 위하여 갈꼬 그 때에 내가 가로되 내가 여기 있나이다 나를 보내소서"(사 6:8). 다시 말하면 우리는 사명을 위해서 태어나서 사명을 위해서 살다가 사명을 위해서 죽을 수 있어야 된다. 사명자가 갖추어야 할 자세는 ① 자원하는 마음이 있어야 된다. ② 불붙는 마음이 있어야 된다. ③ 끝까지 충성하는 마음이 있어야 된다.

셋째, 하늘의 상 받을 준비를 하고 살아야 한다.

'상'이란 헬라어 '미스토스'($\mu\iota\sigma\theta\acute{o}\varsigma$)는 '일한 데에 보상'이라는 뜻이다. "보라 내가 속히 오리니 내가 줄 상이 내게 있어 각 사람에게 그의 일한대로 갚아 주리라"(계 22:12). 이미 하나님께는 상이 준비되어 있다. "또 누구든지 제자의 이름으로 이 소자 중 하나에게 냉수 한 그릇이라도 주는 자는 내가 진실로 너희에게 이르노니 그 사람이 결단코 상을 잃지 아니하리라 하시니라"(마 10:42). 하나님은 상주시기를 기뻐하신다. 그런고로 사도 바울은 빌립보서 3:14에 부르신 부름의 상을 위하여 좇아간다고 했다. 이 세상에 사는 동안 고난과 핍박을 당한다 할지라도 하늘의 상을 바라보며 소망 가운데 인내하며 승리하시기를 바란다.

사랑하는 성도 여러분!

여러분은 이 세 가지가 모두 준비되어 있는가? 오늘 우리는 주님 맞이할 준비, 언제 주님께서 사명을 맡겨도 '아멘' 하고 나설 수 있는 사명의 준비, 하늘의 상 받을 준비를 하고 살아 땅에서도 하늘에서도 축복을 받는 성도 여러분이 되시기를 주의 이름으로 축원한다.

선한 청지기
(누가복음 12:42-48)

성경에 보면 '청지기'라는 단어가 자주 등장한다. 성경에서 말하는 '청지기'라는 뜻은 '한 집안의 모든 일들을 맡아서 하는 집사, 장관급에 해당하는 방백, 고지기(느 13:13), 감독, 장로, 후견인, 재무담당자, 재산 관리자, 잔치주관자, 포도원 관리자, 농장 관리자' 이러한 뜻이 있다. 이것을 종합해 보면 "주인으로 부터 임무를 받은 자, 주인과의 관계를 가지고 주인을 대신해서 일을 수행하는 사람"이라고 하는 특징을 찾아볼 수 있다. 바울은 디도서 1:7-9에 교회 직분 맡은 모든 사람을 하나님의 청지기라고 했다. 신약성경에 보면 다양한 청지기들이 등장한다. 지혜로운 청지기, 어리석고 미련한 청지기, 착하고 충성된 청지기가 되어 봉사하라고 권면하고 있고 오늘 본문에도 보면 주님은 우리에게 지혜있고 진실한 청지기가 되라고 권면하고 있다. 그러면 선한 청지기가 되려면 어떻게 살아야 될 것인가에 대해서 말씀을 상고하면서 함께 은혜를 나누고자 한다.

첫째, 주인의 뜻을 아는 청지기가 되어야 한다.

청지기는 주인과의 인간관계로 맺어진 사람이다. 주인이 자기를 왜 불렀는가, 왜 맡겼는가, 어떻게 하기를 원하는가, 자기를 쓰는 주인의 뜻이 무엇인가를 아는 청지기는 선한 청지기이다. 우리는 주님의 크고 비밀한 뜻까지를 알아야 된다. 열심히 일을 하는데 주인의 뜻과는 다른 방향에서 일을 하는 자는 지혜로운 청지기가 아니다. 이 청지기는 자기 뜻대로 하는 것 같지 않으면서도 주인의 뜻대로 하는 것도 아니다. 이런 사람은 주인의 뜻을 모르는 데서 비롯되는 것이다.

둘째, 생산에 투자하는 청지기가 되어야 한다.

우리가 주님께 받은 것을 어떻게 사용하느냐에 따라서 선한 청지기냐 불의한 청지기냐 하는 것이 판가름 난다. 마태복음 25장에 보면 달란트 비유가 나온다. 여기에 보면 선한 청지기, 지혜로운 청지기가 나온다. 그는 받은 바 달란트를 생산적인 곳에 투자했다. 그래서 생산성을 높였다. 그런데 그 다음에 나오는 청지기는 달란트를 받아서 현상유지하는데 급급했다. 그는 받은 달란트를 땅에 감추어 두었다고 했다. 사실 현상유지라고 하는 것은 다른 면에서 분석하면 손해인 것이다. 모든 것이 발전하는데 자기는 현상 유지만 하고 있는 청지기는 선한 청지기가 아니다. 그래서 그는 주인으로부터 '무익한 청지기, 악한 청지기' 라는 평을 받고 그의 있는 것까지 다 빼앗기게 되었다. 누가복음 16장에 보면 불의한 청지기가 나온다. 그는 주인의 소유를 다 허비했다고 했다. 그는 주인에게 받은 것을 생산에 투자한 것이 아니라 소비에 투자했다. 생산에 투자하는 청지기는 주인의 목적을 아는 선한 청지기이다.

셋째, 소유권을 분명하게 할 줄 아는 청지기가 되어야 한다.

소유권이 불분명하고 희미한 청지기는 선한 청지기가 될 수 없다. 모세는 이미 레위기 25:23에서 '토지는 다 하나님의 것이다' 라고 말했다. 또 그는 이스라엘 백성들이 애굽에서 나와서 약속의 땅, 젖과 꿀이 흐르는 가나안 땅에 들어가기 전에 광야에서 이스라엘 백성들에게 '너희들이 앞으로 하나님께 받을 그 땅을 너희들이 받아서 사용은 하지만 너희들 것은 아니다' 라고 했다. 모세는 이와 같이 토지는 하나님의 것이라고 이미 소유권을 선언해 놓았다. 그런가 하면 왕권을 가진 다윗도 시편 24:1에 "땅과 거기 충만한 것과 세계와 그 중에 거하는 자가 다 여호와의 것이로다"라고 말했다. 오늘 본문 42절에도 보면 청지기에게는 주인 대신 분배하는 책임이 있었다. 주인은 청지기에게 종들을 맡아 때를 따라 양식을 나누어 주라고 했다. 또 44절에도 보면 주인이 청지기에게 소유를 맡겼다고 했다. 성경 어느 곳을 보더라도 소유권 만큼은 하나님께서 청지기에게 넘겨주시지 않았다. 사용권만 넘겨 주셨다고 했다.

사랑하는 성도 여러분, 주인의 뜻을 아는 청지기가 되어 여러분이 하는 모든 행위를 보고 사람들이 주님을 알 수 있도록 살고, 생산에 투자하는 청지기가 되어 주님을 기쁘시게 해드리며, 소유권을 분명히 할 줄 알아 선한 청지기로서의 삶을 사시기를 주의 이름으로 축원한다.

한 번 더 주어진 기회
(누가복음 13:6-9)

인생은 일방통행과 같이 한 번 지나가면 다시 그 기회가 돌아오지 않는다. 본문에 보면 포도원 주인이 무화과나무를 심어 놓고 3년 동안이나 열매를 맺지 못하자 땅만 버린다고 찍어버리려고 했다. 그때 과원지기의 만류에 의해 주인은 무화과나무가 열매를 맺을 수 있는 기회를 한 번 더 주게 된다. 여기서 주인은 하나님을, 무화과나무는 이스라엘을, 열매는 참된 회개를, 과원지기는 예수님을 의미한다. 하나님께서는 예수 그리스도의 중보에 의해 심판을 유보하시면서 당신의 백성들이 회개하고 돌아오기를 기다리고 계신다. 이것이 곧 하나님의 사랑이다. 그러면 하나님이 우리에게 한 번 더 주신 기회란 무엇인가에 대해서 말씀을 상고하면서 함께 은혜를 나누고자 한다.

첫째, 은혜를 받을 기회이다.

"보라, 지금은 은혜 받을 만한 때요. 보라, 지금은 구원의 날이로다"(고후 6:2). 지금은 바로 은혜의 시대이며, 예수 그리스도를 믿음으로 구원받을 수 있는 때이다. '은혜' 란 하나님의 무조건적이고도 자의적인 사랑을 가리키는 말로써 죄와 사망의 자리에서 구원해 주시고, 구하는 모든 소원을 하나님의 선물로 이루어 주시는 것을 말하는 것이다. 사도 바울은 "나의 나 된 것은 하나님의 은혜로 된 것이다"(고전 15:10)라고 고백했다. 우리는 우리의 모든 생활 전체가 하나님의 은혜임을 믿고 항상 그 은혜에 감사하며 살아야 한다.

둘째, 하나님을 만날 기회이다.

"이로 인하여 무릇 경건한 자는 주를 만날 기회를 타서"(시 32:6上). 여기에서 '주를 만날 기회' 란 하나님이 틈나실 때가 아니라 인간의 영혼이 준비되어 있을 때를 가리킨다. 왜냐하면 하나님은 언제나 우리를 향하여 마음을 열어 놓고 계시기 때문이다. 따라서 우리는 언제 어느 때에나 어디에서든지 하나님을 구하고 찾아야 한다. 이사야 55:6에 보면 "너희는 여호와를 만날만한 때에 찾으라, 가까이 계실 때에 그를 부르라"고 말씀하셨다. 하나님은 멀리 계시는 분이 아니라 우리 곁에 가까이 계시는 분이다.

셋째, 기도할 기회이다.

"주께 기도할지라. 진실로 홍수가 범람할지라도 저에게 미치지 못하리로다"(시 32:6下). 하나님은 때때로 우리에게 어려운 시험이 오게 해서 또는 엄청난 축복을 주시기 위해서 기도할 기회를 주신다. 우리는 기도할 기회를 놓쳐서는 안된다. 우리 인생에 가장 아름다운 순간은 하나님과 대화하는 순간이다. 이 세상에서 가장 위대하고 힘있는 사람은 기도하는 사람이다. 하나님은 기도하는 사람에게 어떠한 환난과 시험이 와도 승리할 수 있게 해 주실 줄 믿는다. 예수님은 제자들에게 "시험에 들지 않게 깨어 있어 기도하라"(마 26:41)고 말씀하셨다.

넷째, 영혼을 구할 기회이다.

"가령 내가 악인에게 말하기를 너는 꼭 죽으리라 할 때, 네가 깨우치지 아니하거나 말로 악인에게 일러서 그 악한 길을 떠나 생명을 구원케 하지 아니하면, 그 악인은 그 죄악 중에서 죽으려니와 내가 그 피값을 네 손에서 찾을 것이고, 네가 악인을 깨우치되 그가 그 악한 마음과 악한 행위에서 돌이키지 아니하면, 그는 그 죄악 중에서 죽으려니와 너는 네 생명을 보존하리라"(겔 3:18,19). 전도는 이와 같이 매우 중요한 것이다. 우리는 영혼을 구원할 기회를 놓치지 말고 어떤 상황에서든지 무슨 일을 하든지 전도할 기회를 찾아 전도해야 한다.

다섯째, 착한 일을 할 기회이다.

"우리가 선을 행하되 낙심하지 말지니, 피곤하지 아니하면 때가 이르매 거두리라. 그러므로 우리는 기회있는 대로 모든 이에게 착한 일을 하되 더욱 믿음에 가정들에게 할지니라"(갈 6:9,10). 우리는 평생토록 사람들에게 악을 행하지 말고 착한 일을 하도록 힘써야 한다. 우리는 하나님이 주신 자유를 남용하지 말고 착한 일을 하는데 사용해야 한다. "형제들아 너희가 자유를 위하여 부르심을 입었으나 그러나 그 자유로 육체의 기회를 삼지말고 오직 사랑으로 서로 종노릇하라"(갈 5:13).

사랑하는 성도 여러분, 은혜받을 기회, 하나님을 만날 기회, 기도할 기회, 영혼을 구원할 기회, 착한 일을 할 기회를 놓치지 말고 잘 활용하여 아름다운 열매를 맺는 성도 여러분이 되시기를 주의 이름으로 축원한다.

잃은 양을 찾은 목자
(누가복음 15:4)

성경 안에는 잃은 것을 찾는 비유가 세 가지 기록되어 있다. 하나는 잃은 드라크마를 찾는 비유이고, 또 하나는 잃은 아들을 찾는 탕자비유 그리고 또 하나는 잃은 양을 찾는 비유인 것이다. 이 비유들은 모두가 인간 구원에 대한 하나님의 인도하심을 나타내신 말씀인 것이다. 그러면 읽어드린 본문을 가지고 세 가지 큰 대목으로 나누어 첫째는 잃은 양이란 무엇을 말하며, 둘째는 잃은 양을 어떻게 하여 찾았으며, 셋째는 잃은 양을 찾은 결과 등으로 구분하여 말씀드리겠다.

첫째, 잃은 양이란

① 잃은 양이란 타락하여 멸망의 자리에 빠져 있는 자를 말하는 것이다. '잃었다'는 말은 헬라의 '아폴루미'라는 말로서 '타락된 것, 멸망의 자리에 있는 것'을 뜻하는 말이다.

② 잃은 양이란 마귀에게 붙잡혀 있는 양을 말한다. 마귀는 주님의 양들을 험악한 모습으로 할퀴고 물어 뜯고 상처를 주고 사로잡는 것이다. 우리는 예수님 이름으로 사탄 마귀를 내어 쫓아야 하며 물리쳐야 하는 것이다.

③ 잃은 양이란 하나님의 보장이 없는 위험한 곳에 있는 것을 말한다. 양은 저항력이 없는 연약한 동물임과 동시에 악한 이리가 언제나 뒤를 쫓고 있기 때문에 잠시라도 목자의 보호를 받지 않고는 안전을 기할 수가 없는 것이다. 그러므로 양은 언제나 양우리 안에서 목자와 함께 있을때 만이 안전하게 되는 것이다. 우리 하나님을 믿는 성도들은 다 주님의 양들이다. 그러므로 항상 목자의 음성을 들으며 대목자장 되시는 주님의 음성을 듣고 따르며 일보도 옆길로 가서는 아니된다.

④ 잃은 양이란 성령과 함께 하지 않는 것을 말한다. 성령은 하나님의 영으로서 언제나 성도들과 함께 하시며 신적 내지 인격적인 신으로서 역사하시는 것이다. 또한 성령은 예수 그리스도가 구주이심을 믿게 하시며 그

리스도인의 신분을 보장해 주시는 것이다. 그러므로 고린도전서 12:3에 "그러므로 내가 너희에게 말하노니 하나님의 영으로 말하는 자는 누구든지 예수를 저주할 자라 하지 않고 또 성령으로 아니하고는 누구든지 예수를 주시라 할 수 없느니라"고 하였고, 사도 바울은 "만일 너희 속에 하나님의 영이 거하시면 너희가 육신에 있지 아니하고 영에 있나니 누구든지 그리스도의 영이 없으면 그리스도의 사람이 아니라"(롬 8:9)고 하였다.

죄아래 태어난 인간이 그리스도의 사람이 되는 것은 바로 하나님의 영이 그 안에 내주하심으로 이루어지는 것이다. 그러므로 성령과 함께 하지 아니한 영혼은 잃은 양이 되는 것이다.

둘째, 잃은 양을 어떻게 찾았는가

① 목자는 아흔아홉 마리를 들에 두고 잃은 양을 찾았다. 누가복음 15:4에 "너희 중에 어느 사람이 양 일백 마리가 있는데 그중에 하나를 잃으면 아흔아홉 마리를 들에 두고 그 잃은 것을 찾도록 찾아 다니지 아니하느냐 또 찾은즉 어깨에 매고 집에 와서 그 벗과 이웃을 불러 모으고 말하되 나와 함께 즐기자 나의 잃은 양을 찾았노라"하리라고 하였다. 이 말은 잃은 양을 찾되 한 마리밖에 없었던데서 찾은 것이 아니라 우리 안에 아흔아홉 마리나 되는 양이 있었지만 잃은 양 한 마리를 찾은 것은 그 한 마리의 가치가 얼마나 소중한 것임을 보여 주고 있는 것이며 하나님께서 인류를 사랑하시되 한 사람 한 사람의 영혼을 얼마나 사랑하시고 귀히 여기심을 보여 주고 있는 것이다.

② 목자는 잃은 양을 찾기 위하여 온 들판을 두루다니며 헤매였다. 이는 잃은 양을 찾기 위한 목자의 수고를 의미하는 말이다. 목자는 잃은 양이 찾아 들어오기를 기다리지 아니하고 친히 온 들판을 두루 헤매이며 찾았다. 하나님은 한 영혼이라도 멸망의 자리에서 구원받게 하시기 위해 집을 나간 탕자를 기다리는 아버지 심정으로 또는 잃어버린 드라크마를 찾는 심정으로 죄많은 인생을 찾아 주시는 것이다.

③ 목자는 잃은 양을 사랑하는 마음으로 찾아다녔다. 잃은 양에 대해 미워하시거나 원망, 불평, 저주하지 아니하시고 오직 사랑하심과 불쌍히 여기시는 심정으로 찾아 주신 것이다. 이 놀라운 사실을 한마디로 나타내신

말씀이 요한복음 3:16이다. "하나님이 세상을 이처럼 사랑하사 독생자를 주셨으니 이는 저를 믿는 자마다 영생을 얻게 하려 하심이라"고 하였다. 예수님의 강생하심과 십자가의 참혹한 고난을 당하신 것은 인류에 대한 하나님의 사랑의 실천인 것이다.

셋째, 잃은 양을 찾은 결과

① 잃은 양을 찾은 목자는 큰 기쁨이 넘쳤다. 누가복음 15:5,6에 "또 찾은 즉 즐거워 어깨에 메고 집에 와서 그 벗과 이웃을 불러 모으고 말하되 나와 함께 즐기자 잃은 양을 찾았노라 하리라"고 하였다. 그리고 누가복음 15:7 말씀에는 "죄인 하나가 회개하면 하늘에서는 회개할 것 없는 의인 아흔아홉을 인하여 기뻐하는 것보다 더하리라"고 하였다.

② 잃은 양을 찾은 목자는 이웃을 불러 모아 큰 잔치를 베풀었다. 하나님은 멸망받은 죄인 하나가 구원받게 될 때 하늘에서 천군 천사들과 함께 기뻐하시며 영광을 받으시게 된다.

세계화를 위한 우리의 자세
(누가복음 15:11-24)

요즈음 우리 사회에 유행어처럼 사용되는 말 중에 '세계화' 라는 말이 있다. 이러한 시대에 살아가고 있는 우리는 하나님의 사람들로서 땅끝까지 복음을 전하라고 하신 예수님의 명령을 따라 신앙의 세계화를 이룩하는 자들이 되어야 하겠다. 본문의 내용은 탕자의 비유로서 아버지의 품을 떠난 둘째 아들이 먼 타국에 가서 모든 재산을 탕진하고 돼지를 치게 되었는데 돼지가 먹는 쥐엄 열매 조차 먹을 수 없는 비참한 상황에 이르렀다. 이 탕자는 여기에서 새로운 변화가 일어나 신앙의 세계화를 꿈꾸는 우리에게 중요한 교훈을 제시해 주고 있다. 그러면 세계화를 위한 우리의 자세가 무엇인가에 대해서 말씀을 상고하면서 함께 은혜를 나누고자 한다.

첫째, 생각의 변화가 일어나야 된다.

"이에 스스로 돌이켜 가로되…"(17절). 탕자는 자기의 생각이 최고로 옳은 줄로 알고 자기의 판단이 최고로 정당한 줄로 알았던 이기주의자였다. 그러나 그의 생각을 돌이키는 순간 그때부터 그에게는 새로운 생애가 전개되었다. 우리는 ① 악한 생각을 바꾸어야 된다. "사랑은 …… 악한 것을 생각지 아니하며" ② 옛적 일에 잠긴 생각을 바꾸어야 된다. "너희는 이전 일을 기억하지 말며 옛적 일을 생각하지 말라"(사 43:18). ③ 땅엣 것의 생각을 바꾸어야 된다. "위엣 것을 생각하고 땅엣 것을 생각지 말라"(골 3:2). ④ 허망한 생각을 버려야 된다. "생각이 허망하여지며…"(롬 1:21). 로마서 8:6에 보면 "육신의 생각은 사망이요 영의 생각은 생명과 평안이니라"고 말씀했다. 우리는 육신의 생각을 버리고 영의 생각 속에 잠길 때에 신앙의 세계화를 이룩하는 자가 될 수 있다.

둘째, 행동의 변화가 일어나야 된다.

"내가 일어나 아버지께 가서 이르기를 아버지여 내가 하늘과 아버지께 죄를 얻었사오니…"(18절). 탕자는 자기의 생각과 행동이 잘못된 것을 깨달았을 때 즉시 행동을 바꾸었다. 우리는 예수믿고 구원받은 자로서 하나님의 청지기이다. 우리는 절대로 방탕하게 살아서는 안되며 우리가 하는 행동 하나하나가 하나님의 뜻에 합당한가를 생각하며 행동해야 한다. 미국의 유명한 기업가인 폴모이오라고 하는 사람이 사업에 성공한 사람을 분석해 본 결과 "① 열심이 있는 자 ② 강한 목표가 있는 자 ③ 좋은 습관을 가진 자" 이와 같이 세가지 공통점이 있었다고 한다. 하나님께 합당치 못한 행동이나 습관이 우리 자신에게 있다면 반드시 바꾸어야 된다.

셋째, 멀리 내다보는 영안이 뜨여져야 된다.

탕자는 어려운 환경 속에서 모든 것이 충족한 아버지 집을 생각하는 영안이 뜨여졌다. 우리도 멀리 하늘 나라를 생각하며 영안이 뜨여질 때에 고난을 극복하고 신앙의 세계화를 이룩할 수 있게 된다.

넷째, 자기를 쳐서 복종시킬 줄 알아야 한다.

"지금부터는 아버지의 아들이라 일컬음을 감당치 못하겠나이다. 나를 품군의 하나로 보소서"(19절). 우리가 큰 일을 하자면 자기를 쳐서 복종시킬 줄 알아야 된다. 사도 바울은 고린도전서 9:27에 "내가 내 몸을 쳐 복종하게 함은 내가 남에게 전파한 후에 자기가 도리어 버림이 될까 두려워함이로라"고 말씀했다.

다섯째, 넓고 큰 사랑을 가져야 한다.

"이 내 아들은 죽었다가 다시 살아났으며 내가 잃었다가 다시 얻었노라 하니 저희가 즐거워하더라"(24절). 탕자의 아버지는 돌아온 탕자를 넓고 큰 사랑으로 맞이해 주었디. 이 넓고 큰 사랑은 바로 죽음을 생명으로 바꾸어 주는 줄 믿으시기 바란다.

사랑하는 성도 여러분! 육신의 생각과 행동을 버리고 하나님의 뜻에 합당한 생각과 행동을 하며 멀리 내다보는 영안을 떠서 자기를 쳐 복종시키고 넓고 큰 사랑을 가져 신앙의 세계화를 이룩하는 성도 여러분이 되시기를 예수 이름으로 축원한다.

감사의 인생
(누가복음 17:11-19)

예수님이 예루살렘에 입성하실 때에 사마리아와 갈릴리 사이로 지나가시는 중에 한 촌에 들리게 되었는데 거기에 열 문둥병자가 있었다. 유대나라는 문둥병에 걸리면 모든 자유와 거주권을 박탈당하고 마을에서도 쫓겨나게 되어 정해진 곳에 모여 살아야 된다. 또 병이 다 나아도 제사장의 허락을 받아야 다시 가정으로 돌아가게 된다. 그런데 이 마을의 문둥병자 열 명이 예수님이 지나가시는 순간에 주의 긍휼과 자비를 호소했다. 하나님께서는 열 문둥병자의 간절한 호소를 들어 주시고 제사장들에게 가는 도중 병이 낫게 해주셨다. 그들은 다 깨끗함을 받았다. 그런데 열명 중 한 사람 곧 사마리아 사람만 큰 소리로 하나님께 영광을 돌리며 돌아와 예수님께 감사를 드렸다. 이 때 예수님은 "열 사람이 다 깨끗함을 받지 아니하였느냐, 그 아홉은 어디 있느냐?"고 하시면서 감사하지 아니한 아홉 명에 대해서는 섭섭하게 생각하셨고 감사한 자에게는 구원의 축복을 베풀어 주셨다. 그러면 우리는 왜 하나님께 감사하는 인생이 되어야 하는가에 대해서 말씀을 상고하면서 함께 은혜를 나누고자 한다.

첫째, 예수님께서 문둥병자와 같은 우리 인생을 만나 주셨기 때문이다.
"한 촌에 들어가시니 문둥병자 열 명이 예수를 만나 멀리서서"(12절). 친구를 만난다는 것은 쉽지만 높은 지위에 있는 분을 만나기란 그리 쉽지 않다. 더구나 더럽고 냄새나고 추악한 문둥병자를 예수님이 만나주신 이 사실은 엄청난 축복의 시간이 아닐 수 없다. 마태복음 1:23에 보면 "보라 처녀가 잉태하여 아들을 낳을 것이요 그 이름은 '임마누엘'이라 하라. 이를 번역한즉 '하나님이 우리와 함께 계시다' 함이라"고 말씀했다. 여기에서 예수님이 이 땅에 오신 목적은 하나님이 우리와 함께 계신다는 사실을 보여주기 위함이라는 것이다.

또 예수께서 최후로 남기신 말씀도 "내가 세상 끝날까지 항상 너와 함께 있으리라"(마 28:20)는 것이다. 문둥병자와 같은 우리 인생을 만나주실 뿐만 아니라 험악하고 혼탁한 세상에서 하나님이 함께 하심으로 말미암아 승리할 수 있게 해주신 예수님께 우리는 감사하는 인생이 되어야 한다.

둘째, 인생의 부르짖음에 대해서 하나님이 응답해 주시기 때문이다.
"소리를 높여 가로되 예수 선생님이여 우리를 긍휼히 여기소서 하거늘 보시고 가라사대 가서 제사장들에게 너희 몸을 보이라 하셨더니"(13, 14절). 하나님께서는 문둥병자의 간절한 호소를 응답해 주셨다.
하나님은 성도의 부르짖음을 외면하지 않으시고 그 부르짖는 기도를 들어 주시는 분이시다. 하나님은 왜 우리 성도들에게 "구하라, 부르짖으라, 깨어 기도하라, 쉬지 말고 기도하라, 감사하며 기도하라"고 하셨을까? 하나님께 우리의 기도를 들으시고 우리의 소원을 이루어 주기를 원하기 때문이다. 끊임 없는 기도가 있는 개인과 가정, 교회, 국가는 반드시 하나님의 응답의 역사가 있다. 우리는 응답을 받고서도 감사해야 되지만 응답을 받기 전에도 응답주실 줄 믿고 감사함으로 하나님께 구해야 한다. "너희 구할 것을 감사함으로 하나님께 아뢰라"(빌 4:6).

셋째, 우리 인생을 깨끗하게 치유해 주시는 하나님이시기 때문이다.
"저희가 가다가 깨끗함을 받은 지라"(14절). 하나님은 열 문둥병자를 깨끗이 낫게 해 주셨다. 우리는 죄악으로 인하여 냄새나고 더러운 우리를 깨끗이 주의 보혈의 공로로 치료해 주신 하나님께 감사해야 한다. 출애굽기 15:26에 보면 "나는 너희를 치료하는 여호와임이니라"고 말씀했다. 우리 하나님은 우리를 치료하는 여호와이시다. 우리의 병든 마음, 병든 육체, 병든 생활을 치료해 주신다. 시편 103:2-4에 보면 "내 영혼아, 여호와를 송축하며 그 모든 은택을 잊지 말지어다. 저가 네 모든 죄악을 사하시며, 네 모든 병을 고치시며, 네 생명을 파멸에서 구속하시고 인자와 긍휼로 관을 씌우시며"라고 말씀했다.

넷째, 하나님께 영광을 돌릴 줄 아는 사람이 되게 해주셨기 때문이다.
"그 중에 하나가 자기의 나은 것을 보고 큰 소리로 하나님께 영광을 돌리며 돌아와 예수의 발앞에 엎드리어 사례하니 저는 사마리아인이라" 여기에 보면 열 문둥병자 중에서 한 사람만 하나님께 영광을 돌리는 축복을 받았다. 우리는 하나님께 영광을 돌리는 자 된 것을 감사해야 한다. 사도행전 12:23에 보면 "헤롯이 영광을 하나님께로 돌리지 아니하는고로 주의 사자가 곧 치니 충이 먹어 죽으니라"고 말씀했다. 우리는 은혜를 받고서도 하나님께 영광을 돌리지 아니한 아홉 사람과 같이 되어서는 안된다. 자기의 나은 것을 보고 큰 소리로 하나님께 영광을 돌리며 예수의 발 앞에 엎드려 감사드린 사마리아인처럼 하나님께 영광을 돌릴 줄 아는 사람이 되어야 한다.

　사랑하는 성도 여러분! 예수님께서 문둥병자와 같은 우리 인생을 만나 주시고, 인생의 부르짖음에 대해서 하나님이 응답해 주시며, 우리 인생을 깨끗하게 치유해 주시고, 하나님께 영광을 돌릴 줄 아는 사람이 되게 해 주심을 인하여 평생토록 하나님께 감사하는 인생이 되시기를 주의 이름으로 축원한다.

응답받은 과부의 소원
(누가복음 18:1)

　인생들은 누구나 각기 소원을 가지고 있다. 그 소원이 간절해지면 원이 되고 한이 되며 갈망이 되어지는 것이다. 예수님의 말씀가운데 한 과부가 원한 맺힌 소원을 품고 그 도시에 있는 재판장에게 찾아가 원수에 대한 자기의 원한을 풀어 달라고 호소하였다는 말씀이 있다. 그런데 그 재판장은 하나님을 두려워 아니하고 사람을 무시하는 자였기 때문에 이 과부의 소원을 묵살해 버리고 말았으며 관심조차 주지를 아니하였다. 따라서 이 과부는 원수에 대한 분한 마음과 재판장에게 거절당한 원통한 마음으로 사로잡힌 온 전신은 절망과 좌절 속에서 실의에 차 있었던 것이다.
　친애하는 성도 여러분, 여기 나타난 이 과부의 안타까움이 어쩌면 여러분의 가슴 속에도 안겨있을런지도 모른다. 그러면 이 과부가 이와같은 절망과 좌절에 빠져있음에도 불구하고 어떻게하여 자기의 모든 소원을 만족하게 해결하였으며 가슴에 맺힌 원한을 품게 되었는가에 대해서 네 가지로 나누어 말씀을 드리겠다.

　첫째, 이 과부는 피맺힌 소원을 안고 재판관을 찾아가 간절하게 호소하였다.
　누가복음 18:3에 보면 "그 도시에 과부가 있어 자주 그에게 가서 내 원수에 대한 나의 원한을 풀어주소서"라고 간청한 사실을 찾아 볼 수가 있다. 이 과부는 비록 힘이 없고 연약하며 멸시와 천대를 받아오던 무명의 존재였지만 그는 여기에서 주저앉아 쓴 잔만 마시고 드러 누운 참패의 인생이 되지 아니하고 그는 용기를 내어 자기를 능히 도울 수 있는 재판관에게 찾아나서서 그에게 간절하게 호소하였던 것이다.
　친애하는 성도 여러분, 주님께서는 지금 여러분을 향하여 말씀하시고 계신다. "수고하고 무거운 짐진 자들아 다 내게로 오라 내가 너희를 쉬게 하리라"(마 11:28). "너희는 아무것도 염려하지 말고 오직 모든 일에 기도와 간구로 마음과 생각을 지키시리라"(빌 4:6-7). "너희가 내 이름으로 무엇을 구하든지 내가 시행하리라"(요 14:13)고 말씀하고 계시는 것이다. 하나님은 부르짖는 자의 아버지시며 간구하는 자의 응답이신 것이다. 하나님은 언제나 여러분의 부르짖는 기도에 대하여 크게 관심을 가지시고 계실 뿐 아니라 언제나 도와 주실 능력의 팔을 벌리시고 여러분을 향하여 높이 들고 계시며 또 응답의 귀를 기울여 관심있게 그리고 세밀하게 굽어 살펴 주시고 계시는 것이다.

둘째, 이 과부는 자기가 간청한 소원에 대한 응답에 대하여 조금도 낙망치를 아니하였다.

그렇기 때문에 그는 밤낮을 가리지 아니하고 자기의 소원이 성취될 때까지 호소할 수가 있었던 것이다. 성도가 기도하고도 낙망하는 것은 하나님께 대한 불신앙의 행위요 불순종의 태도가 되는 것이다. 예수님께서는 이 과부에 대한 비유를 말씀하신 이유도 항상 기도하고 낙망치 말아야 될 것을 가르치기 위함인 것이었다.

하나님을 진실히 믿는 자는 무슨 일을 당하여도 낙망하지를 아니한다. 그런고로 신앙의 사람 사도 바울은 말하기를 "우리가 사방으로 우겨쌈을 당하여도 낙심하지 아니한다"(고후 4:8)고 하였다. 무슨 일에나 낙심을 잘 하는 자는 주님보다도 다른 것을 믿고 있거나 주님보다 자신을 더 믿고 있기 때문인 것이다. 인간이란 참으로 약한 존재이다. 그러기 때문에 성공할 때도 있지만 실패할 때도 있을 수 있다. 그러나 주님의 이름으로 하는 일이라면 실패한 중에서도 반드시 성공하게 될 줄 믿고 참아야 한다. 진실로 주님을 중심한 일이라면 주님께서 반드시 축복하여 주시기 때문이다.

19세기 미국 전역에 영계의 거성으로 크게 활약했던 D.L 무디도 한때는 그가 낙심중에 빠져들 때가 있었다. 그 이유는 그가 열심히 전도를 하였으나 큰 열매가 나타나 보이지 않기 때문이었다. 그때 그는 문득 가슴 속 깊이 부딪혀온 온 교훈이 하나 있었다. 그것은 노아가 120년동안 외쳤어도 한 사람 회개하는 자를 보지 못하였지만 그는 한 번도 낙심하지 아니하고 끝까지 전도한 이 사실에 대해 무디로 하여금 큰 감동을 받게 되었고 큰 위로를 받아 다시 한 번 용기를 내어 열심으로 전도하였는데 마침내 그의 전도를 받는 사람의 수가 5천만이나 되고 결신된 자 수만 100만이라고 하는 어마어마한 결실을 맺게 되었던 것이다.

친애하는 성도 여러분, 여러분도 이 시간 모든 낙심된 어두운 그늘을 박차고 일어나서 활기찬 믿음의 걸음을 내딛자. 낙심은 신앙의 금물이며 성공을 앗아가는 무형의 대적이다. "우리가 선을 행하되 낙심하지 말지니 피곤하지 아니하면 때가 이르매 거두리라"(갈 6:9)고 하였다.

셋째, 이 과부는 가슴맺힌 소원을 자기 힘으로 해결하려고 하지 아니하고 권세있는 재판관에게 맡겨버렸다.

이 과부야 말로 자기의 모든 문제를 자기 힘과 자기 노력과 자기의 방법으로서는 도저히 해결 할 수 없다고 하는 사실을 알았기 때문이다. 그는 자기 문제를 해결해 줄 도울자가 필요하였다. 그런고로 자기 문제를 능히 해결하여 줄 수 있는 재판관에게 찾아가 자기 문제의 해결을 통채로 맡겨 버렸다. 사람이 자기 힘으로 무엇을 할려고 기도없이 서둘때 보다도 하나님께 기도하며 기다리고 맡긴 후 착수할 때가 더욱 결실이 좋아지는 것을 우리는 체험한다. 그런고로 이 과부는 자기의 억울함을 원수와 직접 부딪혀서 결판지을려고 하지 아니하고 재판관에게 호소하며 온전히 맡겨 버렸던 것이다.

사랑하는 성도 여러분, 여러분은 여러분의 배후에서 항상 역사해 주시며 도와주시는 주님을 늘 기억하고 계시는가? 하늘과 땅의 모든 권세를 가지시고 만물을 지배하시며 철장의 권세와 원수 마귀를 멸하시는 능력으로 역사해 주시는 전능하신 하나님께 모든 것을 맡기고 기도하는 삶이 지속되는 여러분이 되시기를 기원한다. 기도의 사람 A.머리는 말하기를 강한 세속 정신에 대항 할 수 있는 것은 강렬한 기도 이외에 아무것도 있을 수 없다고 말하였던 것이다.

넷째, 이 과부는 재판장으로 하여금 응답해 주지 않고는 견딜 수 없도록 끈질기게 간청하였다.

드디어 재판장은 끈질기게 찾아와 간청하는 과부의 소원을 들어주지 않고서는 더 이상 버티고 견딜 수가 없게 된 사실을 알고 그가 한 말을 보면

"이 과부가 나를 번거롭게 하니 내가 그 원한을 풀어주리니 그렇지 않으면 늘 와서 나를 괴롭게 하리라"고 하였다. 드디어 이 과부는 재판장의 마음을 움직일 수가 있었으며 자기의 원한맺힌 소원을 풀어줌을 받을 수가 있었던 것이다.

누가복음 18:6-8 말씀에 주님께서는 말씀하시기를 "또 가라사대 불의한 재판관의 말한 것을 들으라 하물며 하나님께서 그 밤낮 부르짖는 택하신 자들의 원한을 풀어주지 아니하시겠느냐 저희에게 오래 참으시겠느냐 내가 너희에게 이르노니 속히 그 원한을 풀어주리라"고 말씀하셨다. 이 과부의 원한을 풀어 주신 전능하신 하나님은 오늘도 여러분들의 부르짖는 모든 소원을 응답해 주시기 위하여 귀를 기울여 주시며 역사하여 주시고 계신다.

부자들의 이야기
(누가복음 19:1-19)

우리가 살고 있는 이 시대에는 부자들의 이야기가 많다. 많은 재벌들의 이야기를 책이나 TV, 신문지상을 통해서 우리 주변에서 흔히 접할 수 있다. 사도 베드로는 일찍이 성전기둥에서 구걸하던 앉은뱅이에게 "금과 은은 내게 없다. 그러나 나사렛 예수의 이름으로 걸으라"라고 말했다. 이 말을 오늘의 한국교회에 적용시킨다면 '금과 은은 교회에 차고 넘치는데 나사렛 예수의 이름은 어디 갔느냐?'라고 할 수 있을 것이다.

성경에 보면 많은 부자들의 이야기가 나온다. 그 중에서 누가복음에만 나오는 부자들을 상고해 보면서 함께 은혜를 나누고자 한다.

첫째, 가난한 부자이다(눅 12:16-21).

이 부자는 농산물 수확이 급증되자 한 가지 걱정거리가 생겼다. '아! 이 많은 농산물들을 어디에 쌓아둘꼬 쌓아둘 곳이 없구나' 그래서 이 부자는 ① 창고를 증축했다. ② 여러 해동안 먹을 것을 쌓아 두었으니 이제 놀자고 했다. ③ 먹고 마시자고 했다. ④ 즐기자고 했다. 향락으로 기울어진 것이다. 갑자기 부자가 된 고소득자의 풍년가라고 명명할 수 있을 것이다. 그런데 이 부자에게 전혀 관심없는 분야가 한 가지 있었다. 그것은 바로 그의 영혼문제였다. 그래서 하나님께서 그에게 말씀하시기를 "이 어리석은 부자야, 내가 오늘밤 네 영혼을 불러가면 네 창고에 가득히 쌓아 둔 것이 뉘 것이 되겠느냐?"라고 말씀하셨다. 또한 "자기를 위해서 재물을 쌓아두고 하나님께 대하여 부요치 못한 자가 이와 같으니라"(눅 12:21)라고 말씀하셨다. 오늘 나는 재물의 풍요를 즐기고 있는 동안에 나의 영혼이 가난해지고 나약해져가고 있지는 않는가?

둘째, 역전(逆戰)이 불가능한 부자이다(눅 16:19-31).

이 부자는 굉장히 큰 재벌이었다. 그런데 그는 문간의 거지와 함께 살고 있었다. 그러나 그의 이름은 나타나 있지 않고, 거지의 이름은 '나사로'라고 밝혀져 있다. 죽은 뒤에 나사로는 하나님의 부름을 받아 천사들에게 받들려 아브라함의 품에 들어가 있는데 자색옷과 고운 베옷을 입고 날마다 호화로운 생활을 했던 부자는 음부에서 고난을 받고 있었다. 그 부자는 음부에서 고통 중에 눈을 들어 멀리 아브라함과 그의 품에 있는 나사로를 보고 아브라함에게 구제를 요청했다. "아버지 아브라함이여, 나를 긍휼히 여기사 나사로를 보내어 그 손가락에 물을 찍어 내 혀를 서늘하게 하소서 내가 이 불꽃 가운데서 고민하나이다." 그러나 거절당하자 또 다른 요청을 했다. "그러면 구하노니 아버지여 나사로를 내 아버지 집에 보내소서 내 형제 다섯이 있으니 저희에게 증거하게 하여 저희로 이 고통 받는 곳에 오지 않게 하소서." 그러나 이 요구도 거절당하여 역전이 불가능한 자가 되었다. 우리는 우리에게 주어진 선을 베풀 수 있는 기회를 스스로 미루고 있지는 않는가?

셋째, 고민하는 부자이다(눅 18:18-23).

이 부자는 마태복음 19장과 마가복음 10장에도 언급되어 있다. 이 부자는 청년이고, 관원이고, 율법사이기도 했다. 그는 어느날 예수님께 찾아가 "선한 선생님이여 내가 무엇을 하여야 영생을 얻으리이까?" 하고 질문했다. 예수님은 계명을 다 지켜야 한다고 대답해 주었다. 그때 그는 자랑하듯이 "이것은 내가 어려서부터 다 지켰나이다"라고 말했다. 그러나 그의 삶의 현장에서는 실천이 없는 부자였다. 예수님께서는 이 부자에게 "네가 오히려 한 가지 부족한 것이 있으니 네게 있는 것을 다 팔아 가난한 자들에게 나눠주라 그리하면 하늘에서 보화가 네게 있으리라 그리고 와서 나를 좇으라"라고 말씀하셨다. 그러나 이 부자는 이 말씀을 듣고 심히 근심하며 돌아갔다고 했다. 예수님은 그의 뒷모습을 보면서 "재물이 있는 자는 하나님의 나라에 들어가기가 어떻게 어려운지 약대가 바늘귀로 들어가는 것이 부자가 하나님의 나라에 들어가는 것보다 쉬우니라"고 말씀하셨다. 우리는 물질 때문에 주님을 영접하지 못한 적은 없는가?

넷째, '삭개오'라는 부자이다(눅 19:1-9).

이 부자는 유일하게 이름이 밝혀져 있다. 그는 세리장으로서 권세도 있었다. 그러나 성경을 자세히 살펴보면 이 부자는 불의한 재벌이요 불의한 공직자의 모습을 보여 주고 있다. 그는 뽕나무 위에 올라가서 예수님을 만났다. 왜냐하면 자기 백성들로부터 소외된 자였기 때문이다. 그런데 그에게는 강력한 결단이 있었다. 그는 기회가 주어졌을 때 주저하지 않았다. 그는 주님이 자기 집을 방문했을 때 먼저 회개를 했다. "주여 보시옵소서 내 소유의 절반을 가난한 자들에게 주겠사오며 만일 뉘 것을 토색한 일이 있으면 사배나 갚겠나이다" 주님께서는 그에게 "오늘 구원이 이 집에 이르렀으니 이 사람도 아브라함의 자손임이로다"라고 말씀하셨다. 오늘 나는 재물이 있는 현장에 주님이 오시기를 거부하고 있지는 않는가?

이상과 같이 부자들의 이야기는 곧 오늘 우리에게 보내는 메세지로서 회생과 섬김의 물질관, 재물을 잘 쓰는 법에 대해 교훈해 주고 있다.

사랑하는 성도 여러분, 지금의 사회는 너도 나도 부자가 되려는 치열한 경쟁때문에 각종 비극이 생기는 것 같다. 어떻게 선한 부자가 될 것인가? 어떻게 재물을 아름답게 쓸 것인가를 생각하면서 하나님이 기뻐하시는 부자가 되시기를 주의 이름으로 축원한다.

소원 성취를 위한 우리의 노력
(누가복음 19:1-10)

사람은 누구나 자기의 소원이 성취되기를 원하면서 살아간다. 주님은 우리들이 기대하고 소망하는 바가 꼭 성취되기를 기다리고 계신다. 그런데 소원을 성취하려 몇몇가지 자세를 갖추어야 한다. ① 간절한 기대와 열망을 가지고 ② 소원성취를 위한 행동이 따라야 되며 ③ 소원 성취의 목적을 하나님께 영광 돌리는데에 두는 것이다.

본문에 나오는 삭개오는 지위가 높은 세리장이고 부자였는데 참으로 아름다운 신앙을 가지고 있었다. 예수님을 보고자 하는 간절한 기대와 열망이 있었던 것이다. 그러면 삭개오가 어떻게 하여 그의 소원을 성취받았으며, 우리도 소원을 성취받기 위해서는 어떠한 노력을 해야 되는가에 대해서 말씀을 상고하면서 함께 은혜를 나누고자 한다.

첫째, 하나님께서 주신 기회를 놓치지 않아야 된다.

"예수께서 여리고로 들어 지나가시더라"(1절). 삭개오는 예수님이 여리고로 지나가시는 기회를 놓치지 않았다. 기회란 항상 주어지는 것이 아니다. J. 파울은 '기회가 내 문을 두 번 두드린다고 생각하지 말라'고 말했다. 사도 바울은 에베소서 5:16에 "세월을 아끼라 때가 악하니라"라고 말씀했다. 여기에서 '때가 악하다'라고 하는 말은 '때가 촉박하다, 긴박하다'라는 뜻으로 최악의 경우를 의미하는 것이다. 우리는 하나님께서 주신 기회를 놓쳐서는 안된다.

둘째, 기대와 열망이 있어야 된다.

"저가 예수께서 어떠한 사람인가 하여 보고자 하되"(3절上). 삭개오는 도대체 예수님이 어떠한 사람이길래 하나님의 아들 구세주로써 온 인류를 구원할 자로 나타나셨는가를 알아보려는 기대와 열망이 있었다. 하나님은 이와 같이 간절한 기대와 열망이 있는 자의 소원을 이루어 주신다. '너희는 더욱 큰 은사를 사모하라. 내가 또한 제일 좋은 길을 너희에게 보이리라"(고전 12:31). "부지런하여 게으르지 말고 열심을 품고 주를 섬기라"(롬 12:11). 에머슨은 말하기를 "위대한 업적치고 열심없이 이루어지는 일은 없다"고 했다.

셋째, 환경의 악조건을 극복할 줄 알아야 된다.

"키가 작고 사람이 많아 할 수 없어 앞으로 달려가 보기 위하여 뽕나무에 올라가니"(3절下, 4절上). 삭개오는 키가 작아 선천적으로 불리했고, 사람이 많아서 후천적으로 불리한 조건이었다. 그렇지만 그는 환경의 악조건을 잘 극복하기 위해 뽕나무에 올라갔다. 우리가 소원 성취를 하려고 하면 많은 방해꾼과 어려운 환경도 따르기 마련이다. 그러나 우리가 하나님을 믿고 의지하고 하나님께 기도할 때 하나님이 은혜를 주셔서 어떠한 환경의 악조건도 잘 극복하게 될 줄 믿는다. "환난 날에 나를 부르라. 내가 너를 건지리니 네가 나를 영화롭게 하리로다"(시 50:15).

넷째, 철저한 헌신과 희생이 따라야 된다.

"삭개오가 서서 주께 여짜오되 주여, 보시옵소서. 내 소유의 절반을 가난한 자들에게 주겠사오며 만일 뉘 것을 토색한 일이 있으면 사배나 갚겠나이다"(8절). 삭개오는 주님을 만나게 되었을 때 그의 소유의 절반을 가난한 사람들에게 나누어 주겠다고 말했다. 이것은 곧 철저한 헌신과 희생을 했다는 말이다. 헌신과 희생이란 기꺼이 즐거운 마음으로 하나님이나 다른 사람들을 위해 자신을 내어 주는 것이요, 상대를 최대로 존중하고 자신이 할 수 있는 온 힘을 기울여 섬기며 수고하는 것이다.

사랑하는 성도 여러분, 삭개오가 이와 같이 노력했을 때 그가 예수님을 보게 되었을 뿐만 아니라 ① 예수님이 친히 그의 이름을 불러 주셨으며(5절上), ② 예수님이 그의 집에 머무르는 축복을 받았고(5절下), ③ 구원이 그의 집에 이르게 되었으며(9절上), ④ 그의 가정에 아브라함의 가정의 축복이 허락되었다. 삭개오처럼 노력하여 여러분의 모든 소원을 성취 받으시기를 주의 이름으로 축원한다.

그리스도가 오실때까지 우리는 무엇을 해야할 것인가?
(누가복음 19:11-21)

오늘날 사회가 복잡해지고 물질문명이 팽배해지자 많은 혼합종교가 생겨나 어떤 이는 공공연하게 예수 그리스도가 1992년 10월에 온다고 하여 믿는 자들을 현혹하고 있다. 제자들이 예수님께 "주의 임하심과 세상 끝에는 무슨 징조가 있사오리이까?"라고 질문했을 때, 예수님께서는 대답하여 이르시기를 "너희가 사람의 미혹을 받지 않도록 주의하라 많은 사람이 내 이름으로 와서 나는 그리스도라 하여 많은 사람을 미혹케 하리라"(마 24:4, 5)라고 말씀했다. 또 야고보서 5:8에 보면 "주의 강림이 가까우니라"라고 말씀했다. 이러한 때에 우리는 무엇을 해야 될까? 본문 말씀을 중심으로 그리스도가 오실 때까지 우리는 무엇을 해야 할 것인가에 대하여 상고하면서 말씀의 은혜를 나누고자 한다.

첫째, 깨어 있어 경성(警醒)해야 한다.

성경에 주님이 어느 날에 오신다고 하신 말씀은 없다. 단지 그 징조에 대한 말씀만 있을 뿐이다. 그러므로 우리는 언제 주님이 오시더라도 영접할 수 있도록 깨어 있어 준비된 삶을 살아야 되는 것이다. "주의하라 깨어 있으라 그 때가 언제인지 알지 못함이니라 가령 사람이 집을 떠나 타국으로 갈때에 그 종들에게 권한을 주어 각각 사무를 맡기며 문지기에게 깨어 있으라 명함과 같으니 그러므로 깨어 있으라 집 주인이 언제 올는지 혹 저물 때 올는지, 밤중엘는지, 닭 울 때엘는지, 새벽엘는지, 너희가 알지 못함이라 그가 홀연히 와서 너희의 자는 것을 보지 않도록 하라 깨어 있으라 내가 너희에게 하는 이 말이 모든 사람에게 하는 말이니라 하시니라"(막 13:33-37).

둘째, 증거해야 된다.

"오직 성령이 너희에게 임하시면 너희가 권능을 받고 예루살렘과 온 유대와 사마리아와 땅끝까지 이르러 내 증인이 되리라 하시니라" 이 말씀은 곧 증거하는 삶을 가리킨다. "우리가 주의 두려우심을 알므로 사람을 권하노니 우리가 하나님 앞에 알리워졌고, 또 너희의 양심에도 알리워졌기를 바라노라"(고후 5:11). 우리는 하나님의 심판을 두려워 할 줄 알아야 한다. 하나님의 심판을 두려워 할 줄 아는 사람만이 복음을 빨리 전할 수 있다.

셋째, 열심히 일해야 한다.

본문에 보면 은 한 므나를 드린 자는 일하지 않고 있다가 주인이 왔을 때 "악한 종"이라고 책망을 받았다. 우리가 일을 해야 하는 것은 하나님의 명령이다. 그런데 오늘날 일하기를 싫어하는 사람들이 많이 있다. 성경에도 엿새동안 힘써 네 모든 일을 하라고 말씀했다(출 20:9). 또 데살로니가후서 3:10에 보면 "누구든지 일하기 싫어하거든 먹지도 말게 하라"고 말씀했다. 일에는 육체적인 일과 영적(정신적)인 일 두 가지가 있다. 사도 바울은 "자기 일을 하고 손으로 일하기를 힘쓰라"(살전 4:11)고 했고, "무슨 일을 하든지 주께 하듯 하고 사람에게 하듯 하지 말라"(골 3:23)고 말씀했다. 우리는 그리스도가 오실 때까지 하나님 앞에서 최선을 다하여 우리의 할 일을 해야 한다.

넷째, 주님의 재림을 기다려야 한다.

"어떤 귀인이 왕위를 받아 가지고 오려고 먼 나라로 갈 때에 그 종 열을 불러 은 열 므나를 주며 이르되 내가 돌아오기까지 장사하라"(눅 19:12,13). 여기에서 '장사하다'는 말은 헬라어의 어원을 보면 '주님께서 맡기신 일을 삶의 현장에서 최선을 다하여 확장시키면서 기다리라'는 의미가 있다.

우리는 한 므나를 가지고 열 므나, 다섯 므나를 남긴 자처럼 우리에게 맡겨 주신 사명을 성실하게 감당하여 주의 나라를 확장시키면서 주의 재림을 기다려야 되겠다.

사랑하는 성도 여러분, 그리스도가 오실 때까지 항상 깨어 있어 준비하는 삶을 살고, 열심히 복음을 전하며, 하나님께서 맡겨 주신 사명을 위해 성실하게 그리고 열심히 일하면서 주님의 재림을 기다리는 가운데 기쁨으로 재림의 주님을 맞이하시기를 주의 이름으로 축원한다.

종말(終末)의 징조와 우리의 자세
(누가복음 21:5-28)

하루살이와 메뚜기가 하루 종일 함께 놀다가 어느새 해가 서산으로 뉘엇뉘엇 기울어지기 시작했다. 그러자 메뚜기가 하루살이에게 "벌써 저녁이 다가오는구나. 그러니 오늘은 그만 놀고 내일 다시 만나자"라고 말했다. 그러자 하루살이는 "내일이라니? 내일이 뭔데?"라며 처음 들어본다는 듯한 신기한 표정으로 물었다. 메뚜기가 대답했습니다. "지금부터 시작되는 어두운 밤이 다 지나고 또다시 해가 떠서 오늘과 같은 환한 날이 시작되는데 그것을 바로 '내일'이라고 부른단다" 그러나 하루살이는 메뚜기의 말을 전혀 알아들을 수 없었다. 그는 밤이란 것을 한 번도 겪어본 일이 없었기 때문이다.

얼마 후 그 메뚜기가 개구리와 여러 날을 함께 지내게 되었다. 서로 성격이 잘 맞는지라 둘은 매우 즐거운 나날들을 보냈다. 그런데 어느 날 개구리가 메뚜기에게 "이젠 겨울이 다가오나봐, 날이 점점 추워지고 있잖니? 그러니 이제는 서로 헤어지고 '내년'에 다시 만나자"라고 말했다. "내년이라니?" 메뚜기는 처음 들어보는 '내년'이라는 말에 어리둥절하였다.

"얼마후면 겨울이 오잖아, 그 춥고 지루한 겨울이 지나면 다시 꽃이 피는 봄이 오게 되는데 그것이 바로 '내년'이야" 그러나 겨울을 경험한 적이 없는 메뚜기는 개구리의 말을 도저히 이해할 수가 없었다.

하루살이는 밤을 결코 본적이 없다. 그러나 밤은 실제로 존재한다. 또한 메뚜기 역시 겨울을 경험해 본 적이 없다. 그러나 겨울도 엄연히 존재한다.

그렇다. 우리도 종말과 심판을 현재는 볼 수 없다. 그러나 틀림없이 존재한다. 온 우주적이며 역사적인 사건으로 말이다. 그런고로 오늘 본문은 예수님께서 종말에 앞서는 여러 징조들을 말씀하시면서 이러한 때 어떠한 삶을 살아야 할지에 대하여 말씀하셨다.

1. 종말에 앞서서 나타나는 징조들

첫째, 거짓 선지자들의 출현(出現)과 그들의 미혹이 있을 것이다 (8절).

"미혹을 받지 않도록 주의하라. 많은 사람이 내 이름으로 와서 이르되 내가 그로라 하며 때가 가까웠다 하겠으나 저희를 좇지말라"(8절)고 주님은 말씀하셨다. '미혹'이란 근본적으로 진리를 떠나게 하는 것을 의미하는 말로써 '나쁜 길로 이끈다. 혹은 길을 잃게 하여 방황하게 한다'는 뜻이다. 그런고로 그리스도의 이름으로 오는 거짓 그리스도의 출현과 그들의 미혹은 많은 사람들을 신앙의 정로(正路)에서 이탈케 만들고 또한 종말의 시점을 제시하면서 많은 사람들을 추종케 한다는 것이다. 그러나 그 날은 아무도 모르며(마 24:36), 예고없이 도래할 것(마 24:44)이다. 그런고로 주님은 "저희를 좇지말라"고 엄히 당부하셨다.

둘째, 민족간, 국가간의 전쟁이 있을 것이다(9-10절).

하나님의 형상을 상실한 인간들은 종족간, 혹은 국가간의 얽히고 설킨 이해 관계를 무력으로 해결하려고 한다. 또한 자기 민족(국가)의 우월성을 내세워 자국의 이익을 도모하려고 주변 나라들을 억압하기도 하며 귀중한 생명을 무참히 짓밟으며 전쟁을 일으키기도 한다.

특히 종말에 야기되는 온갖 천재지변으로 인한 자원의 고갈과 혼란으로 말미암아 빚어지는 분쟁도 배제(排除)할 수 없는 요인이기도 하다. 물론 역사상 크든 작든 전쟁이 이 지구상에 끊어진 적은 거의 없었을 것이겠으나 특히 예수 그리스도의 재림시에는 더욱 빈번할 뿐 아니라 아마겟돈에서 전무후무(前無後無)한 대전쟁이 벌어질 것은 성경이 이미 예언한 것이다(계 16:16).

셋째, 자연계의 이변이 있을 것이다(11절).

종말의 징조 중의 하나가 바로 이 자연계의 이변이다. 처처에 지진이 있어 수많은 생명과 재산을 순식간에 삼키어 버릴 것이며, 기근으로 많은 사람이 식량이 없어 굶주림과 고통으로 죽어가며 각종 자원의 고갈로 인하여 삶이 핍절하여 두려움의 날들이 될 것이라고 했다.

넷째, 성도에 대한 핍박이 있을 것이다(12절).

초대교회 당시에도 사도들은 그리스도의 이름을 증거한 단 하나의 이유 때문에 죽이기로 작정된 자처럼 여김을 받았으며, 세상의 더러운 것과 만물의 찌꺼기로 간주되었다고 하였듯이 종말에도 하나님의 일을 훼방하는 근원적인 세력인 사탄의 활동으로 말미암아 성도들이 온갖 핍박에 직면하게 된다고 했다(고전 4:9, 13).

2. 우리의 자세

첫째, 끝까지 인내해야만 한다(19절).

생명의 보존에는 하나님편의 절대적인 보호와 인간편의 인내가 반드시 필요하다. 그런고로 인내란 성도가 반드시 갖추어야 할 미덕인 것이다.

본문은 '너희 인내'='너희 영혼'으로 서로 인과관계로 연결되어 있다. 그렇다. 여러 가지 형태의 핍박과 고난과 위험에도 끝까지 견디어내는 그 결과는 영혼 곧 생명의 보존을 받게 될 것이며, 지상에서의 보존을 받게 될 것이며, 지상에서의 보존보다 더 영원한 생명에로 이르는 대세적 의미가 더 큰 축복으로 연결되어진다는 사실을 믿으시기 바란다. 신자를 향한 핍박은 절대로 그를 위축시키거나 멸망시킬 수가 없다. 그런고로 준비하며 지혜롭게 사명을 감당하여 하나님께 영광을 돌리는 삶을 살아야만 한다.

둘째, 일어나 머리를 들어야만 한다(28절).

'일어나 머리를 들라'는 것은 땅에 집착된 마음을 하늘로 향하고 하늘의 소망을 바라보고 깨어 있으라는 뜻이다. 그 무서운 수많은 이변들로 인하여 공포에 떨며 움추려있던 자세를 바로 펴서 재림의 주를 맞이할 자세를 갖추어야 한다는 뜻이기도 하다.

모든 인류가 볼 수 있는 모습으로 크신 영광과 함께 공개적으로 오시는 주님! 성도들을 핍박하던 무리들에게는 큰 두려움으로 심판이 임하게 되지만 주 재림을 기다리며 끝까지 인내하던 성도들은 주님과 함께 영광을 누리게 될 것이다. 고난이 없는 영생으로 주님과 함께 안식하게 될 것이다.

셋째, 항상 기도하며 깨어 있어야만 한다(36절).

'깨어 있는다'는 것은 '자지도 않는다'는 뜻이며, '항상 기도하며 깨어 있으라'는 것은 깨어 있을 수 있는 최고의 방법은 기도라는 것을 확신시켜 주는 말씀인 것이다.

항상 기도하는 심령은 시대의 징조를 알며 자신의 상태를 깨달아 깨어 있게 된다. 그런고로 '항상 기도하며 깨어 있으라'는 것은 종말을 살아가는 성도들을 향하여 주신 주님의 당부의 총 결론이라고도 할 수 있습니다. 끈기있게 드리는 부단한 기도는 굳이 환란의 때가 아니라 하더라도 죄악으로 가득찬 이 세상을 살아가는 성도들에게는 반드시 필요한 무기인 것이다. 그런고로 ① 전적인 복종의 자세로 기도하자. ② 감사함으로 기도하자. ③ 끈기있게 기도하자.

사랑하는 성도 여러분, 지금 이 시대는 어떻게 움직이고 있다고 생각하는가? 성경이 밝힌바대로 거짓 선지자들이 일어나 성도들과 많은 사람들을 유혹하고 있다. 종족간의 유혈분쟁은 끊임없이 세계 곳곳에서 발발하고 있다. 국가간의 이익다툼은 우리 한반도를 전쟁의 위험으로 몰아가고 있다. 처처에서 일어나고 있는 자연계의 이변들, 공산진영국 및 이교도국가들에서 자행되고 있는 기독교에 대한 박해 등 ……. 수많은 소용돌이 속에서 이느 한 순간도 평안할 날이 없다. 그런고로 우리 모두는 방탕함과 술취함과 생활의 염려에서 벗어나야만 한다. 방탕함과 술취함은 생활자체를 포기하거나 무시하는 경향이요, 생활의 염려는 생활에 대한 지나친 집착이라고 볼 수 있다. 이같은 극단적인 모습은 종말의 시대를 살아가는 성도의 지혜로운 삶의 자세가 아니다.

우리는 그날이 확실히 임할 것을 믿으며 그 날을 대비하는 삶을 살아야만 한다. 왕의 앞에 서 있는 신하가 항상 왕명을 받을 준비와 그 어떤 명령에도 즉시 순종할 수 있는 자세를 가짐과 같이 매사에 끝까지 인내하자. 일어나 머리를 들고 소망 중에 살자. 항상 기도로써 깨어 있는 삶을 살자. 이 길만이 이 시대에 담대하고 성실하게 최선을 다하여 승리의 삶을 살 수 있기 때문이다. 할렐루야!

모범된 기도
(누가복음 22:44)

기도가 얼마나 중요하냐 하는 것은 여기서 더 설명할 필요가 없는 줄 안다. "그리스도와 같이"라는 책을 저술한 "엔 머레이"가 말한 바와 같이 기도는 천상의 힘을 좌우하는 地上의 유일한 힘이기 때문이다. 다만 우리는 이 소중한 기도를 어떻게 드려야만 모범된 기도는 어떠한 기도인가에 대해서 네 가지 내용을 말씀드리겠다.

첫째, 모범된 기도는 힘쓰고 애쓰며 드리는 기도이다.
누가복음 22:44에 "예수께서 힘쓰고 애써 더욱 간절히 기도하시니 땀이 땅에 떨어지는 피방울 같이 되더라"고 하였다. 이것은 온갖 정성과 노력을 다하여 간절하신 기도인 것이다. 예수님의 기도 가운데 힘쓰고 애썼다고 하신 이 말의 문자는 헬라어의 '아고니아' ($ἀγωνία$)라는 말로서 견딜수 없는 고민상태를 표현한 말인 것이다.
예수님의 짊어지신 겟세마네의 고민은 너무나 벅차고 과중한 짐이었다. 죄와 허물로 말미암아 영원히 저주받아 죽을 인류의 고통을 한꺼번에 짊어지신 예수님의 고민은 너무나 크고 쓰라린 고통이었던 것이다. 이러한 상황에서 간절히 기도하신 예수님의 이마에서는 땀방울이 떨어졌을 뿐 아니라 그 땀방울 속에는 피까지 흘러내리셨던 것이다. 우리는 예수님의 이 기도에서 무엇을 생각해야 하겠는가? 예수님의 고민된 이 기도는 바로 우리 모두의 저주와 고통을 대신하신 것이기 때문에 눈물로 감사해야 될 뿐만 아니라 우리도 예수님의 기도를 본받아 힘쓰고 애쓰는 기도의 생활이 끊어지지 않아야 하겠다.

둘째, 모범된 기도는 무릎을 꿇고 드리는 기도이다.
성경 안에는 무릎을 꿇고 기도한 모습들이 수 없이 기록되어 있다. 무릎을 꿇는 것은 간절한 기도의 자세이다. 물론 성경에는 서서 드린 기도도 있고 특히 유대인의 보통 기도의 자세는 서서 드리는 습관도 있었다. 우리가 기도할 때 서서하든 무릎을 꿇고 기도하든 마음의 자세가 중요한 것이며 모두가 응답받는 것은 사실이다. 그러나 우리의 육체는 마음의 상태에 따라 움직이며 기도한다.

예수님의 겟세마네 기도는 무릎을 꿇은 기도였다. 누가복음 22:41 말씀에 저희를 떠나 돌던질 만큼 가서 무릎을 꿇고 기도하시기를 "아버지여 만일 아버지의 뜻이어든 이 잔을 내게서 옮기시옵소서 그러나 내 원대로 마옵시고 아버지의 원대로 되기를 원하나이다"라고 호소하였다. 이와같이 예수님께서 무릎을 꿇고 기도하실 때에 주의 사자가 하늘로부터 예수님께 나타나 힘을 도왔다고 하였다. 우리는 겟세마네 동산에서 무릎을 꿇고 기도하신 예수님의 모습에서 간절하고 간곡한 기도의 자세를 본받아야 하겠으며 겸손하신 그 위대하신 모습을 배워야 하겠다.

우리는 때때로 성경에서 무릎을 꿇고 기도한 모습들을 바라보게 된다. 열왕기상 8:54에 솔로몬도 무릎을 꿇고 손을 펴서 하늘을 향하여 기도하였고 사무엘하 18:42 말씀에는 엘리야가 3년 6개월동안 오지 않던 비를 구할때 갈멜산 꼭대기로 올라가 땅에 꿇어 엎드려 얼굴까지 무릎사이에 넣고 기도하다가 하나님께 응답받는 모범된 기도의 모습을 볼 수가 있는 것이다.

셋째, 모범된 기도는 밤낮을 가리지 않고 드리는 기도이다.

우리가 기도할 때에 중요한 것 중의 하나는 계속드리는 기도이다. 시편 22:2에 다윗은 하나님께 기도하기를 "내 하나님이여 내가 낮에도 부르짖고 밤에도 잠잠치 아니하오나"라고 하였다. 하나님은 우리의 기도를 들으시고 응답하시되 매일의 기도를 들어 주시며 쉬지 않는 기도를 응답해 주시는 하나님이시다. 그런고로 사도 바울은 데살로니가 교회를 향하여 쉬지 말고 기도하라고 하였고, 골로새서 4:2 말씀에는 "기도에 항상 힘쓰고 기도에 감사함으로 깨어 있으라"고 하였다.

기도하는 자는 항상 하나님과 대화하고 있는 자이며 하나님께 마음을 기울이고 있는 자이다. 기도하는 사람만이 하나님의 뜻을 알게 되며 하나님은 그들을 통하여 역사하여 주시는 것이다. "오바역"의 기록에 보면 "사탄은 성도의 기도를 가장 무서워한다 그런고로 악마의 유일한 사무는 성도들을 기도에서 떠나게 하는 것이다. 기도 없는 연구, 기도 없는 사업, 기도 없는 신앙은 악마의 두려워함이 없고 오히려 악마는 기도 없는 자의 노력을 조소하고 지혜를 경시한다. 그러나 우리가 기도할 때에는 악마는 무서워 떨며 도망가게 되는 것이다"고 하였다. 오직 낮에도 밤에도 쉬지 않는 기도에서만이 승리가 있게 되는 것이다.

넷째, 모범된 기도는 기도하고 구한 것을 받은 줄 믿고 드리는 기도이다.

만일 기도자가 힘쓰고 애써서 밤을 지새우며 구하였다할지라도 그 기도에 응답이 이루어지는 가장 중요한 체념은 믿음이다. 믿음의 기도만이 하나님의 팔을 움직이며 간구한 모든 것에 응답이 임하시게 되는 것이다. 기도에 있어 가장 큰 저해 요소는 의심이다. 야고보서 1:6에 "오직 믿음으로 구하고 조금도 의심하지 말라 의심하는 자는 마치 바람에 밀려 요동하는 바다물결 같으니 이런 사람은 무엇이든지 주께 얻기를 생각하지 말라"고 하였다. 하나님의 역사는 믿음을 통하여 나타난다. 믿고 구하는 기도는 반드시 응답의 약속이 보장되어 있다(막 11:24).

사랑하는 성도 여러분, 오늘도 하나님께 드려지는 이 위대한 기도를 통하여 끊임없이 임하시고 하나님의 응답이 사랑하는 성도 여러분 위에 더욱 충만하시기를 주님의 이름으로 축원한다.

선택을 잘 합시다
(누가복음 23:13-25)

우리 인생은 선택과 더불어 이어져가는 인생이라고 할 수 있다. 선택은 우리가 자유롭게 할 수 있지만 선택 여하에 따라서 미치는 결과는 엄청난 차이가 있다. 이스라엘 나라에 명절을 당하면 총독이 무리의 소원대로 죄수 하나를 놓아 주는 전례가 있어 빌라도 총독이 모인 무리들에게 '너희는 내가 누구를 놓아 주기를 원하느냐? 바라바냐? 그리스도라 하는 예수냐?'라고 물었다. 이 때 대제사장들과 관원들과 백성들은 성 중에서 일어난 민란과 살인을 인하여 옥에 갇힌 바라바를 놓아주고 예수를 십자가에 못박으라고 소리쳤다. 그 결과 이스라엘 백성들은 2000년이라는 긴 세월 동안 나라를 잃고 유리하였다. 그러면 우리가 해야할 올바른 선택이 무엇인가에 대해서 말씀을 상고하면서 함께 은혜를 나누고자 한다.

첫째, 살인자 바라바를 선택하고 예수를 십자가에 못박게 했다.

왜 이스라엘 백성들은 이러한 어리석은 선택을 했을까? ① 악령에게 덮어 씌움을 받았기 때문이다. 가룟 유다에게 마귀가 들어갔듯이 저들도 마찬가지이다. 우리는 무엇보다도 사탄의 지배를 받지 않도록 해야 한다. 마귀로 틈타지 못하게 해야 한다(엡 4:27). 사탄에게 속지 않아야 한다(고후 2:11). 믿음을 굳게 하여 사탄을 대적해야 한다(벧전 5:8,9). 또한 사탄을 대적하기 위해서는 하나님의 전신갑주를 입어야 한다(엡 6:11). ② 저들의 신앙이 형식과 외식에만 치우쳐 있었기 때문이다. "화 있을진저 외식하는 서기관들과 바리새인들이여"(마 23:13). 여기에서 '외식'이란 말은 '배우'라는 뜻이다. 배우는 때에 따라서 변하기 때문이다. 우리는 신앙이 때에 따라 변질되어서는 안된다.

둘째, 하나님을 두려워하는 일을 선택하지 않았다.

빌라도 마찬가지이다. 세 번씩이나 예수님을 풀어 주려고 했지만 무리들의 함성이 점점 커지자 결국에는 그들의 구하는 대로 언도하고 말았다. "빌라도가 세 번째 말하되 이 사람이 무슨 악한 일을 하였느냐? 나는 그 죽일 죄를 찾지 못하였나니 때려서 놓으리라 한대, 저희가 큰 소리로 재촉하여 십자가에 못 박기를 구하니 저희의 소리가 이긴지라. 이에 빌라도가 저희의 구하는 대로 하기를 언도하고"(22-24절). 하나님을 두려워하지 않고 사람을 두려워했기 때문이다. 그러나 하나님이 함께 하시면 어떠한 두려움도 사라진다. 하나님을 두려워하는 사람은 하나님의 보호를 받을 수 있지만, 하나님을 두려워하지 않고 사람을 두려워하는 사람은 하나님의 보호를 받을 수 없다(마 10:28, 시 23:4).

셋째, 선을 선택하지 않고 악을 선택했다.

이스라엘 백성들은 예수를 놓아 주는 선한 일을 선택하지 않고 살인자 바라바를 놓아 주는 일을 선택했다. 선과 악은 인류가 존재할 때부터 지금까지 계속 우리 앞에 놓여 있다. '선'이란 말은 '아름답고 맑다. 올바르다, 경건함과 신앙심'이라는 뜻이 있다. 우리는 기회 있는대로 믿음의 가정들에게 착한 일을 해야 한다(갈 6:10). 선을 베풀 힘이 있거든 아낌 없이 베풀어야 한다(잠 3:27). 전도서 3:12에 보면 "사람이 사는 동안에 기뻐하며 선을 행하는 것보다 나은 것이 없는 줄을 내가 알았고"라고 말씀했다. 또한 열심으로 선을 행하고(벧전 3:13), 악에서 더 나아가 선을 행하여야 한다(벧전 3:11).

넷째, 축복을 택하지 않고 저주를 택했다.

이 저주는 2000년 동안 후손에게까지 이어진 저주였다. 출애굽기 20:6에 보면 하나님을 사랑하고 그 계명을 지키는 자에게 수천대까지 복을 준다고 했다. 하나님께서는 복과 저주를 우리에게 주셨다(신 11:26-28). 우리는 이 땅에 사는 동안 무엇을 하든지 항상 복되게 생각하고, 복되게 말하고, 복되게 행하며 살아야 한다.

사랑하는 성도 여러분, 사탄의 지배를 받지 않도록 믿음을 굳게 하고, 사람을 두려워하지 말고 하나님을 두려워하며, 항상 선을 선택하고 축복을 선택하여 승리하는 성도 여러분이 되시기를 주의 이름으로 축원한다.

오른편 강도의 신앙
(누가복음 23:39-43)

예수님이 십자가에 못박히실 때 양쪽에 행악자(강도)도 함께 십자가에 못박혔었다. 그런데 왼편 강도는 "네가 그리스도가 아니냐? 너와 우리를 구원하라"(39절)하고 예수님을 비방했고, 오른편 강도는 "네가 동일한 정죄를 받고서도 하나님을 두려워 아니하느냐? 우리는 우리의 행한 일에 상당한 보응을 받는 것이니 이에 당연하거니와 이 사람의 행한 것은 옳지 않은 것이 없느니라"(40, 41절)하고 예수님을 비방하는 강도를 꾸짖었다. 여기에서 이 오른편 강도는 짧은 순간이었지만 참으로 복된 구원에 참여하여 천국 입국을 허락받은 사람이었다. 그러면 이 오른편 강도는 어떠한 신앙을 소유하고 있었는가에 대해서 말씀을 상고하면서 함께 은혜를 나누고자 한다.

첫째, 하나님을 두려워할 줄 아는 사람이었다.

"하나는 그 사람을 꾸짖어 가로되 네가 동일한 정죄를 받고서도 하나님을 두려워 아니하느냐?"(40절) 오늘날 이 세상은 점점 더 하나님을 두려워할 줄 모르는 세상으로 변해가고 있다. 뉴에이지 문화가 메스컴을 통해서 청소년 문화를 뒤엎고 있고, 부르는 노래 가운데 하나님을 대적하는 가사들이 나오는 것을 볼 수 있다. 로마서 3:9과 18절에 보면 "그러면 어떠하뇨? 우리는 나으뇨? 결코 아니라 유대인이나 헬라인이나 다 죄아래 있다고 우리가 이미 선언하였느니라 …… 저희 눈앞에 하나님을 두려워함이 없느니라"고 말씀했다. 하나님은 사랑의 하나님이시지만 이 세상의 타락과 범죄에 대해서는 공의의 하나님이시다. 그래서 우리는 하나님을 두려워 할 줄 알아야 한다. 오른편 강도는 하나님을 두려워할 줄 알았다.

둘째, 죄에 대한 인과 보응의 법칙을 믿은 신앙이었다.

"우리는 우리의 행한 일에 대해서 상당한 보응을 받는 것이니 이에 당연하거니와 이 사람의 행한 것은 옳지 않은 것이 없느니라"(41절). 오른편 강도는 십자가에 달린 예수님을 만나는 순간 감동을 받아 죄에 대한 인과응보의 법칙을 믿었기 때문에 그가 비록 과거에는 죄를 지어 십자가에 매달리는 형벌을 받고 있지만 그의 죄를 뉘우치고 회개했을 때 용서함을 받았다. 여러분 중에 혹시 오른편 강도가 죽기 직전에 예수를 믿어 구원 받았다고 해서 '나도 마지막 순간에 예수 믿어야지' 하고 예수 믿는 것을 미루어서는 안된다. 예수를 빨리 믿을수록 좋다. 미루는 것은 마귀의 역사이다. 예수님의 제자들은 예수님의 부름을 받았을 때 즉시 따랐다고 했다.

셋째, 예수님의 구원을 믿은 신앙이었다.

"가로되 예수여, 당신의 나라에 임하실 때에 나를 생각하소서"(42절). 오른편 강도는 자기의 죄로 말미암아 자기가 멸망받을 것을 알고 있었다. 그러나 예수님의 십자가 고난은 예수님께 어떤 죄가 있어서가 아니라 자기와 같은 죄인 즉, 이 세상에 죄 지은 모든 사람들을 구원하시기 위한 고난인 것을 믿고 알았으며, 예수님이 이런 모든 죄에서 구원해 주실 분이라는 것을 확실히 믿었다. 여러분은 예수님이 여러분의 구주이심을 믿는가? 우리는 예수님이 우리의 구주이심을 믿어야 한다. 오른편 강도는 예수님이 자기를 구원해 주실 줄 믿고 예수님께 구원을 호소했다. 그 때 예수님은 그에게 "내가 진실로 네게 이르노니 오늘 네가 나와 함께 낙원에 있으리라"(43절)고 말씀해 주셨다.

사랑하는 성도 여러분, 오른편 강도는 하나님을 두려워할 줄 알았고, 죄에 대한 인과응보의 법칙을 믿고, 예수님의 구원을 믿은 결과 ① 천국의 입국을 허락받았고 ② 심판이 면제되었으며 ③ 저주가 없어지고 영생이 주어졌다. 예수님의 십자가의 고난으로 말미암아 우리를 구원해 주신 하나님의 은혜를 감사하면서 승리하는 성도 여러분이 되시기를 주의 이름으로 축원한다.

주님을 제한 할 수 없다

(누가복음 24:1-6)

2,600여년전 B.C. 586년에 이스라엘 민족은 엄청난 위기 속에 휘말렸다. 왕이 끌려가고 왕자들이 다 죽임을 당하고 나라가 망하고 가장 중요한 성전이 불타 없어졌다. 그 때에 이스라엘 백성들에게 큰 걱정이 하나 생겼다. 그것은 하나님이 어떻게 되실까 하는 것이었다. 왜냐하면 그들은 하나님이 지성소에만 계시는 줄 알았기 때문이다. 그들은 하나님을 지성소 안에만 계시는 하나님으로 존재를 제한시켰던 것이다. 뿐만 아니라 2,000년 전 오늘 새벽에 이런 일이 또 일어났다. 안식 후 첫날 새벽에 여인들이 향품을 가지고 예수님의 무덤에 가서 예수님의 시체가 보이지 않는 것을 보고 근심했다. 이 여인들은 예수님을 무덤 속에 제한시켰다. 우리의 삶 속에도 이와 같이 예수님을 제한할 때가 있다. 우리는 주님을 제한할 수 없다. 그러면 왜 사람들이 예수님을 제한할까?

첫째, 자기를 표준으로 삼기 때문이다.

자기 표준으로 예수님을 보고, 자기 표준으로 성경을 보고 해석하는 것이다. 왜 자기 표준으로 예수님을 제한하는가? 자기가 체험을 안 했으니까 믿을 수 없다고 하는 사람 말이다. 이것은 도마적인 시각이다. 예수님의 제자 도마는 "내가 그 손의 못자국을 보며, 내 손가락을 그 못자국에 넣으며, 내 손을 그 옆구리에 넣어 보지 않고는 믿지 아니하겠노라"(요 20:25)고 말했다. 자기가 피부로 체험하고 확인한 것까지만 믿을려고 하고 자기가 체험한 것 외에는 믿지 않으려고 하는 신앙은 자기의 체험으로 주님을 제한시킨 것이다. 이것은 아주 위험한 신앙이다. 오늘도 태양은 여전히 솟아오른다. 더 이상의 기적이 없다. 주님이 나를 구원해 주셨고 다시 사셨다는 것 이 이상의 기적이 없는 것이다. 우리는 자기를 표준으로 삼아 주님을 제한해서는 안된다.

둘째, 확신이 흔들리기 때문이다.

예수님은 살아계실 때 여러 번 제자들에게 자기가 고난받을 것과 다시 살아날 것에 대해 말씀했다. 베드로가 "주는 그리스도시니이다"(막 8:29)라고 위대한 신앙고백을 했을 때 "인자가 많은 고난을 받고 장로들과 대제사장들과 서기관들에게 버린 바 되어 죽임을 당하고 사흘 만에 살아나야 할 것을 비로소 저희에게 가르치시되"(막 8:31)라고 말씀했고, 예루살렘에 올라가면서도 "인자가 대제사장들과 서기관들에게 넘기우매 저희가 죽이기로 결안하고 이방인들에게 넘겨 주겠고, 그들은 능욕하며 침뱉으며 채찍질하고 죽일 것이니, 저는 삼일 만에 살아나리라"(막 10:33, 34)고 말씀했다.

그 후 예수님은 회당장 야이로의 딸을 살리셨고, 나인성 과부의 아들을 살리셨으며, 죽은 지 나흘이나 되어 냄새나는 나사로도 살리셨다. 이와 같이 가르치고 보여 주었는데도 제자들은 어떤 때는 위대한 신앙고백을 하고 절대로 주님을 버리지 않겠다고 했으면서도 어떤 때는 주님을 모른다고 세 번씩이나 부인했던 것을 볼 수 있다. 또 예수님이 살아나셨고, 그 모습을 보았다고 하는 데도 두려워하면서 의심했다. 이와 같이 확신이 흔들리면 주님을 제한할 수 밖에 없다.

사랑하는 성도 여러분, 이와 같이 예수님을 제한하면 ① 좌절이 온다. 엠마오로 근심하면서 내려가는 제자들을 보라. 온 우주에 충만할 예수님을 조그마한 무덤 속에 가두어 놓았기 때문이다. ② 근심이 온다. 누가 돌을 굴려 줄까? 누가 시체를 훔쳐 갔을까? 여인들은 근심했다. ③ 다른 종교와 다를 바가 없다. 기독교가 기독교 되게 하려면 예수님을 조그마한 무덤 속에 제한해서는 안된다. ④ 무서운 결과가 온다. 주님을 내 마음대로 조정할 수 있는 주님으로 생각하기 쉽다. 예수님을 제한하지 않으려면 ① 무대를 넓혀야 한다. 시편 기자처럼 온 우주에 계신 하나님, 만물 위에 충만하신 예수님을 바라보아야 한다. ② 미래에 대한 비젼을 가져야 된다. 예수님의 부활은 과거의 사건이 아니고, 오늘 우리의 사건이고, 내일 우리의 소망의 사건인 것이다. 예수님을 제한하지 않고 온 우주에 충만하고 어떤 일이나 어떠한 어려움 속에서도 해결자로 계시는 승리의 예수님과 동행하기 위해서는 시야를 넓히고 미래에 대한 비젼을 가져서 부활하신 주님과 더불어 승리하시는 성도 여러분이 되시기를 주의 이름으로 축원한다.

새 역사의 시작
(요한복음 2:1-11)

하나님께서 그 외아들을 세상에 보내셔서 예수께서 태어나심으로 새로운 역사가 시작되었다. 그런데 이 날이 왜 연말에 있는지 아는가? 연말도 보통 연말이 아닌 아주 해가 제일 짧은 동지가 지난 후에 크리스마스가 있다. 우리 일생을 통해서 제일 어둡고 가슴 아파할 때에 주님께서 오신 것이다. 새로운 시작은 아침 해뜰 때에 시작하는 것이 아니고, 해가 질 때 시작한다. 창세기에 보면 하나님께서 날수를 셀 때에 '저녁이 되며 아침이 되니 하루가 지나더라' 고 했다. 본문에 보면 예수께서 갈릴리 가나 혼인잔치에 제자들과 함께 초대받았다. 그런데 잔치 도중에 포도주가 떨어져 매우 곤혹스러운 상황에 이르렀다. 그 때 마리아가 예수님께 이 사실을 알려 물이 포도주가 되는 새 역사가 시작되었다. 그러면 새 역사는 어떻게 시작되는가에 대해서 말씀을 상고하면서 함께 은혜를 나누고자 한다.

첫째, 사소한 일에서부터 하나님의 영광이 나타날 때 시작된다.
"예수께서 이 처음 표적을 갈릴리 가나에서 행하여 그 영광을 나타내시매 제자들이 그를 믿으니라"(11절). 천지창조라고 하는 어마어마한 드라마에서부터 시작한 요한복음이 맨처음 하나님의 영광을 나타낸 곳은 천지창조와 상관 없는 시골 조그마한 마을 가나에 있는 잔치집이었다. 기독교는 어마어마한 것을 말하는 것이 아니다. 조그마한 마을 가나 혼인 잔치집에서 예수님께서 행하신 일과 같은 사소한 일에 기독교의 핵심이 있다. 그래서 주님께서 이 일을 제일 처음에 행하셨고, 하나님의 영광을 나타내 많은 사람들로 하여금 주님을 믿게 하였던 것이다. 요한복음 1:14에 보면 "말씀이 육신이 되어 우리 가운데 거하시매, 우리가 그 영광을 보니 아버지의 독생자의 영광이요, 은혜와 진리가 충만하더라"고 말씀했다. 우리의 사소한 말과 행동 그리고 삶 속에서 하나님의 영광이 나타날 때 비로소 새 역사가 시작된다.

둘째, 주님과 함께 하는 삶을 살 때 시작된다.

혼자 있을 때 시험을 받기 쉽다. 예수님도 혼자 계실 때 시험을 받았다. 하물며 우리가 혼자 살 수 있는가? 주님은 예수 이름으로 모인 곳에 함께 해주시겠다고 말씀했다. "두 세사람이 내 이름으로 모인 곳에는 나도 그들 중에 있느니라"(마 18:20). 잔치 중에 포도주가 떨어졌다는 사실은 당시로서는 매우 곤혹스러운 일이었다. 그런데 그곳에 주님이 함께 하셨기 때문에 새 역사가 시작된 것이다. 힘들고 어렵고 고통스러운 문제가 있다고 할지라도 주님이 함께 하시면 다 해결되는줄 믿으시기 바란다. 주님과 함께 하는 삶을 살면 새 역사가 일어난다. "나는 포도나무요 너희는 가지니 저가 내 안에, 내가 저 안에 있으면 이 사람은 과실을 많이 맺나니 나를 떠나서는 너희가 아무 것도 할 수 없음이라"(요 15:5).

셋째, 주의 말씀에 순종할 때 시작된다.

물이 변하여 포주가 된 것이 어느 때인가? 주님의 명령을 받은 하인들이 돌 항아리에 물을 가득 붓고 그것을 연회장에게 가져다 주었을 때이다. 이 명령은 인간적으로 볼 때에는 이해가 안되는 것이었다. 하지만 이 사람들은 예수님의 명령에 무조건 순종했다. 이와 같이 주의 말씀에 순종하다가 새 역사를 체험한 분들이 많이 있다. 문둥병자 열 명이 예수님의 말씀에 순종하여 깨끗함을 받았음(눅 17:11-19)을 볼 수 있다. 우리가 주의 말씀에 순종하기만 하면 우리도 고통과 눈물과 슬픔이 기쁨으로 변화되는 새 역사를 체험하게 될 줄 믿는다.

사랑하는 성도 여러분, 이 세상 모든 것은 시간이 지나면 지날수록 다 바래고 약해지고 쇠하여진다. 그러나 이 가나 혼인 잔치집에는 시간이 갈수록 더 좋은 포도주가 나왔다. 이 세상에서 제일 무서운 심판은 시간이다. 그러나 예수를 믿으면 시간이 두렵지 않다. 왜냐하면 더 좋은 천국이 있기 때문이다. 여러분의 삶 속에서 하나님의 영광이 나타나고, 주님과 함께 하는 삶, 주의 말씀에 순종하는 삶을 살아 새 역사를 창조하는 성도 여러분이 되시기를 주의 이름으로 축원한다.

변화 그리고 새로운 삶
(요한복음 2:1-11)

요한복음을 가리켜 '독수리 복음'이라고도 한다. 요한복음은 예수 그리스도를 설명하기 위해서 독수리처럼 먼 태초까지 거슬러 올라가서 '예수는 옛 것의 마지막이요 새 것의 시작'이라고 가르쳐 준다. 요한복음 1장에 보면 대제사장이 1년에 한 번 밖에 들어갈 수 없는 지성소가 곧 예수님 자신이요, 2장에 보면 성전의 반석이 곧 예수님이며, 3장에서는 거듭나지 아니하면 하나님 나라에 들어갈 수 없다고 가르치시는 예수님, 4장에서는 성전이 곧 예수님이며, 5장에서는 안식일의 주인이 예수님이요, 6장에서는 예수님이 곧 생명의 떡이라고 기록되어 있다. 다시 말해서 요한복음은 구약에서 예언한 예수 그리스도에 대해서 실제로 우리가 듣고 만질 수 있도록 실체로 오신 변화의 현장을 기록한 것이다. 우리는 이 예수님을 통해서 변화된 새로운 삶을 살 수 있다.

첫째, 변화의 목적

변화의 목적은 ① 구약의 예언을 이루기 위해서 입니다(성취적인 차원). 예수님은 이 땅에 오셔서 수 많은 환자들을 고쳐주고, 바다의 풍랑을 잔잔케 했으며, 귀신들을 쫓아내고, 죽은 자를 살리는 등 사망권세를 깨뜨리셨다. "그 때에 소경의 눈이 밝을 것이며, 귀머거리의 귀가 열릴 것이며, 그 때에 저는 자는 사슴같이 뛸 것이며, 벙어리의 혀는 노래하리니…"(사 35:5,6) ② 처음 것보다 나중 것이 더 좋게 하시기 위해서이다(발전적인 차원). 구약의 율법으로는 구원받을 수 없기 때문에 예수님이 이 땅에 오셔서 율법을 완성시켜 주고 누구든지 예수님을 믿기만 하면 구원받게 해주셨다. ③ 필요한 것을 풍족하게 채워주시기 위해서이다(풍족적인 차원). 오늘 본문에 보면 예수님이 가나 혼인 잔치집에서 필요한 것을 풍족하게 채워 주셨다. "돌항아리 여섯"(6절)할 때 '여섯'은 불완전한 수이다. 예수님은 불완전한 것을 완전하게 채워주셨다.

둘째, 변화의 과정

도날드 K. 스미스 박사의 '변화의 4단계'를 보면 ① 외형적인 변화이다. ② 관계에 의한 변화이다. 이것은 사회적인 활동이나 교회생활, 구역활동등 사회적인 접촉을 통한 변화이다. ③ 체험에 의한 변화이다. ④ 핵심적인 변화이다. 성경이 말하는 중심이 변하는 것이다. 이 핵심적인 변화는 그 삶의 인격과 심령을 변화시키는데 이것은 인간의 힘으로 불가능하다. 오직 성령의 도움을 받아야 된다. 오늘 본문에 나오는 예수님이 첫번째 행하신 기적 곧 가나혼인 잔치집에서 물이 변하여 포도주가 되게 하신 것은 핵심적인 변화로서 예수님이 이 땅에 오셨는가 하는 것을 상징적으로 보여주신 것이다.

셋째, 변화의 방해 요소

변화를 방해하는 요소는 ① 풍요다. 마태복음 19장, 누가복음 18장에 보면 유명한 부자 청년 신흥 젊은 재벌이 등장한다. 이 사람은 학력도 있고 권력과 재물도 겸비한 사람이었다. 그러나 그는 예수님이 "네가 온전하고자 할진대 가서 네 소유를 팔아 가난한 자들을 주라 그리하면 하늘에서 보화가 네게 있으니라 그리고 와서 나를 좇으라"고 했을 때 쓸쓸히 예수님께 등을 보이고 돌아섰다. "그 청년이 재물이 많으므로 이 말씀을 듣고 근심하며 가니라"(마 19:22). 솔로몬왕도 풍요로운 시대에 타락하기 시작했다. ② 지식이다. 요한복음 3장에 보면 지식이 많은 니고데모라고 하는 사람이 밤중에 예수님께 조용히 찾아왔다. 예수님께 "사람이 늙으면 어떻게 날 수 있습니까?" 라고 반문하였다. ③ 기득권이다. 예수님 당시에 서기관과 바리새인, 사두개인, 열심당원, 제사장들은 종교지도자들로서 부(富)와 명예, 권력, 지위 등을 가지고 있었다. 그러나 그들은 예수님을 거부했다. 이와 같이 우리가 가지고 있는 풍요함과 지식, 기득권 등이 때로는 변화를 방해하는 장애물이 될 수도 있다는 것이다.

넷째, 변화의 비결

우리가 새롭게 변화되려면 ① 잘 살펴야 한다. 예수님의 어머니는 혼인잔치집에 포도주가 넉넉한지 모자라는지 잘 살펴서 예수님께 보고했다. 우리는 우리의 신앙 곡선이 올라가고 있는지 내려가고 있는지 잘 살펴야 한다. ②변화의 핵심인 예수님과 함께 하는 생활을 해야 한다. ③ 준비해야 한다. 가나 혼인잔치집의 하인들이 비어있는 돌항아리 여섯에 물을 아구까지 가득 채우는 준비를 했을 때 물이 포도주로 변했다. ④ 드려야 한다. 물을 채웠다는 것은 노력을 드린 것이다. 뱃새다 광야에서 무명의 한 소년이 떡 다섯 개와 물고기 두 마리를 예수님께 드렸을 때, 오천명을 먹이고도 열두 바구니가 남는 기적이 일어난다. ⑤ 인내해야 한다. 하나님의 때를 기다려야 한다. "예수께서 가라사대 여자여 나와 무슨 상관이 있나이까? 내 때가 아직 이르지 못하였나이다"(4절) ⑥ 순종해야 한다. 물이 포도주로 변한 것을 제일 먼저 안 사람은 예수님의 말씀대로 순종했던 하인들이었다.

사랑하는 성도 여러분, 변화된 새로운 삶은 우리로 하여금 만족한 삶, 기쁨의 삶, 보다 나은 삶, 하나님께 영광 돌리는 삶을 살게 한다. 다가오는 성탄절을 맞이하여 이 세상을 아름답게 변화시킨 예수님을 본받아 우리 자신이 먼저 예수님을 영접함으로 새롭게 변화되어 우리 가정과 이웃, 교회와 나라를 새롭게 변화시키는 성도 여러분이 되시기를 예수 이름으로 축원한다.

가나혼인 잔치에 나타난 기적
(요한복음 2:1-11)

'가나'라는 곳은 예수님께서 첫번째 표적을 행하신 곳이다. 표적이란 '기적'이란 말과 같은 뜻인데 하나님의 힘으로만 할 수 있는 일을 말한다. 이 갈릴리 가나는 지금 가보면 초라하고 보잘것 없는 곳인데 예수님께서 복음을 전하신 곳이었기 때문에 유명한 곳이 되었다. 예수님께서 이곳에서 처음 기적을 행하신 이유는 ① 예수님께서 메시야이심을 나타내기 위해서 (11절), ② 사람들이 예수를 보고 믿게 하기 위해서, ③ 예수를 믿고 생명을 얻게 하기 위해서였다(요 20:31). 그러면 가나 혼인 잔치집에 어떻게 기적이 나타났는가에 대해서 말씀을 상고하면서 함께 은혜를 나누고자 한다.

첫째, 주님을 청하여 모셨기 때문이다.

"사흘 되던 날에 갈릴리 가나에 혼인이 있어 예수의 어머니도 거기 계시고, 예수의 그 제자들도 혼인에 청함을 받았더니"(1,2절). 가나 혼인 잔치집에 포도주가 모자랐다. 그런데 그곳에 예수님을 초청하여 모셨을 때 기적이 일어났다. 사람마다 먼저 좋은 포도주를 내 놓고 나중에는 덜 좋은 포도주를 내놓는데, 이 잔치집에는 처음 것보다 나중 것이 더 좋은 포도주였다.

기독교는 처음보다 나중이 더 좋고, 항상 기쁨과 즐거움이 있는 종교이다. 우리가 이 세상을 살면서 가장 행복하고 안전하며 미래의 소망이 넘치는 순간은 주님이 우리와 함께 하는 순간이다. 주님이 함께 계시면 아무 것이 없어도, 어려움이 있어도 걱정할 것이 없다. 예수님을 항상 마음 속에 모시고 사는 사람은 물이 포도주로 변하는 것과 기적을 체험할 수 있기 때문이다.

둘째, 주님의 말씀이 계셨기 때문이다.

"예수님께서 저희에게 이르시되 항아리에 물을 채우라 하신즉 아구까지 채우니"(7절). 가나혼연 잔치집에 포도주가 모자랐으나 주님의 말씀이 계셨으므로 물이 포도주로 변하는 기적이 일어났다. 하나님의 말씀은 권세가 있다.

창세기 1:3에 보면 "하나님이 가라사대 빛이 있으라"고 말씀했다. 그 결과 땅이 혼돈하고 공허하며 흑암이 깊음 위에 있던 세계가 갑자기 광명의 세계로 바꾸어졌다. 우리는 하나님의 말씀이 기록된 성경책을 우리 곁에 주신 것을 감사해야 한다. 하나님의 말씀이 있는 사람에게는 생명이 있고, 축복이 있고, 승리가 있다.

신명기 15:4,5에 보면 "네가 만일 네 하나님 여호와의 말씀만 듣고, 내가 오늘날 네게 명하는 그 명령을 다 지켜 행하면, 네 하나님 여호와께서 네게 유업으로 주신 땅에서 네가 정녕 복을 받으리니, 너희중에 가난한 자가 없으리라"고 말씀했다.

셋째, 주님의 말씀을 순종했기 때문이다.

"그 어머니가 하인들에게 이르되 너희에게 무슨 말씀을 하시든지 그대로 하라 하니라"(5절). 하인들은 주님의 말씀을 순종하여 아무런 불평도 하지 않고 항아리에 물을 가득 채웠고, 그 물을 떠서 연회장에게 갖다 주라고 했을 때도 아무런 이의없이 묵묵히 순종했다. 그 결과 물이 변하여 처음보다 더 좋은 포도주로 되는 기적이 일어났다.

요한복음 9:11에 보면 날 때부터 소경된 자가 주님의 말씀에 순종하여 눈을 뜨게 된 후, 어떻게 뜨게 되었느냐는 질문에 "대답하되 예수라 하는 그 사람이 진흙을 이겨 내 눈에 바르고, 나더러 실로암에 가서 씻으라 하기에, 가서 씻었더니 보게 되었노라"고 했다. 이와 같이 하나님의 말씀을 순종할 때에 기적이 일어나고 축복이 임한다. 신명기 28:2에도 보면 "네가 네 하나님 여호와의 말씀을 순종하면 이 모든 복이 네게 임하여 네게 미치리니…"라고 말씀했다.

넷째, 하나님께 영광을 돌리게 되었기 때문이다.

"예수께서 이 처음 표적을 갈릴리 가나에서 행하여 그 영광을 나타내시매 제자들이 그를 믿으니라"(11절). 하나님께 영광을 돌릴 때 기적이 일어난다. 사도 바울은 고린도전서 10:31에 "너희가 먹든지 마시든지 무엇을 하든지 다 하나님의 영광을 위하여 하라"고 말씀했다. '영광'이란 헬라어 '독사'(δοξα)는 보면 '빛내다, 존귀하다'라는 뜻이다.

우리는 하나님의 이름을 빛내고, 하나님의 존귀하심을 인정하고 선포하여 하나님께 영광을 돌릴 때 기적을 체험할 수 있다. 시편 113:4에 보면 "여호와는 모든 나라 위에 높으시며 그 영광은 하늘에 높으시도다"라고 말씀했고, 시편 19:1에도 "하늘이 하나님의 영광을 선포하고 궁창이 그 손으로 하신 일을 나타내시는도다"라고 말씀했다. 영광 자체는 바로 하나님의 속성이다. 그래서 우리는 영광의 하나님을 찬양해야 한다(갈 1:5).

사랑하는 성도 여러분, 주님을 평생토록 마음 속에 모시고, 주님의 말씀을 가까이 하며, 주님의 말씀에 순종하고, 하나님께 영광을 드림으로 가나혼인 잔치에 나타난 기적을 항상 체험하며 사는 성도 여러분이 되시기를 주의 이름으로 축원한다.

아름다운 신앙인격
(요한복음 3:1-15)

우리 인간은 누구나 다 아름답기를 원하고 자기 나름대로의 훌륭한 인격 도야를 하며 살아간다. 아름다운 사람이 되려면 지식, 미모, 권력, 지위, 부, 명예 등도 갖추어야 되지만 무엇보다 중요한 것은 아름다운 신앙 인격이 갖추어져 있어야 한다. 다른 면에서 아무리 잘 갖추었다 할지라도 신앙에 결점이 생기면 허무한 인생이 되고 마는 것을 볼 수 있다. 그래서 우리는 항상 신앙의 뼈대가 견고해야 한다. 오늘 본문에 보면 '니고데모'라고 하는 사람이 나온다. 이 니고데모는 참으로 아름다운 신앙 인격을 갖춘 자였다. 그러면 아름다운 신앙 인격이란 무엇인가에 대해서 말씀을 상고하면서 함께 은혜를 나누고자 한다.

첫째, 하나님 나라에 관심을 가지는 믿음이다.

니고데모는 하나님 나라에 관심을 가지는 믿음이 있었다. 니고데모는 하나님 나라에 관한 예수님의 말씀을 진지하게 듣고 질문도 했다. 우리는 이 세상에 사는 동안 어디에 관심을 두고 사느냐 하는 것이 중요하다. 땅에 대한 관심을 가지고 사는 사람은 하나님 나라에 대한 일들이 흥미가 없을 것이다. 니고데모는 유대인의 관원으로서 지위, 명예, 권세, 치부에도 관심이 있었겠지만 하나님 나라에 대한 관심이 더 많았다. 우리도 하나님 나라에 대해서 관심을 가지고 살아 갈때에 아름다운 신앙 인격을 소유하게 될 줄 믿는다. 야고보서 4:8에 보면 "하나님을 가까이 하라 그리하면 너희를 가까이 하리라"고 말씀했고, 마태복음 6:33 보면 "너희는 먼저 그의 나라와 그의 의를 구하라 그리하면 이 모든 것을 너희에게 더하시리라"고 말씀했다. 먼저 하나님을 가까이 하고 하나님 나라에 관한 것을 구하면 땅에 관한 모든 것을 축복해 주신다는 말씀이다. 또 야고보서 4:4에 보면 "누구든지 세상과 벗이 되고자 하는 자는 스스로 하나님과 원수되게 하는 것이니라"고 말씀했다.

둘째, 적극적인 행동이 수반되는 믿음이다.

니고데모가 예수님을 밤중에 찾아간 것은 예수님께 대해서 적극적인 행동이 수반되는 믿음이 있었기 때문이다. 유대인의 풍습을 보면 가장 열심있고 큰 일을 행하는 사람들은 밤에 역사를 나타낸다고 한다. 적극적인 행동이 수반되는 믿음이란 곧 하나님을 위한 열심이다. 열왕기하 10:16에 보면 "나와 함께 가서 여호와를 위한 나의 열심을 보라"고 말씀했다. 우리는 하나님을 위한 열심을 보여 줄 수 있는 자가 되어야 한다. 요한계시록 3:19에도 보면 "무릇 내가 사랑하는 자를 책망하여 징계하노니 그러므로 네가 열심을 내라"고 말씀했고, 고린도후서 9:2에는 "과연 너희 열심이 퍽 많은 사람들을 격동시켰느니라"고 말씀했다. 이 세상은 점점 더 기근과 지진등 말세의 징조들이 많이 나타나고 있다. 이러한 때일수록 우리는 하나님이 좋아하는 것은 적극적으로 좋아하고, 하나님이 싫어 하는 것은 적극적으로 싫어하는 믿음과 행동이 있어야 한다.

셋째, 온갖 헌신과 희생을 수반한 믿음이다.

"일찍 예수께 밤에 나아왔던 니고데모도 몰약과 침향 섞은 것을 백근쯤 가지고 온지라"(요 19:39). 니고데모는 온갖 헌신과 희생을 수반한 믿음이 있었기 때문에 예수님을 위해서 장례물품을 드릴 수 있었다. 우리도 주님을 위해서 우리의 몸과 마음, 시간과 물질 등을 드릴 줄 아는 헌신과 희생의 믿음이 있어야 한다. 로마서 12:1에 보면 "너희 몸을 하나님이 기뻐하시는 거룩한 산 제사로 드리라 이는 너희의 드릴 영적 예배니라"고 말씀했고, 고린도전서 15:58에 보면 "그러므로 내 사랑하는 형제들과 견고하며 흔들리지 말며 항상 주의 일에 더욱 힘쓰는 자들이 되라 이는 너희 수고가 주안에서 헛되지 않은 줄을 앎이니라"고 말씀했다.

사랑하는 성도 여러분! 아름다운 신앙 인격이란 하나님 나라에 관심을 가지는 믿음, 적극적인 행동이 수반되는 믿음, 온갖 헌신과 희생을 수반한 믿음이다. 이러한 아름다운 신앙 인격을 소유하여 일어나 빛을 발하는 성도 여러분이 되시기를 예수 이름으로 축원한다.

중생의 역사
(요한복음 3:5)

어느날 예수께 찾아 나아온 유대인의 관원 니고데모에게 사람이 거듭나지 아니하면 하나님 나라를 볼 수도 없으며 또 하나님 나라에 들어갈 수도 없다고 하신 예수님의 말씀은 중생의 중요성을 설명하신 말씀으로서 우리 인간은 누구를 막론하고 중생함을 받아야 되는 필요성을 강조하신 말씀이기도 한것이다. 여기 '중생'이란 말은 '파링게네시아'($παλιγγενεσία$)라는 말로서 즉 물과 성령으로 말미암아 위로부터 새로 나는 것을 의미하는 말이며, 영어의 Born-again이란 말로서 다시 태어나는 것을 말하는 것이다. 그러면 우리가 어떻게 하면 중생함을 얻는가에 대하여 말씀을 드리겠다.

1. 중생의 요건

첫째, 예수 그리스도를 영접하고 죄를 회개한 자에게 임한 성령의 역사로 말미암아 중생함을 입게되는 것이다.

예수님께서 니고데모에게 말씀하시기를 사람이 물과 성령으로 나지 아니하면 하나님 나라에 들어갈 수 없다고 하였고 육으로 난 것은 육이요 영으로 난 것은 영이니 내가 네게 거듭나야 하겠다는 말을 기이히 여기지 말라고 하셨다. 성령은 회개한 심령 속에 들어가 새 생명을 부여해 주며 신분과 자격 성품까지도 새롭게 변화시켜 주시는 것이다.

둘째, 하나님의 살아있고 항상 있는 말씀으로 말미암아 중생함을 입게 되는 것이다.

베드로전서 1:23 말씀에 "너희가 거듭난 것이 썩어질 씨로 된 것이 아니요 썩지 아니할 씨로 된 것이니 하나님의 살아있고 항상 있는 말씀으로 되었느니라"고 하였다. 하나님의 말씀은 인간의 뼈골수까지 파고 스며 들어가 인간 육성의 악한 성품까지 파괴시키며 불의하고 거짓된 어두움의 일을 근원조차 파헤쳐 인간의 자만된 육성을 깨뜨려 부수고 거듭난 새 인격으로 변화시켜 주시는 것이다. 어느날 D.L 무디가 일생에 관한 간단한 기사를 써 달라는 부탁을 받았을 때 그는 세 마디로 된 내용을 기록하여 주면서 첫째 육의 출생일; 1837년, 둘째 영의 출생; 1856년, 세째 사망일; 하나님의 정하신 날이라고 적어 보냈다고 한다. 우리도 육의 출생이 있듯이 역사와 말씀의 역사로 거듭난 영의 출생이 있게 되는 것이다.

셋째, 예수 그리스도 안에서 그와 접붙힘을 받음으로 중생함을 입게 되는 것이다.

고린도후서 5:17 말씀에 "그런즉 누구든지 그리스도 안에 있으면 새로운 피조물이란 이전 것은 지나 갔으니 보라 새 것이 되었도다"라고 하였다. 인간이 그리스도 밖에 있으면 나무에서 짤린 가지처럼 밖에 버리워 말라질 수 밖에 없지만 그리스도 안에 있는 자는 포도나무가지처럼 풍성한 삶을 누리게 되며 이전 것은 사라지고 새 것이 되어 하나님의 의와 진리와 거룩함으로 지으심을 받은 새 생명의 축복을 누리게 되는 것이다.

2. 중생함을 받은 결과

첫째, 중생함을 받은 자는 영생의 축복을 누리게 된다.

요한복음 5:24 말씀에 "내가 진실로 진실로 너희에게 이르노니 내 말을 듣고 또 나 보내신 이를 믿는 자는 영생을 얻었고 심판에 이르지 아니하나니 사망에서 생명으로 옮겼느니라"고 하였고, 요한복음 6:47, 48 말씀에 "진실로 진실로 너희에게 이르노니 믿는 자는 영생을 가졌나니 내가 곧 생명의 떡이라"고 하였다. 그러므로 중생함을 입은 자는 천국의 입국자가 되며 세세 무궁토록 영생의 축복을 누리게 되는 것이다.

만일 인간이 예수 그리스도 안에 있는 이 귀한 영생을 소유하지 못하고 해 아래서 수고하는 육신만을 좇아 살다가 일생이 다하여 지는 날 천국에 입국할 기회를 영원히 놓치고 만다면 이보다 더 불쌍한 일이 어디 있겠는가? 예수 그리스도로 말미암아 영생을 소유한 자들은 금세와 내세에 약속된 축복이 있을 뿐 아니라 하늘의 영광, 땅위의 축복, 영생의 기쁨으로 차고 넘치는 은혜를 누리게 되는 것이다.

둘째, 중생함을 입은 자는 하나님의 영이 거하시는 성전이 되어진다.
고린도전서 3:16에 "너희가 하나님의 성전인 것과 하나님의 성령이 너희 안에 거하시는 것을 알지 못하느냐?"고 말씀하신대로 성령으로 거듭난 자는 바로 성령의 전이 된 것이다. 인간이 성령으로 거듭나기 전에는 마귀가 그 안에서 거주지를 삼아 악한 생각, 악한 행위, 악한 열매를 맺게하여 하나님과의 신령한 교제를 단절시키고 죄의 종으로 어두운 가운데서 하나님과의 원수되어 살게 하였지만 성령으로 거듭난 자는 의의 종이 되고 주의 영이 거하는 거룩한 전이 되어 주와 함께 동행하는 영광된 삶이 되어지게 되는 것이다.

셋째, 중생함을 입은 자는 죄와 사망의 법에서 해방을 받게 된다.
바울은 말하기를 "그리스도 예수 안에 있는 자에게는 결코 정죄함이 없나니 이는 그리스도 예수 안에 있는 생명의 성령의 법이 죄와 사망의 법에서 너희를 해방하였음이라"(롬 8:1,2)고 하였다. 여기 생명의 법이란 생명을 주시는 성령의 법이란 말로서 성령으로 말미암아 생명이 결실되는 법을 말한 것이다. 그런고로 중생함을 입은 자는 성령 안에서 새 생명을 받은 자인고로 죄와 사망의 법이 사로잡지 못하게 되는 것이다.

넷째, 중생함을 입은 자는 세상을 이기는 자가 된다.
요한일서 5:4 말씀에 "대저 하나님께로서 난 자마다 세상을 이긴다"고 하였다. 여기 '이긴다'는 말 '니카오'($\nu\iota\kappa\acute{\alpha}\omega$)라는 말은 정복하고 승리하는 것을 의미하는 말이다. 중생함을 입은 자는 성령의 권능으로 말미암아 세상을 이길 수 있다.

성도 여러분, 우리 다함께 주의 영으로 거듭난 자되어 천국의 소유자, 거룩한 성전이 되어 죄와 사망의 법에서 해방되고 세상을 이기는 주님의 축복된 백성되어 주님께 영광을 돌리며 살아가십시다. 할렐루야!

성령과 중생
(요한복음 3:5)

　우리 인간은 영과 육으로 지음을 받은 자로서 성령으로 말미암아 거듭난 자만이 천국에 들어갈 수 있게 되는 것이다. 한 번은 유대인의 관원이요 당시 종교지도자의 최고 의회인 산헤드린공의회 회원 니고데모라 하는 사람이 예수님께 찾아와 영생에 대한 고민된 문제를 의논하게 되었다. 예수님은 니고데모에게 대답하시기를 "사람이 거듭나지 아니하면 하늘나라를 볼수도 없고 들어갈 수도 없다"고 하였다. 이는 바로 중생의 필요성과 중요성을 강조하신 말씀이다. 그러면 중생이란 무엇이며, 중생받은 증거는 무엇인가? 그리고 중생의 축복이 무엇인가 등 세 가지로 나누어 말씀을 드리겠다.

첫째, 중생이란 무엇인가?

　① 중생이란 말은 헬라어의 '파링게네시아'(παλιγγενεσία)라는 말로서 새로운 탄생 또는 재창조를 의미하는 말이다.
　이 사실에 대하여 사도 바울은 고린도후서 5:17에 말하기를 "그런즉 누구든지 그리스도 예수 안에 있으면 새로운 피조물이라 이전 것은 지나갔으니 보라 새것이 되었도다"라고 하였다. 여기 이전 것이란 그리스도 밖에서 행하여진 불신앙의 행위와 육체의 소욕을 따른 죄악된 것을 말하는 것으로 음행과 더러운 것, 호색과 우상숭배, 술수와 원수를 맺는 것, 분쟁과 시기, 분냄과 당짓는 것, 불리함과 이단, 투기와 술취함, 방탕함과 또 그와 같은 것들을 말하는 것이다. 성령은 이러한 모든 것들을 다 소멸시켜 주시고 새로운 것으로 만들어 주시는 것이다.
　② 중생이란 말은 사망에서 생명으로 이전 되는 것을 의미하는 말이다.
　성령은 생명의 신으로서 죄와 사망의 법에서 믿는 자를 해방시켜 주시는 것이다. 에베소서 2:1,2에 "너희의 허물과 죄로 죽었던 너희를 살리셨도다 그때에 너희가 그 가운데서 행하여 이 세상 풍속을 좇고 공중에 권세 잡은 자를 따랐으니 곧 지금 불순종의 아들들 가운데 역사하는 영이라"고 하였다. 그리고 이러한 죄와 허물로 죽은 우리를 그리스도와 함께 다시 살게 하였고 사망의 법에서 해방을 받게 하신 것이다. 20세기의 위대한 전도자인 빌리 그레함은 "내게서 성령의 능력이 떠나가면 한 덩이리의 진흙에 불과할 뿐이라"고 하였다. 그렇다. 오직 성령님만이 죄와 허물로 죽은 진흙 덩이 같은 우리 인간을 새로운 피조물로 지음을 받게하여 주신 것이다.

둘째, 중생함을 받은 증거는 무엇인가?

① 중생함을 받게 된 자는 하늘의 소망이 넘치게 된다.

베드로전서 1:3, 4에 "찬송하리로다 우리 주 예수 그리스도의 아버지 하나님이 그 많으신 긍휼대로 예수 그리스도의 죽은자 가운데서 부활하심으로 말미암아 우리를 거듭나게 하사 산 소망이 있게 하시며 썩지 않고 더럽지 않고 쇠하지 아니하는 기업을 잇게 하시나니 곧 너희를 위하여 하늘에 간직하신 것이라"고 하였다. 성령은 언제나 하늘의 것을 바라보게 하며 하늘에 것을 기쁘게 하며 또한 하늘에 간직한 것을 소유하게 하시는 것이다. 그런고로 중생함을 받은 자는 하늘에 있는 소망으로 가득차게 됨을 받게 되는 것이다.

② 중생함을 받은 자는 선한 양심이 하나님을 찾아 나아가게 되는 것이다.

베드로전서 3:21에 "선한 양심이 하나님을 찾아 나아가는 것이라"고 하였다. 하나님은 우리 인간에게 양심을 주었다. 그러나 어떤 자들은 믿음과 착한 양심을 버렸고 그 믿음에 관하여는 파선하였다고 하였다(딤전 1:19). 성령은 우리의 양심으로 하여금 하나님을 섬기게 만들어 주고(행 23:1), 선한 양심을 통해 죄를 깨닫게 하여 주시는 것이다.

③ 중생함을 받은 자는 그리스도의 평강이 넘치게 된다.

갈라디아서 6:15에 할례나 무할례나 아무것도 아니로되 오직 새로 지으심을 받은 자 뿐이라고 하였고 "평강이 긍휼이 있을지어다"라고 하였다. 이 평강은 바로 성령으로 말미암아 중생함을 입은 자가 누리게 되는 하나님의 선물인 것이다.

셋째, 중생함을 받은 자의 축복은 무엇인가?

① 중생함을 받은 자는 하나님의 자녀가 되는 권세를 받게 된다(요 1:12).

하나님은 중생함을 입은 자에게 하나님의 자녀되는 권세를 주실 뿐 아니라 양자의 영을 주어 하나님을 아바 아버지라 부르는 자격을 부여 받게 하시는 것이다.

② 중생함을 받은 자는 천국에 들어갈 자격을 부여받게 된다.

천국은 물과 성령으로 거듭난 자만 들어갈 수 있다고 하는 사실을 예수님은 니고데모에게 말씀하였다. 물과 성령으로 거듭나지 못한 자는 천국에 들어가기는 커녕 천국을 볼 수 조차도 없게 된다고 하였다.

③ 중생함을 받은 자는 세상을 이기게 된다.

요한일서 5:4에 "대저 하나님께로서 난 자마다 세상을 이긴다"고 하였다. 인간 자체는 세상을 이길 아무런 힘이 없다. 오직 성령님께서만이 세상을 이길 수 있도록 역사하여 주시게 된다.

④ 중생함을 받은 자는 성령의 전이 되어진다(고전 3:16, 6:19).

⑤ 중생함을 받은 자는 하나님의 절대적인 보호를 받게 된다.

믿음의 소득
(요한복음 3:17)

순교자 손양원 목사님은 기도하기를 "주님이시여 내 가족과 내 의식주는 빼앗아갈지라도 내 믿음은 빼앗아가지 마옵소서"라고 하였다. 하나님은 언제나 우리 인간의 믿음을 통하여 상대하여 주시며 그 무엇으로도 얻을 수 없는 하늘의 귀중한 모든 것을 오직 믿음으로 받게 되는 것이다. 그러면 믿음으로 얻게 되는 소득이 무엇인가에 대해서 네 가지 내용을 말씀드리겠다.

첫째, 믿음의 소득은 하나님의 심판을 면제 받게 된다.

동서고금 누구를 막론하고 죄아래 태어난 우리 인생에게 있어 가장 크고 심각한 문제는 하나님의 심판을 받게 된다고 하는 것이다. 그러나 요한복음 3:18에 "저를 믿는 자는 심판을 받지 아니하는 것이라"고 하였다. 그러면 예수 그리스도를 믿는 자는 왜 심판을 받지 않게 되는 것일까요? 그 이유는 심판의 조건이 되는 죄 문제가 예수 그리스도를 믿음으로 말미암아 사함을 받게 되었기 때문인 것이다.

그러면 죄란 무엇을 말하는 것인가? 죄란 예수 그리스도에게 대한 불신앙을 말하는 것이며 여기에서 파생된 종교적, 도덕적, 양심적인 것에 관한 모든 것을 말하는 것이다. 그런고로 믿지 않는 자는 이미 심판의 도끼 아래 놓여 있는 자라고 하였으며(마 3:10), 요한복음 3:18 말씀에는 "저를 믿는 자는 심판을 받지 아니하는 것이요 믿지 아니하는 자는 하나님의 독생자의 이름을 믿지 아니함으로 벌써 심판을 받은 것이라"고 하였다.

하나님의 통치 아래 있는 이 세계는 이미 선악간에 심판이 집행되어 나왔고 앞으로도 최후의 심판이 집행되어지는 것이다(계 21:8). 심판이란 말인 "미스파드"(משפט)의 뜻을 보면 ① 분리하며 ② 부순다라는 말이며 ③ 형벌을 가한다는 뜻을 가진 말인데 하나님은 인간이 범한 모든 죄에 대해서 심판하실 뿐 아니라 그 심판의 결과로 "풀무불에 집어 넣어 거기서 이를 값이 있어진다고 하였다. 그러나 하나님은 이 무섭고도 고통스러운 죄를 말미암은 무서운 심판에서 피할 길을 주셨는데, 이 길이 바로 예수 그리스도를 믿는 믿음의 길인 것이다. 누구든지 예수 그리스도 앞에 나아와서 인류의 모든 죄를 십자가에 담당해 주신 주 예수 그리스도의 그 은혜를 힘입고 그 앞에 나아와 지은 죄를 회개하고 믿기만 하면 모든 죄에서 사함받게 되고 하나님의 공의의 심판에서 면제받게 되는 것이다.

둘째, 믿음의 소득은 멸망에서 구원을 받게 된다.

구원이란 말은 신약에만도 150여 차례나 기록되어 있는데 구원을 뜻한 구약성경의 "예수-아"라는 말과 신약성경의 "소-티-리아" (σωτηία)의 번역은 임박한 악과 위험으로 부터 구출해 낸다는 뜻을 가진 말인 것이다. 그리고 다른 의미로서는 '도로 산다' '해방을 받는다' '구출을 받는다' 등의 뜻이 포함되어 있기도 한다. 우리 기독교의 중심 '메시지'는 예수 그리스도의 십자가로 말미암은 구원에 대한 메시지이다. 죄로 말미암아 영원히 멸망을 받을 자가 구원을 받게 되며 사망에서 생명으로 옮겨짐을 받게 되는 것이다. 뿐만 아니라 질병과 고통, 근심과 슬픔, 전쟁과 기근, 환난과 핍박 사탄의 어떠한 위험 중에서도 건져 주심을 받게 되는 것이다.

장로교의 창시자이며 성경 주석가인 존 칼빈(John Calvin)이 말하기를 "인류 구원은 하나님의 절대적인 의지와 목적에 따라 정하여진 것이다"라고 하였다. 하나님은 이 놀라운 구원의 축복을 인간의 믿음을 통하여 이루어지게 하시는 것이다. 그런고로 에베소서 2:8 말씀에 "너희가 그 은혜를 인하여 믿음으로 말미암아 구원을 얻었나니 이것이 너희에게 난 것이 아니요 하나님의 선물이라"고 하였다. 이와 같이 믿음의 소득은 바로 구원을 얻게 되는 것이다.

셋째, 믿음의 소득은 영생의 축복을 받게 된다.

요한복음 3:16 말씀에 "하나님이 세상을 이처럼 사랑하사 독생자를 주셨으니 이는 저를 믿는 자마다 멸망치 않고 영생을 얻게 하려 하심이라"고 하였고 로마서 5:21 말씀에는 "우리 주 예수 그리스도로 말미암아 영생에 이르게 하려 함이니라"고 하였다. 영생이란 영원한 생명을 말하는 것으로서 이 영원한 생명은 하나님께서 베푸신 축복 받은 생명인 것이다. 이 생명은 종말적이며 새 하늘과 새 땅의 시기에 완성되어지는 것이다. 우리 인생은 반드시 믿음의 댓가로 이루어지는 이 영생을 반드시 소유해야 하며 또한 확신하고 있어야만 하는 것이다. 미국의 부흥사 빌리 그레함은 이 영생에 대하여 말하기를 "인생은 영원을 위해 결정짓는 시기이다. 그러므로 만일 이 세상에서 영생을 준비하기에 실패한다면 그의 모든 것은 성공한다 할지라도 그 생은 실패인 것이다"라고 하였다. 그렇습니다. 인생에 있어 가장 소중한 것은 한 줌의 흙으로 돌아갈 육신에 관한 것이나 잠시 머물다가 사라지는 육신의 생명이 아니라 예수 그리스도 안에서 믿음으로 얻어지는 영원한 생명인 것이다.

넷째, 믿음의 소득은 하나님의 권능과 기적을 체험하게 된다.
마태복음 21:21에 "만일 너희가 믿음이 있고 의심치 않으면 무화과나무에게 된 이런 일 뿐 아니라 이 산더러 들려 바다에 던지우라 하여도 될 것이라"고 하였다. 믿음은 하나님의 권능을 끌어 들이는 파이프와 같고 무궁한 에너지를 끌어 내어 불을 밝히게 하는 전선과 같은 것이다.

성도 여러분, 믿음은 그리스도인의 생명이다. 아무리 교회를 오래 다녔다해도 믿음이 작으면 어린아이와 같은 것이다. 큰 믿음은 큰 것이 이루어지게 되고 작은 믿음은 작은 것이 이루어지게 되는 것이니 큰 믿음 안에 이루어지는 수 많은 기적이 여러분이 믿음을 통하여 이루어지기를 주님의 이름으로 축원한다.

만남의 기적
(요한복음 5:1-9)

예루살렘 성의 여러 개의 문중 동북편에 있는 양문 곁에 베데스다라는 못이 있었다. '자비, 은혜의 집'이란 뜻을 가진 이 연못 주위에는 많은 병자들로 대만원을 이루었다. 그 이유인즉 가끔 천사가 내려와서 이 못의 물을 동한다고 믿었고, 또 그때 제일 먼저 물에 들어가는 병자는 어떤 병에 걸렸든지 낫는다는 신념을 가졌기 때문이다.

이 연못이 고고학적으로 발견되기는 1888년 쉭(Herr Shick)에 의하여 발견되었는데, 발견 당시 벽에 물을 휘젓는 천사의 모습이 그려져 있었다고 한다. 여기에는 고침을 받기 원하는 많은 병자, 장애자 등 난치병자들이 모여서 물의 동함을 기다리는 막연한 기다림, 소망없는 소망을 가지고 있었다. 설혹 그들의 신념대로 병이 낫는다 해도 제일 먼저 들어가는 자만이 치료받기 때문에 제한된 치료의 역사인 것이다. 그런데 그 많은 병자들 중에 혼자의 힘으로는 도저히 그 신념을 이룰 수 없는 절망의 나날 속에 죽음 밖에 기다릴 수 없는 처절한 38년된 병자가 예수님의 시야에 들어왔던 것이다. 즉 예수님을 만났다는 것이다. 소생의 여망이 보이지 않았던 절대절명의 순간에 만나게 된 그 예수님, 드디어 병자는 치유의 은총을 누리는 축복된 새로운 삶이 열려졌던 것이다.

세상을 살아가는 인생들에게는 그의 일생을 통하여 네 번의 만남이 이루어진다고 한다. 부모와의 만남(출생), 이웃과의 만남(친구) 스승과의 만남(교육), 남녀의 만남(부부), 이 모든 만남들이 잘 이루어 질 때 행복한 삶을 누릴수 있고 성공하기도 한다. 그러나 비록 지금까지의 만남이 실패라고 생각될지라도 예수님과의 만남을 서둘러 보라. 반드시 행복으로, 성공의 길로 바꾸어질 것이다. 아무도 찾는 이 없는 외로움과 두려움, 좌절과 죽음의 문턱에 있던 38년된 병자가 예수님과의 단 한 번의 만남으로 평생의 모든 소원이 성취되었듯이 예수님과의 만남은 인생의 삶을 가치있게, 축복되게, 그리고 영생으로 인도함을 받게 된다.

첫째, 이 절대절명(絶對絶命)의 38년된 병자를 새롭게 만들어 주신 예수님은 어떤 분이신가?

(1) 인생의 모든 형편을 알아주시는 인자하신 분이시다(6절)

'본다' 는 것은 만남의 출발이다. 예수님은 38년된 병자의 처절하고 가련한 모습을 보셨다. 그냥 지나치지 않으시고 그 병자의 처절한 상태를 알아주셨다. 금방 알아주시고 곧 관심을 가지셨다는 사실이다.

아들 압살롬의 반역에서 지켜주신 하나님께 대하여 다윗왕은 "여호와여, 사람이 무엇이관대 주께서 저를 알아주시며…"(시 144:3)라고 감사했다. 그렇다. 그림자같이 무가치한 인생, 흙에서 나와 흙으로 돌아갈 수 밖에 없는 인생, 병들어 죽을 수 밖에 없는 그 인생을 주님은 지금도 관심을 기울이시고 보살펴 주시며 최후에는 십자가에서 못박히시기까지 인생의 모든 죄악과 그 연약함을 채휼하셨으니 이 얼마나 감사한 일인가?

(2) 희망을 주시는 분이시다(6절)

수많은 병자들이 있었지만 무정한 세상 민심에서 소외된 이 가련한 38년된 병자에게 가까이 다가가신 예수님은 "네가 낫고자 하느냐?"라고 하여 진실로 병자에게는 눈물겹도록 반가운 말씀이요, 그가 원하기만 한다면 고쳐주시겠다는 약속과 소망에 넘치는 말씀을 하셨던 것이다.

사람에게 가장 좋은 것 중에 하나는 목적이 있는 희망이다. 이는 발걸음을 가볍게 한다. 어깨를 들석이게 한다. 역경도 넘어가게 하고 큰 산도 넘게 하며 먼 길도 마다않고 가게 하고 고생도 슬픔도 극복하게 한다. 그런고로 희망이 있는 자, 희망을 품고 사는 자, 희망을 안고 일어나는 자, 희망을 가지고 살아가는 자 그는 참으로 부러울 것 없는 복된 사람인 것이다.

"내게 능력주시는 자 안에서 내가 모든 것을 할 수 있느니라"(빌 4:13).

(3) 구원을 주시는 분이시다(8, 9절)

일생을 거의 질병으로 시달려 지칠대로 지쳤고 측은히 여기는 자도 메마른 세상에서 병낫기를 소원했지만 그 소원을 이룰 수 없는 가련한 자신에게 "네가 낫기를 원하느냐?"는 예수님의 말씀에 용기를 얻어 "주여, 물이 동할 때에 나를 못에 넣어 줄 사람이 없어 내가 가는 동안에 다른 사람이 먼저 내려가나이다"라고 자신의 처지를 차근차근히 고했다. "일어나 네 자리를 들고 걸어가라"고 하시니 그 사람이 곧 일어나 자리를 들고 걸어갔다고 했다. 주님은 베데스다 못을 동하게 하지도 않으셨다. 그 병자를 못 속에 넣지도 않으셨다. 그러나 주님의 능력의 말씀을 드디어 38년이란 길고 지긋지긋했던 투병생활에서 완전히 구원했던 것이다.

"수고하고 무거운 짐진 자들아 다 내게로 오라 내가 너희를 쉬게 하리라. 나는 마음이 온유하고 겸손하니 나의 멍에를 매고 내게 배우라. 그러면 너희 마음이 쉼을 얻으리니……"(마 11:28-29).

둘째, 예수님 만난 병자의 자세

38년이란 생의 대부분을 불치의 병에 시달리고 있으면서도 생을 포기하거나 좌절하지 않고 낫고자 하는 의지를 가지고 베데스다 연못, 병자들을 위하여 지어놓은 행각까지 찾아온 이 병자는 진정 의지의 사람이었으며, "네가 낫고자 하느냐?"하는 자비로운 주님의 말씀에 "예, 나 좀 그곳에 넣어 주세요"하며 성급히 옷자락이라도 잡고 안절부절했든지 혹은 "예, 한때는 낫고자 노력도 해 보았지요, 그러나 지금은 아무런 소용도 없어요"라는 실망할 수도 있었겠으나 그는 자신의 딱한 사정, 스스로는 해결되지 않는 안타까움을 차분히 그리고 세밀하게 아뢰며 주님이 어떻게 해주실 것이라는 소망을 잃지 않은 침착한 사람이었다.

또한 "일어나 네 자리를 들고 걸어가라"는 예수님의 말씀에 주저함도, 불평도 없이 그대로 순응했던 믿음의 사람이기도 했다.

셋째, 예수님 만나 변화된 사람들

성경에는 예수님과의 만남으로 기적적인 축복을 받게 된 사건이 많이 기록되어 있다. 그중 네 사람을 소개하려고 한다.

(1) 나인성의 과부(눅 7:11-17)

예수님께서 제자들과 함께 나인성 문에 이르렀을 때 한 과부의 독자가 죽어 묘지를 향하여 나오는 상여를 만나게 되었다. 그 과부를 불쌍히 여기신 예수님은 "울지 말라"고 위로하신 후 그 관에 손을 대시고 "청년아 내가 네게 이르노니 일어나라"고 하시니 죽었던 청년이 일어나 앉아 말을 했다고 했으니 과부된 슬픔에 설상가상으로 독자를 잃은 슬픔, 이중(二重)의 슬픔을 안았던 여인은 독자를 다시 받는 비할 데 없는 기쁨을 얻었고, 온 성안 사람들은 하나님께 영광을 돌리는 큰 역사가 나타났던 것이다.

(2) 수가성 여인(요 4:5)

유대를 따라 갈릴리로 가시는 도중 사마리아를 통행하여야 하므로 수가라는 동네 야곱의 우물에 이르렀을 때 물길러 나온 사마리아 한 여인을 만났다. 많은 남자를 소유하고 살아온 영육간 험악하고 부끄러운 삶을 사는 그 여인은 예수님의 "가서 네 남편을 불러오라. …… 네가 남편이 다섯이 있었으나……"라는 가슴깊이 파고드는 위엄있는 그 말씀에 영안이 열리고 마음의 문이 열려 만족함이 없었던 죄악된 삶을 완전히 청산하고 그리스도를 증거하는 전도자가 되었다.

(3) 예수님 십자가 옆의 한 강도(눅 23:40-43)

세상 죄를 대신 지신 예수님의 십자가 좌우편에 두 강도도 십자가 극형을 받았다. 그러나 그 중 한 사람은 자신의 지은 죄를 인정하고 예수님을 조롱하며 비방하는 다른 강도를 책망하면서 철저한 회개와 함께 멀리 내세를 바라보면서 감히 낙원에 데려가 달라고도, 구원하여 달라고도 못하고 다만 "예수여, 당신의 나라에 임하실 때에 나를 생각하소서"라는 겸손한 자세로 죽음 이후의 자기를 책임져 주실 수 있는 왕으로 확신하면서 간절히 부탁하였으니 이 어찌 "내가 진실로 네게 이르노니 오늘 네가 나와 함께 낙원에 있으리라"고 하시는 "생각"이 아닌 "함께"하실 것을 약속하시는 예수님의 확고부동한 구원의 보장을 받지 않을 수가 있었겠는가?

(4) 다메섹 도상의 사울(행 9:1-18)

초대교회의 대핍박자 사울은 유대인이요, 어릴 때부터 가말리엘(당시 유대교를 지도한 대인물)의 문하에서 율법의 엄한 교훈을 받았으며 일찍이 헬라의 철학과 문화에도 조예가 깊었을 뿐 아니라 로마시민권까지 소유했던 당당했던 자였다. 그날도 예루살렘에서 피신한 제자들을 체포하려고 대제사장 가야바로부터 받은 공문을 가지고 다메섹으로 가다가 홀연히 하늘로부터 나타난 정오의 햇빛보다 더 밝은 광채와 주님의 음성을 듣게 되었던 것이다. 책망의 음성이요, 소명의 음성이었다. 초자연적인 역사 속에서 주님을 만난 그는 순교하기까지 주님의 십자가만을 자랑하고 전했던 전대미문(前代未聞)의 대전도자로서의 업적을 남긴 승리자인 것이다.

사랑하는 독자 여러분, 이처럼 예수님과의 만남은 중단없는 진보적 만남이요, 발전적 만남이요, 큰 축복된 만남이며 반드시 승리하는 만남인 것이다. 그런고로 치열한 생존경쟁의 대열에서 실패하여 참혹한 처지에 처한 분이 계시는가? 인간의 방법과 노력으로 기나긴 세월동안 이루지 못한 소원이 있는가? "네가 낫고자 하느냐?"라고 관심과 사랑을 가지고 다가오시는 그 분, 예수님을 확실하게 만나라. 반드시 일어나 자리를 들고 걸어갈 수 있는 승리를 보장받는다. 할렐루야!

성령의 내적 역사

(요한복음 7:37)

성령은 무한한 가능성의 원천으로써 인간의 깊은 곳에까지 개입하시고 역사하시는 여호와의 전능하신 신이신데 누구든지 성령을 받게 되면 놀라운 내적 변화를 체험할 수가 있게 되는 것이다. 그 내용을 크게 세 가지로 구분하여 보면,

첫째, 성령은 인간들의 영적 갈증을 온전히 해갈케 함을 받게하여 주신다.

예수님께서 말씀하시기를 "누구든지 목마르거든 내게로 와서 마시라"고 하셨고, "주님을 믿는 자는 그 배에서 생수의 강이 흘러 나리라"고 하였다. 이것은 바로 주님을 믿는 모든 자들이 받을 성령을 가리켜 하신 말씀인 것이다. 인간이 성령의 생수로 해갈을 받기 전에는 참된 평화와 기쁨을 누릴 수가 없으며 영혼의 만족을 이룰 수가 없는 것이다. 그런고로 십자가에 달리신 예수님은 온 인류의 죄와 고통을 한꺼번에 담당하시고 부르짖기를 "내가 목마르다"(요 19:28)라고 하셨으며 "누구든지 목마르거든 내게로 와서 마시라"(요 7:37)고 하셨다.

많은 사람들이 자신의 갈증을 해갈해 보기 위해 울며 겨자 먹기로 술과 담배, 춤과 도박, 취미와 오락, 여행과 스포츠 등등으로 몸부림과 안간힘을 다해 노력했다. 그러나 이것들로써는 목마른 자가 바닷물을 퍼마시는 것, 우물가의 여인처럼 갈증과 고통, 공허와 허탈감에서 참된 해갈을 가져올 수는 없는 것이다. 예수님은 말씀하셨다. "이 물을 먹는 자다마 다시 목마르거니와 나의 주는 물은 그 속에서 영생하도록 솟아나는 샘물이 되리라"고 하였다.

친애하는 성도 여러분, 심령에 갈증과 목마름이 있는가? 지금 예수 그리스도를 향하여 마음의 문을 활짝 열어 젖히시고 어두움과 죄악을 십자가 앞에 내어 놓고 성령의 임재를 뜨겁게 사모하라. 그리하면 지금 곧 성령님

은 여러분의 마음 속에 임재하셔서서 고통의 목마름을 씻어 주시고 생수같은 기쁨과 강 같은 평화로서 넘치게 하여 주심을 받을 수가 있다.

둘째, 성령의 내적 사역은 영적권세를 부음 받게하여 주신다.

성경에 보면 여러가지 권세가 나타나 있다. 즉 사탄의 권세(행 26:18), 음부의 권세(시 49:15), 짐승의 권세(계 13:4), 전갈의 권세(계 9:3), 흑암의 권세(골 1:13), 악인의 권세(잠 26:18)등 성도들을 대적하는 권세들이 이 땅 위에 팽창되어 있다. 그런고로 성도들은 하나님께서 주시는 영적권세로 무장하여 사탄의 화전을 소멸하고 하나님께로 영광 돌리는 하나님의 능력있는 십자가 군병, 특공대들이 되어야 하겠다.

그런고로 하나님은 믿는 자들에게 하나님의 자녀되는 권세를 주실 뿐아니라(요 1:12), 귀신을 내어 쫓는 권세(막 3:15)와 다스리는 권세(계 2:26), 말씀의 권세와 철장 권세를 부어 주시어 어두움의 권세에서 승리하게 하시는 것이다. 그리고 누가복음 9:1 이하의 말씀을 보면 "예수께서 열두 제자를 불러 모으사 모든 귀신을 제어하며 병을 고치는 능력과 권세를 주시고 하나님의 나라를 전파하여 앓는 자를 고치게 하시려고 파송했다"고 하였다.

뿐만 아니라 성령님은 그를 믿는 모든 자들의 입술에 권세를 주시어 하나님의 말씀을 전파할 때마다 하늘의 권세가 나타나게 하시며 사탄은 혼비백산 도망가게 하시고 완악한 심령은 가루같이 부드러워지게 하시고 거칠고 죄악된 마음은 옥토가 되도록 역사하게 하여 주시는 것이다.

사도행전 19:6 말씀에 보면 사도 바울이 무리들에게 안수할 때에 성령이 그들에게 임하심으로 방언과 예언이 터져 나오게 되었고 베드로가 주의 말씀을 외칠때 무리들의 마음이 말씀의 찔림을 받아 "형제들아 우리가 어찌할꼬"하고 회개의 역사가 터져 나오게 되었던 것이다. 이는 사도들의 입을 통하여 하나님의 말씀이 권세있게 나타나게 되었기 때문이며 성령의 크신 능력이 그들 위에 임하였기 때문인 것이다.

셋째, 성령 충만의 내적 사역은 심신의 변화와 하나님의 기적을 체험케 하였다.

굳게 닫힌 마음 문은 하나님을 향하여 열리게 되었고 어둡던 영안은 밝게 되었으며 이전에 즐기던 세상의 죄악된 욕망들을 멀리 사라지게 하신 것이다. 이는 오직 성령의 역사에서만이 나타날 수 있게 되는 것으로써 미움을 사랑으로 바꾸어지게 하고 교만한 마음을 겸손하게 만들어 주며 사랑, 희락, 화평, 인내, 자비, 양선, 충성, 온유, 절제의 아름다운 열매를 맺게하여 주시는 것이다. 기독교 역사를 변혁시킨 위대한 인물들은 모두가 성령의 놀라운 체험과 불같이 뜨거운 능력 앞에 뒤집혀진 사람들이었다.

16세기 말엽 스코틀랜드의 쟌낙스와 위샬드(Wishart), 쿠퍼(Cooper), 웰스(Welsh)등이 그러하였으며, 또한 그들을 통하여 성령의 놀라운 역사가 나타나게 되었을 때 총회의 400인의 총대들이 단식과 부르짖음과 눈물로서 헌신을 다짐하는 중 그때에 임하였던 성령의 놀라운 체험에 대하여 샤물 멕큐리 제이숀(Samull Mccauley Jashon)이 기록한 내용을 보면 "마치 질풍이 산림의 나무가지를 뒤흔드는 것과 같은 성령의 역사를 체험하였다"고 하였다.

16세기의 리빙스톤(Livingston) 목사는 여러 성도들과 함께 밤새워 기도하는 중 불같은 성령으로 충만하게 되어 2시간 반동안 설교가 계속되는 중 모든 사람들이 땅에 뿌리를 박은듯 움직이지 않고 말씀을 들었으며 화살이 가슴에 박히듯이 성령의 뜨거운 감화를 받아 일순간에 5만명이 중생의 체험을 하게 되었다고 하였다.

성도 여러분, 지금 이 순간 여러분의 마음 속에도 놀라운 성령의 불같은 역사가 충만하시기를 주님의 이름으로 축원한다. 할렐루야!

목마른 인생
(요한복음 7:37-44)

　우리 인생들은 생존 경쟁 속에서 현대를 살아가면서 목마르고 거친 광야의 길을 걸어가는 것과 같이 정신적, 육체적인 피로가 쌓여 미래를 지향하면서도 무언가 불안과 초조에 쌓여 살아가고 있다. 예수님은 이러한 인생들을 향하여 "누구든지 목마르거든 내게로 와서 마시라. 나를 믿는 자는 성경에 이름과 같이 그 배에서 생수의 강이 흘러나리라"(요 7:37, 38)고 말씀하셨다. 그러면 왜 인생이 목마른 삶을 살게 되는가, 그리고 목마른 인생이 해결받을 수 있는 비결이 무엇인가에 대해서 말씀을 상고하면서 함께 은혜를 나누고자 한다.

1. 인생이 목마른 이유

첫째, 생명의 원천이신 하나님을 떠나 있기 때문이다.

　출애굽기 32:7이하에 보면 여호와께서 모세에게 "너는 내려가라. 네가 애굽땅에서 인도하여 낸 네 백성이 부패하였도다. 그들이 내가 그들에게 명한 길을 속히 떠나 자기를 위하여 송아지를 부어 만들고 그것을 숭배하며…그런즉…내가 그들에게 진노하여 그들을 진멸하고…"라고 말씀했다. 그리고 에스겔 6:9에 보면 "그들이 음란한 마음으로 나를 떠나고 음란한 눈으로 우상을 섬겨 나로 근심케한 것을 기억하고 스스로 한탄하리니 이는 그 모든 가증한 일로 악을 행하였음이라"라고 말씀했다. 여기에서 하나님이 모세와 에스겔을 통하여 하신 말씀은 인생들이 하나님을 떠날 때에 그 땅이 황무케 되고 그 마음에는 사막이 되어 목마름이 있다는 것이다(겔 6:14).

둘째, 하나님의 말씀을 듣지 못하고 있기 때문이다.

　아모스 8:11에 보면 "주 여호와께서 가라사대 보라, 날이 이를지라. 내가 기근을 땅에 보내리니 양식이 없어 주림이 아니며, 물이 없어 갈함이 아니요. 여호와의 말씀을 듣지 못한 기갈이라"고 말씀했다. 하나님의 말씀이 있는 곳에는 영생이 있다. 우리의 믿음도 말씀을 자꾸 들을 때 성장하며(롬 10:17), 말씀을 읽고 듣고 지킬 때에 복을 받는다(계 1:3).

셋째, 사탄의 지배를 받고 있기 때문이다.

사탄은 물 없는 곳을 좋아한다. "더러운 귀신이 사람에게서 나갔을 때에 물 없는 곳으로 다니며 쉬기를 구하되 얻지 못하고……"(마 12:43). 사탄에게 사로잡히는 사람은 물 없는 곳 다시 말하면 하나님의 은혜가 없는 곳으로 사탄에게 끌려다니기 마련이다.

넷째, 세상의 잡것들로 가득히 채워져 있기 때문이다.

예수님을 만나기 전의 수가성 여인은 남편이 다섯이나 될 정도로 향락을 즐겼고, 삭개오는 세리장으로서 부귀영화를 누리고 살았으며, 니고데모는 유대인의 관원으로서 명예와 권세를 가지고 살았지만 세상 것들로만 가득히 채워져 있을 때에는 이들의 삶에 만족이 없었다.

2. 목마른 인생이 해갈 받을 수 있는 비결

첫째, 예수 그리스도가 내 인생의 주인이 되어야 한다.

예수님이 인생의 주인이 된 사람은 생명샘으로 인도함을 받게 된다. "이는 보좌 가운데 계신 어린 양이 저희의 목자가 되사 생명수 샘으로 인도하시고 하나님께서 저희 눈에서 모든 눈물을 씻어 주실 것임이러라"(계 7:17). 수가성 여인은 예수님을 만난 후 물동이를 버려두고 동네에 들어가 복음을 전하는 자가 되었다.

둘째, 성령을 받아야 한다.

"나를 믿는 자는 성경에 이름과 같이 그 배에서 생수의 강이 흘러나리라 하시니 이는 그를 믿는 자의 받을 성령을 가리켜 말씀하신 것이라"(요 7:38, 39). 우리가 성령을 받을 때 목마른 인생에서 해갈 받을 수 있다.

셋째, 십자가의 피로 죄사함을 받아야 된다.

"예수께서 이르시되 내가 진실로 진실로 너희에게 이르노니 인자의 살을 먹지 아니하고 인자의 피를 마시지 아니하면 너희 속에 생명이 없느니라"(요 6:53). 여기에서 '인자의 피를 마신다'는 것은 예수님의 십자가의 피로 죄사함을 받는 것을 의미한다. 우리는 예수님의 십자가의 구속의 은혜로 말미암아 죄로 인한 고통과 저주의 목마름에서 해갈받을 수 있다.

넷째, 하나님의 성전을 가까이 하는 생활을 해야 한다.

에스겔 47:1에 보면 성전에서 생수가 나게 된 것을 보게 된다. "그가 나를 데리고 전문에 이르시니…그 문지방 밑에서 물이 나와서…" 또 스가랴 14:8에도 "그 날에 생수가 예루살렘에서 솟아나서…"라고 말씀했다. 하나님의 성전을 가까이 하는 생활을 하면 마음 속에 반드시 기쁨이 있다.

사랑하는 성도 여러분, 예수 그리스도를 인생의 주인으로 모시고 성령 충만함을 받아 십자가의 피로 죄사함을 받고 하나님의 성전을 가까이 하는 생활을 하여 모든 인생의 목마름에서 해갈 받는 성도 여러분이 되시기를 주의 이름으로 축원한다.

예수님은 세상의 빛
(요한복음 8:12)

예수님은 자신에 대하여 친히 말씀하시기를 "나는 세상의 빛"이라(요. 8:12)고 하셨고, 세례 요한은 예수님께 대한 자신의 임무를 나타내면서 자신은 이 "빛에 대하여 증거하러 온 자"라고 말하였다. 그러면 예수님은 어떠한 빛이 되시는가에 대하여 세 가지 내용을 말씀드리겠다.

첫째, 예수님은 어두움의 권세를 정복하신 광명의 빛이시다.

요한복음 8:12에 "나는 세상에 빛이니 나를 따르는 자는 어두움에 거하지 아니한다"고 하셨는데 성경에 기록한 어두움이란 말은 사탄의 권세를 말하는 것이며 지옥과 죽음의 세계를 말하는 것이다. 욥기 10:22 이하의 말씀에는 지옥의 세계에 대하여 "이 땅은 어두워서 흑암같고 죽음의 그늘이 져서 아무 구별이 없고 광명도 흑암같다"고 하였다. 그리고 마태복음 22:13 말씀에는 예복을 입지 않은 불의한 자들에 대하여 그 종들에게 명령하시기를 "예복을 입지 않은 자들을 결박하여 바깥 어두움에 내어던지라 거기서 슬피울며 이를 갊이 있으리라"고 하였다. 이 말씀은 주님을 믿지 않고 예수님의 십자가 보혈로 깨끗케 하여 주시는 믿음의 의의 옷을 입지 않는 자들이 들어가는 지옥의 세계를 말하는 것이다.

그리고 성경에는 악령들의 세계에 대하여 "어두움의 권세자들"이라고 말하였고(엡 6:12), 방탕한 술취함, 음란한 호색, 쟁투와 시기, 정욕을 위하여 육신의 일을 도모하는 것들에 대하여 "어두움의 일"이라고 말하였다. 그런고로 로마서 13:12 말씀에는 "날이 깊고 밤이 가까워 왔으니 어두움의 일을 벗고 빛의 갑옷을 입자"고 말하였다. 아담 이후의 모든 사람들은 빛보다 어두움을 더 사랑하며(요 8:12), 빛이 비추었으되 깨달을 줄도 모르며(요 1:5), 어두움의 악령에게 송두리째 씌워져서 허망해진 인간이 너무나 많은 것을 보게 된다. 빛이 없는 세계는 바로 어두움의 세계이다. 따라서 어두움의 세계에는 공포와 두려움, 공허와 혼돈, 냉혹과 고통, 죽음과 심판만이 존재하는 곳이다.

　친애하는 성도 여러분, 행여나 여러분 가운데 어두움 속에서 방황하며 기쁨도, 소망도, 번영도, 축복도 없는 곳을 헤매이는 자는 안계신가? 지금 곧 세상의 빛이 되신 예수 그리스도 앞으로 나오라. 그리고 예수 그리스도를 당신의 마음 속에 영접하라. 그리하면 놀라운 평안과 하늘의 영광이 당신의 마음 속에 차고 넘치게 되는 것이다.

둘째, 예수님은 죽음의 권세를 정복하신 생명의 빛이시다.

　인간에게 죽음의 공포가 있다. 이 죽음은 누구도 피할 수가 없으며 또 이 죽음 앞에는 남녀노소, 빈부귀천, 동서고금을 막론하고 누구에게나 평등하게 찾아오는 하나님의 법칙이다. 문호 톨스토이는 이 죽음에 대하여 말하기를 "죽음은 누구에게나 기다리고 있으며 죽음처럼 확실한 것은 없다"고 하였다. 이 죽음은 바로 에덴 동산에서 하나님이 세워주신 선악과의 법칙을 어긴 아담의 범죄로 부터 모든 인류에게 오게 된 것이다.

　그런고로 히브리서 9:27 이하에서 "한 번 죽는 것은 사람에게 정하신 것이요 그 후에는 심판이 있으리니 이와 같이 그리스도도 많은 사람의 죄를 담당하시려고 단번에 드리신 바 되셨고 구원에 이르게 하기 위하여 죄와 상관없이 자기를 바라는 자들에게 두 번째 나타나시리라"고 하였다. 이 처참한 죽음 문제는 이 세상에 그 누구도 해결할 수 없으며 바로 예수 그리스도만이 해결해 주실 수가 있는 것이다.

　첫 아담은 에덴 동산에서 인류에게 영원한 죽음을 가져다 주었지만 마지막 아담이신 예수 그리스도는 살려 주는 영으로서 갈보리 언덕 십자가 위에 높이 달리시어 인류의 죄악과 저주를 다 담당하시고 영원한 생명을 우리에게 주신 것이다. 할렐루야!

　예수님은 말씀하셨다. "나는 세상에 빛이니 나를 따르는 자는 어두움에 다니지 아니하고 생명의 빛을 얻으리라"(요 8:12). "내가 곧 생명의 떡이니 내게 오는 자는 결코 주리지 아니할 터이요 나를 믿는 자는 영원히 목마르지 아니하리라"(요 6:35)고 하였다. 예수님을 영접하고 주님과 함께 하는 자는 예수 안에서 새 생명을 얻게 되며 둘째 사망의 해를 받지 않게 되는 것이다. 주님은 생명의 빛으로 이 세상에 오셨다. 어두움의 빛을 이기지 못하듯이 죽음은 결코 생명을 이길 수가 없으며 오히려 죽음이 생명에게 삼킨 바가 되고만 것이다(고전 15:54). 예수 안에 생명이 있다. 영원한 새 생명 죽음의 공포는 이제 멀리 사라지고 생명의 강가에서 찬송을 부르게 되는 것이다. "나는 알파와 오메가요 처음과 나중이라 내가 생명수 샘물로 목마른 자에게 값없이 주리니 이기는 자는 이것들을 유업으로 얻으리라"(계 21:6).

셋째, 예수님은 절망을 파괴시킨 소망의 빛이시다.

이 세상에는 소망의 등불이 하나하나 꺼져만 가고 절망의 공포 속으로 몰아가고 있다. 인류의 생명을 무참하게 앗아가는 핵무기와 미사일 냉전 속에 격돌하는 설전과 심리전 미풍양속을 파괴시키는 무질서와 부도덕, 인체를 해독속으로 몰아넣는 알콜과 마약, 지옥과 저주 속으로 이끌어 가는 사탄의 최후 발악, 전후좌우 안팎으로 태풍처럼 몰아치는 비극과 슬픔의 요소들, 어지럽기만 하는 광풍이 이는 종말의 세상이다. 이 땅 위에는 참된 소망이 없다. 건강, 물질, 권세, 명예도 영원한 소망은 아니다. 인류의 소망은 바로 예수 그리스도이시다. 이사야 선지자는 예수 그리스도에 대하여 예언하기를 "이새의 뿌리 곧 열방을 다스리기 위하여 일어나시는 이가 있으리니 열방이 그에게 소망을 두리라"고 하였고, "소망의 하나님이 모든 기쁨과 평강을 믿음 안에서 너희에게 충만케 하사 성령의 능력으로 소망이 넘치게 하시기를 원하노라"(롬 15:13)고 하였다.

성도 여러분, 암흑의 이 세상에 영원한 빛이 되시며 사망과 공포에서 생명이 되시며 절망의 몸부림에서 영원한 소망이 되시는 예수 그리스도 안에서 이 한 주간도 승리하시기를 주님의 이름으로 축원한다. 할렐루야!

하나님의 일을 하여야 하리라

(요한복음 9:4)

"때가 아직 낮이매 나를 보내신 이의 일을 우리가 하여야 하리라"(요 9:4). 예수님은 우리에게 하나님의 일을 해야된다고 말씀하셨다. 이 세상에서 가장 보람된 일은 하나님의 일이라고 할 수 있다. 우리 주님께서는 우리에게 여러가지 직분의 날개를 주셨다. 어떤 자에게는 사도의 직분을, 어떤 자에게는 선지자의 직분을, 어떤 자에게는 교사의 직분을, 능력을 행하는 자, 병고치는 은사를 가진 자, 방언을 말하는 자, 방언을 통역하는 자 …… 등등 많은 직분을 맡겨 주셨다. 그러면 우리가 왜 하나님의 일을 해야 할까요?

첫째, 하나님의 일을 하지 않는 자에게는 하나님의 진노가 임하기 때문이다.

우리 하나님은 창조받은 인간에게 매보다는 사랑을, 진노보다는 축복을, 책망보다는 칭찬을, 지옥에 보내는 것보다는 천국에 보내시기를 원하신다. 그러나 하나님의 일을 게을리하는 자에게는 저주한다고 말씀하신 것을 보면 하나님의 일을 하는 것이 얼마나 중요한 것인가를 교훈해 준다. "여호와의 일을 태만히 하는 자는 저주를 받을 것이요"(렘 48:10). 예수님께서는 한 달란트 받은 자에게 '악하고 게으른 종'이라고 책망하셨고, 양과 염소의 비유를 말씀하시면서 왼편에 있는 자들에게 '저주를 받은 자들'이라고 말씀하셨다. "또 왼편에 있는 자들에게 이르시되 저주를 받은 자들아 나를 떠나 마귀와 그 사자들을 위하여 예비된 영영한 불에 들어가라"(마 25:41).

둘째, 일할 수 없는 밤이 속히 오기 때문이다.

우리 인생은 넓은 하늘에 떠다니는 구름 한 점과 같고, 차를 타고 달릴 때 수 많은 주마등(走馬燈)이 스쳐가는 것과 같다. 100년을 산다면

36,500일이요, 50년을 산다면 18,250일이요 10년을 산다면 3,650일이다. 이와 같은 날들이 지나면 다시는 일할 수 없는 밤이 되고 마는 것이다. 오늘날 죄악의 밤, 죽음의 밤, 세상 종말의 밤이 점점 엄습해 오고 있다. 우리는 정신을 차리고 깨어 기도하면서 먼저 그의 나라와 그의 의를 구해야 한다. 항상 전도하기를 힘써야 된다. "너는 말씀을 전파하라 때를 얻든지 못 얻든지 항상 힘쓰라 범사에 오래 참음과 가르침으로 경책하며 경계하며 권하라"(딤후 4:2).

셋째, 하늘의 상이 크기 때문이다.

우리가 주의 일을 하면 분명히 하늘의 상이 임한다. "네가 죽도록 충성하라 그리하면 내가 생명의 면류관을 네게 주리라"(계 2:10), "내 아버지께 복을 받은 자들이여 나아와 창세로부터 너희를 위하여 예비된 나라를 상속하라"(마 25:34). 이와 같이 주의 일을 하는 자들에게는 면류관과 하늘나라의 상급이 임한다고 말씀했다. 우리는 충성되고 지혜있는 종이 되어야겠다(마 25:34). 이와 같이 주의 일을 하는 자들에게는 면류관과 하늘나라의 상급이 임한다고 말씀했다. 우리는 충성되고 지혜있는 종이 되어야겠다(마 24:45-46). 하나님은 형제 중에 지극히 작은 자 한 사람에게 한 일도 다 기억하시고 상을 주시는 줄 믿으시기 바란다. 누구든지 주의 일을 하면 하나님이 반드시 상을 주신다.

사랑하는 성도 여러분!

일할 수 없는 밤이 오기 전에 열심으로 하나님의 일을 하여 하늘나라에 갔을 때 '잘하였도다. 착하고 충성된 종아'라고 칭찬받는 성도가 다 되시기를 주의 이름으로 축원한다. "그러므로 내 사랑하는 형제들아 견고하며 흔들리지 말며 항상 주의 일에 더욱 힘쓰는 자들이 되라. 이는 너희 수고가 주 안에서 헛되지 않은 줄 앎이니라"(고전 15:58).

밤이 오기 전에 1
(요한복음 9:4)

밤이란 어둡고 답답한 세계를 말하며, 기쁨도 생명도 아름다움도 모두 없어져 버리고 무기력해진 때와 세계를 말하는 것이다. 인생은 누구에게나 밤이 오게 된다. 캄캄한 밤에는 일을 할 수 없으며 방향도 이정표도 설정할 수가 없다. 그런고로 예수님은 "때가 아직 낮이매 나를 보내신 이의 일을 우리가 하여야 하리라 밤이 오리니 그때는 아무도 일할 수 없다"고 하였다(요 9:4). 우리는 일할 수 없는 밤이 오기 전에 하나님의 일을 게을리 하지 말아야 한다. 그러면 인생들에게 찾아오는 일할 수 없는 밤이란 무엇을 가리키는 말이겠는가?

첫째, 기력이 쇠하여져 아무 일도 할수 없는 노년기의 밤이 온다는 말이다.

인생에게는 아침에 떠 오르는 태양처럼 생명이 출발되는 유아기가 있는가 하면 정오의 햇빛같이 찬란한 청년기가 있으며, 서산에 해가 기울고 어두움이 덮여오는 노년기의 밤이 있다. 그런고로 솔로몬은 전도서를 기록하면서 "너는 청년의 때 곧 곤고한 날이 이르기 전 나는 아무 낙이 없다고 할 때가 가깝기 전에 너희 창조자를 기억하라"(전 12:1)고 하였고, "해와 빛과 달과 별들이 어둡기 전에 그리하라"고 하였다. 그리고 전도서 12:3 이하의 말씀에도 무기력해진 인생의 노년기에 대하여 표현하기를 "힘있는 허리는 구부러질 것이며 맷돌질하는 자들이 적어지며 내다 보는 창들이 어두워 살구꽃이 피어질 때에 영은 하나님께로 돌아가나 육체는 흙으로 돌아갈 뿐이라"고 하였다.

위의 말씀을 해석해 보면 건장한 육체라 할지라도 인생 황혼기에는 허리가 굽듯이 힘이 기울어 버린다는 말이며 맷돌질하던 이빨은 하나하나 빠져 없어지게 되고 사방을 내다 보는 창같은 눈은 시력이 없어짐으로 보지 못하게 되며 머리는 살구꽃 피듯이 젊고 새까맣던 머리가 흰머리로 바뀌지며 그렇게도 최고인줄 알고 가꾸던 육체는 본연의 위치인 흙으로 돌아가고야 만다고 하는 사실을 나타낸 말인 것이다. 그런고로 우리 인생은 이러한 황혼의 어두운 밤이 오기 전에 창조주 하나님을 위해 후회없이 살아야 하며 열심으로 주의 일을 해야 하는 것이다(전 12:1). 하나님을 위해 열심으로 일하는 사람은 창공을 나는 독수리처럼 믿음의 날개로 신앙의 우주를 날게 되며 끝없이 펼쳐진 태평양 바다 속의 물고기처럼 은혜의 바다를 세세토록 헤엄치는 영적 젊음을 살아가게 되는 것이다.

둘째, 인생에게는 원치 않는 병상에 드러누워 일할 수 없는 질병의 밤이 틈타오고 있다는 말이다.

인생이 소원하는 부귀 영화를 다 소유했다 할지라도 병들어 건강을 잃어버리고 병상에 몸져 눕게 되면 모든 것이 다 무너지며 헛수고가 되고 마는 것이다. 욥은 원치 않은 질병으로 눕게 되었을 때 그는 탄식하기를 "밤이 되면 내 뼈가 쑤시니 나의 몸에 아픔이 쉬지 않는도다"(욥 30:17)라고 하였고, "수고로운 밤이 내게 작정되었구나"(욥 7:3)라고 탄식하였다. 오늘날 많은 사람들이 불행하게도 육신이 병들어 병원에 입원해 있는 자가 수없이 많으며 정신적인 병으로 고민하고 있는 자가 얼마나 많은지 말로다 할 수가 없다. 병들면 주님위해 일하고 싶은 마음 간절해도 늦어지게 되는 것이다.

사랑하는 성도 여러분! 여러분은 건강할 때 주님앞에 인색하지 말고 주님위해 몸바쳐 온갖 충성 다하여 주님의 일에 전력해야 하겠다. 하나님께서는 일하는 자에게는 건강도 기쁨도 축복도 아끼지 아니하고 모든 것을 다 주신다. 일할 때 몸에는 신진대사가 원활하여짐으로 더욱 건강하게 되고 정신적인 건강으로 잡념까지도 멀리 사라지게 되는 것이다. 하나님을 위해 일하는 기쁨도 이 세상 그 무엇에도 비교할 수가 없으며 영육이 모두 다 간건하게 되어진다.

사랑하는 성도 여러분, 여러분은 건강한 육체를 가지고 있는가? 그 건강을 하나님 위해 바쳐야 한다. 그리하면 여러분은 하나님의 건강 보험에서 영원토록 보증을 받게 되며 하나님께서 귀히 쓰시는 의의 병기가 되어지게 된다. 여러분 중에 질병으로 고통을 당하며 신음하고 계신 분은 안계시는가? 지금 곧 만병의 대의사가 되시는 예수님께 믿음의 손을 내밀고 주의 도우심을 간구하시기 바란다. 영원히 살아계셔서 역사하시는 우리 주님은 여러분을 지금 곧 구원해 주실 수가 있다. 우리 주 예수님의 십자가에는 여러분의 죄와 질병까지도 친히 담당하셨으며 영육간의 치료를 약속하여 주셨다. 그리고 이미 건강을 소유한 자들은 또다시 일할 수 없는 질병의 밤이 틈도 타지 못하고 가까이 오지도 못하도록 주님을 위해 헌신하며 열심으로 주님 위해 살아가야 한다. 그리하면 쓰는 칼에 녹이 쓸지 않듯이 모세와 여호수아처럼 장수하며 몸이 늙도록 건강하게 되어질 수 있게 되는 것이다.

셋째, 인생에게는 누구에게나 찾아오게 되는 죽음으로 인하여 일할 수 없는 밤이 온다고 하는 말이다.

죽음이란 참으로 정직한 것이다. 이 죽음은 남녀노소 어느 누구에게 먼저 찾아올른지 아무도 예측할 수 없이 찾아온다. 우리가 이 세상에 올 때는 아버지, 나, 아들, 손자 등 순서있게 왔지만 갈 때는 무순으로 가기 때문에 빈부귀천 어느 누구 하나에게도 차별이 없이 공평하고도 정직하게 찾아오게 되는 것이다. 우리 인생은 언제나 오늘이라고 하는 이 시점을 중하게 생각하고 오늘의 할 일을 내일로 미루어서는 아니된다. 내일은 나의 날이 아니라 하나님의 손에 있는 하나님의 날이요 오늘만이 나의 손에 주어진 날인 것이다. 많은 사람이 죽을 때 후회하는 내용 중의 하나는 승리할 기회를 놓쳐 버리고 허송세월 보낸 것을 후회하게 된다.

사랑하는 성도 여러분, 우리는 매일 매일의 생활 속에서 누구에게나 주어진 하루의 1,440분이라고 하는 시간적인 삶의 선물을 보람있게 맞이하여 살아가야 하겠다. 세기의 영웅 나폴레옹은 말하기를 "시간 이외의 것이라면 무슨 소원이든지 들어줄 수가 있지만 시간에 관한 것은 들어줄 수가 없다"고 하였으며, 프랭크린은 말하기를 "시간은 돈이다"라고 말하였다.

사랑하는 성도 여러분, 우리는 일할 수 없는 인생의 어두운 밤이 오기전에 하나님의 나라와 그의 의를 위하여 후회없이 일하며 살아가는 여러분이 되시기를 주님의 이름으로 축원한다. 할렐루야!

밤이 오기전에 2
(요한복음 9:4)

밤이란 자기 반성의 때이며 경건한 사람에게는 하나님을 찬미하며 기도하기 좋은 때이나 불경건한 자나 약한 자는 하나님의 뜻에 거슬리는 일만을 계획하며 행하게 되는 때이기도 하다. 한편 밤이란 어둡고 답답한 세계를 말하며, 기쁨도 아름다움도 다 없어져 버리고 무기력해진 때를 일컫기도 한다.

하루는 제자들과 함께 길을 가시는 예수님 앞에 날 때부터 소경된 사람이 나타났다. 개개인의 질병이나 고난이 그의 죄의 결과라는 인과적(因果的) 관념에 젖어있던 제자들은 이같이 소경으로 출생한 경우는 그것이 자신의 죄의 결과인지 혹은 그 부모의 죄의 결과인지 궁금하여 예수님께 질문하였다. 그러나 주님의 대답은 자신의 죄의 결과나 혹은 부모의 죄의 결과도 아닌 오직 인간의 불행을 통하여 하나님의 능력과 영광을 나타내고자 하심임을 말씀하시면서 "때가 아직 낮이매 나를 보내신 이의 일을 우리가 하여야 하리라. 밤이 오리니 그때는 아무도 일할 수 없느니라"고 하셨다. 여기 '밤'이란 주께서 그의 공생의 일을 마치시고 하나님께 가실 것을 가리킨 말씀이다. 우리 인생에게는 어느 누구에게나 일할 수 없는 밤이 반드시 오게 마련이다. 그러면 이 밤이란 무엇을 의미하는 것이겠는가?

첫째, 기력이 쇠하여져 어떤 일도 하기 힘들어지는 노년의 때를 의미한다.

인생에게는 동녘에 떠오르는 태양처럼 생명이 출생되는 신생아기(新生兒期)가 있는가 하면 정오의 햇살같이 강렬한 정열적인 청년기가 있으며, 서산에 해가 기울어 잠시후면 밤이 찾아 올 황혼의 노년기가 있다. 그런고로 지혜와 부귀영화를 한 몸에 누렸던 솔로몬왕은 "너는 청년의 때 곧 곤고한 날이 이르기전 나는 아무 낙이 없다고 할 때가 가깝기 전에 너의 창조자를 기억하라. 해와 달과 별들이 어둡기 전에 그리하라"(전 12:1-2)고 기록하였고, 이어서 무기력해진 인생의 노년기에 대하여 표현하기를 "힘있는 자들이 구부러질 것이며 맷돌질하는 자들이 적으므로 그칠 것이며 창들로 내어다보는 자가 어두워질 것이며… 살구나무가 꽃이 필 것이며 메뚜기도 짐이 될 것이며 원욕(願欲)이 그치리니 이는 사람이 자기 영원한 집으로 돌아가고…"라고 하였다. 이는 노년기에 이르른 인생을 비유한 것인데 아무리 힘있는 영웅호걸 열사라 할지라도 인생 황혼기에는 모두가 기력이 쇠하여져 허리는 구부러지고 마음마저도 나약해져 어린아이 같이 되며 치아는 하나씩 빠져서 맷돌질의 역할을 감당해내기 어렵고 사물을 바라보던 창과 같은 눈은 시력이 약하여져 제대로 본별키 힘들며 검고 윤기 흐르던 머리카락은 살구꽃같이 희어지게 되며 만사에 의욕이 상실되고 결국에는 그렇게도 알뜰히 가꾸고 다듬던 육체는 본연의 위치인 한 줌의 흙으로 돌아가고야 만다는 것이다. 그런고로 이런 날들이 오기 전에 위로는 여호와를 경외하며 아래로는 각자 주어진 위치에서 사명에 충실해야만 한다. 하나님께서 이사야 선지자를 통하여 하신 말씀에 "소년이라도 피곤하며 곤비하며 장정이라도 넘어지며 자빠지되 오직 여호와를 앙망하는 자는 새 힘을 얻으리니 독수리의 날개치며 올라감 같을 것이며 달음박질하여도 곤비치 아니하겠고 걸어가도 피곤치 아니할 것"(사 40:30-31)이라고 하였다.

둘째, 원치않는 질병으로 인하여 일할 수 없는 병상의 밤을 의미한다.
인생이 소원하던 부귀영화, 명예 권세를 다 소유했다 할지라도 질병으로 인하여 건강을 잃어버리고 병상에 몸져 눕게 되어버린다면 모든 것이 다 수포로 돌아가게 되고마는 것이다. 질병이란 인간을 나약하게 만들며 의욕마저 상실하게 한다.

사랑하는 성도 여러분, 건강할 때 주님 앞에 나아오라. 그리고 다섯 달란트 맡았던 착하고 충성된 선한 청지기가 되라. 요사이 새로 등록하는 교우들 중에는 과거 신앙생활을 잘 하지 않다가 몸에 질병이 생기므로 인하여 뜨겁게 회개하며 새로운 신앙의 결심을 가지고 새 출발을 하는 분들을 보게 된다. 그들의 한결같은 고백은 "병이 들기전에 좀더 충실히 주님의 뜻대로 살지 못한 것이 후회가 됩니다. 이제부터는 열심히 신앙생활 하겠어요"라는 것이다. 그러나 이들은 이제라도 늦지 않았다. 영혼이 잘 되면 범사가 잘 되고 건강하여지게 되기 때문이며(요삼 1:2), 주님께 붙어 있기만 하면, 또 주님 안에 거하기만 하면 무엇이든지 구하는대로 응답해 주시마고 주님은 약속하셨고(요 15:1-16), 여호와를 경외하는 자는 의로운 해가 떠올라서 치료하는 광선을 발하여 외양간에서 나온 송아지처럼 뛰게 된다고 말씀하셨기 때문이다(말 4:2). 혹시 여러분 중에 질병으로 인하여 고통과 좌절 속에서 방황하고 있는 분이 계시는가? 지금 곧 만병의 대의사가 되시는 예수님께 믿음의 손을 내밀고 주의 도우심을 간구하라. 주님은 인간의 죄뿐만 아니라 질병까지도 친히 담당하셨다. 그런고로 주님 앞에 두 손 들고 나아가 간구하기만 하면 그 믿음을 보시고 질병에서 구원해 주신다. 지금까지 건강하게 잘 살아온 분은 질병의 밤이 찾아오지 못하도록 기도하며 열심히 주님위해 주 뜻대로 살아가라. 쓰는 칼에 녹이 슬지 않고 흐르는 물에 이끼가 끼지 않듯이, 충성된 자는 모세와 여호수아처럼 장수하며 기력이 쇠하여지지 않고 눈도 흐려지지 않는 영육의 축복을 보장받게 된다.

셋째, 인생 누구에게나 찾아오는 죽음의 밤을 의미한다.

죽음이란 그 누구도 면할 수 없는 것이며 면제 받을 곳도 없는 것이다. 그런고로 성경에는 "날 때가 있고 죽을 때가 있다"(전 3:2)고 했고, "한 번 죽는 것은 사람에게 정하신 것"(히 9:27)이라고 기록했다. 또한 죽음이란 그 누구도 예측할 수 없는 것이다. 연장자보다 연소자가 먼저 갈 수도 있고 부모보다 자식이 먼저 갈 수도 있는 것이다. 예수님의 비유 중에 이런 내용이 있다. "한 부자가 그 밭에 소출이 풍성하매 심중에 생각하여 가로되 내가 곡식 쌓아 둘 곳이 없으니 어찌할꼬 또 가로되 이렇게 하리라. 내 곡간을 헐고 더 크게 짓고 내 모든 곡식과 물건을 거기 쌓아두리라" 하며 물질의 풍성함으로 인하여 즐거워했다고 했다. 그러나 그날 밤 그는 죽고 말았다. 이는 아무리 풍성한 재물이라도 생명을 보장할 수는 없음을 암시한 내용의 말씀인 것이다.

이와 같이 죽음이란 차별이 없고 공평하며 정직하게 찾아오는 것이다. 그런고로 우리는 '오늘'이라는 이 순간을 중하게 여기고 오늘의 할 일을 내일로 미루지 말아야 한다. 내일은 나의 날이 아니다. 만만에게 생명과 호흡을 주시며 연대(年代)를 정하시는 절대 주권자이신 하나님의 손에 달린 것이다. 누구에게나 주어진 하루 1,440분이라는 시간적인 삶의 선물을 받아서 보람있게 활용해야 한다. 불가능이란 단어를 자기 사전에서 빼어버린 세계적 영웅 나폴레옹은 말하기를 "시간 이외의 것이라면 무슨 소원이든지 들어줄 수가 있지만 시간에 관한 것만은 들어줄 수가 없다"고 했다. 이는 아무리 위세 당당하던 나폴레옹이라 할지라도 시간만큼은 인간 스스로 해결할 수 없는 불가능한 것을 발견했기 때문이다.

사랑하는 성도 여러분, 메뚜기라도 짐이 될 수 밖에 없도록 기력이 다 쇠하여진 노년의 밤이 오기 전에, 아무 일도 할 수 없는 실망과 좌절만이 엄습하는 질병의 밤이 오기 전에, 어느 누구에게나 찾아오는 사망의 밤이 오기 전에, 여호와를 경외하자. 맡겨진 달란트를 잘 활용하자. 지금 이 순간에도 노년의 밤, 질병의 밤, 사망의 밤이 오기 전에 후회없는 삶을 영위하려고 수고하는 모든 분들의 삶이 주 안에서 복된 삶이 되시기를 주님의 이름으로 축원한다. 할렐루야!

선한 목자
(요한복음 10:1-3)

요한복음 10:1-6까지 말씀은 목자가 양을 불러내는 장면이고 7절에서 9절까지 꼴을 먹이시는 장면이고 10절에서 15절까지 말씀은 양을 보호하시는 목자의 모습이다.

첫째, 예수님은 양을 인도하시는 선한 목자이시다.

주님은 양을 각각 불러내어 인도하신다. 주님은 우리의 모든 것을 아신다. 약점도 아시고 부족함도 아시고 고민도 아시고 갈등도 아시고 소원도 아시고 남 모르는 비밀도 아신다. 주님은 우리를 바로 아시기 때문에 우리를 바로 인도할 수 있는 선한 목자이시다.

예수님은 나다나엘이 무화과나무 밑에서 조국을 위해 기도하는 모습을 아셨다. 수가성 여인의 남모르는 비밀도 아셨다. 양을 바로 아는 자가 양을 바로 인도할 수 있다. 생명의 길을 아는 자가 생명의 길로 인도할 수가 있다.

우리를 가장 바로 알고 이해하시는 분이 누구신가? 그가 바로 예수 그리스도이시다. 그가 우리를 불러내어 인도하셨다. 우리는 주님 앞에 받은 은혜가 헤아릴 수 없이 크고 많다. 그러나 그 중에서도 나를 주님의 백성으로 불러 주셨다고 하는 이 한 사실이다. 생각할수록 감사하고 생각할수록 놀라지 않을 수 없는 큰 은혜이다. 우리가 생각하면 주께 받은 은혜를 어찌 다 헤아릴 수 있겠습니까마는 그 중에도 주님께서 우리를 특별히 선택하시고 불러 주셔서 선한 길로 생명의 길로 인도해주신 이 은혜보다 더 큰 일은 없다.

둘째, 예수님은 꼴을 먹이시는 선한 목자이시다.

본문에 말씀하시기를 "내가 문이며 나로 말미암아 들어가면 구원을 얻고 들어가며 나오며 꼴을 얻으리라"고 하였다. 양이 살찌고 윤택하게 되는 것은 목자에게도 달려있고 양에게도 달려 있는 것이다. 목자는 양에게 좋은 꼴을 먹여야 하며 양은 그 좋은 꼴을 받아 먹을 줄 알아야 한다.

사랑에 목말랐던 수가성의 여인이 주님을 만나본 후 영영히 목마르지 않는 생수의 심령을 받았다. 밤새도록 그물을 깊은 곳에 던졌더니 한 마리의 고기도 잡지 못해서 실망의 그물을 씻고 있던 베드로가 예수님을 만나 그물을 깊은 곳에 던졌더니 고기가 많아 그물이 찢겨지도록 고기를 잡았다. 누가 이 가슴 아픈 여인을 시원하게 해 줄 수가 있었으며 누가 이 답답하고 애타는 어부의 가슴을 윤택하게 만들 수가 있었는가? 오직 예수 그리스도 안에 있는 자는 새로운 기쁨을 맛볼 수가 있다.

셋째, 예수님은 자기 양을 늘 보호하시는 선한 목자이시다.

예수님은 자기 백성을 지켜 주신다고 말씀하였다. 예수 그리스도는 나를 위해서 목숨을 버린 선한 목자이다. 삯군 목자는 시험이 올때 양을 버리고 달아나지만 선한 목자는 목숨을 걸고 투쟁하면서 자기 양을 지킨다.

어느 사모님의 간증에 의하면 6·25 사변시 온 성도들이 피난을 갔지만 남은 성도를 버려두고 나올 수가 없어서 몇몇 성도들과 교회를 지키는 중 공산당이 교회를 무기창고로 사용하게 되므로 완강히 거부하다가 순교를 당했다고 한다.

선한 목자는 양을 대신하여 목숨을 버린다. 누가 우리를 악의 권세에서 보호할 수 있으며 이 죄악의 도전에서 우리의 마음을 보호하며 시시때때로 다가오는 시련과 죽음 앞에서 보호할 수가 있는가? 오직 예수 그리스도만이 영원히 죽을 우리를 큰 죄악에서 살리시려고 대신 십자가 위에서 죽으시고 부활하사 성령으로 우리 가운데 함께 하시는 것이다. 그는 실로 우리를 보호하는 선한 목자이다. 그리스도는 바로 우리의 선한 목자이시다. 바로 당신의 선한 목자이시다.

성도 여러분 가운데 누구인가 기독교의 외형만 바라보고 실망하는 자가 있습니까? 기독교의 주인이신 예수를 바라보라. 누구인가 사람을 따르다가 실망을 한 자가 있는가? 사람을 따르지 말고 예수 그리스도를 따르세요. 예수 그리스도는 당신의 참 목자이시다. 이제 목자의 음성을 들을 줄 아는 양이 되세요. 양은 목자의 음성을 알아야 된다. 주님의 음성에 귀를 기울이세요. 양은 또한 순해야 한다. 악한 마음을 버리고 순한 양이 되세요. 개인의 생각을 앞세우지 말고 주님의 뜻을 따르세요. 세상을 바라보지 말고 주님을 바라보세요. 좌우로 치우치지 말고 주님만 의지하고 따라가라. 우리의 선한 목자 예수 그리스도가 당신을 세상 끝까지 꼭 지켜 주신다. 그리고 당신을 영원한 생명의 길로 인도하여 주신다.

친애하는 성도 여러분, 오늘도 슬픔과 괴로움 많은 이 세상에서 귀하신 선한 목자 주 예수 그리스도의 은총 안에서 승리하시기를 주님의 이름으로 축원한다.

성도와 그리스도와의 관계
(요한복음 10:14)

누구든지 예수 그리스도를 믿고 그를 영접한 자는 신분적으로 새로운 피조물이 되었을 뿐 아니라 영원히 끊을 수 없는 깊은 관계가 맺어지게 된다. 그 내용을 열거해 보면

첫째, 예수 그리스도를 영접한 자는 목자와 양의 관계가 이루어지게 된다.

히브리서 13:20에 보면 "양의 큰 목자이신 우리 주 예수"라고 하였고, 예수님은 자신을 가리켜 "나는 선한 목자"라고 하였다. 그러면 예수님은 어떤 목자가 되실까? ① 예수님은 선한 목자가 되신다. ② 양의 생명을 보호하는 목자가 되시며 ③ 양들을 푸른 초장과 잔잔한 시냇물가로 인도하여 주시는 목자가 되신다. 요한복음 10:10에 "내가 온 것은 양으로 생명을 얻게 하고 더 풍성히 얻게 하려는 것이라"고 하였고, "나는 선한 목자라 선한 목자는 양들을 위하여 목숨을 버린다"고 하였다. ④ 예수님은 택하신 양들을 위하여 생명을 주시는 목자이시다. 그러므로 예수님은 십자가에 높이 달리시어 물과 피를 다 쏟아주셨고 인류 구원을 위하여 생명을 내어 주셨다. ⑤ 예수님은 양에게 꼴을 주시는 목자이시다. 요한복음 10:9에 "내가 문이니 누구든지 나로 말미암아 들어가면 구원을 얻고 또는 들어가며 나오며 꼴을 얻으리라"고 하였다.

사랑하는 성도 여러분, 우리는 다 주님의 양들이다. 양들의 모든 안전과 행복은 목자의 품 안에 있다. 오늘도 풍성한 생명과 꼴을 주시는데 목자장의 보호 안에서 승리하시는 여러분이 되시기를 주님의 이름으로 축원한다.

둘째, 예수 그리스도를 영접한 자는 포도나무와 가지의 관계가 이루어진다.

요한복음 15:1에 "나는 포도나무요 너희는 가지라"고 하였다. 포도나무

는 하나님이 젖과 꿀이 흐르는 가나안 땅에 축복의 소산물로 허락하신 열매이기도 하며, 천국 비유로 교훈해 주신 나무이기도 한다. 예수님은 이 포도나무와 가지의 비유를 들어 예수님과 성도와의 관계를 말씀하셨는데, 이 비유의 가장 큰 의미는 생명관계와 성패의 비결을 보여 주시는 교훈인 것이다. 예수님은 가지된 우리에게 생명과 온갖 열매를 맺게하시는 포도나무로서 불가분의 귀중한 관계성을 말해주고 있다. 성도의 성패는 포도나무에 잘 붙어 있는 가지처럼 예수 그리스도에게 연결되어 있는가의 유무에 따라서 좌우되는 것이다. 그런고로 예수님은 우리 인생을 향하여 명령하기를 "내 안에 거하라 나도 너희 안에 거하리라 가지가 포도나무에 붙어 있지 아니하면 절로 과실을 맺을 수 없음 같이 너희도 내 안에 있지 아니하면 그러하거니와"라고 하였다. 예수님은 생명의 근원이 되실 뿐 아니라 축복의 자원이다. 그런고로 예수 그리스도 안에 있는 자에게는 모든 것에 풍족함을 입게 되며 성공적인 삶을 보장받게 되는 것이다.

셋째, 예수 그리스도를 영접한 자는 신랑과 신부의 관계가 이루어지게 된다.

인간의 삶의 과정에는 수 많은 관계가 이어져 나가게 되고 또 커다란 공동체를 형성하여 집단 사회를 이루게 된다. 이 모든 관계 속에 가장 친밀하고 가장 밀착되어지는 것이 바로 신랑과 신부의 관계이다. 신랑과 신부는 둘의 개체가 하나로 결합된 자요, 한 몸으로 형성된 존재인 것이다.

예수님은 성도에 대해 자신과의 관계를 신랑과 신부에 비유하여 말씀하였다. 신랑은 언제나 신부를 자신의 소유로 삼아 신부를 사랑하며 보호하고 자신의 모든 것을 아낌없이 내어준다. 신부도 마찬가지이다. 신부는 신랑의 아름다운 꽃처럼 세마포로 단장하고 향기를 날리며 신랑을 기쁘게해 주어야 한다.

아가서 4:1-3절에 "내 사랑 너는 어여쁘고도 어여쁘다 너울속에 있는 네 눈이 비둘기 같고 네 머리털은 길르앗산 기슭에 누운 무리 염소 같구나 네 이는 목욕장에서 나온 털 깎인 암양 곧 새끼 없는 것은 하나도 없이 각각 쌍태를 낳은 양 같구나 네 입술은 홍색실 같고 네 입은 어여쁘고 너울 속의 네 뺨은 석류같다"고 하였다. 이는 신부의 아름다움을 노래한 말이며 신부된 성도가 신랑되신 예수님 앞에 갖추어야 될 단장을 교훈하신 말씀인 것이다.

아가서 4:11에 보면 "내 신부야 네 입술에서는 꿀 방울이 떨어지고 내 혀밑에는 꿀과 젖이 있고 네 의복이 향기는 레바논의 향기구나"라고 하였다. 마찬가지로 성도의 언행심사에는 생명의 꿀이 흐르고 아름다운 향기를 나타내야 하는 것이다.

넷째, 예수 그리스도를 영접한 자는 친구와의 관계가 이루어진다.

이 말은 죄로 말미암아 영원히 버림받고 멸망받을 인생이라 할지라도 예수 그리스도를 영접하는 자는 심판하시는 재판장으로 대하시는 것이 아니라 친절하시고 정다운 친구로 대하여 주신다는 말인 것이다.

성경에 가장 많이 쓰여진 친구라는 말인 구약 히브리어 '레아'(רֵעַ)라는 말이나 신약에 쓰여진 헬라어의 '필로스'(φίλος)라는 말은 같은 의미로서 나타낸 말인데 '사한다'는 의미에서 나온 말인 것이다. 즉 예수님은 우리 인간을 가장 친절하고 사랑하는 사이가 되는 친구로 나타내 주신다는 말이다.

요한복음 15:14,15에 "너희가 나의 명하는대로 행하면 곧 나의 친구라 이제부터 너희를 종이라 하지 아니하고 친구로 한다"고 하였다. 예수님은 믿는자의 영원하신 친구이다. 친구를 위하여 목숨까지도 버려주신 진정한 친구이시다. 우리는 언제나 멀고 긴 인생의 나그네 여행길에서 주님을 나의 친구로 삼고 예수님 안에서 살아가야 하겠다.

사랑하는 성도 여러분, 오늘도 목자장이 되시고 포도나무가 되시고 신랑이 되시며 영원한 친구가 되시는 주님의 품 안에서 할렐루야 아멘 속에 찬송하며 살아가시는 여러분이 되시기를 주님의 이름으로 축원한다. 할렐루야!

문제해결의 비결

(요한복음 11:1-44)

우리 인생이 이 땅에 사는 동안에는 누구에게나 문제가 많이 있다. 오늘 본문에 보면 마르다, 마리아, 나사로 이 세 남매가 아주 정답게 살아가고 있었다. 그런데 어느날 갑자기 큰 문제가 생겼다. 그것은 사랑하는 나사로가 병들어 죽게 되었던 것이다. 이 지구촌에는 이러한 죽음 문제 뿐만 아니라 정치, 경제, 사회, 문화, 종교, 예술 등의 각계 각층 요소 요소마다 문제가 없는 곳이 없다. 그러면 본문에 나오는 마르다와 마리아는 어떻게 하여 나사로의 죽음 문제를 해결받았는가에 대해서 말씀을 상고하면서 함께 은혜를 나누고자 한다.

첫째, 비참하게 된 자신의 문제를 즉시 예수님께 알렸기 때문이다.

"이에 그 누이들이 예수께 사람을 보내어 가로되 주여 보시옵소서 사랑하시는 자가 병들었나이다"(3절). 마르다와 마리아는 나사로의 죽음 문제를 제일 먼저 예수님께 알렸습니다. 우리에게도 크고 작은 어떠한 문제가 생겼을 때 곧바로 예수님께 기도로 아뢰어야 한다. 빨리 아뢰고 주님께 모든 것을 맡겨서 자신의 문제를 예수님과 연결 시키는데 있는 것이다. 그래서 예수님께서는 요한복음 15:5에 "나는 포도나무요 너희는 가지니 저가 내 안에 내가 저 안에 있으면 이 사람은 과실을 많이 맺나니 나를 떠나서는 너희가 아무 것도 할 수 없음이라"라고 말씀하셨다.

둘째, 평소에 심어 놓은 것이 많았기 때문이다.

"이 마리아는 향유를 주께 붓고 머리털로 주의 발을 씻기던 자요 병든 나사로는 그의 오라비러라"(2절). "예수께서 본래 마르다와 그 동생과 나사로를 사랑하시더니"(5절). 이와 같이 마르다와 마리아는 평소에 예수님께 사랑받을 만한 일들을 많이 심어 놓았던 것이다.

평소에 악을 많이 심어놓은 사람은 평탄한 길을 기대할 수 없다. 그러나 평소에 의를 많이 심어 놓은 사람은 현재의 처지가 어떠한 절망의 상황이라 할지라도 또 이미 심어 놓은 것으로 인해서 하나님께서 잘 해결되게 해 주실 줄 믿는다. "너희가 자기를 위해서 의를 심고 긍휼을 거두라"(호 10:12).

세째, 주님과 가로막힌 돌문을 옮겨 놓았기 때문이다.

"예수께서 가라사대 돌을 옮겨 놓으라 하시니 그 죽은 자의 누이 마르다가 가로되 주여 죽은 지가 나흘이 되었으매 벌써 냄새가 나나이다"(39절). 예수님은 마르다와 마리아에게 비록 안에는 썩고 냄새가 나지만 돌을 옮겨 놓으라고 말씀했다. 우리 인간은 자신도 모르는 사이에 주님과 가로막힌 것들이 많다. 예를 들면 게으름, 인색 혹은 범죄, 불순종, 불신앙, 주님께 대한 무관심… 등이다. 이와같이 돌문이 예수님과의 관계를 가로막고 있기 때문에 안에서는 썩고 냄새가 나는 것이다(사 59:2, 3). 우리는 예수님과 가로막힌 것이 없이 항상 탁 트여 있어야 된다.

넷째, 주님의 능력을 믿었기 때문이다.

"예수께서 가라사대 내 말이 네가 믿으면 하나님의 영광을 보리라 하지 아니하였느냐 하신대"(40절). 마르다와 마리아는 주님의 능력을 믿었기 때문에 그들의 문제 해결의 비결은 주님의 능력을 믿는 믿음 여하에 달려 있음을 알았다. "예수께서 가라사대 나는 부활이요 생명이니 나를 믿는 자는 죽어도 살겠고 무릇 살아서 나를 믿는 자는 영원히 죽지 아니하리니 이것을 네가 믿느냐"(25, 26절).

사랑하는 성도 여러분!

마르다와 마리아처럼 어떠한 문제가 생겼을때 그 문제를 즉시 예수님께 기도로 아뢰고, 평소에 의를 많이 심으며, 주님과 가로막힌 것이 있으면 회개하고, 주님의 능력을 믿음으로 모든 문제를 해결받아 승리하시기를 주의 이름으로 축원한다.

부활의 생명
(요한복음 11:25)

생명이란 참으로 귀한 것이다. 사람이 온 천하를 얻고도 자기 생명을 잃으면 아무 유익이 없으며 온 천하가 자기에게 무용지물이 되고 마는 것이다. 한 생명의 삯으로 말미암아 죽음의 슬픔과 질병의 고통이 오게 되었고, 영원한 진노와 형벌에 보내셔서 인류의 죄를 십자가에 담당하게 하시고 죽음으로 구속의 은총을 베푸실 뿐 아니라 죽은지 사흘만에 사망의 권세를 이기시고 다시 사신 주님으로 말미암아 그를 믿는 자에게는 사망에서 생명으로 옮겨지게 하셨고 부활의 새 생명을 얻게 하신 것이다.

첫째, 부활의 새 생명은 예수 그리스도의 부활로 말미암아 오게 된 것이다.

예수 그리스도의 부활은 성도 부활의 첫 열매가 되신 것이다. 예수님께서 말씀하시기를 "나는 부활이요 생명이니 나를 믿는 자는 죽어도 살겠고 무릇 살아서 나를 믿는 자는 영원히 죽지 아니 하리라"고 하였다. 요한복음 10:10에는 "내가 온 것은 양으로 생명을 얻게 하고 더 풍성히 얻게 하려는 것이라"고 하였으며, 요한복음 6:35 말씀에는 "내가 곧 생명의 떡"이라고 하였다. 그리고 요한일서 5:12 말씀에는 "아들이 있는 자에게는 생명이 있다"고 하였으며 요한복음 5:24 말씀에는 "내 말을 듣고 또 나 보내신 이를 믿는 자는 영생을 얻었고 심판에 이르지 아니하나니 사망에서 생명으로 옮겼느니라"고 하였다. 우리는 우리의 생활 양식이 영원한 새 생명 부활의 기쁨 속에 넘치는 소망과 감사의 찬송 속에서 부활의 신앙을 가지고 이 기쁜 소식을 온 세상에 전하며 충성된 헌신과 승리의 삶을 살아가야 되겠다.

둘째, 부활의 생명은 육체의 장막 밖에서 소유되는 것이다.

요한복음 3:6 말씀에 "육으로 난 것은 육이요 영으로 난 것은 영"이라고 육과 영을 구별하였을 뿐 아니라 요한복음 6:63에 "살리는 것은 영이니 육은 무익하니라"라고 하였다. 우리는 썩어질 육체만을 위해 살지 말아야 한다. 육신을 좇는 자는 육신의 일만 생각하게 되는데 육신의 생각은 사망이요 영의 생각은 생명과 평안인 것이다. 그리스도 예수의 사람들은 육체와 함께 그 정과 욕심을 십자가에 못 박은 자들인 것이다. 우리 부활의 생명을 얻은 자는 육체로 자랑하지 말아야 하며 육체만을 위하여 심는 자도 되지 말아야 한다.

베드로전서 2:11에는 "사랑하는 자들아 나그네와 행인 같은 너희를 권하노니 영혼을 거스려 싸우는 육체의 정욕을 제어하라"고 하였다.

인간에게는 3단계의 삶이 있는데 첫 단계는 복 중에서의 삶이고, 둘째 단계의 삶은 모태에서 출생한 후 세상에서 사는 육체를 지닌 삶이고, 셋째 단계의 삶은 부활의 삶의 단계인 것이다. 이 부활의 삶은 죽기 전 육체를 뒤덮고 살던 그 삶과는 본질적으로 차원이 다른 부활의 신령체인 새 생명의 삶인 것이다.

바울은 고린도전서 15:50에서 "혈과 육은 하나님 나라를 유업으로 받을 수 없고 또한 썩은 것은 썩지 아니한 것을 유업으로 받지 못하느니라"고 하였다. 오직 육체 밖에서 썩지 아니할 몸으로 다시 살아나는 신령한 몸으로서의 부활인 것이다.

셋째, 이 부활의 생명은 영원한 것이다.

부활의 생명은 육체의 생명과 같이 잠시 머물다가 썩어지는 생명이 아닌 것이다.

베드로전서 1:24에 "모든 육체는 풀과 같고 그 모든 영광이 풀의 꽃과 같으니 풀은 마르고 꽃은 떨어지되 오직 주의 말씀은 세세토록 있도다 하였으니 너희에게 전한 복음이 곧 이 말씀이라"고 하였고, 로마서 6:22에 "이제는 너희가 죄에서 해방되고 하나님께 종이 되어 거룩함에 이르는 열매를 얻었으니 그 마지막은 영생이라"고 하였다. 우리 주님께서 이 땅 위에 큰소리 나는 천사장의 나팔소리와 함께 강림하실 때 주 안에서 죽은 자들은 순식간에 생명의 부활을 받게 되고 지상에 살아있는 성도들도 홀연히 신령체로 변화되어 주님을 맞이하게 되는 것이다. 할렐루야!

친애하는 성도 여러분!

우리 주님께서 사망의 권세를 이기셨다. 사망아 너의 이기는 것이 어디 있느냐 사망아 너의 쏘는 것이 어디 있느냐 사망의 쏘는 것은 죄요 죄의 권능은 율법이라 우리 주 예수 그리스도로 말미암아 우리에게 이김을 주시는 하나님께 감사하노니 그러므로 내 사랑하는 형제들아 견고하며 흔들리지 말며 항상 주의 일에 더욱 힘쓰는 자들이 되라 이는 너희 수고가 주 안에서 헛되지 않은 줄 앎이니라.

친애하는 성도 여러분, 부활의 신앙은 기독교의 기초이며 중심인 것이다. 우리는 항상 부활의 기쁨과 소망을 가지고 온 누리에 이 기쁨을 전하면서 보람된 삶을 살자. 충성되이 살자. 신앙의 경주장에서 끝까지 인내하며 경주 하십시다. 할렐루야!

모범된 감사
(요한복음 12:1-3)

나사로가 죽었을 때에 예수님이 베다니에 이르러서 그 죽은 나사로를 살리셨다. 이 나사로는 죽은 지가 벌써 나흘이나 되어 썩는 냄새가 나는 상황이었는데, 주님께서 그곳에 임함으로 죽은 나사로가 살아났다. 오늘 본문에 나오는 나사로의 동생 마리아는 예수님께 대한 감사의 표현으로 순전한 나드 향유를 예수님의 발에 붓고 자기 머리털로 씻겨 드림으로 모범된 감사를 드렸다. 그러면 모범된 감사는 어떠한 감사인가에 대해서 말씀을 상고하면서 함께 은혜를 나누고자 한다.

첫째, 몸을 드리는 감사이다.

마리아는 자기 몸을 굽혀 주님께 뜨거운 감사를 드렸다. 고린도전서 6:19, 20에 보면 "너희는 몸은 너희가 하나님께로부터 받은 바 너희 가운데 계신 성령의 전인 줄을 알지 못하느냐? 너희는 너희의 것이 아니라 값으로 산 것이 되었으니, 그런즉 너희 몸으로 하나님께 영광을 돌리라"고 말씀했고, 로마서 12:1에 보면 "그러므로 형제들아 내가 하나님의 모든 자비하심으로 너희를 권하노니 너희 몸을 하나님이 기뻐하시는 거룩한 산제사로 드리라. 이는 너희의 드릴 영적 예배니라"고 말씀했다. 우리는 몸을 하나님 앞에 온전히 거룩하게 바쳐야 한다. 우리가 하나님께 바쳐지면 그 순간부터 우리의 몸은 주님의 몸이 되어진다. 우리의 몸이 주님의 몸이 되어지면 우리가 우리 몸을 아끼고 보호하고 사랑하듯이 하나님께서 우리의 몸을 보호해 주시고 지켜 주시며 인도해 주신다.

둘째, 소중한 재물을 드리는 감사이다.

"마리아는 지극히 비싼 향유 곧 순전한 나드 한 근을 가져다가 예수의 발에 붓고…"(12절上). 마리아가 주께 드린 '순전한 나드 한 근'이란 향유 원액으로써 값으로 치면 300데나리온에 해당되는데, 300데나리온이란 일반 노동자가 약1년 동안 벌어야 하는 큰 액수이다. 예수님의 제자 중 가룟 유다는 이 모습을 보고 이 향유를 어찌하여 300데나리온에 팔아 가난한 자들에게 주지 아니하였느냐고 질책했다. 오늘날도 어떤 사람은 주님의 크신 은혜를 받고도 재물에 대해서는 인색한 면이 있다. 우리는 항상 우리에게 있는 모든 것을 하나님의 영광을 위해서 사용해야 한다. 우리에게 재물과 부귀를 주신 분은 하나님이시기 때문이다. "어떤 사람에게든지 하나님이 재물과 부요를 주사 능히 누리게 하시며, 분복을 받아 수고함으로 즐거워하게 하신 것은 하나님의 선물이라"(전 5:19).

셋째, 자신의 모든 인격을 드리는 감사이다.

"자기 머리털로 그의 발을 씻으니 향유 냄새가 집에 가득하더라"(3절下)에서 마리아가 자기 머리털로 예수님의 발을 씻겼다는 것은 그가 받은 은혜가 너무 너무 감사해서 자신의 모든 인격을 드려서 감사했다는 말이다. 이 인격이야말로 자기를 최고로 낮춘 겸손의 인격이요, 예수님을 최고로 높힌 인격이다. 우리는 하나님께 감사하되 겸손의 인격을 가지고 감사해야 한다. 겸손의 인격을 가지려면 모든 것의 소유주가 주님임을 알아야 한다. 그리고 우리가 예수님을 높일수록 하나님께서 재물과 영광과 생명으로 우리를 높여 주신다. "겸손과 여호와를 경외함의 보응은 재물과 영광과 생명이니라"(잠 22:4). "그를 높이라. 그리하면 그가 너를 높이 들리라. 만일 그를 품으면 그가 너를 영화롭게 하리라"(잠 4:8).

사랑하는 성도여러분, 모범된 감사를 드린 마리아를 본받아 몸을 드려 감사하고, 소중한 재물을 드려 감사하며, 최고의 인격을 드려 감사하는 성도 여러분이 다 되시기를 주의 이름으로 축원한다.

마리아의 감사
(요한복음 12:1-8)

'감사'는 은혜를 받는 그릇이고 신앙 성장의 척도라고 할 수 있다. 감사(感謝)를 한자(漢字)로 풀이해 보면 "咸 + 心, 言 + 射"로 '말한대로 힘있게 그대로 실천하고 주님께 받은 은혜에 대하여 마음과 행동으로 다 표현하는 것'이라고 한다. 또 헬라어에 보면 '하나님께서 주신 모든 것을 척량하면서 매일 매일 감사하는 마음을 가지는 것'을 뜻한다. '은혜는 감사의 그릇을 만들어 놓고, 감사의 그릇은 축복을 낳는다'는 말도 있다. 오늘 본문에 나오는 마리아의 감사는 4복음서에 모두 기록될 정도로 모범된 감사였다. 마리아가 드린 감사는 어떤 감사이었는가에 대해 함께 은혜를 나누고자 한다.

첫째, 자원함으로 드린 감사였다.

감사는 강요에 의해서 드려지는 것이 아니다. 마리아는 누구의 강요에 의해서 드린 것이 아니라 죄 많은 여자로서 자기의 죄를 용서해 주시고 자기의 생명을 구원해 주신 일, 자기의 죽은 오라비 나사로를 살려 주신 일 등에 대해 자원함으로 감사를 드렸다. 하나님은 자원함으로 드리는 감사를 기뻐받으신다.

시편 51:12에 보면 "주의 구원의 즐거움을 내게 회복시키시고 자원하는 심령을 주사 나를 붙드소서"라고 말씀했다. 사도 바울은 자원함으로 감사를 드린 고린도교회 성도들을 칭찬했다. "내가 증거하노니 저희가 간절히 할 뿐 아니라 힘에 지나도록 자원하여 이 은혜와 성도 섬기는 일에 참여함에 대하여 우리에게 간절히 구하니…"(고후 8:3, 4).

둘째, 마음과 뜻을 다하여 드린 감사였다.

"마리아는 지극히 비싼 향유 곧 순전한 나드 한 근을 가져다가 예수의 발에 붓고 자기 머리털로 그의 발을 씻으니 향유 냄새가 가득하더라"(3절). 마리아는 향유를 가져다가 예수의 발에 붓고 자기 머리털로 예수님의 발을 씻겨 드렸다. 유대나라 사람들은 머리를 최고의 인격으로 상징하여 매우 소중히 다룬다.

그럼에도 불구하고 마리아가 이와 같은 행동을 보인 것은 ① 최고의 사랑과 존경을 의미한다. ② 회개와 복종을 의미한다. ③ 자아의 죽음과 겸손을 의미한다. ④ 주님을 왕으로 섬김을 의미한다. ⑤ 온전한 헌신을 의미한다. 우리가 주를 섬기되 부분적으로 섬길 것이 아니라 온전히 섬겨야 한다.

셋째, 옥합을 깨뜨려 최고의 정성을 드린 감사였다.

마리아가 드린 이 향유는 지극히 비싼 향유 원액으로 300데나리온(평생 동안 먹고 살 수 있는 비용)에 해당하는 것으로 최고의 정성이 담긴 것이었다. 마리아는 이 향유가 담긴 옥합을 깨뜨려 예수님의 발에 부어 드리는 감사를 표현했다. 우리가 주님을 사랑하면 사랑하는 만큼 감사의 표현이 있어야 한다. 주님은 최고의 정성으로 드린 이 마리아의 감사를 기뻐받으시고 주님의 복음이 전파되는 곳에 이 여자의 행한 일도 말하여 기념하게 하셨다.

"저가 힘을 다하여 내 몸에 향유를 부어 내 장사를 미리 준비하였느니라. 내가 진실로 너희에게 이르노니 온 천하에 어디서든지 복음이 전파되는 곳에는 이 여자의 행한 일도 말하여 저를 기념하리라"(막 14:8,9).

넷째, 기회를 놓치지 않은 감사였다.

"가난한 자들은 항상 너희와 함께 있거니와 나는 항상 있지 아니하리라 하시니라"(8절). 예수님의 제자들은 마리아의 이 감사를 히비하는 것으로 여기어 가난한 자들을 도와주는 것이 나을 뻔했다고 생각했다. 그러나 예수님은 가난한 자들에게 행할 수 있는 기회는 항상 있지만 자기에게 이와 같은 감사를 드릴 수 있는 기회는 항상 있는 것이 아니라고 말씀해 주셨다.

에베소서 5:16에 보면 "세월을 아끼라 때가 악하니라"고 말씀했다. 우리는 모든 것에 대한 기회를 하나님으로부터 부여 받았다. 우리는 감사의 기회를 놓치지 않아야 한다.

　사랑하는 성도 여러분, 마리아가 드린 감사는 자원함으로 마음과 뜻을 다하며 옥합을 깨뜨려 최고의 정성을 드린 감사, 기회를 놓치지 않은 감사였다. 이 마리아의 감사를 본받아 항상 모범된 감사를 드리는 성도 여러분이 되시기를 주의 이름으로 축원한다.

많은 열매를 맺읍시다
(요한복음 12:24)

누가복음 13:6-9에 보면 예수님께서 우리 믿는 사람을 무화과나무로 비유하시면서 열매 맺는 사람이 되라고 교훈해 주셨다. 무화과나무에 있어서 중요한 것은 잎이 아니라 열매이다. 우리가 열매를 맺어야 되는 이유는 ① 우리가 열매를 맺으면 하나님이 영광을 받으시기 때문이다. "너희가 과실을 많이 맺으면 내 아버지께서 영광을 받으실 것이요."(요 15:8). ② 우리가 버림을 받지 않기 위해서이다. "이 무화과나무에 실과를 구하되 얻지 못하니 찍어 버리라. 어찌 땅만 버리느냐?"(눅 13:7). ③ 하나님께서 특별한 사랑을 베풀어 주시기 때문이다. 그러면 우리가 어떠한 열매를 많이 맺어야 되는가에 대해서 말씀을 상고하면서 함께 은혜를 나누고자 한다.

첫째, 긍휼과 선한 열매를 맺어야 된다.

"우리가 선을 행하되 낙심하지 말지니 피곤하지 아니하면 때가 이르매 거두리라"(갈 6:9). 우리 마음 속에서 악이 제거될수록 하나님의 은혜가 우리를 주관해 주신다. 악의 지배를 받으면 선이 없어진다. 선이 없다는 것은 긍휼이 없다는 것이다. 우리는 선한 사마리아인처럼 긍휼과 선한 열매를 맺어야 되겠다.

둘째, 회개에 합당한 열매를 맺어야 된다.

"그러므로 회개에 합당한 열매를 맺고…"(마 3:8). '회개'란 잘못을 뉘우치고 돌이키는 것인데, 뉘우치고 돌이켰으면 잘못된 것을 고쳐야, 회개에 합당한 열매가 맺혀지는 것이다.

셋째, 성령의 열매를 맺어야 된다.

"오직 성령의 열매는 사랑과 희락과 화평과 오래 참음과 자비와 양선과 충성과 온유와 절제니 이같은 것을 금지할 법이 없느니라"(갈 5:22,23).

우리가 예수 믿고 제일 먼저 달라져야 될 것이 있다면, 미워하는 마음이 사랑하는 마음으로 바꾸어져야 되는 것이다.

넷째, 입술의 열매를 맺어야 된다.

"사람은 입의 열매로 인하여 복록에 족하며"(잠 12:14). 우리가 맺어야 될 입술의 열매는 ① 긍정적인 말이다. "예수께서 이르시되 할 수 있거든 이 무슨 말이냐 믿는 자에게는 능치 못할 일이 없느니라"(막 9:23). ② 은혜로운 말이다. "너희 말을 항상 은혜 가운데서 소금으로 고르게 함같이 하라"(골 4:6). ③ 선한 말이다. "무릇 더러운 말은 너희 입 밖에도 내지 말고 오직 덕을 세우는데 소용되는 대로 선한 말을 하여 듣는 자들에게 은혜를 끼치게 하라"(엡 4:29). ④ 축복된 말이다. "너희를 핍박하는 자를 축복하라"(롬 12:14).

다섯째, 제물의 열매를 맺어야 된다.

"사람이 무엇으로 심든지 그대로 거두리라"(갈 6:7). 또한 고린도후서 9:6,7에 보면 "이것이 곧 적게 심는 자는 적게 거두고, 많이 심는 자는 많이 거둔다 하는 말이로다. 각각 그 마음에 정한 대로 할 것이요, 인색함으로나 억지로 하지 말지니, 하나님은 즐겨 내는 자를 사랑하시느니라"고 말씀했다.

여섯째, 전도의 열매를 맺어야 된다.

"많은 사람을 옳은 데로 돌아오게 한 자는 별과 같이 영원토록 비취리라"(단 12:3). 우리는 모든 족속에게(마 28:19), 온 천하에 다니며(막 16:15), 때를 얻든지 못얻든지 항상 힘써 복음을 전해야 한다(딤후 4:2).

사랑하는 성도 여러분! 이와 같이 많은 열매를 맺으려면 ① 한 알의 밀알이 땅에 떨어져 죽어야 많은 열매를 맺듯이, 우리 자신의 헌신이 있어야 한다(요 12:24). ② 우리가 예수 안에 있어야 한다(요 15:5). ③ 깊은 기도와 깊은 말씀과 깊은 충성이 있어야 한다(눅 13:8). 이와 같이 하여 하나님이 기뻐하시는 열매를 많이 맺는 성도 여러분이 되시기를 주의 이름으로 축원한다.

기도의 신령적 의미
(요한복음 14:13)

웨스트민스터(Westminster) 대교리 문답에 의하면 기도란 우리의 요구를 성령의 도우심을 통해서 그리스도의 이름으로 하나님께 아뢰는 것이라고 하였다. 예수님도 요한복음 14:13에 "너희가 내 이름으로 무엇을 구하든지 내가 시행하리라"고 하셨다. 기도에는 차별이 없다. 기도의 신령적 의미가 무엇인가에 대해서 네 가지 내용으로 말씀을 드리겠다.

첫째, 기도는 우리의 요구를 하나님께 아뢰는 것이다.
인간은 누구나 가슴마다 품고 있는 한이 있으며 뼈저린 소원들이 안겨져 있다. 이 간절한 소원들을 두 가지로 나누면 하나는 영적인 요구이며, 하나는 육체적인 욕망들인 것이다. 이것들이 쌓이고 커지게 되면 심리적인 불안과 정신적인 고통으로 육체의 질병까지 심어 주게 되는 것이다.

하나님은 이러한 인생을 향하여 아무 것도 염려하지 말고 감사함으로 너희 구할 것을 하나님께 아뢰라고 하였고, 요한복음 14:13 말씀에는 "너희가 내 이름으로 무엇을 구하든지 내가 시행하리라"고 하였다. 하나님은 주의 백성들이 무엇이나 염려하지 말고 하나님께 아뢰기를 원하시며 또한 하나님은 인생들이 하나님께 구한 모든 것을 들어 주시며 응답해 주시기를 기뻐하시는 하나님이시다.

열왕기상 9:3 말씀에 보면 "네가 내 앞에서 기도하며 간구함을 내가 들었은즉 내가 너희 건축한 이 전을 거룩하게 구별하여 나의 이름을 영영히 그곳에 두며 나의 눈과 나의 마음이 항상 거기 있겠다"고 하였다.

사랑하는 성도 여러분, 여러분이 만일 가슴 맺힌 소원들을 하나님께 아뢰이지 아니하고 혼자 품고 계신다면 그 염려와 불안이 점점 더 크게 되고 많게 되어질 것이나 만일 여러분의 모든 소원들을 하나님께 아뢰이며 기도하면 하나님께서 여러분의 간구를 들어 주실 뿐만 아니라 더욱더 좋은 것으로 안겨주심을 반드시 체험하실 수 있게 되는 것이다.

둘째, 기도는 하나님께서 인간들에게 말씀하신 바를 듣는 것이다.

흔히들 많은 사람들이 생각하기를 기도는 우리가 소원한 바를 다 보고 드리게 되면 기도가 끝난 것으로 생각하는 분들이 계신다. 그러나 기도의 더욱 귀중한 것은 하나님께서 인간들에게 말씀한 바를 들어 주시는 것이다. 다시 말하면 참된 기도는 입을 통하여 우리의 요구를 하나님께 아뢰이는 것과 우리의 신령한 귀를 통하여 하나님의 요구를 듣는 것이 기도인 것이다.

하나님은 때때로 인간들에게 명령하실 때 "너희 귀를 기울이고 내게 나아와 들으라 그리하면 너희 영혼이 살리라"(사 55:3)고 하였다. 가장 크고 깊은 기도는 하나님께서 원하시는 바를 듣고 이루어 드리는 것이다. 우리가 하나님의 원하시는 바를 들어 드릴때 하나님은 우리의 소원을 이루어 주시며 보다 더 크고 귀한 것으로 반드시 채워 주시게 된다. 그러고로 예수님은 "너희는 먼저 그의 나라와 그의 의를 구하라 그리하면 이 모든 것을 너희에게 더하시리라"(마 6:33)고 하셨다. 입으로 구하는 기도보다 더 중요한 기도는 귀로 듣는 기도인 것이다. 서양 명언에 "내가 하고 싶은 이야기를 상대방이 하게 하라 그리하면 한 마디 말하지 않고도 내가 이긴다"는 말이 있다. 우리는 나의 말을 하나님이 들어 주시기 전에 나를 향하신 하나님의 말씀을 듣는 자가 되어야만 한다. 이것이 바로 신령한 기도가 되는 것이다.

셋째, 기도는 확신한 바를 고백하는 것이다.

기도와 신앙에는 반드시 고백이 따라야 한다. 확신과 고백이 없는 것은 신앙이 아니다. 확신한 바를 고백할 줄 아는 자에게 하나님의 기적은 언제나 일어나게 되는 것이다. 마태복음 9:27에 예수님께서 가버나움의 회당장 야이로의 죽은 딸을 살리시고 지나가실 때 앞을 보지 못하는 두 소경이 나타나게 되었다. 두 소경은 예수님의 뒤를 따라오며 소리 지르기를 다윗의 자손 예수여 우리를 불쌍히 여겨 주소서"하였다. 그때 예수님은 저들의 확신한 바에 대한 고백을 들어보기 위해서 "내가 능히 이 일을 할 줄을 믿느냐?"고 하셨다. 그때 소경들은 즉시 고백하기를 "주여 그러하니이다"라고 하였다. 두 소경은 자신들이 믿은 바를 그대로 고백하였다. 이 고백은 바로 그들이 눈이 뜨여지게된 근본 동기가 될 것이다. 예수님은 즉시 그들의 눈을 만지시며 "너희 믿은대로 되라"고 하였다. 이 순간 소경들의 눈은 밝아지게 되었고 모든 사람 앞에 주님의 영광을 나타내게 된 것이다. 우리는 항상 기도하고 구한 것을 받은 줄로 믿어야 하며 또 믿고 확신한 바를 입으로 고백해야 한다. 확신에 대한 고백은 바로 훌륭한 기도가 되는 것이다. 그런고로 우리는 언제나 "주여 내가 믿나이다"라고 고백하는 것을 잊지 말아야 하겠다.

넷째, 기도는 하나님의 권위와 응답에 대하여 절대 복종하는 것이다.

하나님은 절대자이시며 응답자이시다. 하나님의 권위를 인정하는 것은 바로 신령한 기도이며 그의 응답에 대하여 절대적인 복종은 바로 기도의 연속인 것이다. 우리의 기도 생활 속에 입으로 간구하는 것은 기도의 기본이며 하나님의 요구를 들으며 받아 들이는 것은 기도의 성숙한 모습이며, 응답에 대한 절대 복종은 기도의 열매라고 말할 수 있다. 아무리 가슴 맺힌 소원이 있다할지라도 그 소원을 응답주실 하나님의 절대 주권을 확신해야 하며 또한 이루어진 응답에 대하여 복종해야만 하는 것이다. 베드로는 능력의 주님을 바라보지 못하고 바다물결을 바라보다가 두려워 하며 물 속으로 빠져 들어가게 되고 말았다. 그리고 롯의 처는 소돔과 고모라의 멸망의 자리에서 구출을 받고서도 뒤돌아 보다가 소금기둥이 되었으며 아나니아와 삽비라는 엄청난 은혜와 물질의 축복을 보장받을 기회가 주어졌으나 인색한 마음이 성령을 거역하게 됨으로 있는 것까지도 누려보지 못한 사망에 처하고 말았던 것을 보게 된다.

사랑하는 성도 여러분, 우리는 오늘까지 살아오는 동안 하나님께 받은 응답이 얼마나 크고 많았는가? 이제 우리는 하나님의 권위와 그의 응답에 대한 절대적인 순종으로 더욱 큰 기적을 체험하는 여러분이 되시기를 주님의 이름으로 축원한다.

평안을 소유하는 비결
(요한복음 14:27)

인간은 누구나 평안을 원하며 예수님은 나의 평안을 너희에게 끼치노니 곧 나의 평안을 너희에게 주노라고 하셨다. 그러면 우리가 주님의 평안을 소유하자면 어떻게 해야 하는가에 대해서 다섯가지 내용을 말씀드리겠다.

첫째, 평안을 소유는 비결은 예수님의 마음을 품어야 한다.
사도 바울은 빌립보서 2:5에 "너희 안에 이 마음을 품으라 곧 그리스도 예수의 마음"이라고 하였다. 인생은 누구나 평안과 안식으로 가득찬 예수님의 마음을 품을 때만이 참된 평안을 누릴 수가 있다. 그러면 예수님의 마음은 어떠한 마음인가? ① 예수님의 마음은 겸손한 마음이다. 빌립보서 2:6,7에 "그는 근본 하나님의 본체시나 하나님과 동등됨을 취할 것으로 여기지 아니하시고 오히려 자기를 비어 종의 형체로 가졌다"고 하였다. 겸손한 마음은 바로 예수님의 마음이며, 평안을 소유하는 마음이다. 그리고 예수님의 마음은 ② 죽기까지 복종하는 마음이다. 바울은 예수님께 대하여 "자기를 낮추시고 죽기까지 복종하셨으니 곧 십자가에 죽으심이다"고 하였다. 예수님은 인류의 죄를 사하시려고 이 땅 위에 내려 오셨을 뿐 아니라 십자가에 죽기까지 복종하셨다. ③ 예수님의 마음은 온유한 마음이다. 예수님은 인류들을 향하여 "나는 마음이 온유하고 겸손하니 나의 멍에를 메고 내게 배우라"(마 11:29)고 하셨다. 인간에게 있어 육체의 고통보다 더 괴로운 것은 마음의 고통이다. 우리 모두가 예수님의 마음을 품고 삶으로 참된 평안이 넘칠 수 있기를 축원한다.

둘째, 평안을 소유하는 비결은 하나님의 말씀을 사랑하고 준행해야 한다.
갈라디아서 6:16에 "무릇 이 규례를 행하는 자에게와 하나님의 이스라엘에게 평안과 긍휼이 있을지어다"라고 하였다. 하나님의 말씀은 인간에게 생명을 주실 뿐 아니라 넘치는 평강을 안겨주신다. 다윗은 여호와의 법을 사랑함으로 큰 평안을 체험하게 되었다. 시편 119:165 말씀에 "주의 법을 사랑하는 자에게는 큰 평안이 있으니 저희에게 장애물이 없으리이라"라고 하였다. 인생이 하나님의 말씀 안에 사는 것은 하나님 안에 사는 생활이요, 하나님의 말씀을 사랑하는 것은 곧 하나님을 사랑하는 일이다. 그런고로 하나님은 주의 법을 사랑하는 자에게는 결코 근심이 먹구름처럼 덮지 못하도록 광명의 빛으로 조명하여 주시며 어떠한 올무에도 걸리지 아니하도록 붙잡아 지켜주신다. 이사야 선지자도 "여호와의 교훈을 받을 것이니 네 자녀는 크게 평강할 것이라"(시 54:13)고 하였고, 솔로몬도 잠언 3:1, 2에 "내 아들아 나의 법을 잊어버리지 말고 네 마음으로 나의 명령을 지키라 그리하면 그것이 너로 장수하여 많은 해를 누리게 하며 평강을 더하게 하시리라"고 하였다. 이 말씀들은 모두가 하나님의 말씀을 통해 주시는 평강을 약속하신 말씀이다.

셋째, 평안을 소유하는 비결은 믿음을 소유해야 한다.

믿음, 소망, 사랑 이 세 가지는 영원한 보화이며, 하나님께서 주신 선물인 것이다. 로마서 15:13에 "소망의 하나님이 모든 기쁨과 평강을 믿음 안으로 너희에게 충만케 하신다"고 하였고, 바울은 하나님께서 인간에게 주시는 모든 기쁨과 평강이 믿음 안에서 넘치게 된다고 하였다. 믿음이 없는 세계는 그리스도가 없는 세계일 뿐 아니라 어두움과 사탄의 세계인 것이다. 사탄은 인간들로 하여금 믿음이 없는 불신앙의 세계로 이끌고 들어가며 온갖 염려와 불안, 공포에 휩싸이게 한다. 그러나 하나님은 인간들로 하여금 믿음의 사람이 되게 하며 그 믿은 바를 의로 여기실 뿐 아니라 넘치는 평안과 축복을 안겨다 주며 바라는 모든 것들이 실상이 되어지도록 역사하여 주시는 것이다. 이 세상에서 가장 견고한 인생은 믿음의 기초 위에 자기를 건축한 자이며 믿음으로 모든 것을 극복하는 자인 것이다.

넷째, 평안을 소유하는 비결은 정과 육을 십자가에 못박아야 하는 것이다.

인생이 귀하다는 것은 육체 때문이 아니라 하나님께서 주신 영혼 때문인 것이다. 육은 항상 영을 거느리고 또한 영은 육을 거느림으로 이 둘이 항상 서로 대결을 하게 된다. 그런고로 사도 바울은 갈라디아서 5:16에 "너희는 성령을 좇아 행하라"고 하였다. 성령을 좇아 행할 때 육의 욕심이 이루지 못하게 되는 것이다. 그리고 갈라디아서 5:17에 "육체의 소욕은 성령을 거스리고 성령의 소욕은 육체를 거스리나니 이들이 서로 대적함으로 너희 원하는 것을 못하게 함이라"고 하였다. 사도 바울은 육체의 일에 대하여 말하기를 "육체의 일은 현저하니 곧 음행과 더러운 것과 호색과 우상숭배와 술수와 원수를 맺는 것과 분쟁과 시기와 분냄과 당 짓는 것과 분리함과 이단과 투기와 술취함과 방탕함과 또 그와 같은 것들이라"고 하였다. 그리고 그리스도 예수의 사람은 육체와 함께 그 정과 욕심을 십자가에 못박았다고 하였다(갈 5:24). 이와 같이 육체와 함께 그 정과 육이 십자가에 못박힌 자는 반드시 주님이 주시는 기쁨과 평강이 넘치는 삶을 살게 된다.

다섯째, 평안을 소유하는 비결은 성령 안에 거하는 삶을 사는 것이다.

로마서 8:6에 "육의 생각은 사망이요 영의 생각은 생명과 평안이니라"고 하였다. 성령은 생명의 영으로서 죽을 몸도 살리실 뿐만 아니라 생각하는 것까지도 평안이 넘치도록 축복하여 주신다. 뿐만 아니라 로마서 8:10, 11의 말씀을 보면 "그리스도께서 너희 안에 계시면 몸은 죄로 인하여 죽은 것이나 영은 의를 인하여 산 것이니라 예수를 죽은 자 가운데서 살리신 이의 영이 너희 안에 거하시면 그리스도 예수를 죽은 자 가운데서 살리신 이가 너희 안에 거하시는 영으로 말미암아 너희 죽을 몸도 살리시리라"고 하였다.

열매 맺는 삶
(요한복음 15:1-7)

오늘은 총동원 전도 주일로서 매우 뜻 깊은 주일이다. 오늘 처음으로 교회에 나오신 여러분들은 이 땅에 태어난 후 최대의 영광의 날인줄 믿으시기 바란다. 오늘은 바로 여러분들이 하늘나라 백성으로 인침을 받는 날이고 하늘나라 생명책에 기록됨을 받는 날이며, 하나님의 자녀로 삼아 주시는 날이다. 구원 받은 성도들의 생활 가운데 가장 중요한 것은 열매를 맺는 생활이다. 하나님의 창조의 섭리는 보면 창세기 1:11에 "씨 가진 열매 맺는 과목을 내라 하시매 그대로 되어"라고 말씀했다. 하나님께서 인간을 창조하신 목적은 곧 하나님이 원하시는 열매로써 우리가 맺혀야 할 열매는 무엇일까?

첫째, 회개의 열매이다.

"그러므로 회개에 합당한 열매를 맺고"(마 3:8). 하나님께서 원하시는 회개의 열매는 불신앙, 어리석음, 게으름, 긍휼을 베풀지 아니함, 남을 미워하고 저주함, 악당, 원망, 불평, 감사치 아니함 등등 알고 지은 죄, 모르고 지은 죄 등을 회개하는 것이다.

우리 인간은 한 사람도 의인이 없다. "의인은 없나니 하나도 없으며"(롬 3:10). 그러므로 하나님께서는 회개를 통해서 우리에게 용서와 은총 그리고 평강을 얻게하여 주신다. 회개는 바로 신앙의 첫 관문인 것이다.

둘째, 입술의 열매이다.

우리의 입으로 하는 말은 곧 씨앗을 뿌리는 것과 같다. "사람은 입의 열매로 복록을 누리거니와 마음이 궤사한 자는 강포를 당하느니라"(잠 13:2). 복록을 누리는 자는 '위로, 칭찬, 높여줌, 복을 빌어줌' 등의 말을 한다. 초대 교회 오순절 마가다락방의 성령의 첫번째 역사는 혀에 임했다. "불의 혀같이 갈라지는 것이 저희에게 보여 각 사람 위에 임하였더니"(행

2:3).

우리는 우리의 입술을 하나님을 찬양하고 기도하고 전도하는데, 남을 축복하는데 사용해야 한다.

셋째, 행위의 열매이다.

"너희는 의인에게 복이 있으리라 말하라 그들은 그 행위의 열매를 먹을 것임이요"(사 3:10). 하나님은 우리의 행위대로 보응하신다. "주는 모략에 크시며 행사에 능하시며 인류의 모든 길에 주목 하시며 그 길과 그 행위의 열매대로 보응하시나이다"(렘 32:19). 악을 행하는 사람이 잘 사는 것 같아도 결국에는 망한다. 또 의를 행하는 사람이 망하는 것 같아도 반드시 흥하게 된다.

넷째, 마음의 열매이다.

"앗수르왕의 완악한 마음의 열매와 높은 눈의 자랑을 벌하리라"(사 10:12). 마음의 열매에는 의로운 열매와 악한 열매가 있다. "무릇 징계가 당시에는 즐거워 보이지 않고 슬퍼 보이나 후에 그로 말미암아 연달한 자에게는 의의 평강한 열매를 맺나니"(히 12:11). 우리는 항상 하나님 앞에 온유하고 겸손하는 마음, 관용의 마음, 선한 마음, 의로운 마음, 순종하는 마음으로 꽉 채워져 있어야 한다.

다섯째, 영생의 열매이다.

"거두는 자가 이미 삯도 받고 영생에 이르는 열매를 모으나니 이는 뿌리는 자와 거두는 자가 함께 즐거워하게 하려 함이니라"(요 4:36). 영생의 열매는 전도를 통해서 이루어진다. 우리는 누군가 우리에게 복음을 전해준 사람이 있었기 때문에 영생의 열매를 맺게 된 것이다. 우리도 복음을 열심히 전하여 영생의 열매를 많이 맺어야 되겠다. 하나님께서 가장 사랑하시는 사람은 영생의 열매를 많이 맺는 자이다.

사랑하는 성도 여러분, 하나님이 원하시는 회개의 열매, 입술의 열매, 행위의 열매, 마음의 열매, 영생의 열매를 풍성하게 맺는 삶을 살아 하나님께 많은 영광 돌리시기를 주의 이름으로 축원한다.

주님께서 주신 세 가지 선물
(요한복음 15:1-7)

본문의 내용은 예수께서 십자가 죽음을 앞두고서 최후 기도를 하시기 위해 겟세마네 동산으로 가는 도중에 제자들에게 주신 교훈이다. 특별히 본문에 나오는 참 포도나무와 가지의 비유는 예수 그리스도와 성도가 어떻게 연합되어 있는가를 생생하게 보여 주는 비유라고 할 수 있다. 우리는 이 비유를 통해서 주님께서 주신 세 가지 선물을 발견할 수 있다. 그러면 주님께서 주신 세 가지 선물이 무엇인가에 대해서 말씀을 상고하면서 함께 은혜를 나누고자 한다.

첫째, 죄 문제를 해결해 주신 것이다.

"만일 우리가 그의 죽으심을 본받아 연합한 자가 되었으면 또한 그의 부활을 본받아 연합한 자가 되리라. 우리가 알거니와 우리 옛사람이 예수와 함께 십자가에 못박힌 것은 죄의 몸이 멸하여 다시는 우리가 죄에게 종노릇 하지 아니하려 함이니"(롬 6:5,6). 예수님은 이 땅에 오셔서 십자가에 못박혀 죽으심으로 인간의 죄문제를 해결해 주셨다. 성도와 그리스도가 연합되었다는 것은 그리스도가 우리 죄인들이 받을 죄값을 대신해 치러주심으로써 법적으로 성도가 그리스도와 연합되었다는 뜻이다. 따라서 법적 연합을 이룬 성도는 실상 그렇게 하지 않았지만 그리스도의 죽으심과 그의 부활에 함께 연합하여 동참함으로써 죄값을 치루고 의인이 되었다는 법적 지위를 획득한 것이다. 우리는 죄문제를 해결 받아야 하나님의 축복을 받을 수 있다. 예수 그리스도를 믿고 그분께 자기의 죄를 고백하는 자는 누구든지 죄사함을 받을 수 있다. 요한일서 1:9에 보면 "만일 우리가 우리 죄를 자백하면 저는 미쁘시고 의로우사 우리 죄를 사하시며 모든 불의에서 우리를 깨끗하게 하실 것이요"라고 말씀했다.

둘째, 성령을 보내주신 것이다.

"베드로가 가로되 너희가 회개하여 각각 예수 그리스도의 이름으로 세례를 받고 죄사함을 얻으라. 그리하면 성령을 선물로 받으리니"(행 2:38). 예수님은 죄 문제를 해결해 주셨을 뿐만 아니라 그리스도의 영이신 보혜사 성령을 성도의 마음 속에 보내주셔서 그리스도에 속한 삶을 살게 해주셨다. 우리는 각자가 참 포도나무 줄기인 예수 안에 연합된 가지인 동시에 성도 전체가 한 포도나무 안에 함께 연합된 생명 공동체라는 사실도 기억할 필요가 있다. 성령을 받은 성도는 성령이 공급하시는 양분과 수액에 의해 성령의 열매를 맺게 된다. 갈라디아서 5:22,23에 보면 "오직 성령의 열매는 사랑과 희락과 화평과 오래 참음과 자비와 양선과 충성과 온유와 절제니 이같은 것을 금지할 법이 없느니라"고 말씀했다. 성령을 선물로 받은 사람은 이와 같은 열매를 맺으며 새롭게 변화되는 것이다.

셋째, 예수 그리스도의 심장을 주신 것이다.

"내가 예수 그리스도의 심장으로 너희 무리를 어떻게 사모하는지 하나님이 내 증인이시니라"(빌 1:8). 사도 바울은 예수 그리스도의 심장을 가졌기 때문에 빌립보 성도들을 사랑하게 되었다. 예수 그리스도의 심장을 가진 자는 영혼을 사랑하게 된다. 우리는 예수 그리스도의 심장을 가지고 성령의 열매를 맺고 주님의 일에 힘써야 한다. 예수 그리스도의 심장을 가진 자만이 주님의 일을 할 수 있다. 빌립보서 2:5-9에 보면 "너희 안에 이 마음을 품으라. 곧 그리스도 예수의 마음이니 그는 근본 하나님의 본체시나 하나님과 동등됨을 취할 것으로 여기지 아니하시고, 오히려 자기를 비어 종의 형체를 가져 사람들과 같이 되었고…"라고 말씀했다. 예수 그리스도의 심장을 선물로 받아 영혼을 뜨겁게 사랑하여 열심히 복음을 전하시기를 바란다.

사랑하는 성도 여러분, 주님께서는 우리의 죄 문제를 해결해 주시고, 성령과 예수 그리스도의 심장을 선물로 주셨다. 항상 예수 그리스도 안에 거하여 성령의 열매를 맺으며, 모든 기도의 응답을 받고, 예수 그리스도의 심장을 가지고 복음 전하는 일에 전심전력하여 하나님의 나라를 확장하는 성도 여러분이 되시기를 주의 이름으로 축원한다.

열매 맺는 비결
(요한복음 15:4)

열매란 정당한 노력의 댓가로 결실 되어진 수확의 결과를 말하는 것으로서 성경 안에는 열매에 대한 많은 말씀이 기록되어 있다. 빛의 열매(엡 5:9), 의의 열매(빌 1:11), 선한 열매(약 1:17), 좋은 열매(눅 6:43), 정의의 열매(암 6:12), 의의 열매(약 3:18), 평강한 열매(히 12:11), 회개에 합당한 열매(마 3:8) 등 수 많은 열매들이 기록되어 있으며, 특히 요한복음 4:36 말씀에는 영생에 이르는 열매에 대하여 말씀하였다. 그리고 갈라디아서 5:22에는 사랑, 희락, 화평, 인내, 자비, 양선, 충성, 온유, 절제 등 성령의 아홉 가지 열매에 대하여 기록해 놓았다. 하나님은 주님의 백성들이 잎만 무성한 무화과가 되지 말고 열매 맺는 좋은 나무가 되어야하며 (마 7:16-18) 또한 좋은 열매를 맺을 때 하나님께서는 영광을 받으신다고 하였다(요 15:8). 그러면 우리가 어떻게 하면 좋은 열매를 맺을 수 있는가에 대해 세 가지 비결을 말씀드리겠다.

첫째, 좋은 열매 맺는 비결은 예수 그리스도에게 붙어 있어야 한다.

요한복음 15:4에 "내 안에 거하라 나도 너희 안에 거하리라 가지가 포도나무에 붙어있지 아니하면 절로 과실을 맺을 수 없음같이 너희도 내 안에 있지 아니하면 그러하리라"고 하였다. 여기 '붙어있다'는 말은 헬라어의 '메-노 ($μένω$)라는 말로서 '산다' '거주한다' 등의 뜻을 가진 말이다. 우리가 많은 열매를 맺자면 나의 거주지를 예수님께 정해 놓아야하며 그 안에서 살아야만 하는 것이다. 예수님은 이와 같은 중요한 관계에 대하여 포도나무 비유를 들어 말씀하시면서 "나는 포도나무요 너희는 가지니 저가 내 안에 내가 저 안에 있으면 이 사람은 과실을 많이 맺는다"고 하였다. 원래 포도나무가지는 가늘고 약하기 때문에 포도나무에 끊어지게 되면 곧 말라지게 되어 쉽게 부러지고마는 연약한 나무이다. 그러나 그 가지가 포도나무에 붙어 있기만하면 줄기차게 한없이 뻗어 나아갈 뿐 아니라 수 많은 열매를 맺게되는 것이다. 우리 인간도 마찬가지이다. 예수 그리스도에게 붙어있지 않은 인생은 나무에서 짤려있는 가지처럼 변질되고 깨어지기 쉬우며 "너희가 나를 떠나서는 아무것도 할 수 없느니라"(요 15:5)고 하신 예수님의 말씀처럼 무능한 존재들일 뿐이다. 그러나 누구든지 예수 그리스도 안에 붙어 있기만 하면 절로 과실을 맺게되며 무엇이든지 원하는대로 이루어짐을 받을 수 있게 되어진다.

둘째, 좋은 열매맺는 비결은 깨끗함을 받아야 한다.

인간들은 종교적으로 윤리적으로 더러워진 존재들이며 타락된 후예들이기 때문에 반드시 죄와 허물로 죽은 행실에서 깨끗함을 받아야 하며 또한 깨끗함을 받은 자라야 좋은 열매를 맺을 수 있게 되는 것이다. 그러면 우리가 어떻게하면 깨끗함을 입을 수 있는가에 대하여 말씀드리겠다.

① 예수 그리스도의 십자가 구속의 피를 믿음으로 깨끗함을 받을 수 있게 된다. 요한일서 1:7에 보면 "그 아들 예수의 피가 우리를 모든 죄에서 깨끗하게 하실 것이라"고 하였다. 인간은 스스로 범한 죄에 대해 심판을 받아야 하며 그 죄의 형벌을 피할 길이 없으나 예수 그리스도의 구속의 보혈을 믿음으로 말미암아 모든 죄에서 깨끗함을 입게된다.

② 깨끗함을 입자면 예수 그리스도 앞에 나아와 지은 죄를 자백하고 회개해야 한다. 요한일서 1:9에 보면 "만일 우리가 우리 죄를 자백하면 저는 미쁘시고 의로우사 우리 죄를 사하시며 모든 불의에서 우리를 깨끗하게 하실 것이라"고 하였다.

③ 말씀을 받아 소유함으로 깨끗함을 입을 수 있게 된다. 에베소서 5:26에 보면 "물로 씻어 말씀으로 깨끗함을 입게 된다"고 하였다. 하나님의 말씀은 우리 인간의 심령을 비추어주는 거울과 같아서 온갖 불의와 더러운 것을 발견하게 할 뿐 아니라 깨끗하게 씻어 주기도 하는 것이다.

④ 성령의 불로 소멸함을 받음으로 깨끗함을 입게 된다. "우리 하나님은 소멸하는 불이심"이라고 히브리서 12:29에 기록하였다. 그리고 우리 인생이 깨끗함을 입자면 진리를 순종해야 한다. 베드로전서 1:22에 "너희가 진리를 순종함으로 너희 영혼을 깨끗하게 한다"고 하였다. 이와 같이 하나님은 우리 인생의 더럽고 추악한 모든 죄가운데서 깨끗하게 하여 주시며 하

나님의 기뻐하시는 아름다운 열매를 맺게하여 주시는 것이다.

셋째, 좋은 열매를 맺는 비결은 땅을 두루 파고 거름을 주어야 한다.
　누가복음 13:6 이하에 보면 어떤 사람이 포도원에 무화과를 심었는데 3년이나 찾아와서 열매를 구하였으나 얻지를 못하였다. 그때 주인이 땅만 허비하는 이 무화과를 찍어 버리려고 하였다. 그때 농부가 한번만 더 기회를 주면 땅을 두루 파고 거름을 주어 열매를 맺게하겠다고 간청을 하였다. 여기에 땅을 두루 판다는 것은 우리 인간의 심령이 죄악으로 굳어진 상태에서 하나님 앞에 합당한 심령으로 뒤엎어 고쳐 놓는 것을 교훈해 주기도 하는 말이다.
　우리 인간이 무엇을 하다가 안될 때에는 시간만 허비하는 자가 되지 말고 하나님 앞에 합당치 못한 것을 다 뒤집고 새로운 변화를 가져오도록 해야 한다. 그리고 여기 땅을 두루 판다는 것은 정열적인 열심을 교훈하는 말이다. 우리가 무슨 일에나 게을리 한다든지 겉핥기만 하는 식의 일들은 좋은 결실을 가져오기가 어려운 것이다. 그런고로 하나님은 적극적이며 긍정적이며 정열적인 사람들을 택하여 맡기시며 큰 역사를 나타나게 하시는 것을 보게 된다. 이 세상에 사는 모든 사람들 중에 정열적이고 적극적인 사람치고 성공하지 못한 사람은 별로 없다.
　이에 대해 로버트 슐러 목사님은 말하기를 "정열적인 자세는 낙오된 인생을 승리의 궤도로 올려주는 것이라"고 하였고, 독일의 최대의 작가이며 시인인 괴테는 "천재는 노력이다"라고 하였다. 우리가 열매를 맺자면 땅을 두루 파고 뒤집어 놓은 변화가 있어야 하고 그 곳에 거름을 주듯이 땀과 눈물 희생과 헌신이 있어야 되는 것이다. 이와같이 하나님은 열성과 헌신이 있는 곳에 넘치는 축복을 내려 주시며 아름답고 값진 열매를 수 없이 맺게하여 주시게 된다.

하나님께서 영광을 받으시는 자
(요한복음 15:8)

하나님은 창조하신 만물 가운데서 특별히 인간을 통하여 영광을 받으시기 원하며 또한 허락하신 넘치는 축복에 참예하는 자 되기를 원하고 계시는 것이다(창 1:27-28). 그러나 때로는 인간이 하나님의 기대와 의도에서 벗어나게 되어 하나님을 근심되게 하는 일이 수 없이 자행할 때도 있는 것을 보게된다. 창세기 6:5에 보면 "여호와께서 사람의 죄악이 세상에 관영함과 그 마음의 생각의 모든 계획이 항상 악할 뿐임을 보시고 땅 위에 사람 지으셨음을 한탄하사 마음에 근심하셨다"고 하였다.

사랑하는 성도 여러분, 우리가 이 땅 위에 사는 목적이 무엇인가? 이는 바로 하나님의 영광을 위하여 사는데 있는 것이며 우리 인간의 생사화복 또한 하나님의 축복의 손 안에서 좌우되는 것을 알아야 하겠다. 그러면 하나님께서는 어떤 사람을 통하여 영광을 받으시는가에 대하여 세 가지 내용을 말씀드리겠다.

첫째, 열매를 많이 맺는 자를 통하여 영광을 받으신다.

요한복음 15:8 말씀에 "너희가 과실을 많이 맺으면 내 아버지께서 영광을 받으실 것이요 너희가 내 제자가 되리라"고 하였다. 하나님은 열매 맺는 신자를 기뻐하신다. 무화과 나무에 대하여 주님께 구하신 것은 잎이 아니라 열매였던 것과 마찬가지로 인간에 대한 하나님의 기대는 하나님의 기뻐하시는 많은 열매를 맺는데 있는 것이다. 여기 열매라는 말 '칼포스'($καρπός$)는 '수확, 결과, 결실' 등을 의미하는 말로서 인생은 반드시 처음 시작이 좋아야 됨과 동시에 맺혀지는 결과가 좋아야한다. 그러면 우리 인간이 맺어야할 열매가 무엇인가에 대하여 말씀드리겠다.

① 성령의 아홉 가지 열매를 맺어야 한다.

성령의 열매는 성령의 사역으로 말미암아 우리 인간을 통해 결실되어지는 하나님의 형상을 의미하는 것이다. 성령의 열매인 사랑, 희락, 평화, 인내, 자비, 양성, 충성, 온유, 절제는 모두가 하나님의 속성에 일치되는 것이다. 성도는 반드시 성령의 열매가 맺혀져야 한다. 성령의 열매가 없는 신자는 열매 없이 잎만 무성한 무화과에 불과하며 또한 알맹이 없는 포장만 좋은 빈상자에 불과한 것이다.

② 인생이 맺어야 할 열매는 입술의 열매이다.

입술의 열매는 찬송, 기도, 전도를 의미하며 축복된 말을 의미하는 것이다. 히브리서 13:15에 "이러므로 우리가 예수로 말미암아 항상 찬미의 제사를 하나님께 드리자 이는 그 이름을 찬미하는 입술의 열매니라"라고 하였다. 성도는 항상 입술을 벌려 여호와를 찬양해야 하며 하나님과의 기도를 통한 신령한 영적 대화를 끊임없이 가져야 한다. 기도하는 입술에는 항상 감사가 넘치게 되며 선하고 축복된 말이 솟아나게 되는 것이다.

③ 인생이 맺어야 할 열매는 빛에 열매이다.

에베소서 5:8에 "너희가 전에는 어두움이더니 이제는 주 안에서 빛이라 빛의 자녀들처럼 행하라 빛의 열매는 모든 착함과 의로움과 진실함에 있느니라"고 하였다. 농부가 열매 맺는 과수를 기뻐하듯이 하나님은 열매맺는 인생들을 통해 영광을 받으시는 것이다.

둘째, 하나님은 믿음이 견고한 자를 통하여 영광을 받으신다.

로마서 4:20에 보면 아브라함의 신앙에 대하여 기록하기를 그가 100세나 되어 자기 몸이 죽은 것 같음과 사라의 태의 죽은 것 같음을 알고도 믿음이 약하여지지 아니하고 믿음이 없어 하나님의 약속을 의심치 않고 믿음에 견고하여져서 하나님께 영광을 돌렸다고 하였다.

하나님은 믿는 자의 하나님이시며 하나님의 놀라운 기적은 믿는 자에게 나타내주시는 것이다. 믿음이란 말 '피스티스'($\pi\iota\sigma\tau\iota\varsigma$)는 신뢰, 진실, 보증, 확신 등을 가르키는 말인데, 이는 '피스튜오'($\pi\iota\sigma\pi\epsilon\upsilon\omega$) 즉 믿는다, 맡긴다, 확신한다에서 온 말인 것이다. 우리는 항상 하나님께 대한 신뢰와 확신을 가지고 살아야 하며 모든 것을 맡기면서 살아야 한다. 그리고 그 믿음이 흔들리거나 변질되거나 약하여져서는 안된다. 성경에 기록한 믿음의 형태를 보면 다양한 종류로 나타나 있다. 즉 일시적인 믿음(눅 8:13),

죽은 믿음(약 2:17), 헛된 믿음(고전 15:14), 행함이 없는 믿음(약 2:14,18,20), 건전한 믿음(약 2:5), 겸손한 믿음(눅 7:6-7), 큰 믿음(마 8:10), 적은 믿음(마 6:30), 온전한 믿음(히 10:22), 거짓없는 믿음(딤전 1:5), 구원받을 만한 믿음(행 14:9), 충만한 믿음(행 11:24), 굳센 믿음(행 16:5), 연약한 믿음(롬 14:1), 산을 옮길만한 믿음(고전 13:2), 풍성한 믿음(고후 8:7), 거룩한 믿음(유 1:20), 보배로운 믿음(벧후 1:1) 등의 수많은 믿음의 종류가 기록되어 있다. 하나님은 이 귀한 믿음들이 견고한 믿음으로 뿌리가 내려져서 세움을 입은 자들을 통해서 영광을 받으시는 것이다.

셋째, 하나님은 아멘의 신앙으로 화답하는 자를 통해 영광을 받으신다.
고린도후서 1:20 말씀에 "아멘하여 하나님께 영광을 돌리게 되느니라"고 하였다. 이 말은 "아멘 토 데모 프로 스독산" 즉 영광을 돌리기 위하여 아멘 한다는 뜻이다. 참신앙은 반드시 하나님께 대하여 아-멘의 화답이 있게 된다. 그의 하신 일과 그의 약속, 과거, 현재 그리고 미래에 대한 모든 일에 화답이 있는 자에게 하나님은 함께하셔서 그들을 통해 영광을 받으시는 것이다.

사랑하는 성도 여러분, 지금 온 세계는 사망 권세를 이기시고 승리의 부활하신 주님을 찬양하는 축복의 메아리로 가득차 있다. 이 복되고 거룩한 부활의 주일 아침에 우리 주님의 놀라우신 축복이 여러분 위에 더욱 함께 하셔서 열매맺는 신자되고, 믿음이 견고한 자 되고, 아-멘의 신앙으로 화답하는 자 되어 우리 하나님께서 여러분을 통해 크신 영광을 받으실 수 있는 자 되시기를 주님의 이름으로 축원한다.

성령은 누구이신가?
(요한복음 15:26, 27)

　많은 사람들이 성령에 대해서 자세히 알기를 원하며 또 충만한 생활에 임하고 있음을 우리는 하나님 앞에 감사하지 않을 수 없다. 성경은 성령에 대하여 수 많은 말씀으로 나타내 주셨으며 성령에 관한 구절은 성경 어디서나 찾아볼 수 있다. 그러면 과연 성령은 누구이신가?

첫째, 성령은 곧 하나님 자신이시다.
　하나님은 성부, 성자, 성령 삼위일체의 하나님으로서 제 삼위를 하나님의 영이라 칭하신 것은 그의 성령 그 자신이 하나님이시기 때문이다. 본문 요한복음 15:26이하에서 예수님께서는 성령의 출처에 대하여 말씀하시기를 "내가 아버지께로서 너희에게 보낼 보혜사 곧 아버지께로서 나오시는 진리의 성령"이라고 말씀하셨다. 그리고 요한복음 4:24에는 "하나님은 영이시라"고 하셨으며 로마서 8:9에는 "만일 너희 속에 하나님의 영이 거하시면 너희가 육신에 있지 아니하고 영에 있나니 누구든지 그리스도이 영이 없으면 그리스도의 사람이 아니라"고 하셨는데, 이 말씀에서도 성령을 "하나님의 영"이라고 나타내신 것이다. 이 하나님의 성령은 절대적인 신성을 지니신 참 하나님으로서 그는 영원하시며(히 9:14), 전지 전능하시고(고전 2:10), 무소부재하시며(시 139:7), 창조(욥 26:13)와 중생(요 3:3-5)과 부활(롬 18:11)케 하시는 신성을 지니고 있으시며 특별히 성령은 그리스도를 증거케 하실 뿐 아니라 신자들의 마음 속에 내주하시며 그들을 하나님께 성별하여 드리시며 그들로 하여금 멸망받을 죄로부터 성결케 하여 주시는 것이다.

　친애하는 성도 여러분, 이 귀하고 거룩한 하나님의 능력의 성령이 여러분 한 사람 한 사람 위에 충만하시기를 주님의 이름으로 축원한다. 우리는 성령에게 붙잡힘을 받아야 하며 성령님께 완전한 포로가 되어져야 한다. 고든(A. J. Gordon)은 말하기를 진실한 설교는 설교자 자신이 성령을 단

순히 사용하는 것이 아니라 설교자 그 자신이 성령에 의해 사용되어지는 것이라고 말하였다. 살아계신 우리 하나님의 거룩한 성령은 과거에도 지금에도 그리고 미래에도 태초로 지금까지도 또 영세무궁토록 영원히 온 우주 안에 충만하신 가운데 존재하시며 역사하시는 것이다.

둘째, 성령은 인격을 소유하고 계신다.

성령은 무의식적인 존재가 아니고 지·정·의를 가지신 하나님이신 것이다. 성경 안에 수 많이 기록된 성령의 속성과 성령의 사역을 통해서 우리는 성령의 위대하신 인격성을 발견하게 된다. 바로 인격적인 이 성령께서는 ① 지성과 ② 감정과 ③ 의지와 동작을 가지고서 우리 가운데 역사하시고 계시는 것이다.

고린도전서 2:10에서 성령에 대하여 분명하게 기록하기를 "오직 하나님의 성령으로 이것을 우리에게 보이셨으니 성령은 모든 것 곧 하나님의 깊은 것이라도 통달하시느니라"고 하셨고, 이사야 11:2 말씀에는 "여호와의 신 곧 지혜와 총명의 신이요 모략과 재능의 신이요 지식과 여호와를 경외하는 신이라"고 말하였다. 성령께서는 하나님의 사정을 아시고 통달하시며 인간의 마음을 감찰하시고 또 생각하는 생각을 소유하고 계시는 것이다. 그런고로 요한복음 14:26 말씀에는 "보혜사 곧 아버지께서 내 이름으로 보내실 성령 그가 너희에게 모든 것을 가르치시고 내가 너희에게 말한 모든 것을 생각나게 하시리라"고 하였다.

그리고 성령께서는 풍부한 감정을 소유하고 계셔서 하나님의 사랑을 우리 마음에 부어 주시며 우리 때문에 근심하시고 탄식해 주시며 뜻과 계획을 소유하셔서 시행하여 주시는 것이다. 사도행전 15:6, 7에 사도 바울은 "성령이 아시아에서 말씀을 전하지 못하게 하시거늘 브루기아와 갈라디아 땅으로 다녀가 무시아 앞에 이르러 비두니아로 가고자 애쓰되 예수의 영이 허락지 아니하였다"고 하였다. 성령께서는 우리 생활 속에 친히 임하셔서 우리를 지도하시고 우리가 괴로운 인생문제에 당면했을 때 우리 사정을 세밀히 아실 뿐 아니라 우리 속에 직접 개입하시고 살아계셔서 우리를 동정하시며 도와 주시고 모든 일을 당신의 거룩하신 뜻대로 이끌어 주시는 것이다.

셋째, 성령은 진리의 영이시다.

요한복음 16:13 말씀에 "진리의 성령이 오시면 그가 너희를 모든 진리 가운데로 인도하시리니 그가 자의로 말하지 않고 오직 듣는 것을 말하시며 장래 일을 너희에게 알리시리라"고 하였다. 성령께서는 진리의 영으로서 친히 우리에게 진리를 가르쳐 주시며 깨닫게 하시고 진리 가운데로 우리를 이끌어 주시는 것이다. 주님께서는 말씀하시기를 "보혜사 곧 아버지께서 내 이름으로 보내실 성령 그가 너희에게 모든 것을 가르치시고 내가 너희에게 말한 모든 것을 생각나게 하시리라"고 하였다(요 14:26).

성령께서는 언제나 우리 가운데 진리의 영으로 충만하게 임하셔서 누구든지 성령으로 충만하게 되기만 하면 그 자신이 하나님의 사랑하시는 자녀가 되어진 것과 하나님께서 귀하게 보시는 소유물인 것을 알아 언제나 경성하고 근심하며 기쁨과 소망 중에 넘치는 행복을 가득히 맛보게 되며 강하고 담대한 생활 속에서, 힘이 있고 확신있는 영적 생활 속에서 주의 영광을 나타내며 살아가게 되는 것이다. 할렐루야!

성령님께서는 이와같이 하나님의 영으로서 인격을 소유하신 영으로서 그리고 거룩하신 진리의 영으로서 그를 사랑하는 모든 자들에게 하나님과 그의 진리를 계시하시며 밝게 조명하시는 영이신 것이다.

십자가 곁에 있는 사람들
(요한복음 19:23-27)

　빌라도에 의해 사형 선고를 받은 예수님께서는 마침내 십자가상의 죽음을 맞이하심으로 인류 구원을 위한 자신의 대속 사역을 성취하셨다. 예수님의 십자가 곁에는 전혀 다른 두 부류의 사람들이 있었다. 한 부류는 예수의 옷을 나누고 제비뽑는 네 명의 로마 군병들이었고, 다른 한 부류는 예수의 죽음을 끝까지 지켜보는 경건한 네 여인들이었다. 그러면 이 두 부류의 사람들을 말씀을 통해 상고하면서 함께 은혜를 나누고자 한다.

첫째, 예수님의 십자가와 관계가 없는 사람들이다.

　"군병들이 예수를 십자가에 못 박고, 그의 옷을 취하여 네 깃에 나눠 각각 한 깃씩 얻고, 속옷도 취하니 이 속옷은 호지 아니하고 위에서부터 통으로 짠 것이라. 군병들이 서로 말하되, 이것을 찢지 말고 누가 얻나 제비뽑자 하니, 이는 성경에 저희가 내 옷을 나누고 내 옷을 제비뽑나이다 한 것을 응하게 하려 함이러라"(23, 24절). 예수님을 십자가에 못박은 로마 군병들은 예수님의 십자가에 대해 전혀 무관심했다. 다만 예수님의 옷을 나눠 갖는 일에만 관심이 있었다. 특별히 예수님의 속옷은 통으로 짠 것으로 구약시대에 에봇의 일종으로 제사장들만 입는 매우 값진 것이었다고 한다. 그들의 눈에는 예수님의 존재에 대해서는 알려고도 하지 않고 오직 예수님의 옷을 나눠 가지려고 하는 욕심만 가득차 있었다. 오늘날 우리는 신앙생활을 하면서 예수님의 십자가와는 상관없이 자기의 유익만을 위하여 예수님을 믿지는 않는가? 우리는 예수님과 올바른 관계를 맺어야 한다. "또 무리에게 이르시되 아무든지 나를 따라오려거든 자기를 부인하고 날마다 제 십자가를 지고 나를 좇을 것이니라"(눅 9:23).

둘째, 예수님의 십자가를 사랑하는 사람들이다.

　"예수님의 십자가 곁에는 그 모친과 이모와 글로바의 아내 마리아와 막달라 마리아가 섰는지라, 예수께서 그 모친과 사랑하시는 제자가 곁에 섰는 것을 보시고 그 모친께 말씀하시되, 여자여 보소서 아들이니이다 하시고, 또 그 제자에게 이르시되 보라 네 어머니라 하신대, 그 때부터 그 제자가 자기 집에 모시니라"(25-27절). 예수님의 십자가를 사랑하는 사람들은 겸손한 사람들이다. 예수님의 이모 살로메는 예수님께 나아가 두 아들로 하여금 하나는 주의 우편에, 하나는 주의 좌편에 앉게 해달라고 요구하여 예수님께 질책을 받은 사람이다. 그러나 이 여인은 회개하고 희생과 봉사만이 큰 영광을 얻는 지름길임을 깨닫고 예수님의 십자가 곁에 서 있었던 겸손한 사람이었다. 또한 막달라 마리아는 전에 일곱귀신에 사로잡혀 고통 중에 살았던 여인이었는데, 예수님을 만나 고침받은 이후로 받은 은혜가 감사하여 이름없이, 빛도 없이 예수님의 뒤를 따라다니면서 봉사했던 여인이었다. 이 여인은 예수님의 십자가 곁에 있었을 뿐만 아니라 예수님의 부활을 최초로 목격한 자였다. 우리는 예수님의 십자가를 사랑해야 한다. 십자가의 고난이 없이는 영광의 면류관도 없다. 우리는 받은 바 은혜를 감사할 줄 알고 주님을 위해서 헌신하고, 봉사하며, 충성하며 살아야 한다.

사랑하는 성도 여러분, 예수님의 십자가를 사랑하면서 주님을 위해서라면 고난의 자리에도 동참하고, 항상 받은 바 은혜를 감사하며 주님을 위해서 충성하고 봉사하면서 승리하는 성도 여러분이 되시기를 주의 이름으로 축원한다.

영권 회복
(요한복음 20:21)

하나님께서 인간을 창조하실 때 육체는 흙을 빚어 만드셨으나 그 코에 생기를 불어 넣어 성령의 사람이 되게 하셨다. 그리하여 생육, 번성, 충만의 축복을 받아 땅을 정복하며 바다의 고기와 공중의 새와 땅에 움직이는 모든 생물을 다스리게 하셨을 뿐 아니라 하나님께 순종하여 영광을 돌리는 삶을 누리도록 축복하여 주신 것이다. 그러나 인간이 타락한 이후 에덴의 축복과 영권을 다 상실해 버리고 죄의 종, 사탄의 종, 물질의 종이 되어 창살없는 감옥살이 전설없는 싸움터에서 무기력, 무자비, 절망과 좌절 속에 노예가 되어 죽음과 멸망에 처한 인간으로 타락되고 만 것이다. 그러나 하나님은 이 땅, 위의 인간들이 영원히 멸망받는 것을 기뻐하지 아니하시고 영권 회복을 내려 주신 것이다. 그러면 타락된 우리 인간이 어떻게 하면 영권 회복을 받을 수 있는가에 대해서 세 가지 내용으로 말씀을 드리겠다.

첫째, 영권 회복을 받자면 하나님의 성령을 받아야 한다.

성령은 인간을 거듭나게 하시고 새 생명을 주실 뿐 아니라 능력있고 영적 권세자로 만들어 주시는 것이다. 예수님의 제자들이 3년간이나 예수님을 따라 다니며 보고 듣고 참예하며 먹고 마셨지만 성령의 능력을 받지 못하였기 때문에 예수님께서 십자가에 못박혀 돌아가신 후 두려움과 공포속에 떨고 있게 되었다. 부활하신 예수님은 저들의 연약함을 누구보다도 더 잘아셨기 때문에 어두운 저녁 유대인들의 두려움을 피해 문을 굳게 잠그고 낙심과 공포 속에 떨고 있는 저들 가운데 나타나시어 평강이 있기를 축복하신 후 저들에게 숨을 내쉬며 "성령을 받으라"고 말씀하셨고, 누구의 죄든지 사하면 사하여 질 것이며 그대로 두면 그대로 있을 것이라고 하였다 (요 20:21-23).

친애하는 성도 여러분, 주님은 지금도 무지하고 무기력하며, 절망, 열

등, 질병, 가난, 추악, 공포, 어두움의 골방에 갇혀서 낙심 속에 있는 여러분을 찾아 오시어 평강을 약속해 주며 성령을 받으라고 말씀하시는 이 놀라운 사실을 믿으시기 바란다. 인간이 성령을 받으면 모든 것이 새로워진다. 그렇게도 비겁하고 약질이었던 제자들도 오순절 마가의 다락방에 모여 기도하다가 성령의 불세례를 뜨겁게 체험한 후 강하고 담대한 주님의 증인이 되어 예루살렘과 유대와 사마리아와 땅 끝까지 복음전파의 주역들이 된것을 보게 된다. 하나님은 약속하시기를 "말세에 내가 내 영으로 모든 육체에 부어 주리니 너희의 자녀들은 예언할 것이요 너희의 젊은이들은 환상을 보고 너희의 늙은이들은 꿈을 꾸리라"고 하였다(행 2:16, 17).

친애하는 성도 여러분, 모든 것에 허물 많고 무기력한 인간이라고 좌절하지 말고 하나님의 성령으로 영권 회복하여 보람된 신앙의 인생을 살아가는 여러분이 되시기를 주님의 이름으로 축원한다.

둘째, 타락한 인간이 영권 회복 받자면 예수 그리스도에게 접속되어져야 한다.

예수 그리스도는 바로 타락한 인류를 구원하러 오신 하나님의 아들이요, 또한 하나님의 본체이시며, 온 인류의 죄를 사하여 주시기 위해 십자가에 피흘려 구속해 주신 구세수이시며, 영원한 인류의 소망이신 것이다. 그런 고로 누구든지 주님을 영접하고 믿기만 하면 하나님의 자녀되는 권세를 받게 하실 뿐만 아니라 영원히 멸망 받을 허물과 죄악은 사함받게 하시며 사탄은 그 앞에 굴복케 하시고 하늘의 시민권을 받아 영생의 축복을 세세토록 누리게 하시는 것이다.

친애하는 성도 여러분, 여러분은 지금 주 안에 거하고 계시는가? 주님 밖에 계시는가? 주님은 지금 여러분을 향하여 말씀하시고 계신다. "너희는 내가 일러준 말로 이미 깨끗하였으니 내 안에 거하라 나도 너희 안에 거하리라 가지가 포도나무에 붙어 있지 아니하면 절로 과실을 맺을 수 없음같이 너희도 내 안에 있지 아니하면 그러하리라"(요 15:4)고 하셨고, 너희가 내 안에 거하고 내 말이 너희 안에 거하면 무엇이든지 원하는대로 구하라 그리하면 이루리라고 하셨다.

성도 여러분, 이 세상에서 가장 행복하고 축복된 자는 과연 누구이겠는가? 돈, 명예, 부귀, 권세, 지혜, 지식의 소유자이겠는가? 이것도 물론 인생살이에 필요한 것이 아닐 수 없으나 이것 위에 더욱 중요한 것은 주 안에서 누려지는 영적 평화인 것이다. "주 안에 있는 나에게 딴 근심 있으랴 십자가 밑에 나아가 내 짐을 풀었네" 할렐루야!

셋째, 나약한 인간이 영권 회복 받자면 하나님의 말씀을 붙잡고 순종해야 한다.

최초 인간의 타락은 하나님의 말씀에 대한 불순종에서 출발되었다. 하나님의 말씀은 인간에게 주신 무거운 멍에나 굴레가 아니고 이 말씀을 지켜 순종함으로 하나님의 사랑을 깨달아 영원한 기쁨을 누리게 하심이며 하나님께서 주신 생명의 축복을 영원히 보장 받게 하기 위함인 것이다. 그런고로 신명기 8:3에 "사람이 떡으로만 사는 것이 아니요 여호와 입에서 나오는 모든 말씀으로 사는 것"이라고 하였고, 신명기 28:1에는 "네가 네 하나님 여호와의 말씀을 삼가 듣고 내가 오늘날 네게 명하는 그 모든 명령을 지켜 행하면 네 하나님 여호와께서 너를 세계 모든 민족 위에 뛰어나게 하실 것이라"고 하였다.

미국 7대 대통령 잭슨 안드레위가 말하기를 "미합중국은 성경을 반석으로 삼아 굳게 서 있다"고 말한 적이 있었다. 이곳 스위스도 하나님의 말씀 안에 건설된 매우 아름답고 경치가 좋은 나라이다. 또한 이보다 더욱 아름다운 것은 국민들의 마음과 생활의 모습이다. 이 분들의 생활은 하나님의 말씀이 기초가 되어 다져져 있는 모습을 찾아 볼수 있다. 진실로 말씀이 있는 곳에는 하나님의 구원과 축복이 있고 영적 권세가 충만함을 어디서나 찾아 볼수 있다.

성도 여러분, 오늘도 물붓듯이 부어주시는 성령 충만과 하늘과 땅의 권세를 가지신 예수 그리스도의 이름과 성령의 검 곧 하나님 말씀을 가진 영권 소유자가 되어 사탄의 권세(엡 2:2), 음부의 권세(시 49:15, 계 6:8), 악인의 권세(시 125:3), 짐승의 권세, 용의 권세(계 17:12-13), 전갈의 권세(계 9:3,10)에서 승리하시는 여러분이 되시기를 기원한다.

예수님의 최후 분부
(요한복음 20:21)

지난주 온 세계교회는 부활주일을 지키면서 사망권세를 이기시고 승리하신 우리 주님을 마음껏 찬양하며 하나님께 영광을 돌렸다. 이제 그 부활하신 주님은 영광된 몸으로 친히 나타나시어 주를 믿는 모든 자들에게 하늘의 사명을 부여하셨고 또 마땅히 행할 바에 대해서 분부하여 주셨다. 그러면 주님께서 명하신 최후 분부가 무엇이었던가에 대해서 네 가지 내용을 말씀드리겠다.

첫째, 예수님의 최후 분부는 성령을 받으라고 하였다.
요한복음 20:19 이하에 보면 예수님께서 부활하신 그 다음날에 제자들은 유대인들의 위협과 공포 속에서 두렵고 떨리는 마음으로 문을 닫고 한 곳에 모여있게 되었다. 바로 그 곳에 예수님께서 나타나시어 저들을 향하여 숨을 내쉬면서 "성령을 받으라"고 하였다. 그리고 사도행전 1:4, 5에도 "사도와 같이 모이사 저회에게 분부하여 가라사대 예루살렘을 떠나지 말고 내게 들은바 아버지의 약속하신 것을 기다리라. 요한은 물로 세례를 베풀었으나 너희는 몇날이 못되어 성령으로 세례를 받으리라"라고 하셨다. 제자들은 주님의 말씀대로 예루살렘을 떠나지 아니하고 마가의 다락방에 모여서 합심하여 기도하는 중, 놀라운 성령의 역사를 체험하게 되었고 오순절의 성령을 체험한 제자들은 불의 혀같이 갈라지는 성령의 역사로 말미암아 입술의 혀에는 하늘의 권세가 임하게 되었고 능력있고 담대한 종들이 되어 가는 곳마다 승리하게 되었던 것이다.

둘째, 예수님의 최후 분부는 만민에게 복음을 전파하라고 하였다.
예수 그리스도를 구주로 영접하여 하나님의 백성이 된 자들에게는 누구에게나 부여하신 대사명이 있는데 그것은 바로 온 천하에 다니며 만민에게 복음을 전파하는 일이다. 마가복음 16:15, 16 말씀에 "너희는 온 천하에 다니며 만민에게 복음을 전파하라 믿고 세례를 받는 사람은 구원을 얻을 것이요 믿지 않는 사람은 정죄를 받으리라"고 하였다. 이 지구상에 전도하는 일보다 더 귀중한 일은 없다. 전도는 주님의 지상 명령이며 저주와 멸망에 처한 영혼을 건져내는 일이기 때문인 것이다. 일본의 스즈끼 데스께는 말하기를 "기독교의 역사는 전도의 역사라"고 하였고, 베리선데는 "내가 복음을 전하지 아니하면 지옥에 가리라"고 하였다. 우리는 저 영혼들을 구원하기 위하여 복음의 나팔을 불어야 한다. 사도 바울은 "내가 복음을 전할지라도 자랑할 것이 없음은 내가 부득불 할 일임이라 만일 복음을 전하지 아니하면 내게 화가 있을 것임이라"고 하였다. 사랑하는 성도 여러분, 우리는 이 지구상 방방곡곡에 마른 해골때처럼 깔려있는 저 멸망받을 영혼들을 향해 복음의 나팔을 더욱 크게 불어야 되겠다. 이 일은 바로 주님의 긴급 지상명령이기 때문이다.

셋째, 주님의 지상 명령은 귀신을 쫓아내라고 하였다.

마가복음 16:17 말씀에 "믿는 자들에게는 이런 표적이 따르리니 곧 저희가 내 이름으로 귀신을 쫓아내게 된다"고 하였다. 사도들은 이미 이 놀라운 역사들을 전도 여행중에 체험했던 사실이다(막 3:15). 그러나 주님께서 부활하신 이후에 제차 말씀하신 것은 더욱 확고한 능력을 부여하시기 위함이며 이 놀라운 역사는 당시의 사도들에게만 나타나게 하신 것이 아니라 주를 믿는 모든 자들에게 나타나게 하시는 주님의 허락을 의미하는 말이다. 믿는 자에게는 누구에게나 귀신을 내어쫓는 권세를 부여하였다. 그런고로 어디를 가든지 귀신을 용납하거나 두려워하지 말고 귀신에 호령하며 내어 쫓아야 한다. 귀신은 간교하고 사악한 영으로서 ① 불화를 일으키고(삿 9:27), ② 시기와 다툼을 일으키며(약 3:13-15), ③ 번뇌를 주고(삼상 16:14), ④ 거짓말을 하게 하며(왕상 22:21-23), ⑤ 점쟁이가 되게 하고(행 16:16), ⑥ 벙어리, 귀머거리, 소경이 되게하며(마 9:32), ⑦ 사람을 미치고 괴롭게 하고(요 10:20, 행 5:16), ⑧ 거짓 이적을 행하며(계 16:14), ⑨ 사람의 형편을 악하게 만들어 내는 악하고 더러운 영인 것이다.

그런고로 하나님의 사람들은 이 더럽고 추악한 귀신에게 미혹을 당하여서는 안될 뿐 아니라 주님의 이름으로 많은 심령 속에 들어가 역사하는 악한 귀신들을 내쫓아 주어야 하는 것이다.

넷째, 예수님의 최후 분부는 병든 자를 치료하여 주라고 하였다.

마가복음 16:17, 18에 "믿는 자들에게는 이런 표적이 따르리니 곧 저희가 내 이름으로 귀신을 쫓아내며 새 방언을 말하며 무슨 독을 마실지라도 해를 받지 아니하며 사람에게 손을 얹은 즉 나으리라"라고 하였다. 인간은 나면서부터 세 가지 병을 앓고 있는 환자이다.

그 첫째의 병은 영혼의 병이다. 영혼의 병은 인간이 범한 유전죄와 자범죄로 인한 죄악의 댓가이다. 이사야 1:5에 보면 "너희가 어찌하여 매를 더 맞으려고 더욱 더욱 패역하느냐 온 머리는 병들었고 온 마음은 피곤하였다"고 하였다.

둘째로 인간은 마음의 병을 앓고 있다. 거짓된 마음, 교만한 마음, 간사한 마음, 완악한 마음 등 성경 안에는 수 많은 병든 마음들이 기록되어 있다. 그런고로 예레미야 17:9 말씀에는 "만물보다 거짓되고 심히 부패한 것은 마음이라"고 하였다.

셋째로 육체의 병이다. 인간은 머리의 종기부터 발바닥의 무좀까지 수많은 질병으로 인해 고통을 당하고 있다. 내과, 외과, 이비인후과, 소아과, 산부인과, 피부과, 신경과, 심장병, 위장병, 두통, 복통, 고혈압, 저혈압, 신경통, 근육통, 벙어리, 귀머거리, 소경, 절름발이, 나병, 폐병, 간질병, 치질병, 디스크, 루마치스, 중풍병자, 앉은뱅이, 손마른자, 소아마비 등 이루 말할 수 없는 질병들이 인간의 생명과 행복을 빼앗아가고 있는 것이다. 그런고로 예수님은 인간의 모든 질고를 담당해 주시기 위하여 십자가에 못박혀 피흘려 주셨고 친히 질병을 고쳐 주셨으며 주를 믿는 모든 자들에게 주님의 이름으로 병든 자들을 고쳐주라고 명령하였다.

사랑하는 성도 여러분, 오늘도 주님의 최후의 분부이신 ① 성령의 충만함을 받아 ② 만민에게 복음을 전파하며 ③ 귀신을 쫓아내고 ④ 병든 사람을 고쳐주는 주님의 최후 분부를 준행하는 여러분이 되시기를 기원한다.

배 오른편에 그물을 던지라
(요한복음 21:1-6)

본문에 보면 예수님의 제자들이 디베랴 바닷가에서 밤새도록 고기를 잡았지만 한 마리도 잡지 못한 실패의 밤이 기록되어 있다. 우리 인생도 때로는 이와 같은 실패의 밤이 있을 수 있다. 그러나 제자들은 날이 새어갈 때에 예수님을 만남으로 고기가 너무 많아 그물을 들어 올릴 수 없을 정도로 고기잡는 일에 성공한 내용도 기록되어 있다. 그러면 예수님의 제자들은 어떻게 해서 많은 고기를 잡을 수 있었는가에 대해서 말씀을 상고하면서 함께 은혜를 나누고자 한다.

1. 제자들이 실패한 이유

첫째, 주의 사명을 저버렸기 때문이다.
"시몬 베드로가 나는 물고기 잡으러 가노라 하매 저희가 우리도 함께 가겠다 하고 나가서 배에 올랐으나 이 밤에 아무 것도 잡지 못하였더니"(3절). 제자들이 밤새도록 고기를 잡지 못한 이유는 복음전파의 사명을 저버렸기 때문이다. 제자들에게는 부활의 예수님을 전해야 하는 사명이 있었다. 그런데 베드로가 제일 먼저 물고기를 잡으러 간다고 하자 다른 제자들도 함께 가겠다고 하여 밤새도록 고기를 잡았으나 한 마리도 잡지 못했다. 우리도 주의 사명을 저버리면 제자들처럼 실패할 수 밖에 없다.

둘째, 예수님께 대해서 무관심했기 때문이다.
"날이 새어갈 때에 예수께서 바닷가에 서셨으나 제자들이 예수인 줄 알지 못하는지라"(4절). 날이 새어갈 때에 예수님이 바닷가에 서계셨는데도 제자들은 예수님을 알아보지 못한 정도로 예수님에 대해서 무관심했다. 우리는 한 순간도 예수님을 떠나서는 살 수 없다. 예수님께 대한 관심이 없으면 조그마한 일에도 관심이 커지고 거기에 마음이 기울어진다. 우리는 항상 예수님을 바라보고 살아야 한다.

2. 제자들이 성공하게 된 이유

첫째, 예수님을 만났기 때문이다.
"예수께서 이르시되 애들아 너희에게 고기가 있느냐 대답하되 없나이다"(5절). 만일 예수님이 그곳에 나타나지 않거나 제자들을 만나 주지 않았다면 저들은 영원히 실패할 수 밖에 없었을 것이다. 그러나 예수님이 그들을 만나 주셨기 때문에 고기잡는 일에 성공할 수 있었다. 어려운 일을 당했을 때 우리에게 가장 중요한 것은 예수님을 만나는 것이다. "나는 포도나무요 너희는 가지니 저가 내 안에 있으면 이 사람은 과실을 많이 맺나니 나를 떠나서는 너희가 아무 것도 할 수 없음이라"(요 15:5).

둘째, 실패한 자신을 시인하고 솔직하게 고백을 했기 때문이다(5절).
예수님이 제자들에게 "고기가 있느냐?"고 물으신 것은 몰라서 물으신 것이 아니다. 그들의 입으로 실패의 원인을 솔직하게 깨닫고 고백하기를 원해서 주님이 질문하신 것이다. 우리가 실패하면 누구를 원망하거나 탓할 때가 많이 있다. 하나님의 사람들은 실패했을 때 솔직하게 자신의 잘못을 시인하고 고백할 줄 알아야 하고, 하나님의 말씀대로 살지 못한 것을 회개해야 한다.

셋째, 하나님의 말씀대로 순종했기 때문이다.
"가라사대 그물을 배 오른편에 던지라 그리하면 얻으리라 하신대 이에 던졌더니 고기가 많아 그물을 들 수 없더라"(6절). 만일 제자들이 자기들의 경험만 가지고 이유를 대며 예수님의 말씀에 순종하지 않았다면 성공하지 못했을 것이다. 우리는 어려울 때일수록 하나님의 말씀에 절대적으로 순종해야 한다. 하나님은 순종하는 자에게 복을 주시고 형통케 해 주신다(신 28:2, 왕상 2:3).

넷째, 그물을 배 오른편에 던졌기 때문이다(6절).

여기에서 배는 교회를 상징하고, 오른편은 축복의 편을 상징한다. 마태복음 25:34에 보면 오른편은 천국에서 복받을 자들이 있는 곳으로 표현했고, 이사야 41:10에 보면 하나님이 우리를 붙들어 주실 때, 의로운 오른손으로 붙들어 주신다고 말씀했다. 우리가 언제나 교회를 중심으로 생활할 때 하나님께서 복을 주시고, 붙들어 주실 줄 믿는다.

사랑하는 성도 여러분, 예수님의 제자들이 실패했던 이유와 성공했던 이유를 깨달아 항상 주의 사명을 붙들어 충성하고, 예수님을 바라보며 예수님을 만나고, 실패했을 때는 자신의 잘못을 시인하고 회개하며, 하나님의 말씀에 순종하고, 교회를 중심으로 생활하여 승리하는 성도 여러분이 되시기를 주의 이름으로 축원한다.

피종진 목사
능력요약설교 3(마태복음~요한복음)

초판 1쇄 발행   1999. 10. 20.
　13쇄 발행   2019. 05. 20.

역은이　피종진
펴낸이　박성숙
펴낸곳　도서출판 예루살렘
주　소　10252 경기도 고양시 일산동구 고봉로 776-92
전　화　031-976-8972
팩　스　031-976-8974
이메일　jerusalem80@naver.com
창립일　1980년 5월 24일(제16-75)
등　록　(제59호) 2010년 1월 18일

ISBN　978-89-7210-243-4 03230
　　　978-89-7210-246-5 03230(전집 5권 세트)

책값은 뒤표지에 있습니다.

도서출판 예루살렘은 말씀과 성령 안에서 기도로 시작하며
영혼이 풍요로워지는 책을 만드는 데 힘쓰고 있으며,
문서선교 사역의 현장에서 세계화의 비전을 넓혀가겠습니다.

나의 힘이신 여호와여 내가 주를 사랑하나이다(시 18:1)